Warum uns der Körper
auf den Geist geht und
wie wir den Schweinehund
zum Schoßhund machen

LEIDER GEIL, FETT & FAUL

*Überarbeitete und komprimierte
Taschenbuchausgabe*

Ein Buch zum Hassen und Lieben
tertium non dabitur

Sämtliche Inhalte dieses Buches wurden – auf Basis von Quellen, die der Autor für vertrauenswürdig erachtet – nach bestem Wissen und Gewissen recherchiert, sorgfältig geprüft und für lebendig erachtet, doch nicht immer logisch betrachtet. Trotzdem stellt dieses Buch keinen Ersatz für eine individuelle Lebensberatung und medizinische Betreuung dar. Wenn Sie medizinischen Rat einholen wollen, konsultieren Sie bitte einen qualifizierten Arzt oder fragen Sie Ihren Psychiater. Der Autor haftet für keine nachteiligen Auswirkungen, die in einem direkten oder indirekten Zusammenhang mit den Informationen stehen, die in diesem Buch enthalten sind. Für alle positiven Auswirkungen, gleich welcher Herkunft, zeichnet er gerne gegen und freut sich über jede Art der Zuwendung.

Bibliografische Information der Deutschen Nationalbibliothek: Die Deutsche Nationalbibliothek verzeichnet diese Publikation in der Deutschen Nationalbibliografie; detaillierte bibliografische Daten sind im Internet über www.dnb.de abrufbar.

Überarbeitete und komprimierte Taschenbuchausgabe 2016
Erstauflage als Hardcover, 2013

© 2016 Christian Zippel
Gestaltung: Konzeption und Umsetzung von Sylvia Szulc / www.my-metablog.com
Herstellung und Verlag: BoD – Books on Demand, Norderstedt
ISBN: 978-3-7347-2425-1

Das gesamte Buch wurde unter Zuhilfenahme lauter Musik geschrieben.
Falls Sie im Text auf moppeltgedoppelte Superlative, Wortkreationen, Wuchstabenverburschtungen oder sonstwie eigentümliche Orthografie stoßen, ergeben sich diese aus dem umliegenden Un-Sinn. Grammatische Regeln gehören zur guten Schule. Mit ihnen bewusst zu tanzen, sie bisweilen zu brechen, schafft Raum für neues Denken.

www.christian-zippel.de

„*Die Natur hat dem Menschen Stärke genug gegeben;
nur müssen wir sie gebrauchen, müssen unsere Kräfte sammeln
und sie sämtlich für uns, nicht gegen uns in Bewegung setzen.*"

Seneca

*Dies ist ein Buch zum Hassen und Lieben;
ein subjektives Buch, wie jedes lebendige Buch.
Den Funken der Be-Geisterung vermag nur entzünden,
was selbst brennt.*

*Das ist Ziel des Buches:
Es will begeistern, doch nicht Ihren Geist. Warum füllen, was überfüllt ist?
Widmen wir uns dem geistigen Brachland unserer Gesellschaft:
unserem Körper, wie er leibt und getrieben wird,
unter Kleidung versteckt und vernachlässigt wird.*

Das Buch ist in der Sprache des Körpers verfasst, für Ihren Körper, von meinem Körper – emotional, irrational, offen und widersprüchlich, mal klar und reißend, mal trüb, drückend und kreisend, aber immer mit ganzem Herzen und frei von Verstand. Tauchen Sie ein, lassen Sie sich treiben, lernen Sie zu verstehen, ohne zu denken; damit Ihr Geist lernt, tiefer zu gehen als nur bis zum Hals.

Dort unten, unter dem Kloß, wo noch Platz ist, der Schweinehund sein Un-Wesen treibt und sabotiert, was der Geist wünscht, wartet nichts als die Erfüllung.

Steigen Sie herab, kämpfen Sie und begeistern Sie nicht nur das Dachstübchen, sondern das ganze Haus und den Garten Ihres Lebens gleich mit. In-Karnation ist nicht nur Weg der Götter, es ist auch der für Menschen – wenn sie welche werden wollen.

BUNBU ICHI – MEMENTO MORI
Vorwort zur überarbeiteten und komprimierten Taschenbuchausgabe

Ein Spezialist weiß alles über nichts und ein Generalist nichts über alles. Leider ist dies nur zu wahr – besonders gilt dies für unsere zerrüttete Gesellschaft. Zerrüttet sind wir nicht nur untereinander, sondern auch in uns selbst. Körper und Geist ziehen nur selten am selben Strang, meist kämpfen sie gegeneinander, weil sie verlernt haben, miteinander zu kommunizieren. Hieraus erwächst die Schwäche des modernen Menschen: aus Fachidiotie, Oberflächlichkeit und mangelnder In-Dividualität und vor allem, weil wir den Bezug zu unserem Körper verloren haben.

2013 machte sich der Autor des Buches auf nach Asien, um dort eine andere Philosophie kennenzulernen. In Folge wurde dort, vor Ort dieses Buch geschrieben, um davon zu berichten: von einer pragmatischen Ganzheitlichkeit, die nicht nur Körper und Geist, sondern auch deren Natur miteinander vereint.

Bunbu ichi ist dabei ein Grundprinzip der alten Samurai. Es bedeutet so viel wie: Schwert und Feder in Harmonie. Für einen vollkommenen Krieger müsse dieser stets nicht nur Kampf, sondern auch Kunst in seinem Leben vereinen: die Fähigkeiten von Körper und Geist auf die Spitze treiben – ohne sie je zu erreichen. Diese Einschränkung ist wesentlich, denn Perfektion mag Ziel sein, doch wird auf immer Illusion bleiben. Das Streben nach Perfektion, nach Reinheit, Schlichtheit, Stil, Effizienz und Vollkommenheit, im Feinen, Weichen sowie im Starken, Harten, darauf kommt es an. Die Auseinandersetzung mit dem Tod – dem einzig vollkommenen Zustand, den ein Mensch je erreichen kann – ist ein wesentlicher Schritt auf diesem Weg; so auch hier in diesem Buch: memento mori.

Das Buch wurde 2016 inhaltlich aktualisiert und überarbeitet. Komprimiert wurde es dahingehend, dass überschüssige Längen gekürzt und der 2. Teil der Hardcover-Ausgabe „Die ruhige Seite der Kraft" entnommen und nach deutlicher Erweiterung als eigenständiges Buch veröffentlicht wurde. Es trägt den Titel: „Body Basics. In 5 Schritten zu mehr Körperbeherrschung".

Das vorliegende Taschenbuch ist somit die reine, verdichtete philosophisch-pragmatische Lehre der ursprünglichen Hardcover-Ausgabe.

Der Autor selbst lebt – liest, schreibt und strebt – inzwischen zurückgezogen auf der Ostsee-Insel Rügen und arbeitet weiterhin an seiner Vervollkommnung im Rahmen der Philosophie, die im vorliegenden Buch entwickelt wurde.

Bunbu ichi!
Christian Zippel, 2016

INHALTSVERZEICHNIS

Ab imo pectore – Aus tiefer Brust	13
Repetitio est mater studiorum – Wiederholung ist die Mutter des Studierens	15
Spiritus rector – Der leitende Geist	19
Cui bono – Wem nützt es?	23
O tempora, o mores – O Zeiten, o Sitten	34

I. COGITO ERGO DUMM   40
Warum uns der Körper auf den Geist geht, Kunst und Ficken

Ea est natura hominum – Das ist die Natur des Menschen	44
Rex regnat, sed non gubernat – Der König regiert, aber er herrscht nicht	46
Individuum – Einheit von Körper und Geist	49
Corruptio optimi pessima – Die Entartung des Besten führt zum Schlimmsten	52
Cave canem – Vorsicht vor dem Hund	54
Terra incognita – Unbekanntes Land	60
Operibus credite et non verbis – Glaube Taten und nicht Worten	62
Vigilia pretium libertatis – Wachsamkeit ist der Preis der Freiheit	68
Exercitatio artem parat – Übung macht die Kunst	78
Hic et nunc – Hier und jetzt	81
Cogito ergo sum – Ich denke, also bin ich	85
Natura non facit saltus – Die Natur macht keine Sprünge	87
Sublimare – Erheben	93
Verba docent, exempla trahunt – Worte lehren, Beispiele bekehren	98
Sex, Natur, Kultur – Die stecken alle unter einer Decke	113
Aliena vitia in oculis habemus – Die Fehler der anderen haben wir vor Augen	126
Clare et distincte – Klar und deutlich	131
Homo sapiens & Philosophie – Der weise Mensch und die Liebe zur Weisheit	143
Alea iacta est – Der Würfel ist geworfen	157
Carpe diem – Nutze den Tag	199

Divide et impera – Teile und herrsche	214
Mens fortis in corpore forti – Ein starker Geist in einem starken Körper	247

II. VOM SCHWEINEHUND ZUM SCHOSSHUND 292
Triebe kultivieren, Herrchen werden

Wir sind von Kopf bis Fuß auf Triebe eingestellt	295
Den Hund an die Leine legen	297
Kennen Sie Dexter?	299
Sublimationstraining Numero Uno: Vom Kotzen und Fasten	307
Mein Kampf	312
Einmal Hungern bitte	319
Numero Due: Schluss mit der Unzucht	326
Dominanz über Hans	332
Numero Tre: Bete und Arbeite	340
Arbeit macht das Leben aus	344
Wie verdient man „richtig" Geld?	347
Numero Quattro: Körperkultur	355
Der Schatten des Wohlstands	360
Numero Cinque: Fuck die Komfort-Zone	364
Kampf der Gemütlichkeit	366
Numero Sei: Kleine, knackige Komfort-Killer	375
Numero Siette: Herrchen werden	387
Der Tod ist für alle da	391
Summa summarum – Die Summe der Summen	398
Wenn Sie …	410
LITERATUR	412
BILDER	415

Ab imo pectore - Aus tiefer Brust

Was ich nun mache ist das Todesurteil für jeden Autor. Ich mache es trotzdem. Ich schreibe ohne zu denken, lasse meinen Körper die Finger lenken. Wir arbeiten außerhalb der Logik. Es gibt also keine falschen Sätze im gesamten Buch – außer diesem.
Es ist der Versuch, tiefer zu dringen als nur in Ihren Geist. Ein gutes Buch ist Gedankensex. Erwartungsvoll öffnet der Leser die Klappen des Buches wie zwei knackige Schenkel, die Gedanken des Autors springen die seinigen an und befruchten seinen Geist.
Doch was geschieht dann? Was sind die Früchte? Man denkt nach, diskutiert darüber – und lebt weiter wie bisher. Ein Stigma unserer verkopften Gesellschaft: das Ver-Wesen in Theorie und Abstraktion. Das ist mir zu wenig. Ich will kein Stück vom Kuchen, sondern die ganze Bäckerei. Ich will Sie mit Haut und Haar, Kopf und Fuß und den Schweinehund gleich mit. Ihr Geist lässt sich durch klar geordnete, logische Gedanken befriedigen. Die tieferen Ebenen des menschlichen Wesens sind nicht für abstrakte Gedanken empfänglich. Also muss ich durch den Geist hindurch, auf dem Vehikel der Gedanken, mit einem Inhalt, der tiefer geht; selbst wenn es dem Geist zu bunt wird.
Ich werde in Bildern sprechen, weniger in abstrakten Gedanken. Nur Bilder sind körperlich wirksam. Beweis gefällig? Befehlen Sie Ihrem Körper, dass ihm das Wasser im Mund zusammen laufen soll – rein gedanklich.
.

.

.

Nun stellen Sie sich vor, wie Sie eine Zitrone aufschneiden und hinein beißen.
.

.

.

Ebenso können Sie Ihrem Körper befehlen, spitz zu werden. Der rein abstrakte Gedanke wird nicht viel bewegen. Nun malen Sie sich eine heiße

Sexfantasie aus oder schauen sich einen Porno an und „Schwing" (würde Mann bei *Wayne's World* sagen). Sogar ohne Handlung. Tatsächlich führt zu viel Handlung, zu viel abstraktes Gebrabbel weniger ins Bett, sondern eher zur Einstufung „*ganz nett*".

Nun wissen Sie, warum auch die besten Trainingspläne und Diätvorgaben keinen schönen, starken Menschen machen. Solange sie keine eindringlichen Bilder, keinen starken Willen schaffen, sind sie machtlos, da sie nicht verkörpert werden. Ebenso problematisch wird es, wenn man den Körper beim Training nicht mit entscheiden lässt, wie viel er verträgt und wo noch mehr geht. Nur wer lernt, intuitiv zu trainieren, wird auch mit seinem Körper trainieren und nicht gegen ihn. Rein verkopft zu machen, was für das Denken schlüssig scheint, kann im Körper viel Chaos anrichten oder noch schlimmer: gar nichts. Der Mensch und das Leben sind komplexer, als es unser lineares Denken erfassen kann. Denken ist beta. Der Geist allein ist schwach. Erst mit Körper und Kraft wird er stark.

Beim Krafttraining ist mir das bewusst geworden. Einiges habe ich darüber geschrieben. Nun will ich es auf den Menschen insgesamt anwenden. Möge Ihr Verstand mir verzeihen. So mächtig ist er ohnehin nicht; sagte bereits der Wilde Oscar:

„*Der Mensch ist vielerlei. Doch vernünftig ist er nicht.*"

Repetitio est mater studiorum –
Wiederholung ist die Mutter des Studierens

Das Buch ist nicht linear aufgebaut, sondern nicht-linear. Es beginnt mit einem simplen Verständnis, entwickelt sich, wird komplexer, sich weiter verzweigen und immer wieder auf sich beziehen, Vorheriges in Frage stellen, überwinden, sich weiter entwickeln usw. Keine geradlinige Abhandlung, sondern ein zirkulierender Organismus – wie der Körper für den es bestimmt ist – und für den ganzheitlichen Orgasmus.
Alle wichtigen Gedanken werde ich wiederholt wiederholen, um sie zu wiederholen, damit Ihnen das Wiederholte in Fleisch und Blut übergeht und nicht nur verstand-en wird. Dabei wird nichts wirklich wiederholt, sondern immer nur der Sinn. Seine Hülsen, die Worte, Perspektiven und Übungen werden sich wandeln. Ein Buch wie ein Mantra, wie ein Apfelmännchen – wie Krafttraining. Zu erwarten, dass ein Buch die tieferen Schichten eines Menschen erreicht, indem es jeden wichtigen Gedanken nur einmal bewusst macht, ist so naiv, wie zu glauben, dass beim Krafttraining eine Wiederholung reichen würde, um den Körper zu formen. Nicht mal ein Satz ist ausreichend. Wir benötigen viele Sätze, über unzählige Trainingseinheiten hinweg. Weit über 10.000 für eine vollkommene Führung der Bewegung und die umfassende Formung des Körpers – je nach Begeisterung, E-Motion, Motivation, denn die wirkt wie ein Brandbeschleuniger.
Die oberflächliche Literatur der Ratgeberszene lässt sich leicht lesen und schlucken – doch sie ist nur Regen auf das gefrorene Meer in uns. Sie wird dem unbewussten Riesen einverleibt, färbt vielleicht leicht, aber macht weder Eindruck noch sprengt sie die Kruste der Gewohnheiten – die den Menschen an seinen Winterschlaf fesseln.
Was zeigt uns dies Bild?
Es verdeutlicht die Schädlichkeit zu leichter Literatur, zu schwacher Literatur. Man lässt sich davon berieseln, in der Hoffnung, sie würde den Eispanzer er-

weichen, doch tatsächlich verhärtet sie ihn: Je leichtfertiger ein Mensch sich gegen etwas wehrt, desto fester wird es ihn packen – wie der Sonnentau, die Würgeschlange, die Handschelle oder die Zeugen Jehovas.

Wie oft sehe ich genau die Menschen, die sich befreien wollen, sich immer tiefer verstricken, statt die Fesseln zu sprengen. Sie setzen sich fest, kommen nicht ein noch aus. Das nebensächliche Problem wird zum Mittelpunkt und frisst den gesamten Menschen mit Haupt und Haushalt.

Das hat der Mensch von seinem leicht fertigen, schwachen Gebaren, seinem Kompromiss-Leben und Halbtags-Streben – ein eisiges, starres Ver-Wesen.

Will er sich befreien, so muss er aufwachen, lauthals lachen, die Fesseln sprengen, witzeln, er sei in einem Zeugen-Schutzprogramm – Konventionen, Triebe und vor allem die Furcht überwinden, die ihm alle Glieder binden. Doch woher erhält ein Mensch so viel Kraft?

Solch eine Kraft, auf der geschrieben steht: *„GANZ ODER GAR NICHT!"* Sie muss das große Ausrufezeichen des Lebens sein, das reinigende Gewitter, der Flammenspeer des Himmels – der Blitz aus der Wolke. Nur solch eine Wucht vermag den Eispanzer zu sprengen.

Doch solche Schläge schenkt nur das Schicksal. Ein Buch kann das nicht. Ein Buch lässt sich zu leicht zur Seite legen. Es lässt sich meiden, vergessen, schwerlich essen – dabei sollte man es fressen, es sich wie Salz einverleiben und wieder erbrechen, um damit alle Gifte und schwachen Geister auszutreiben.

Kafka weiß um die Kraft des Buches:

> *„Ein Buch muss die Axt sein für das gefrorene Meer in uns."*

Ein starkes Buch teilt Hiebe aus. Seite für Seite – Seitenhiebe!

Sie vermögen den gefrorenen Panzer unserer Starre ebenso aufzubrechen, wie der einmalige Schicksalsschlag. Doch es ist mühsamer, wenn auch weniger grausam. Dieses Buch liefert Hiebe, viele Hiebe, ein vielseitiges Buch.

Manche werden meckern: Warum wiederholt sich der Christian immer wieder? Seneca würde antworten: „Warum macht Ihr immer wieder die gleichen Fehler?"

Sobald Ihnen meine Wiederholungen auf die Nerven gehen – sind wir auf dem richtigen Weg. Die Nerven sind das mächtigste Bindeglied zwischen Körper und Geist. An sie will ich ran. Und beginnt der Verstand zu rebellieren, wie bei jedem konsequentem Training, dann wird das Buch wirksam. Den Geist und die durch ihn wirkende Trägheit muss überwinden, wer seinen Körper, das mächtige Unbewusste, das gefrorene Meer bewegen will. Nur so wird ihn das Licht des Lebens durchdringen, statt reflektiert zu werden.

Viele Menschen mögen leben und lächeln. Sehen Sie sie sich genau an und Sie werden den Unterschied erkennen – zwischen der aufgesetzten Fratze des Scheins und dem leuchtenden, lebendigen Sein eines tiefen, bewegten Wesens.

Dies ist ein Buch über Tiefe, über inneres Lächeln – ein Bilderbuch für die Augen der Seele, denn reine Abstraktion ist des Geistes und somit schwach.

Damit Bilder wirksam werden, müssen sie nicht logisch sein, sondern einprägsam – manche sind gerade einprägsam, weil sie unlogisch sind. Gehen Sie also nicht mit den Augen des Rationalisierungsfachmanns an das Buch heran. Lassen Sie es einfach auf sich wirken, unbefangen wie ein Kind. Öffnen Sie den Filter, lassen Sie es rauschen, Ihr Körper wird aufsaugen, was ihn stärkt und durchlassen, was ihn nicht berührt. Er ist weiser und selektiver, als wir glauben.

Leider geil, fett und faul

Spiritus rector – Der leitende Geist

Aus Zarathustras Vorrede

Und Zarathustra sprach also zum Volke: „Ich lehre euch den Übermenschen. Der Mensch ist Etwas, das überwunden werden soll. Was habt ihr getan, ihn zu überwinden? Alle Wesen bisher schufen etwas über sich hinaus: und ihr wollt die Ebbe dieser großen Flut sein und lieber noch zum Tiere zurückgehen, als den Menschen zu überwinden? Was ist der Affe für den Menschen? Ein Gelächter oder eine schmerzliche Scham. Und ebendas soll der Mensch für den Übermenschen sein: ein Gelächter oder eine schmerzliche Scham. Ihr habt den Weg vom Wurme zum Menschen gemacht, und vieles ist in euch noch Wurm. Einst wart ihr Affen, und auch jetzt ist der Mensch mehr Affe, als irgend ein Affe. Wer aber der Weiseste von euch ist, der ist auch nur ein Zwiespalt und Zwitter von Pflanze und von Gespenst. Aber heiße ich euch zu Gespenstern oder Pflanzen werden?
Seht, ich lehre euch den Übermenschen! Der Übermensch ist der Sinn der Erde. Euer Wille sage: der Übermensch sei der Sinn der Erde! Ich beschwöre euch, meine Brüder, bleibt der Erde treu und glaubt denen nicht, welche euch von überirdischen Hoffnungen reden! Giftmischer sind es, ob sie es wissen oder nicht. Verächter des Lebens sind es, Absterbende und selber Vergiftete, deren die Erde müde ist: so mögen sie dahinfahren! Einst war der Frevel an Gott der größte Frevel, aber Gott starb, und damit auch diese Frevelhaften. An der Erde zu freveln ist jetzt das Furchtbarste und die Eingeweide des Unerforschlichen höher zu achten, als den Sinn der Erde!

Einst blickte die Seele verächtlich auf den Leib: und damals war diese Verachtung das Höchste: – sie wollte ihn mager, grässlich, verhungert. So dachte sie ihm und der Erde zu entschlüpfen. Oh diese Seele war selbst noch mager, grässlich und verhungert: und Grausamkeit war die Wollust dieser Seele! Aber auch ihr noch, meine Brüder, sprecht mir: was kündet euer Leib von eurer Seele? Ist eure Seele nicht Armut und Schmutz und ein erbärmliches Behagen? Wahrlich, ein schmutziger Strom ist der Mensch. Man muss schon ein Meer sein, um einen schmutzigen Strom aufnehmen zu können, ohne unrein zu werden. Seht, ich lehre euch den Übermenschen: der ist dies Meer, in ihm kann eure große Verachtung untergehn.

Was ist das Größte, das ihr erleben könnt? Das ist die Stunde der großen Verachtung. Die Stunde, in der euch auch euer Glück zum Ekel wird und ebenso eure Vernunft und eure Tugend. Die Stunde, wo ihr sagt: 'Was liegt an meinem Glücke! Es ist Armut und Schmutz, und ein erbärmliches Behagen. Aber mein Glück sollte das Dasein selber rechtfertigen!' Die Stunde, wo ihr sagt: 'Was liegt an meiner Vernunft! Begehrt sie nach Wissen wie der Löwe nach seiner Nahrung? Sie ist Armut und Schmutz und ein erbärmliches Behagen!' Die Stunde, wo ihr sagt: 'Was liegt an meiner Tugend! Noch hat sie mich nicht rasen gemacht. Wie müde bin ich meines Guten und meines Bösen! Alles das ist Armut und Schmutz und ein erbärmliches Behagen!' Die Stunde, wo ihr sagt: 'Was liegt an meiner Gerechtigkeit! Ich sehe nicht, dass ich Glut und Kohle wäre. Aber der Gerechte ist Glut und Kohle!' Die Stunde, wo ihr sagt: 'Was liegt an meinem Mitleiden! Ist nicht Mitleid das Kreuz, an das der genagelt wird, der die Menschen liebt? Aber mein Mitleiden ist keine Kreuzigung.'

Spracht ihr schon so? Schriet ihr schon so? Ach, dass ich euch schon so schreien gehört hätte! Nicht eure Sünde – eure Genügsamkeit schreit gen Himmel, euer Geiz selbst in eurer Sünde schreit gen Himmel! Wo ist doch der Blitz, der euch mit seiner Zunge lecke? Wo ist der Wahnsinn, mit dem ihr geimpft werden müsstet? Seht, ich lehre euch den Übermenschen: der ist dieser Blitz, der ist dieser Wahnsinn!
Der Mensch ist ein Seil, geknüpft zwischen Tier und Übermensch, – ein Seil über einem Abgrunde. Ein gefährliches Hinüber, ein gefährliches Auf-dem-Wege, ein gefährliches Zurückblicken, ein gefährliches Schaudern und Stehenbleiben. Was groß ist am Menschen, das ist, dass er eine Brücke und kein Zweck ist: was geliebt werden kann am Menschen, das ist, dass er ein Übergang und ein Untergang ist."

Als Zarathustra diese Worte gesprochen hatte, sahe er wieder das Volk an und schwieg. „Da stehen sie", sprach er zu seinem Herzen, „da lachen sie: sie verstehen mich nicht, ich bin nicht der Mund für diese Ohren. Muss man ihnen erst die Ohren zerschlagen, dass sie lernen, mit den Augen zu hören. Muss man rasseln gleich Pauken und Bußpredigern? Oder glauben sie nur dem Stammelnden? Sie haben etwas, worauf sie stolz sind. Wie nennen sie es doch, was sie stolz macht? Bildung nennen sie's, es zeichnet sie aus vor den Ziegenhirten. Drum hören sie ungern von sich das Wort 'Verachtung'. So will ich denn zu ihrem Stolze reden. So will ich ihnen vom Verächtlichsten sprechen: das aber ist der letzte Mensch."
Und also sprach Zarathustra zum Volke: „Es ist an der Zeit, dass der Mensch sich sein Ziel stecke. Es ist an der Zeit, dass der Mensch den Keim seiner höchsten Hoffnung pflanze. Noch

ist sein Boden dazu reich genug. Aber dieser Boden wird einst arm und zahm sein, und kein hoher Baum wird mehr aus ihm wachsen können. Wehe! Es kommt die Zeit, wo der Mensch nicht mehr den Pfeil seiner Sehnsucht über den Menschen hinaus wirft, und die Sehne seines Bogens verlernt hat, zu schwirren! Ich sage euch: man muss noch Chaos in sich haben, um einen tanzenden Stern gebären zu können. Ich sage euch: ihr habt noch Chaos in euch. Wehe! Es kommt die Zeit, wo der Mensch keinen Stern mehr gebären wird. Wehe! Es kommt die Weit des verächtlichsten Menschen, der sich selber nicht mehr verachten kann. Seht! Ich zeige euch den letzten Menschen. 'Was ist Liebe? Was ist Schöpfung? Was ist Sehnsucht? Was ist Stern' – so fragt der letzte Mensch und blinzelt. Die Erde ist dann klein geworden, und auf ihr hüpft der letzte Mensch, der alles klein macht."

Und hier endete die erste Rede Zarathustras, welche man auch „die Vorrede" heißt: denn an dieser Stelle unterbrach ihn das Geschrei und die Lust der Menge. „Gib uns diesen letzten Menschen, oh Zarathustra," – so riefen sie – „mache uns zu diesen letzten Menschen! So schenken wir dir den Übermenschen!" Und alles Volk jubelte und schnalzte mit der Zunge. Zarathustra aber wurde traurig und sagte zu seinem Herzen: „Sie verstehen mich nicht: Ich bin nicht der Mund für diese Ohren. Zu lange wohl lebte ich im Gebirge, zu viel horchte ich auf Bäche und Bäume: Nun rede ich ihnen gleich den Ziegenhirten. Unbewegt ist meine Seele und hell wie das Gebirge am Vormittag. Aber sie meinen, ich sei kalt und ein Spötter in furchtbaren Späßen. Und nun blicken sie mich an und lachen: und indem sie lachen, hassen sie mich noch. Es ist Eis in ihrem Lachen."

Cui bono – Wem nützt es?

Milliarden von *Homos* wuseln auf der Erde herum – doch sapiens sind die wenigsten. „Homo" ist der Gattungsbegriff, der uns als Menschen auszeichnet, und „sapiens" spezifiziert unsere Art, wobei „sapiens" so viel wie „weise" bedeutet. Daraus erwächst der Artname des modernen Menschen: *Homo sapiens* – der weise Mensch. So heißen sie, doch wo sind sie, die weisen Menschen?
Allesamt lassen sich die Menschen in drei Gatter sperren, Prokrustes sei Dank. Der griechische Riese bot Reisenden ein Bett an und was nicht passte, machte er passend. Wer zu lang war, dem wurden die überschüssigen Glieder abgehackt, und wer zu kurz war, der wurde auf dem Amboss gestreckt. So passten alle Menschen in sein Bett.
Natürlich wird das dem einzelnen Individuum nicht gerecht, doch ohne Verallgemeinerung ließe sich kein menschliches Thema umfassen und für ein größeres Publikum aufbereiten. Da es schwierig ist, jedem Leser ein eigens auf ihn abgestimmtes Buch maßzuschneidern, beginnt auch dieses – wie jedes nützliche andere – mit einer Pauschalisierung, die da sagt:

Es gibt drei Formen von Menschen, in denen wiederum drei Wesen wirken. Je nachdem, wie diese Wesen miteinander agieren, ergeben sich die drei Formen.

Keineswegs sind alle Menschen gleich und erst recht nicht ist der Mensch von Grund auf eine Einheit. Oberflächliches Geschwafel, das nur das Bild aber nicht die Puzzleteile sieht; nur den Menschen, aber nicht seine Organe, Kräfte und Gedanken.
Die drei Wesen im „Team Mensch" sind Körper, Geist und Trieb. Wie die Planeten sich um die Sonne, aber auch um sich selbst drehen, so haben auch die drei Wesen ein Eigenleben und kreisen doch um den selben Lebensprozess, der sie zusammen hält.

Der Trieb bzw. die Triebe können auch als das Tierische oder das genetische Notfallprogramm zur Selbst- und Arterhaltung bezeichnet werden. Vor allem hat sich die Bezeichnung als „innerer Schweinehund" etabliert. Der will ja nur spielen, zumindest könnte er das. Doch unerzogen wie er ist, neigt er zu Trägheit und Trivialität, dann will er Ficken, Fressen und Faulenzen – oder alles zusammen: Feiern. Der von ihm geprägte Mensch ist nicht nur geil, sondern auch faul und wird fett.

Das ist der stumpfe HEDONIST, der Massen- und Lustmensch. Er versteht sich gut mit dem Schweinehund und teilt seine Interessen: Faulenzen, Ficken, Fressen – auf Kosten des Körpers, an dem das nicht spurlos vorübergeht.
Wird der Hedonist unsanft wachgerüttelt, durch Herzinfarkt, Depression oder einen Spiegel, wird ihm bewusst, dass ein schöner, gesunder, starker Körper ganz nett wäre. Er gibt sich Mühe, einen solchen zu entwickeln, doch er kommt nicht weit, weil der unerzogene Schweinehund, der olle Saufkumpan, zu vielen Schandtaten bereit ist, aber sich ungern dominieren lässt.
Die gleiche Augenhöhe wird zum Problem, wenn der Geist des Menschen Montag morgen erwacht und sich fragt, ob das alles so gut für ihn ist. Unter der Woche wird die Partnerschaft nervenzerreibend, wenn der Geist schaffen, der Schweinehund aber schon wieder steil gehen oder faulenzen oder ficken oder fressen will. Kein stumpfer Hedonist wird je etwas Großes schaffen, er gefällt sich lieber beim Gaffen, beim Konsumieren, beim Vegetieren und Kopulieren. Quantität statt Qualität. Anspruch ist egal. Der Geist wird trivial. Zu viel ist nicht genug.
Die Kumpelei mit den Trieben geht nicht nur auf Kosten des Körpers, sondern auf die des ganzen Menschen und sogar der Gesellschaft. Die Kosten für das Gesundheitssystem sind hoch und vor allem durch ihn bedingt. Ein Möchtegern, der sich treiben lässt – mit allen Konsequenzen.
Am liebsten würde der Schweinehund die volle Kontrolle übernehmen – wie zügellose Triebe nun einmal sind: gierig und ungehemmt, imperialistisch, assimilierend und sie sitzen an einem mächtigen Hebel: dem Belohnungssystem.

Jedes mal, wenn der Mensch ein Verhalten an den Tag legt, das dem Tier gefällt, bekommt er ein neurochemisches Leckerli, körpereigene Drogen, die den Menschen berauschen. Da fällt es schwer, „Nein" zu sagen. Schnell wird man süchtig nach dem Stoff. Fragt sich doch, wer hier wen dressiert und an der Leine hält?

Je schwächer der Geist, desto stärker der Hund. Der Hund lebt aber nur im Menschen und hat keine Ahnung, wie es draußen aussieht. Eigentlich will er nur Gutes und Natürliches: Selbsterhalt (Faulenzen & Fressen) und Arterhalt (Ficken). Doch die Bedingungen haben sich geändert. Wir sind zivilisiert und industrialisiert. Doch das weiß er nicht. Er weiß nicht, dass sein ungezügeltes Verhalten heute eher nach unten in die Gosse und unter die Erde führt, statt nach oben – wo er eigentlich hin will. Ein Drama der Natur, der Untergang der Kultur.

Ihm entgegen steht der ASKET. Der hat die destruktive Tendenz des ungezügelten Schweinehundes erkannt, doch schüttet ihn mitsamt dem Bade aus – und beginnt so zu vertrocknen. Er verachtet alles Tierische, Körperliche, sieht seinen Leib nur als schmutzigen, verdorbenen Kerker in dem sein himmlischer Geist gefangen ist – zwischen Blut, Eiter und Scheiße. Der Geistliche, der vergeistigte Mensch folgt hohen Idealen und zerschneidet die Wurzel zu allem Lebendigen in sich, ja kastriert sich gar, züchtigt und erniedrigt den Körper – um den Hund in ihm zum Schweigen zu bringen.

Die geprügelte Kreatur gibt klein bei und der Leib verdorrt, wodurch alle Kraft und Lebendigkeit, alles Spielerische und Ästhetische versiegt. Der Geist kommt an die Macht, doch der Mensch wird knochig, spießig und grau. War es früher der Klerus, so sind es heute die Kopf- und Karriere-Menschen, die nur in Gedanken leben und eingebildeten Schein-Werten hinterherjagen. Sie vernichten Körper und Hund nicht zielgerichtet, sie ignorieren und verdrängen sie einfach. Dies führt dazu, dass der Körper den Bach herunter geht, wie alles, was man nicht pflegt, und der Hund weg gesperrt wird. Je nach Kraft des Hundes geht dieser entweder ein oder wird zur Bestie, die den Menschen unterschwellig gierig und geil werden lässt. Das alles geht auf den Geist, bremst sein Schaffen und brennt aus. Der Asket hat zu 100% die Kontrolle, doch sein Team ist tot – vertrocknet, ignoriert und weg gesperrt. Eine Sackgasse der Natur, die Kastration der Kultur.

Höhere Kreise zieht nur der WEISE – der Homo sapiens wie er sein soll. Er macht das Beste aus dem „Team Mensch", indem er jedes Wesen anerkennt und ihm die Rolle zugesteht, die seinem Naturell entspricht und der heutigen Zeit angemessen ist – ohne Krampf, Zwang oder Verdrängung. All die Gedanken, der Mensch habe etwas Krankhaftes, Schlechtes, Hässliches, Unwürdiges, Teuflisches in sich, sind Müll. All das entsteht erst, wenn er versucht, seine natürliche Dreifaltigkeit zu bekämpfen oder zu ignorieren. Doch schafft er es, sein Potenzial zu erkennen und zu verwirklichen, dann zieht „Team Mensch" an einem Strang. Dann werden Körper und Geist die Kraft der Triebe erhalten und sie für höhere Ziele einsetzen! Der Geist wird verkörpert und der Körper begeistert. Der Geist vermag sich auszudrücken und seine Ziele zu verwirklichen. Der Körper erhält die Gesundheit, Stärke und Schönheit, die in seiner Natur liegen. In Summe erwächst ein gesunder und wirksamer Mensch, der sich auf das Wesentliche besinnt und zur Entwicklung beiträgt. So verwirklicht der Weise sein Potenzial zum Nutzen aller. Das Ziel der Natur, die Zukunft der Kultur.

Dies sind die drei Reinformen des Menschen, doch sie sind selten. Nur wenige Menschen sind rein – rein hedonistisch, asketisch oder weise.

Das Chaos der Ströme

In den meisten Menschen sind alle drei Formen als Strömungen vorhanden – wobei eine dominiert. Es herrscht also nicht nur potenzieller Krieg zwischen den drei Wesen im „Team Mensch" sondern sogar noch zwischen

den drei Formen. Es ist der Widerstreit dieser Aspekte, der den Menschen antreibt, aus der Bahn wirft und zu Neuem, Höherem drängt – doch nur die Vereinigung dieser Aspekte vermag ihn zu einem starken, weisen Menschen zu machen. Bringen Sie Körper, Geist und Kraft in Einklang, dann sind Sie der Mensch, der über diesen Konflikten steht – der Übermensch!
Doch dorthin ist es ein langer Weg. Die Menschen streiten darüber, ob der Mensch eine Insel ist. Das ist mir einerlei. Viel bedeutender ist für uns ein anderer Aspekt des Menschen: Er ist ein Schlachtfeld. Verschiedenste Kräfte tosen in ihm wie zusammenprallende Ströme und Stürme auf See. Da wäre es schön, Land zu sehen. Nicht nur Tier, Körper und Geist, sondern auch Hedonismus, Askese und Weisheit, sie alle liegen sich in den Haaren – mit ihren ganz eigenen Mitteln.
In vielen Menschen herrscht so viel Chaos, dass es nicht einmal zur Insel reicht. Jeden Tag strampeln sie sich verzweifelt im Meer der Streitigkeiten ab und finden keinen Frieden in sich und wer ihn dort nicht findet, wird ihn nie finden. Mir scheint, der Geist ist deswegen so flüchtig und abstrakt, damit er sich zur Not über all das erheben und so zumindest ein oberflächliches, von den weltlichen Wirrungen enthobenes Dasein führen oder sich gar in erträumte Welten flüchten kann. Ein Überlebensmechanismus der Natur – durch die Evolution geschaffen und mit dem Prädikat „wertvoll" versehen –, der verhindert, dass wir verrückt werden und uns selbst zerstören.
Psychische Störungen, wie die multiple Persönlichkeitsstörung, zeigen diesen Konflikt, wenn der Krieg an die Oberfläche dringt und sich völlig verschiedene Menschenformen in nur einem Körper zeigen: Asthmatiker und Kettenraucher; oder die fromme Nonne und die SM-Braut; der fürsorgliche Hirte, der sich an seinen Schafen vergeht; der egozentrische Kapitalist und liebende Familienvater; der hart trainierende und sich strikt ernährende Athlet, der sich am Wochenende die Kante gibt und Junk Food frisst; himmelhoch jauchzend, zu Tode betrübt.

Die Übergänge sind fließend. Wo endet Krankheit, wo beginnt der Mensch? Liegt es nicht sogar in seiner Natur, gespalten zu sein? Geht es uns allen nicht wie Goethes Faust:

> *„Zwei Seelen wohnen, ach! in meiner Brust, die eine will sich von der andern trennen: die eine hält in derber Liebeslust sich an die Welt mit klammernden Organen; die andre hebt gewaltsam sich vom Dust zu den Gefilden hoher Ahnen."*

Für welche der beiden Seelen soll man sich entscheiden? Für keine – alleine! Man sollte sie vereinen und weise werden. Das ist die einzige Möglichkeit, um Ordnung im Menschen zu schaffen und ein selbstbeherrschtes Leben zu führen.

Das meinen all die Heils-, Glücks- und Weisheitslehren rund um den Globus, wenn sie von innerem Frieden, innerer Ruhe, Leere und Einheit sprechen – das verstummen der Streitigkeiten und vereinen der Ströme, die durch Geistes Kraft nun aufwärts fließen. Im Menschen ist so viel Kraft, sind so viele Kräfte; er muss lernen, sie zu vereinen und für sich einzusetzen – oder sie werden ihn von innen heraus zerfetzen.

Ziel des Buches

Wie man zum Weisen wird, zeigt dieses Buch. Es zeigt, dass die menschlichen Probleme durch innere Konflikte entstehen – zwischen den Wesen und Strömungen auf dem Schlachtfeld Mensch, die unterschiedlicher nicht sein könnten. Je weniger Ordnung in diesen Verhältnissen ist, desto mehr Chaos herrscht im Inneren, desto unfähiger ist man im Äußeren. Desto mehr Probleme hat der Körper (Schwäche, Verschleiß, Fettleibigkeit, Zivilisationskrankheiten), desto mehr geht der Körper auf den Geist (Unwohlsein, Kon-

zentrationsschwäche, Labilität), desto mehr ist der Mensch von den Trieben getrieben (Geilheit, Trägheit, Trivialität), desto eher brennt der Mensch als Ganzes aus (Zweifel, Depression, Burnout, Selbstzerstörung, Suizid) und desto weniger Selbstbewusstsein hat er.
Selbstbewusstsein ist die Summe aus Geistbewusstsein, Körperbewusstsein und Triebbewusstsein. Die letzten beiden sind schwach in unseren Breiten, da wir vornehmlich mit dem Kopf arbeiten. Körper und Trieb verdrängen wir, weshalb unser Selbstbewusstsein – und mag das Ego noch so groß scheinen – unvollständig und schwach ist. Dabei ist Selbstbewusstsein unabdingbar zur Selbstverwirklichung. Wer nicht weiß, wer er ist, wie soll der sich verwirklichen?

Ziel des Buches ist also, Ordnung im Menschen zu schaffen, ihn zu kultivieren und sich selbst bewusst zu machen. Kultur ist die Ausbildung der menschlichen Anlagen nach höheren, spielerischen und ästhetischen Prinzipien, durch die Systematik von Differenzierung und Integration und anhand von Kriterien der Evolution. Dieser knochige Gedanke wird nach und nach mehr Fleisch erhalten. Vorerst soll der abstrakte Luftsprung nur zum Ausblick dienen – ein kleiner Happen für den Verstand.

Drei Teile hatte das Buch

Fast schon sind es eigene Bücher. Sie haben eine eigene, ihrem Ziel angemessene Tonlage und sind pragmatischer Natur. Nur Handeln bringt uns der Weisheit näher. Denken ist wichtig, doch an und für sich schwach. Richtiges Denken führt zum Wissen, richtiges Leben zur Weisheit. Auf letzteres kommt es an. Schlussendlich sind alle Gedanken nur Brücken, die hinfällig werden, sobald wir am Ziel sind. Dann wird jeder erkennen, dass Erfolg alle Argumente ersetzt – oder wie es in der Medizin heißt: Wer heilt, hat Recht.

COGITO ERGO DUMM präsentiert uns das Gesamtbild, gibt den Rahmen vor, erläutert Begriffe sowie Zusammenhänge und gibt generelle Ratschläge, wie man den Geist verkörpert bzw. den Körper begeistert. Es erklärt die Herkunft des Hundes und wie wir das Beste aus ihm herausholen – seine Kraft – ohne ins Tierische zu versinken. Darüber hinaus gibt es Sex, Aliens und die Erklärung dafür, warum das Leben eine Kunst ist – zumindest wenn man es richtig (also spielerisch) angeht; dazu Seitenhiebe auf die Philosophie bzw. auf das, was vertrocknete Asketen daraus gemacht haben, ein Plädoyer für mehr Tatkraft und die Fähigkeit, im Moment zu leben. Sie lernen die Perspektive zu wechseln und das Prinzip von Differenzierung und Integration kennen. Wenn wir schon dabei sind, bringen wir auch gleich den Müll raus.
Dieser Teil wurde in Bangkok geschrieben und ist wie die Stadt – verwinkelt und widersprüchlich, aber auch vielseitig und mächtig – wie der Mensch.

DIE RUHIGE SEITE DER KRAFT ist das Trainingsprogramm des Buches. Knackig und klar. Mit klaren Anweisungen und Übungen. Eine Schule der Körperbeherrschung, die Körper und Geist zusammenschweißt.

Fünf Schritte, die Sie der ruhigen Seite der Kraft näher bringen:

1. Aufrichten
2. Atmen
3. Fokussieren
4. Stabilisieren
5. Versenken

Dieser Teil wurde auf Samui geschrieben, einer traumhaften Insel im Thailändischen Golf. Dort fällt es leicht, sich auf das Wesentliche zu konzentrieren – auf sich selbst, das Ordnen der inneren Ströme und kultivieren grundlegender Fähigkeiten.

VOM SCHWEINEHUND ZUM SCHOSSHUND ist der dritte Teil. Er wird Ihnen dabei helfen, den Schweinehund an die Leine zu legen. Nicht indem Sie ihn dazu zwingen, sondern indem Sie lernen, ihn zu dominieren – was er wiederum nur mit sich machen lässt, wenn Sie ihn stimulieren und stabilisieren. Vor allem aber, indem Sie seine Triebe kultivieren und sich selbst als Herrchen etablieren. Hier wird es persönlich. Sie erfahren einiges über mich, denn ich kann hier als Bei-Spiel dienen – sowohl positiv als auch negativ. Sieben Lektionen helfen Ihnen, das Vorhaben in die Tat umzusetzen. Sie befassen sich mit den größten Lüsten des Hundes und wie wir sie beherrschen lernen:

1. Vom Kotzen und Fasten
2. Schluss mit der Unzucht
3. Bete und Arbeite
4. Körperkultur
5. Fuck die Komfort-Zone
6. Kleine, knackige Komfort-Killer
7. Herrchen werden

Wenn die Titel Sie abschrecken, dann fragen Sie sich, warum das so ist. Ist es die Art der Formulierung? Oder steckt mehr dahinter?
Generell werden Sie beim Lesen viele Widerstände erfahren. Schließlich geht es um Tabus, das Aufbrechen von Gewohnheiten, das Ändern der Lebensbedingungen, Schmutz und Selbsterkenntnis. Ihr momentanes Leben wird dadurch angegriffen und es wird sich zur Wehr setzen, weil es die momentan stabilste – und somit stärkste – Form Ihres Seins und der darin beteiligten Wesen und Ströme ist. Ob Körper, Geist oder Hund – sie alle werden hier und da murren, sich mit Vernunft, Gefühl und Unwillen zur Wehr setzen. Das ist wunderbar. So erfahren Sie, wo der Widerstand ist, wo Ihr momentanes Leben verkrustet ist und wo Sie dringend ansetzen sollten. Dafür klopfe ich mächtig auf den Busch. Provoziere mit Worten und Gedanken, um die Dämonen der Trägheit und Trivialität, der Spießigkeit und Starrheit aufzuscheuchen, damit sie böse werden und angreifen. Sich selbst erkennen ist eine Sache – sich selbst revolutionieren eine ganz andere. Wo der Widerstand ist, ist der Weg.

Generell können Sie die Teile des Buches auch einzeln lesen. Wenn Sie nur Ihre Körperbeherrschung steigern wollen, liegen Sie mit dem zweiten Teil richtig. Spricht Sie der dritte an, können Sie dort einsteigen. Die Teile sind zwar aufeinander abgestimmt und ergeben ein Ganzes, doch sie sind so formuliert, dass vorher erschlossene Kenntnisse nicht vorausgesetzt werden. Wichtiges wird ohnehin wiederholt. Wie erwähnt ergibt auch nicht alles einen Sinn, zumindest nicht immer den gleichen. Einiges wird bewusst unsinnig geschrieben, um zu provozieren, statt zu klären. Das Buch will nicht verstanden werden, es will verändern. Dafür ist lineare Logik so wichtig wie die Farbe der Unterwäsche beim Bergsteigen. Machen Sie sich stets bewusst: Das Buch ist nicht (nur) für Ihren Geist geschrieben. Es will durch seinen Filter hindurch, zu den Wesen, die nicht lesen können.

Zur Klärung: In dieser überarbeiteten und komprimierten Taschenbuchausgabe von „Leider geil, fett & faul" wurde auf den 2. Teil, das Trainingsprogramm, verzichtet. Dieser Teil wurde bereits vorab heraus gelöst, umfassend überarbeitet und neu illustriert als eigenständiges Buch veröffentlicht; unter dem Titel „Body Basics. In 5 Schritten zu mehr Körperbeherrschung".
Somit konzentrieren wir uns in dieser Taschenbuchausgabe vollkommen auf den Weg zur Weisheit und die Erziehung des Schweinehundes – wie es auch im Untertitel versprochen wird.

Nützt Ihnen das Buch?

Ich bin mir sicher ... Zumindest dürften Sie sich in einigen Punkten angesprochen fühlen und zum Handeln animiert werden. Ist dies alles nicht der Fall, dann sind Sie entweder nur durch Zufall hier gelandet und suchen eigentlich die Fernsehzeitung (ich empfehle die Simpsons um 18:10 Uhr) oder Sie sind bereits ein Übermensch – um den sich das Buch oft drehen wird. Falls ja hätte ich gern ein signiertes Poster (empfehle ebenfalls die Simpsons) und möchte Sie schelten: Weshalb haben nicht Sie dies Buch geschrieben, sondern jemand, der selbst noch lang nicht weise – aber ergriffen von der Reise – ist?

Vielleicht ist es auch alles andere als weise, Bücher zu schreiben. Da sollten wir mal bei Sokrates nachlesen oder Ludwig Feuerbach fragen:

„Die wahre Philosophie besteht darin, nicht Bücher, sondern Menschen zu machen."

Na, danke! Dann zurück zu den Menschen ...

O tempora, o mores – O Zeiten, o Sitten

> *„Nun, da sich der Vorhang der Nacht von der Bühne hebt, kann das Spiel beginnen, das uns vom Drama einer Kultur berichtet."*

Possierlich ... Wie es den Kopf hängen lässt und vor sich hin schmatzt, das unbekümmerte Männchen. Das Leben noch vor sich – aber schon in den Seilen hängen. Flach atmend, mit einem treu doofen Blick im Gesicht, ganz vertieft in die Nahrungsaufnahme.
Kein Sinn für die Welt da draußen, für den tausende Jahre währenden Kampf der Kräfte und Ideen. Keinen Schimmer von der Blüte der Kultur, von Stil und Philosophie. Ohne Bewusstsein für die Opfer und Schlachten der Vorfahren, das Schaffen der Genies, die Stärke der Krieger, die Selbstachtung der Freien und die Würde des Einzelnen. Kein Ohr für die Schreie der Unschuldigen und Verdammten, für die Diskurse und Verse der Sehnenden und Faszinierten, für das Schweigen der Gelassenen. Kein Auge für die Schönheit und das Grauen der Natur, für das Spiel von Chaos und Kosmos, für Zufall und Zerfall. Für all das, was den gewaltigen Prozess der Welt vorantreibt und zwischen den Zeilen bebt. Es kulminiert hier – am Punkt zwischen Verwahrlosung und Selbstbeherrschung, zwischen Anspruch und what ever; wobei der Artgenosse vor mir eher Vertreter des Letzteren ist.
Er hat genug Probleme mit sich selbst, in der Pubertät. Das ist die Zeit, in der die Eltern schwierig werden, der Körper ein Eigenleben entwickelt und plötzlich diese Dinger auftauchen, die sonst nur Frauen haben: Gefühle.
Da hilft nur mauern, sich einmauern, den Blick nach Innen kehren, ins Internet, die weißen Ohrstöpsel ganz tief im Kanal versenken und nichts wie weg. Musik an- und die Welt abschalten, den Körper vergessen und mit ihm alle Probleme.

Faszinierende Fahrt auf zwei Gleisen

Die Münchener S-Bahn trägt mich voran, heute ohne Verspätung. Eigentlich leben in der Hauptstadt des Freistaats nur die erlesensten Deutschen – zumindest sagt man das hier –, aber bei dem perspektivlosen Jüngling vor mir fällt es schwer, das zu glauben. Tatsächlich erinnert keiner im Abteil an ein In-Dividuum – einen Menschen, in dem Körper und Geist vereint sind.

Selbst der Herr im Anzug macht einen zwiespältigen Eindruck. Getrieben durchforstet er den Börsenteil der Süddeutschen; in der Hoffnung, dass sich seine Wertpapiere nicht dem Papierwert nähern. Die Titelseite lässt er links liegen. Fallen Kinder in Syrien, dann ist das weit weg. Fallen die Aktien, dann geht das an die Nieren. Selbst wenn sie stagnieren, denn Wachstum allein, beendet seine Pein.
Er wirkt so erwachsen, geschniegelt und reif – allein in seinem Seitenscheitel steckt mindestens so viel Ernst wie Pomade. Darunter blickt ein wildes Tier in die Welt, gebändigt von einer gelben Krawatte. Wie ein Tiger, zum Angriff bereit, mit gespannten Muskeln und doch nicht befreit. Man meint, von seinem Geschick hinge unser aller Schicksal ab; aber da ist noch mehr in seinem Blick – Unruhe, Aggression, Verzweiflung.
Angst vor Verlust, vor Versagen, vor dem Gedanken, dass 80 Stunden Arbeit pro Woche zu wenig sein könnten. Und im Stillen ... der nagende Zweifel, ob Erfüllung sich vielleicht doch nicht nur über den Kontostand definiert. Vermag äußerer Reichtum innere Leere aufzuwiegen?
Der Kurs scheint zu steigen, zumindest zeichnen seine triumphierenden Mundwinkel dies Bild. Doch es liegt Eis in seinem Grinsen, der Körper starr, die Nase zu hoch und der Kopf zu weit vorn – direkt über dem Wohlstandsbäuchlein. Ist das die Elite? Oder nur ein engagierter Mensch, mit so hohen Zielen, dass der Körper nicht mehr hinterher kommt?

Der Student ist gelassener. Nur heute nicht. Eifrig kümmert er auf einem der Notsitze. Die Nase in den Notizen. Die Notizen auf den Knien. Verzweifelt rutscht sein Blick ab und klatscht auf den Boden, direkt neben die Timberlands. Der Atem schafft es nicht so weit. Er steckt fest.

Sein Körper will weg von dem abstrakten Gewusel, sich ganz tief in der Barbour-Jacke verkriechen, doch der Wechsel steht auf dem Spiel. Vermutlich eine Prüfung, die ihn beunruhigt. Zu Recht! Mit dem, was er nicht weiß, könnten noch drei weitere Kommilitonen durchfallen.

Wäre er doch noch im Bett. Gerade erst Mittag. Das ist nicht seine Zeit. Der Münchener Student – und ich kenne ihn gut – fühlt sich erst wohl, wenn er den Tag verpennt. Nachmittags steht er auf, Abends unterzeichnet er seine körperliche Anwesenheit bei ein paar Seminaren und dann beginnt die nächtliche Routine: die junge Elite glänzt am Glas, denn die Quellen in der Uni sind trocken. Mit der Realität sollen sich die rumschlagen, die nicht mit Alkohol umgehen können.

Zur Uni fährt er schwarz, immerhin 2,60 € lassen sich sparen. Dass er des Nachts jede Fahrt mit dem Taxi bestreitet und für eine Flasche „Machmichblau" das Zehnfache des Einkaufspreises berappt, ist ihm gleich. Tagsüber ein Schlucker, nachts ein König – von der Prüfung aus dem Leben gerissen.

Da ist die Verzweiflung groß. Irgendwann holt einen das Leben ein. Mit dem 7er von Papa ist man aber schnell wieder davon. Doch wo ist die Mitte, wo der Sinn, wie lange macht der Körper das mit? Findet sich das Glück wirklich nur in vitro, in der Lustbefriedigung? Kann die Fassade ein Fundament ersetzen?

Er hingegen hat wohl nie studiert. Er hat genug von den Prüfungen des Lebens und die Flasche Augustiner Edelstoff in seiner Hand zeugt davon, dass er momentan nicht einmal eine Blutprobe bestehen würde. In der hinteren Ecke sitzt er mit dreckigen Händen und versteckt sich – vor sich selbst. Mit eingesunkenen Schultern und schwerem Kopf, die Nase an der Scheibe, den Blick in der Ferne, träumt er ein schönes Leben herbei – so wie es die Reichen

haben, von denen die Zeitung auf seinem Schoss berichtet. Ja, die *Bild* sagt mehr als tausend Worte – über ihre Käufer. Aber in die Ferne zu reisen, wird ihm nichts nützen. Seine Probleme begleiten ihn, denn er klammert sich daran. Warum wirft er sie nicht ab? Das würde ihn aufrichten.
Loslassen ist schwer – besonders für uns. Wir wollen haben, jagen, sammeln und rammeln; wollen die Welt verschlingen, doch haben Angst vor Veränderungen, Alleingängen und ... zu viel Freiheit.

Ich blicke auf die Frau ein Abteil weiter, vermutlich Opernsängerin. Verzweifelt fröhlich schaut sie mich an, denn sie inhaliert bereits den zweiten Schokoriegel. Sie sucht die Erfüllung in der Überfüllung. Was würde sie wirklich glücklich machen?

Schmucker ist die liebreizende Dame, die vor der Tür steht und sich am Pfosten festhält; wahrscheinlich ihr Freund. Doch warum zieht sie die Schultern so hoch und den Kopf tief hinunter? Hat sie sich ihre Haltung vom Billy-Regal abgeschaut und das Selbstbewusstsein gleich mit? Warum diese Starre? Lebt darin ein freier Geist?

Bei Don Corleone, der vor mir auf den freigewordenen Sitz sackt, sicher nicht. Ein zu enges grau-lila-liniertes Polo-Shirt der Größe XXL ziert den Mann, der keine Ruhe finden kann. Die Finger wuseln wie ein Bündel dicker Tauwürmer. Seine von einem dünnen Oberlippenbart verstärkte Lippe vollführt Kapriolen. Schmatzend, knetend und brodelnd. In ihm ist die Hölle los.
Erfinden könnte ich ihn nie, er wäre zu übertrieben – doch er ist real und sitzt vor mir, in diesem Moment und macht den Eindruck, als hätte heute früh ein Pferdekopf neben ihm im Bett gelegen. Dabei war es sicher seine Frau, die brav und umso stiller neben ihm steht und nicht nur mit den Füßen, sondern auch mit den Augen den festen Halt auf dem Boden sucht, den ihr Mann kaum geben kann.

Zeit den Zug zu verlassen und einen anderen Weg zu wählen. Direkt unter der Mariensäule platzt der Schlauch auf und spült uns hinaus. Ein lesendes Männlein springt mir ins Gesicht, ein Professor von der Hochschule, still steht er am Abgrund, direkt vor dem Gleis. Jemand, der sich konzentrieren kann, der seine Zeit nutzt und sich bildet – doch leider nur geistig, beim Körper ist er geizig. Ist Lehre, ist Leben nur eine Frage des Kopfes? Je nüchterner der Geist, desto näher der Wahrheit? Soll der ausgedorrte Mensch der Maßstab der Dinge sein?

Wie will mir jemand das Leben lehren, der nicht einmal zwanzig Liegestütze schafft und sein Haupt dem Buche beugt – statt es vor die Nase zu heben? Natürlich könnte er auch das lernen; aber die Welt ist nicht das, was sein könnte, sondern das, was man daraus macht. Ist es oberflächlich, bei einem Menschen, auch den Körper zu betrachten? Vielleicht ... Vielleicht ist es aber auch tiefgründiger als alles bisher Gedachte zusammen; weil das Denken über den Dingen steht – der Mensch aber nicht.

Eine seltsame Spezies, dieser Mensch. So weit oben und doch ganz unten. Nichts und niemand hat so viel Potenzial und lässt sich zugleich dermaßen gehen. Warum ist das so?

Seneca flüstert mir zu: *„Das Gute findet sich nicht in jedem Körper, nicht in jedem Alter und ist von der Kindheit so weit entfernt, wie das Letzte vom Ersten, wie das Vollendete vom Anfang."*

Aber was ist das Gute?, will ich wissen.

„Eine freier und hochgerichteter Geist, der alles andere sich unterwirft, sich selbst aber keinem."

COGITO ERGO DUMM

Warum uns der Körper
auf den Geist geht,
Kunst und Ficken

Bangkok, „Winter" 2012/2013

Für Pablo!

*Danke für die starke Zeit in der Millionenmetropole –
dem Himmel in der Hölle, in dem Zeit zerfließt wie Pulverschnee
und Tage zu Monaten werden.*

*Nirgends lässt sich der innere Schweinehund besser erforschen und beherrschen lernen, als in diesem Sumpf der Versuchung, diesem brodelnden Schmelztiegel aus Ghetto, Luxus, Clubs, Sex, Streetfood, Ratten, Hitze, durchgehenden Öffnungszeiten, kollabierenden Straßen, Pools, meterlangen Varanen, käuflichem Recht, Fruitshakes und geschneidertem Zwirn;
diesem pulsierenden Organismus,
wo man alles bekommt –
nur keinen Schlaf.*

Be water my friend!

*„So wenig wie möglich sitzen;
keinem Gedanken Glauben schenken,
der nicht im Freien geboren ist und bei freier Bewegung
– in dem nicht auch die Muskeln ein Fest feiern."*

Friedrich Nietzsche

Ea est natura hominum – Das ist die Natur des Menschen

Der Mensch hat einen Schatten, der zeigt, was er auch ist, aber auf keinen Fall sein will: ein Tier. Da er dieses Tier mit seinem Körper gleichsetzt, verspürt er auch eine Abneigung gegen diesen, lässt seine Entwicklung schleifen oder lebt gar auf seine Kosten.

Dieses Buch zeigt, wie der Mensch sein Potenzial entfesseln und seine Ziele verwirklichen kann, indem er lernt, seinen Körper zu beherrschen – denn ohne ihn geht es nicht. Es kritisiert die verkopfte Gesellschaft, in der Fettleibigkeit, Schwäche und Trägheit ebenso normal sind wie lebensfremde Abstraktion und stressbedingte Überlastung.

Auf den ersten Blick haben die Probleme unserer Zeit verschiedene Ursachen, doch es gibt einen gemeinsamen Nenner: die Entfremdung vom eigenen Körper! Durchaus problematisch, wenn man bedenkt, dass wir ausnahmslos alles, was wir erleben und schaffen, nur durch ihn erleben und schaffen. Unser gesamtes Wirken und Wahrnehmen steigt und fällt mit unserer Beziehung zum Körper und seinen Nerven, geht durch den Filter von Fleisch und Blut. Verlieren Körper und Geist den Bezug zueinander, sind mangelnde Körperbeherrschung auf der einen und lebensfremde Vergeistigung auf der anderen Seite die Folge – ebenso wie die daraus erwachsenden Konflikte im Inneren des Menschen, die auch noch tierisch angeheizt werden. Diese Streitigkeiten sind der Hauptgrund dafür, dass viele von uns mehr mit sich selbst beschäftigt sind als mit eigentlichem Leben.

Nur wer Körper und Geist vereint und das Tier dominiert, bändigt das Chaos und schafft innere Ordnung. Gelingt dies nicht, so wird der Körper führungslos und folgt seinen tierischen Trieben, seinem genetischen Notfallprogramm, das Energie spart sowie Selbst- und Arterhaltung fördert: Ficken, Fressen und Faulenzen.

In unserer zivilisierten Welt der leichten Wege, weichen Betten, gefüllten Kühlschränke und digitalen Erotik ist das nicht mehr gut für uns. Schnell werden wir träge, fett und saturiert. Da wir uns immer weniger anstrengen müssen, um die tierischen Triebe zu befriedigen, wird der Kontakt zum Körper zusehends unbedeutender, wodurch die Verbindung zwischen Körper und Geist schwindet.

Wer einen Hirsch jagen, erlegen und zerlegen, ein Feld bestellen und die Prinzessin mitsamt Burg und gegen den Willen des Drachens (bzw. der Schwiegermutter) erobern will, der muss seinen Körper beherrschen. Wer sich die Rinderlende und den Obstkorb per Mausklick nach Hause bestellt und das Liebesspiel mit Links erledigt, der entleibt sich selbst.

Der Geist schwelgt weiterhin in Fantasie und Abstraktion; will nach den Sternen greifen – doch sein Körper wird stur wie ein Maultier am Boden verharren, mit seinem aufgedunsenen Bauch, seinem Heißhunger auf Süßigkeiten und Fettiges, seiner Liebe zu Couch und TV, der stumpfen Geilheit, Furcht vor Anstrengung und Risiko, dem schmerzenden Rücken und schwächlichen Selbstbewusstsein.

Dabei wäre gemeinsam so viel möglich. Zu dumm, dass Gedankenübertragung im unbeherrschten Körper nicht mehr funktioniert. Um wirksam zu werden, müssen wir die Ärmel hochkrempeln und die Gedanken, die Finger unseres Geistes, so tief wie möglich in unser Fleisch graben und fest zupacken, damit der Körper wieder begeistert wird. Wie die Fäden einer Marionette wachsen die Nerven unseres Gehirns dann über den Rückenmarkskanal bis in die letzte Faser unseres Körpers – und unser Wille wird Fleisch.

Rex regnat, sed non gubernat –
Der König regiert, aber er herrscht nicht

Der unbeherrschte Mensch gleicht einem Marionettenspieler, der seinen eigenen Körper als Marionette hat und ein paar lose Fäden des Geistes hängen an seinen Gliedmaßen. So lässt es sich leidlich leben, geringfügig bewegen, aber kaum tanzen und erst recht nicht nach Vollkommenheit streben. Nur ein Bruchteil des Potenzials wird genutzt. Der Rest liegt brach, wird starr, versteift und tanzt nach der Pfeife der Triebe, die von innen heraus manövrieren. So wird man gelebt, statt zu leben. Wir aber wollen unabhängig sein – was nur gelingt, wenn man Herr über sich selbst wird.

Wie wäre es, wenn nicht nur ein paar Fäden des Geistes zum Körper herabsteigen, sondern viele mehr? Hunderte, Tausende, Millionen … Wenn wir nicht nur Hand und Fuß bewegen könnten, sondern sie auch beherrschten? Wenn wir dazu fähig wären, uns eindrucksvoll zu bewegen – mal kraftvoll, mal anmutig, ohne Energieverschwendung oder Fehltritte. Das können Sie, verehrter Leser? Wie ist es mit Tanzen, Balancieren und Jonglieren? Wie mit einer aufrechten und würdevollen Haltung – die sich auch durch gekonnte Gestik, Mimik und Rhetorik äußert?

Wie ist es mit einer tiefen und kraftvollen Atmung, die jede einzelne Zelle erwischt und ihr ganzes Wesen erfrischt? Sind sie zu messerscharfer Konzentration fähig? Zu ungeteilter Aufmerksamkeit? Ist das Zentrum Ihrer Kraft, Ihre Mitte, ruhig und stabil wie die eines Wirbelsturms?

Schaffen Sie es, Ihren Geist tief in das Innerste Ihres Körpers zu versenken, ihn zu erforschen und mühelos zu lenken? Haben Sie ihn im Griff? Können Sie abnehmen, wenn sie es wollen? Muskeln aufbauen, wenn Sie es wollen? Haben Sie genau jetzt Ihren Traumkörper mit Waschbrettbauch und Knackpo – oder nur eine Ausrede? Sind Sie fit, gesund und schmerzfrei oder eher unzufrieden? Geplagt von Rücken-, Knie- oder Nackenschmerzen? Überfordert und ausgebrannt?

Sind sie oft träge, trivial und nicht bei der Sache? Verschwenden Sie Ihre Zeit mit Facebook, Fernsehen und Fast Food? Neigen Sie zur Abhängigkeit – von Süßigkeiten, Zigaretten, Alkohol oder Mächtigerem?
Haben Sie ein Problem damit, sich richtig auszudrücken und der Welt mitzuteilen? Fällt es Ihnen schwer, die Aufmerksamkeit zu erhalten, die Sie verdienen – und besonders von jenen, die Sie lieben oder begehren? Stolpern Sie oft über die eigenen Füße, stehen sich im Weg und finden keinen Draht zu anderen Menschen? Wie viel von dem reichen Kosmos an Gedanken und Gefühlen in Ihrem Inneren schafft es nach außen? Verkörpern Sie Ihre Ideale und Prinzipien? Sind Sie authentisch? Erreichen Sie Ihre Ziele? Wie viele Ihrer Visionen verwirklichen Sie?

Viele Menschen sind in ihrem Körper gefangen. Fühlen Sie sich nicht manchmal auch wie der Mann in der eisernen Maske? Innerlich zerreißt es einen schier. Man will schreien, aber kriegt nicht den Mund auf. Man will auf den Tisch hauen, aber kein Finger regt sich. Man will weglaufen, raus aus dem Kerker, aber kein Fuß bewegt sich.
Wegzulaufen ist ohnehin schwer, ja unmöglich, denn wir sind unser eigener Kerker. Unser Körper wird zum Kerker, wenn wir nicht lernen, ihn zu erfüllen – mit Geist, Leben und Streben! Dann sind wir König im Kerker, der glaubt zu regieren, übertrieben viel denkt, doch kaum etwas lenkt. Dann denken wir Tag und Nacht ans Abnehmen, wollen inständig verzichten, haben Angst vor dem Spiegel, fürchten die Waage und doch sehen wir machtlos zu, wie das Tier in uns zur nächsten Tafel Schokolade greift und sie uns Stück für Stück einverleibt. Dann wird das Denken machtlos, zur Seite gedrängt, zum bloßen Beobachter degradiert und immer ohnmächtiger.
So zerbröselt das Selbstbewusstsein und das Tier gewinnt an Stärke. Es kappt zunehmend die Fäden und macht sich frei von der Tyrannei des Geistes. Total tierisch, klar genetisch, einfach die Sau rauslassen, das

wäre schön, aber das ist weder würdevoll, noch erhaben – es wäre ein Rückschritt und mehr als nur unmenschlich und doch erleben wir diesen inneren Kampf Tag für Tag in uns selbst und um uns herum.

Ich erforsche genau diesen Konflikt, sehe die Welt aus dieser Perspektive. In den folgenden Kapiteln werde ich darüber berichten und vermitteln, wie sich der Kampf zu Gunsten des Geistes wenden lässt, wie man unzählige neue Fäden knüpft und wie man seine eigene Menschwerdung voran treibt, um das Denken zu verkörpern und seine Ziele zu verwirklichen.

Um das eigene Potenzial zu entfesseln, muss man den Körper an den Geist fesseln. Um das Höchste zu erreichen, muss das Niederste beherrscht werden – sonst geht es uns tierisch auf den Geist. Denken allein ist dumm, wenn es körperlich wirkungslos bleibt – *cogito ergo dumm*.

Individuum – Einheit von Körper und Geist

In esoterischen Kreisen und östlichen Heilslehren gibt es die verbreitete, totgeredete und vom Denken zerfranste Vision von Einklang, Harmonie und Ganzheitlichkeit. Selten wird vermittelt, wie simpel sie sich erreichen lässt (was nicht bedeutet, dass es einfach ist) und vor allem wird so gut wie nie gezeigt, wie es funktioniert. Meist wird nur der Geist betrachtet und von Meditation, innerer Wesensschau, Versenkung, Reflektion, Gelassenheit und Achtsamkeit palavert. Da ist viel dran; schade, dass der westliche Mensch nicht viel damit anfangen kann. Seine Kultur ist bereits zu verkopft. Er betrachtet diese Konzepte rein geistig, vernünftig, logisch, abstrakt. Verständlich, dass er kaum davon profitiert und die Geduld verliert. Der Geist kann sich so viel im Kreise drehen, wie er will – solange er nicht abtaucht in die Tiefen des Körpers, wird er nichts erreichen, sondern nur ins Leere greifen. Das akademische Problem.

Sehe ich die Menschen unserer Gesellschaft, sehe ich meist entnervte Geister in vernachlässigten und triebgesteuerten Körpern – eher Dividuen, denn Individuen. Zweigeteilte Menschen, bei denen Körper und Geist nicht gleichberechtigt ausgebildet sind und den Bezug zueinander verloren haben. Von Harmonie keine Spur, geschweige denn von Wirksamkeit.
Als Personal Trainer habe ich Klienten betreut, die besser über Diäten Bescheid wussten als ich. Hochintelligente, studierte Menschen, die die Nährwerte der meisten Lebensmittel auswendig herunter beten konnten und trotzdem zu viel futterten und meist nur Mist – wider allen Wissens, trotz allen Denkens. Einige, die ich vor allem mental trainiert habe, waren bereits bei Psychologen und Therapeuten oder noch schlimmer: selber welche.
Das symbolisiert das Problem unserer verkopften Gesellschaft: Psychologen mit Einser-Diplom, die ihr eigenes Leben nicht im Griff haben. Das Denken fährt Achterbahn und überfrisst sich an Gedankenballast, während der Körper keine Ahnung davon hat und schlicht das genetische Notfallprogramm für unbe-

herrschte Körper ausführt und alle Pläne durchkreuzt: „*Meeeeep!*" Ist die Firewall zu stark, ist der Gedanke zu schwach.

„Das Programm wird auf die ursprünglichen Einstellungen zurückgesetzt und folgt weiterhin Mutter Naturs tierischem Willen. Vielen Dank für Ihre Kontaktaufnahme. Probieren Sie es doch später noch einmal, wenn Sie einen entsprechenden Zugang zum Körper installiert haben."

Da kann einem der Körper ganz schön auf den Geist gehen. Der heutige Mensch sitzt in seinem Körper wie die fürsorgliche Marge Simpson vor einem Computer und denkt, sich zu googlen sei Schweinskram. Sie drückt ein paar Tasten und schwupps hat sie zwei Spülmaschinen und eine Mikrowelle bestellt. Klar, dass sie nach dieser Watschen der virtuellen Wirklichkeit die Finger davon lässt – wie der moderne Mensch von seinem Körper. Aus der potenziellen Symbiose wird eine kommunikationslose Koexistenz – wobei der Geist schier verzweifelt, weil er nichts zu bewegen vermag, und der Körper macht, was er will, weil vom Denken des Geistes nichts durchdringt.

Das ist ein Schutzprogramm des Körpers. Er ist reifer als der Computer von Marge Simpson, der nicht die Unbeholfenheit ihrer wackeligen Annäherungsversuche an das Internet erkennt und sie einfach machen lässt. Hätte sie nicht selbst die Bremse gezogen, wäre sie ruck zuck verschuldet und ihre Existenz zerstört. Doch wer ist schon so gewissenhaft wie Marge Simpson?

Dem menschlichen Körper würde das nicht passieren. Er ist es, der die Bremse zieht, damit der Geist nicht mit ihm durchdreht und beide ins Verderben zieht. Er lässt nichts durchgehen, was ihm zu labil und verkopft erscheint. Deswegen springt er auf Autopilot und lässt das Programm laufen, was sich in Jahrmillionen der Evolution bewährt hat und in seiner Hardware, den Genen, verankert ist. So entsteht der Schlamassel unserer Zivilisation: Geistig geben wir Vollgas, in einem Körper, der voll bremst.

Daraus entstehen Zivilisationskrankheiten, Burnouts, Entfremdung von der Natur, hässliche schwache Körper und damit einher gehend Minderwertigkeitskomplexe und ein verklemmtes Verhältnis zur Sexualität, die im Geheimen umso pervertierter den Druckausgleich sucht.

Es ist die Härte der Natur, dass sie den Geist zu nichts zwingt – die Gedanken sind frei. Aber solange wir es nicht schaffen, mit dieser Freiheit natürlich (also konstruktiv und im Einklang mit dem Körper) umzugehen, bleiben die Gedanken auch frei – also ohne Einfluss. Maximale Freiheit bedeutet keinerlei Bindung, weder zur Realität noch zum Körper. Dann enden wir beim komplett vergeistigten Subjekt, das sicher abstruse weltfremde Kunst zu schaffen vermag, aber kaum lebensfähig ist – wenn es nicht von einer wohlhabenden Gesellschaft als entrücktes Maskottchen durchgefüttert wird.

Das gipfelt beim Kurzschluss, wenn sich das System aufhängt und der Mensch gleich mit. Wenn es zu viel wird, strecken Körper und Geist die Waffen, dann haben Selbstzerstörung, Schlaganfall, Herzinfarkt, Krebs und Co freie Bahn. Das beginnt bei Jugendlichen, die sich die Arme zerschneiden, und endet mit dem Goldenen Schuss auf der Bahnhofstoilette.

Chaos und Kosmos, Zerstörung und Entwicklung kämpfen in uns Tag und Nacht gegeneinander an. Alles in uns stirbt und entsteht ständig neu. Zellen, Knochen, Neuronen, Hormone, Gedanken. Im Laufe unseres Lebens wird alles regelmäßig und komplett ausgetauscht – von Geist bis Fuß, ein Fluss der Energie. Wenn Chaos und Zerstörung überhand nehmen, geben Kosmos und Entwicklung irgendwann auf.

Mutter Natur investiert keineswegs in jedes einzelne Lebewesen. Sie hat kein Problem damit, Myriaden von Lebewesen zu opfern, wenn sie zu schwach und ineffizient sind oder die Umstände es erfordern. Hat uns der Lebenswille einmal verlassen, dann geht es rapide bergab – wie beim Frischrentner, dessen Abschiedsuhr zum Sargnagel wird.

Corruptio optimi pessima –
Die Entartung des Besten führt zum Schlimmsten

Die gedankliche Freiheit des Menschen ist seine Chance und sein Problem. Er kann sich weiter entwickeln, aber auch tiefer fallen als jedes Tier. Je freier ein Lebewesen denken kann, desto größere Dummheiten kann es auch begehen.

Daher ist es wichtig, die Freiheit konstruktiv zu nutzen und die damit einhergehenden Chancen zu realisieren. Idealerweise folgt auf die relativ kurze, aber prägende Zeit der elterlichen Erziehung und gesellschaftlichen Bildung, die beide extrinsisch bedingt sind, eine intrinsisch motivierte Weitererziehung und -bildung von Körper und Geist für den Rest des Lebens.

Leider verpasst es unsere Gesellschaft, auf eine Ausgewogenheit der Verhältnisse zu achten. Schulsport gibt es nur einmal pro Woche, die Eltern bewegen sich selten, auf grundlegende Fähigkeiten wie Atmung, Haltung, Konzentration und Versenkung wird keinerlei Wert gelegt. Vorbilder sind Mangelware. Selbst Eltern, Lehrer und Professoren glänzen selten. Im Lehrbetrieb fehlt der Fluss. Alles ist staubtrocken, verkopft, fern von Fleisch und Blut, kaum lebendig – so dass es meist langweilt, unterfordert und abschreckt.

Nachdem die Bildungs- und Erziehungsinstitute unsere Jugend mürbe gekaut und nach knapp 20-30 Jahren entkörpert und unmotiviert ausgespuckt haben, kümmert sich kaum noch jemand um seine körperliche Weiterbildung; selbst die geistige bleibt meist auf der Strecke. Der Funke ist erloschen. Unzählige Menschen, die weder lesen noch trainieren, die einfach nur existieren und mehr gelebt werden, denn selbst zu leben.

„Denken Sie an den betrübenden Kontrast zwischen der strahlenden Intelligenz eines gesunden Kindes und der

Denkschwäche des durchschnittlichen Erwachsenen. Wäre es so ganz unmöglich, dass gerade die religiöse Erziehung ein großes Teil Schuld an dieser relativen Verkümmerung trägt?"

Was Sigmund Freud in *Die Zukunft einer Illusion* schreibt, wäre denkbar. Es gibt mehrere Gründe und die sind miteinander verwoben. Das körperkritische Bild vieler Religionen gehört dazu. Fest steht: Hier geht eine Menge schief. Nichts fasziniert, ergreift und belebt mehr, als das eigene Potenzial zu erkennen und zu realisieren. Das erfüllt uns mit Leben, mit Energie, macht uns stärker, gekonnter, stilvoller, attraktiver, erfolgreicher, ausgeglichener, erfüllter und glücklicher. Das Zusammenschweißen von Körper und Geist, die gezielte Weiterentwicklung dessen, was uns zum Individuum macht. All das, der Grundschritt im Tanz zur Menschwerdung und die Voraussetzung zur Weisheit, geht bei uns bereits in jungen Jahren in die Brüche. Ist dies bei einer Generation geschehen, so wird es für die nächste bereits zur Norm – getreu dem Motto: *„Das war schon immer so."*

Es schmerzt, in einer Gesellschaft zu leben, in der Individuen zerbrochen, in der Körper und Geist getrennt werden, in der das Potenzial zur Entwicklung missachtet wird, in der man so alleine ist – unter Millionen von Menschen, die es nie gelernt haben, sich selbst zu erziehen und die einfach nur ihre Ruhe haben wollen, obwohl sie im Prinzip noch gar nicht tot sind.

Cave canem – Vorsicht vor dem Hund

Sie haben einen Hund. Wie würde sich Ihr Verhältnis zueinander entwickeln, wenn Sie ihn kein bisschen erziehen würden? Wenn Sie sein Verhalten ignorieren würden? Wenn Sie einfach nur mit ihm leben würden, ohne ihn näher kennen zu lernen, ihn zu fordern, zu belohnen oder zu bestrafen? Wenn Sie ihn den ganzen Tag über an einen Stuhl binden und dazu zwingen würden, auf einen Bildschirm zu glotzen, wenn Sie ihn mit Fast Food und Süßigkeiten vollstopfen, ihm zu wenig zu trinken geben und ihn dauerhaft stressen würden, wie lange würde das gut gehen? Wie produktiv und angenehm wäre das?

Sicher wissen Sie, dass das nicht lange gut gehen würde. Es wäre das totale Chaos, der Hund würde durchdrehen, durchgehend kläffen und Ihnen auf der Nase herumtanzen – zu Recht.

Wenn Sie selbst diese Warnhinweise ignorieren, wird er nach und nach krank und deprimiert, störrisch starr, bissig aggressiv, unausstehlich und schlussendlich ausbrennen. Kaum ein Mensch könnte das mit ansehen.

Jeder wäre irgendwann eingeschritten und hätte die Situation entschärft, wäre auf den Hund eingegangen und hätte ihn angemessen versorgt. Die meisten hätten ihn von Anfang an erzogen, richtig gefüttert und ihm ein Umfeld geboten, das seinen natürlichen Bedürfnissen entspricht und seine Fähigkeiten fördert.

Heutzutage ist es verpönt, sich einen Hund zuzulegen und ihn verwahrlosen zu lassen. Gerade in den ersten Monaten steht die Erziehung an erster Stelle. Das ist selbstverständlich. Jeder weiß, dass ein gut erzogener Welpe der Beginn einer tollen Partnerschaft ist, in der Hund und Herrchen sich wunderbar ergänzen und gemeinsam eine Lebensqualität erreichen, zu der sie alleine nicht fähig wären.

In vielen Fällen erweitert der Hund die Fähigkeiten seines Herrchens – wie bei einem Blinden-, Rettungs-, Wach- oder Polizeihund. Nun hat man zusätzlich zwei weitere Augen, eine starke Nase, flinke Beine, absolute Treue und freudige

Erwartung. Ein mit dem Schwanz wedelnder Freudenspender, der einem die Zeitung bringt, das Gefühl von Sicherheit verleiht, einen zur Bewegung an der frischen Luft drängt, das Spielerische lehrt, Verantwortung empfinden lässt und hoffentlich schleunigst lernt, nicht mehr auf den Teppich zu pinkeln. Wie sagte Heinz Rühmann:

„Man kann ohne Hunde leben, aber es lohnt sich nicht."

Es steht außer Frage, dass ein wohlerzogener und gesunder Hund eine Bereicherung für das eigene Leben ist. Wer einen solchen hat, lebt länger und ist glücklicher – allein die zusätzliche Bewegung und das Gefühl geliebt und gebraucht zu werden sind erfrischend.
Natürlich kostet es viel Mühe das Tier zu erziehen. Rückschläge gibt es viele. Das Sofa wird zerfetzt und so mancher Haufen gesetzt, wo er nicht hingehört, aber wer die Herausforderung spielerisch angeht, wird dem treuen Vierbeiner ohne Gewalt seine unbeherrschten Triebe austreiben und ihn gesellschaftsfähig machen. Ist dies geschafft und wird es konsequent gelebt, so ist es ein Leichtes, gemeinsam zu leben und vorwärts zu streben.
Wer es versäumt, landet mitten im eingangs beschriebenen Chaos. Dann gibt es täglich Machtkämpfe untereinander, die zu nichts anderem führen, als dass beide sich gegenseitig auf die Nerven gehen und kaum noch lebensfähig sind – geschweige denn zu spielerischem Streben.

Lieber Leser, in Ihrem Körper lebt ein Hund ... ein Schweinehund. Ich kenne Sie nicht, aber ich weiß: Sie haben ihn kaum erzogen. Niemand macht das in unseren Kreisen. In meinem ganzen Leben habe ich gerade einmal zwei, vielleicht drei Menschen getroffen, denen ich eine fast vollkommene Körperbeherrschung und menschliche Reife, also Weisheit, zusprechen würde – und nur einer davon heißt Chuck Norris. Allesamt verkörperte Persönlichkeiten mit starkem Charakter und einer spielerischen, aber konsequenten Herangehensweise an das Leben.

Dem entgegengesetzt kenne ich viele Menschen mit echten wohlerzogenen Hunden. Vom Prinzip her ist das Thema Erziehung also kein Mysterium. Nur wendet es kaum jemand auf sich selbst an. Der Körper wird meist akzeptiert wie er ist. Wenn man es schafft, dass er nachts nicht mehr ins Bettchen macht, ist das für die meisten schon Beherrschung genug. Dabei ist so viel möglich. Es gibt nichts, was die Lebensqualität derart steigert, wie ein wohlerzogener Körper.

Was bringt uns das schnellste Auto, wenn wir selbst eine lahme Krücke sind? Was bringt die größte Villa, wenn wir in einem verkümmerten Körper wohnen? Was bringt die stärkste Waffe, wenn wir auf uns allein gestellt wehrlos sind wie eine Pusteblume im Wind? Was bringt uns Macht, wenn wir nicht einmal unseren Körper im Griff haben? Was bringt uns Reichtum, wenn wir weder Selbstbewusstsein noch Weisheit kaufen können? Was bringt uns die neueste Kommunikationstechnologie, wenn unser Portfolio an Gestik, Mimik und Rhetorik kärglich arm erscheint? Was bringt uns der feinste Zwirn, wenn darin ein Körper ohne Haltung steckt? Was bringt die noble Abstammung, wenn sie nicht durch inneren Adel bestätigt wird?

Alles in unserem Leben kommt und geht – Menschen, Berufe und vor allem Besitz, nur eines bleibt uns von der Geburt bis zum Tod: unser Körper.
Wenn Sie nicht genau jetzt damit anfangen, ihn mit Geist zu erfüllen und den Hund darin zu erziehen, werden die beiden Ihnen tierisch auf den Geist gehen und nicht nur sich selbst dabei quälen, sondern langfristig den ganzen Menschen zerstören.
Es gibt Beziehungen im Leben, die dafür geschaffen sind, sich gegenseitig zu ergänzen – wie Mann und Frau, Chaos und Kosmos, Hund und Herrchen, so auch und vor allem Körper und Geist! Im „Team Mensch" sollten Sie Herrscher über den Körper und Herrchen für den Hund sein. Ob das Nietzsche wohl mit der Herrenmoral meinte, jenseits von Gut und Böse?

„Die vornehme Art Mensch fühlt sich als wertbestimmend, sie hat nicht nötig, sich gutheißen zu lassen, sie urteilt ‚was mir schädlich ist, das ist an sich schädlich', sie weiß sich als das, was überhaupt erst Ehre den Dingen verleiht, sie ist werteschaffend. Alles, was sie an sich kennt, ehrt sie: eine solche Moral ist Selbstverherrlichung. Im Vordergrunde steht das Gefühl der Fülle, der Macht, die überströmen will, das Glück der hohen Spannung, das Bewusstsein eines Reichtums, der schenken und abgeben möchte – auch der vornehme Mensch hilft dem Unglücklichen, aber nicht oder fast nicht aus Mitleid, sondern mehr aus einem Drang, den der Überfluss von Macht erzeugt. Der vornehme Mensch ehrt in sich den Mächtigen, auch den, welcher Macht über sich selbst hat, der zu reden und zu schweigen versteht, der mit Lust Strenge und Härte gegen sich übt und Ehrerbietung vor allem Strengen und Harten hat."

Für den schnauzbärtigen Friedrich sieht der Herrenmensch die Welt hierarchisch, von oben. Er verkörpert den Willen zur Macht, bejaht die natürliche Kraft – die sich dem offenbart, der sie sich nimmt und Werte schafft.
Wie Sie auch dazu stehen; im „Team Mensch" sollten Sie darauf bestehen, dass Ihr Wille geschehe, denn Sie, als forschender, fühlender, denkender und strebender Geist, stehen ganz oben und über den Dingen – oder auch mittendrin, fähig sie zu lenken. Ihr Körper ist ausführendes Organ. Sie sollten mit ihm arbeiten, niemals gegen ihn, aber vor allem sollten sie oben liegen, ihn dominieren, tief in ihn eindringen und ihn führen. Die Erotik der Körperbeherrschung. Schaffen Sie Ihre eigene Moral, eine Herrschermoral für den Körper und eine Herrchenmoral für den Hund. *Suum cuique* – jedem das Seine.

Die Ökonomie der Energie

Die Energie, die Sie benötigen, um den Hund zu erziehen, ist verschwindend gering im Vergleich zu der, die Sie verschwenden würden, um Konflikte mit ihm auszufechten, solange er unerzogen seinen tierischen Willen durchzusetzen versucht.

Der „innere Schweinehund" ist ein Symbol für diesen inneren Krieg, der in vollem Gange ist. Die Lösung für Gewichtsprobleme, scheiternde Diäten und verkümmerte Muskeln liegt aber keineswegs darin, sich mit diesem abgestumpften, widerwilligen und eigenmächtigen Tier anzulegen und ihn mit allen Mitteln zu einem gesunden und fitten Lebensstil zu zwingen. Das wird nie klappen.

Evolutionär betrachtet ist der Mensch noch grün zwischen den Ohren. Das Tier in ihm ist stärker als sein Bewusstsein, alteingesessen und hat einen mächtigen Hebel. Jeder Versuch, den Körper zwanghaft zu verändern, ist deswegen zum Scheitern verurteilt – was Millionen von Menschen belegen, die mit ihrem Körper unglücklich sind, es aber nicht schaffen, seine Entwicklung zu steuern. 95% aller Diäten scheitern langfristig.

Doch das körperlich schwache Bewusstsein hat denselben Vorteil auf seiner Seite wie auch das Herrchen: Intelligenz, Kreativität und Konsequenz. Der Schwache kann den Starken nur beherrschen, wenn er mit ihm arbeitet und nicht gegen ihn. Wenn er ihm Sicherheit bietet, ihn abwechslungsreich fordert und angemessen versorgt, aber nicht verwöhnt, dann wird er, der eigentlich Stärkere, sich gerne fügen. All das und auf diesem hohen Niveau könnte er alleine nie erreichen. Schließlich ist er von Natur aus geistig beschränkt – aber durchaus be-geisterungsfähig.

Es ist in, Sigmund Freud für out zu halten. Ok, vielleicht hat er sich etwas zu sehr in Konzepte wie den analen Charakter, Penisneid und Mutterliebe vernarrt, vielleicht strebt nicht jeder Mann nach der Vagina, weil er in den Urmund zurück klettern will, und vielleicht fühlt er auch keine Angst bei ihrem Anblick, sein Geschlecht könne sich ebenfalls nach innen verziehen. Doch er verstand mehr vom Menschen, seinen Wesen und Strömen, als so mancher Seelenklempner heute:

> *„Wir mögen noch so oft betonen, der menschliche Intellekt sei kraftlos im Vergleich zum menschlichen Triebleben, und recht damit haben. Aber es ist doch etwas Besonderes um diese Schwäche, die Stimme des Intellekts ist leise, aber sie ruht nicht, ehe sie sich Gehör geschafft hat."*

Wir arbeiten also nicht mit der Brech-, sondern mit der Zuckerstange, weniger mit Druck, eher mit Spiel, nicht mit Argwohn, sondern mit Vertrauen, kein Sturm aus Osten, sondern ein Wind aus Süden. Wir schlagen ihm, dem Schweinehund, unsere Dominanz nicht wie ein nasses Handtuch um die Ohren, sondern halten sie ihm hin wie einen wohlig wärmenden Mantel, der kaum belastet, aber viel gibt. Wer könnte da nein sagen, in einer trostlosen und kalten Welt wie dieser? Zusätzlich kultivieren wir seine Triebe, indem wir sie spielerisch leben, ohne uns von ihnen beherrschen zu lassen – so wie wir auch mit unserem Hund rangeln und uns mal dazu erweichen lassen, ihm ein Leckerli zu geben, ohne dass unsere Dominanz in Frage gestellt wird.

Bei allen destruktiven Tendenzen, die sich nicht gänzlich abwenden lassen, ist darauf zu achten, dass wir ihr Herr und nicht ihr Knecht sind. Nur so ist ein menschenwürdiges Leben möglich – mit dem Tier und nicht gegen es. Solange wir es stimulieren und stabilisieren, dürfen wir es auch dominieren.

Terra incognita – Unbekanntes Land

Ein Exkurs zur Neurophysiologie der Körperbeherrschung.
Unser Körper ist durchzogen von Nerven. Im Rückenmarkskanal der Wirbelsäule verläuft das Hauptkabel und das Gehirn ist die Zentrale. Wie die Wurzeln eines Baumes wachsen und verästeln sie sich. Sie übertragen Informationen vom Gehirn in den Körper sowie vom Körper und der Außenwelt in das Gehirn, sie steuern und hemmen Bewegungen sowohl der Muskeln als auch der Organe. Dabei beschäftigt sich der Körper fast ausschließlich mit sich selbst, nur wenige Informationen gelangen aus der Außenwelt nach innen. Hauptsächlich ist das Nervensystem dazu da, um für innere Ordnung zu sorgen.

Wissenschaftler unterteilen das Nervensystem topologisch (also ortsbezogen) in das *Zentrale Nervensystem* (ZNS), bestehend aus Gehirn und Rückenmark, und in das *Periphere Nervensystem* (PNS), welches außerhalb des Rückenmarks verläuft.
Eine andere Unterteilung spricht vom somatischen Nervensystem, das willkürliche Bewegungen erlaubt, und vom *vegetativen Nervensystem*, das autonome Funktionen erfüllt. Das vegetative Nervensystem wiederum unterteilt sich in den *Sympathikus* (Aktivierung), den *Parasympathikus* (Regeneration) und das *enterische Nervensystem* (Verdauung).
Doch Vorsicht: Diese Unterteilungen sind und bleiben immer nur Modelle und nicht das wahre Nervensystem an sich oder wie Alfred Korzybski es formulierte:

„Die Landkarte ist nicht das Gebiet."

Damit wollte er sagen, dass jeder menschliche Gedanke und alle gedanklichen Modelle immer abstrakt sind und deswegen nicht mit der Realität identifiziert werden sollten. Es sind immer nur Bilder und Gleichnisse, die bestimmte Aspekte hervorheben, andere verdecken oder gar welche erschaffen, die gar nicht da sind. Wissenschaft ist nun einmal das, was Wissen schafft und Wissen und Wahrheit sind wiederum zwei paar Schuh. Wissen ist menschlich, subjektiv und Wahrheit eher göttlich, objektiv und unerreichbar. Wahrheit ist stets Ziel, doch nie Hafen – deswegen ist das Forschen eine nie endende und um so faszinierendere Reise des ewigen Fragens und Hinterfragens.

Wie bei jedem komplexen Konzept ergibt sich ein tieferes Verständnis niemals nur durch Wörter allein, sondern immer erst im Leser, der es schafft, produktiv damit umzugehen und sie in sein Leben einzufügen bzw. es dadurch zu verbessern. Jeder Gedanke entfaltet sein Potenzial erst, wenn ein Mensch ihn sich einverleibt. Wie ein Saatkorn bleibt er wirkungslos, wenn er nicht in fruchtbaren Boden gepflanzt wird, der es ihm erlaubt, sein Potenzial zu entfalten.

Wissenschaftliche bzw. abstrakte Unterteilungen sind für uns weniger von Bedeutung. Doch warum macht die Natur so viele Wirbel um das Nervensystem? Warum ist es so schützenswert?

Unser gesamtes Erleben, Handeln und Steuern ist durch Nervenfasern bedingt. Sie verwurzeln unseren Geist im Körper. Je mehr sie das tun, je feiner sie verästelt und je stärker sie ausgeprägt sind, desto umfassender ist unsere Körperbeherrschung, desto mehr werden Körper und Geist zusammengeschweißt. Eine geistige Veränderung spiegelt sich also immer im Körper wieder und umgekehrt. Meist geschieht dies schleichend, weshalb der betroffene Mensch es kaum spürt. Aristoteles sah dies bereits vor knapp 2.400 Jahren ähnlich:

> „Ändert sich der Zustand der Seele, so ändert dies auch das Aussehen des Körpers und umgekehrt; ändert sich das Aussehen des Körpers, so ändert dies zugleich auch den Zustand der Seele."

Operibus credite et non verbis –
Glaube Taten und nicht Worten

Aristoteles verwendete den Begriff „Seele", wobei er die Seele als das verstand, was einen Körper erst lebendig werden und ihn die Welt wahrnehmen lässt. Kein Körper und doch ein Teil von ihm. Ein Teil, der bewegt und alle Regungen von Geist und Gefühl umfasst. Der Geist ist für Aristoteles *„die Kraft der Seele, welche denkt und Vorstellungen bildet."*

In diesem Buch tauchen Begriffe auf, die schwer zu greifen sind – wie Bewusstsein, bewusst, unbewusst, Geist, Seele, Wille o.ä. Diese Begriffe stichhaltig zu definieren ist schwierig und sie allgemeingültig zu definieren ist unmöglich, weil sie allesamt immer nur in bestimmten Paradigmen bzw. Weltbildern Sinn haben.
Der Begriff „Geist" bedeutet für einen Theologen etwas anderes als für einen Neurobiologen. Bei der Seele wird es ganz schwierig, einen gemeinsamen Nenner zu finden. Für spirituelle Menschen ist sie alles, für andere nur ein Hirngespinst. Der Begriff „bewusst" bzw. „unbewusst" wurde vor allem von Sigmund Freud geprägt und als Aspekt der Psychoanalyse betrachtet. Heute gehört er zur Alltagssprache; die Menschen reden von Selbstbewusstsein, sind gerne umweltbewusst und handeln meist unbewusst.
Dabei neigen wir alle zur *Hypostasierung* bzw. Verdinglichung. Wir gehen den Wörtern auf den Leim und objektivieren alles, was wir nur denken können. Wir neigen dazu anzunehmen, dass etwas als Ding existiert, nur weil es auch einen Begriff dazu gibt. Doch dieser Wortzauber hat keinerlei Grundlage. Viele Etikette hängen in der Luft.
Erstens ist jeder Begriff abstrakt und somit nicht identisch mit der Realität, zweitens gibt es keine universellen Begriffe, die in jedem Paradigma das Gleiche bedeuten würden, und drittens könnte man so jedem Hirn-

gespinst eine eigene Realität zusprechen, nur weil man es denken kann. Ludwig Wittgenstein sagte dazu:

„Die Bedeutung eines Wortes ist sein Gebrauch in der Sprache."

Da die Menschen aber eher unkritisch und die Gedanken frei sind, wurden im Laufe der Jahrtausende unzählige von Begriffen erdacht, die nur in ihrem jeweiligen Gedankensystem Sinn haben, aber inzwischen bunt durcheinander gewürfelt verwendet werden, obwohl völlig verschiedene Weltbilder dahinter stehen – so wie wenn man ein Haus bauen und statt Ziegelsteinen allein auch den ein oder anderen Brotlaib mit einmauern würde, wohingegen der Bäcker etwas Zement in seinen Kuchen mischt. Bei diesen Zünften fällt es schnell auf, wenn man einen Werkstoff außerhalb seines Geltungsbereiches verwendet. Bei der Sprache ist das weniger der Fall.
Viele Begriffe sind bereits zu sehr mit der Alltagssprache verwachsen – und so bauen wir oft auf Brot und beißen in Zement. So entstehen viele Scheinprobleme, an denen sich schon Generationen von Philosophen die Zähne ausgebissen haben, weil sie keine Entsprechung in der Realität haben, sondern eine Verirrung des Denkens sind. Wittgenstein sah die Heilung von dieser Krankheit als die wahre Aufgabe der Philosophie:

„Die Philosophie ist ein Kampf gegen die Verhexung unseres Verstandes durch die Mittel unserer Sprache."

Jeder benutzt Begriffe wie „Seele" oder „Bewusstsein", aber meist ohne Bezug zum ursprünglichen System und ohne über eine gemeinsame Definition zu verfügen. So sprechen die Menschen aneinander vorbei, da sie keine Ordnung in ihren Begriffen haben. Im schlimmsten Fall entstehen Streitigkeiten und Probleme; nicht weil sie existent wären, sondern weil die Begriffe miteinander unverträglich sind und zusammenpassen wie der Fisch und das Fahrrad.

„Geist" lässt sich schwer definieren – besonders in all seinen Schattierungen. Je stichhaltiger wir ihn definieren, desto mehr schneiden wir ab, was vielleicht doch zu ihm gehört und desto beschränkter denken wir. Ich mag es, wenn wir frei und unkastriert mit dem Begriff umgehen. Lieber eine Wolke an Möglichkeiten, als ein Splitter vom Sein. Für unser Unterfangen ist es einerlei, ob der Geist immanent, transzendent, objektiv, subjektiv, extrinsisch, intrinsisch, frei, determiniert, eine Ausgeburt der Materie oder ihr Erdenker ist. Von mir aus kann er auch Gottes Furz oder eine Werbeaktion von Coca Cola sein.

Ich nähere mich ihm bildlich: Er ist unfassbar wie ein Krümel im Barthaar, denkend wie ein Prozessor, gern übermenschlich wie ein Regenschirm, blind gegenüber dem Körper und anfällig für die Triebe – doch vor allem trocken und abstrakt wie metaphysischer Zwieback. Er ist weniger Gegenstand, sondern eher Prozess – wie auch der Körper kein wirklicher Gegenstand, sondern eher Prozess ist. Nichts am Körper bleibt ewig, alles fließt heran, zusammen und trennt sich wieder. Blut, Fleisch, Knochen, Staub, Moleküle. Selbst die Atome, aus denen er besteht, sind keine Gegenstände, sondern energetische Prozesse, die auf Quantenebene zerfließen; in ein energetisches Meer von Möglichkeiten, in dem selbst die Grenzen von Raum und Zeit sich aufheben.

Ja, auch die Physik hat bereits die Welt des Gegenständlichen verlassen. Einzig unsere Sprache hält uns noch an der Welt der Gegenstände fest. Sie ist geprägt von unserer Art der Wahrnehmung, die die Welt in Subjekte und Objekte teilt – weil sie so von unserem Gehirn konstruiert werden. Dabei haben wir nie wirklich auf den Tisch gehauen oder jemanden geküsst.
Materie besteht zu 99,9% aus leerem Raum und die winzigen Elektronen, die in gewaltiger Entfernung um die Atomkerne kreisen, folgen dem sog. Pauli-Prinzip. Das heißt, sie können nie zur gleichen Zeit am gleichen Ort sein. Da sie negativ geladen sind, stoßen sie sich gegenseitig ab, was wiederum durch

Austauschprozesse (in diesem Fall „Photonen" geschieht). Sie berühren sich also nie wirklich, denn da wäre auch nichts Gegenständliches zum Berühren.

Das klassische Modell der Teilchenwelt, in dem Teilchen aufeinander stoßen wie Billardkugeln, hat ausgedient. Es gibt in der gesamten Welt nur energetische Prozesse, die miteinander durch andere Prozesse wechselwirken. Dass wir dennoch die Tischplatte spüren und die Lippen des Partners ist ebenso Konstruktion unseres Gehirnes wie der Schmerz des angestoßenen Fußes im Traum.

Unsere Sprache kann diese wissenschaftliche Revolution kaum erfassen. Sie ist geprägt von Gegenständen, von Subjekten und Objekten. Anders wäre es auch unpraktisch, da unsere naive Weltsicht nun einmal in einer konstruierten Wirklichkeit von Gegenständen stattfindet. Deswegen ist es sinnvoll, so zu leben und zu reden, als wäre all das real – aber wenn wir anfangen, es auch zu glauben, und beginnen, auf dieser Ebene zu philosophieren und zu definieren, dann dreht das Denken frei und kommt nicht weiter. Das ist der Grund dafür, dass sich abstrakte Philosophie seit über 2.000 Jahren im Kreis dreht, statt voran zu schreiten – und sich ans Greifbare zu halten.

Geist, Körper und Trieb sind erst einmal nur Begriffe. Das wissen wir, alles andere glauben wir. Dahinter stecken wahrscheinlich verschieden stark fassbare komplexe, energetische Prozesse, die dazu fähig sind, sich gegenseitig zu beeinflussen. Alle drei wollen etwas: Der Geist will schaffen und sich erheben, der Körper will funktionieren und leben und der Trieb will herrschen und für immer überleben, selbst wenn er sich dafür erniedrigen muss. Der Geist zieht, der Körper schiebt, der Trieb strebt. So scheint es. Tatsächlich sind alle starken Regungen – auch die von Körper und Geist – Emanationen des Triebes. Der Geist kultiviert ihn; der Körper realisiert ihn. Ohne den Trieb wären sie kraftlos wie ein Auto ohne Benzin. Ohne sie wäre er flach und flüchtig wie Furz im Weltall.

Sicher lässt sich all das weiter ausdifferenzieren, doch das würde mehr verwirren als klären. Wenn wir schon denken, dann nicht um zu denken, sondern um zu lenken. Dieser spielerische Zugang soll uns reichen, das Begriffliche zu umreißen. Bilder sollen uns helfen. Um die für uns wichtigen Aspekte zu verdeutlichewn, verwende ich das Bild des Marionettenspielers für den Geist und das der Marionette für den Körper bzw. das des Herrchens und des Hundes für Geist und Trieb.

Zum Trieb

Den Trieb bezeichne ich zeitweilig als Tier, um das Tierische im Trieb zu verdeutlichen und die Kurve zum Hund zu bekommen. Dabei sollten wir uns bewusst sein, dass es eine platte Annahme vom Tier ist. Kaum ein Tier ist wirklich so tierisch, wie wir diesen Begriff in unserer Kultur für etwas Triebgesteuertes oder gar Bestialisches verwenden. Meist sind es fehlgeleitete Menschen, die „tierisch" sind. Menschen, die keineswegs im Inbegriff sind, den Abgrund zum Übermenschen zu überwinden. Friedrich, wie schriebst Du es noch in Zarathustras Vorrede?

> *„Ich lehre euch den Übermenschen. Der Mensch ist etwas, das überwunden werden soll. Was habt ihr getan, ihn zu überwinden? Alle Wesen bisher schufen etwas über sich hinaus: und ihr wollt die Ebbe dieser großen Flut sein und lieber noch zum Tiere zurückgehen, als den Menschen zu überwinden?*
> *Was ist der Affe für den Menschen? Ein Gelächter oder eine schmerzliche Scham. Und ebendas soll der Mensch für den Übermenschen sein: ein Gelächter oder eine schmerzliche Scham. Ihr habt den Weg vom Wurme zum Menschen ge-*

macht, und vieles ist in euch noch Wurm. Einst wart ihr Affen, und auch jetzt noch ist der Mensch mehr Affe, als irgend ein Affe."

Ich spucke in den gleichen Abgrund wie Nietzsche; den Abgrund zwischen Tier und Übermensch, über dem der Mensch als Seil hängt. Es ist gut, den Übermenschen zu lehren. Er ist nichts anderes, als der weise Mensch – das Ziel dieses Buches, die Bestimmung unseres Wesens, der Name unserer Spezies – Homo sapiens.

Jeder selbstbeherrschte Mensch ist ein Verächter des Nebensächlichen und Verehrer des Wesentlichen. Ein Pfeil der Sehnsucht nach dem anderen Ufer, den Abgrund zu überwinden. Doch der heutige Mensch ist impotent und schwach, traut sich nicht mehr nach vorne, oben, hinauf zu streben. Er hat das Seil gekappt und fällt zurück ins „Tierische".

Doch kein Tier ist tierisch wie der gefallene Mensch. Natürlich gibt es im Tier auch verschiedene Wesen (Körper, Geist und Trieb) und verschiedene Ströme – je nachdem, wie komplex es ist. Aber Tiere sind stabiler, in-dividueller. Sie leben, streben und haben weit weniger innere Probleme. Weil sie nicht so hoch stehen, so geistig und komplex sind wie wir, können sie sie auch nicht so tief fallen, zweifeln und abstumpfen.

Genug der Begriffe, zurück zum Fleische.

Vigilia pretium libertatis –
Wachsamkeit ist der Preis der Freiheit

Das Nervensystem ist flexibel. Körperregionen und Prozesse, die oft genutzt werden, werden auch stark ver-nervt. Wortwörtlich wachsen die Nerven dorthin, wo viel Kontrolle gefragt ist. So wird ein Mensch immer kontrollierter in dem, was er tut. Er kann sein Nervensystem darauf trainieren, besonders viele Muskelfasern gleichzeitig zu aktivieren, um seine Maximalkraft zu steigern. Er kann es darauf trainieren, einzelne Muskeln gezielt zu steuern, um akrobatische oder besonders feine Bewegungen zu ermöglichen, wie beim Seiltanz oder Binden einer 16er-Fliege an die hauchdünne Angelschnur. Er kann es darauf trainieren besonders sensibel zu reagieren, wie bei einem musikalisch geschulten Gehör, einem Parfümeur oder der Prinzessin auf der Erbse. Er kann es aber auch abhärten, wie durch eiskaltes Duschen oder das Sparring beim Kampfsport. Zudem kann er es auch darauf trainieren, tief zu atmen, aufrecht zu sitzen, kraftvoll zu agieren, stabil zu bleiben, sich messerscharf zu konzentrieren und Verspannungen oder Probleme im Körper zu erspüren. Es kann darauf trainiert werden, bewusst zu träumen oder gar Träume zu verwirklichen, indem man es darauf trainiert, Fett zu verbrennen und Muskeln aufzubauen. Es kann auf herausragende Anmut und stilvolles Verhalten trainiert werden und so auf den Gipfel menschlicher Ausdrucksfähigkeit in Form von gekonnter Mimik, Gestik und Rhetorik führen. Es kann tiefste Entspannung und Gelassenheit hervorrufen oder frohe Erregung und Freude schaffen, ja sogar den Herzschlag, Angstzustände und den Schweißfluss regulieren – wenn man es nur trainiert.

Sie sehen, werter Leser, einfach alles, was uns Menschen ausmacht, ist irgendwie mit dem Nervensystem verbunden, ist Frage der Wurzeln unseres Geistes – besonders das, was wir inständig erreichen und ver-

körpern wollen. Einfach nur Hanteln zu bewegen und wenig zu essen ist eine Sache, aber wenn unsere Nerven nicht entsprechend schalten oder nur unzureichend in den entsprechenden Regionen ausgebildet sind, wird unser Streben nach einem athletischen Körper kaum realisiert. Jede körperliche Veränderung ist primär eine Frage der Nerven. Der Geist kann hier ansetzen und steuern, wenn es trainiert wird.
Yogis und Shaolin schaffen schier Übermenschliches mit ihrer jahrelang geschulten Körperbeherrschung. Erstere können ihre Lebensfunktionen fast bis zum Herzstillstand herunterregulieren und tagelang ohne spürbaren Atem oder Energiestoffwechsel überleben. Letztere können ihren gestreckten Körper wie ein Brett auf wenigen aufgestellten Speeren balancieren, die sich bei jedem Untrainierten in den Körper bohren würde. Auch können sie sich an einen Strick um den Hals hängen, während jeder andere erdrosselt werden würde.
Das sind klassische Beispiele der Körperbeherrschung, ebenso eindrucksvoll empfinde ich zauberhafte Ballerinas, beatboxende Breakdancer, Virtuosen der Violine, durchtrainierte Turner, Maler wie Bob Ross, Diven wie Maria Callas, Tante Martha, die das 10-Finger-Tippen beherrscht wie keine zweite, sowie Meister des Küchenmessers oder der sanften Kampfkünste wie Tai Chi und Aikido, bei denen es vor allem um den Kampf mit sich selbst geht. Mit minimalem Kraftaufwand und einer atemberaubenden Leichtigkeit vollbringen sie Kunststücke, die dem ungeübten Menschen unmöglichen erscheinen – die sich aber alle trainieren lassen.
Damit nicht genug. Viele Menschen um uns herum beherrschen oft die ein oder andere Kleinigkeit scheinbar mühelos und einzigartig – etwa ein herzerwärmendes Lächeln, ein kraftvolles Betonen der Wörter, eine besonders anmutige Haltung des Kopfes, eine spielerische Leichtigkeit beim Putzen oder Reparieren, die Art wie jemand küsst, grüßt oder einfach nur zuhört.

Welch Wonne des Daseins

Ein beherrschter Mensch ist ein wundervolles Wesen. Daran teil zu haben, erfüllt uns mit Freude; es spricht das ästhetische Empfinden in jedem von uns an, bringt unsere Gefühle in Wallung und ist zu Recht begehrenswert. Zu schade, dass es kaum jemand drauf hat. Dabei ist das ganze Leben eine Kunst. Die Art und Weise, wie wir uns ver-halten, bewegen, ausdrücken und atmen, wie wir arbeiten und leben insgesamt. Das alles lässt sich steuern – durch Training.
Nur Mühe führt zur Mühelosigkeit. Mühelosigkeit ist wiederum der beste Garant für eine hohe Lebensqualität. Dabei ist die anfänglich hohe Mühe zum Erreichen der Mühelosigkeit deutlich geringer, als die Summe der unzähligen Mühen eines unbeherrschten Lebens. Leider ist dem Schweinehund Ihre Lebensqualität völlig egal, weshalb er einfach nur faulenzen will, wodurch Sie wiederum ein weniger schönes und weniger leichtes Leben führen müssen, wenn Sie nicht endlich Ihr Ändern leben. Ändern Sie den Status quo, wider die tierischen Triebe und machen Sie den Schweinehund zum Schoßhund.

Das Wunderbare am Nervensystem ist seine Wandlungsfähigkeit. Was gemacht wird, wird verstärkt. Freude fördert Freude, Konzentration Konzentration, Prokrastination Prokrastination und Coolness fördert Coolness. Bewegung steigert die Bereitschaft zur Bewegung, weil die Bewegung immer leichter fällt – und so ist es mit allem, was wir wiederholt machen. Die Nerven verstärken jedes Verhalten, indem sie sich dort verstärken, wo sie oft genutzt werden.
Das ist die beste Möglichkeit, um Körperbewusstsein zu schaffen und den Hund an die Leine zu legen: Training, Vernervung und das Schaffen konstruktiver Gewohnheiten.
Das Nervensystem funktioniert wie ein Muskel – und die meisten natürlichen Prozesse bzw. Strukturen: Es wächst am Widerstand, wird gefördert, indem es gefordert wird, wird stärker, indem es genutzt und an seine Grenzen geführt wird und je stärker das Nervensystem wird, desto leichter wird alles andere.

Mit dem Körper, den wir bereits jetzt haben, vermögen wir Autos anzuheben, Violinkonzerte zu spielen, Saltos und einhändige Handstände auszuführen, Arien zu schmettern und Millionen von Menschen zu begeistern – wenn wir es nur trainieren würden. Zu schade, dass sich die meisten mit dem Öffnen der Bierflasche und dem Beherrschen der Fernbedienung begnügen.

Die Lektion der Emotion

Besonders reagiert das Nervensystem auf emotional aufgeladene Inhalte. Deswegen hat uns die Natur den Schmerz geschenkt: Wer einmal auf die heiße Herdplatte fasst, wird es so schnell nicht wieder machen. Wer jahrelang Lernstoff eingebläut bekommt, ohne jedes Feuer, der hat am Tag der Zeugnisausgabe bereits wieder alles vergessen. Deswegen stumpfen Fließbandarbeiter ab, ist unser Lehrsystem fürs Katzenstreu, fällt es schwer fremde Sprachen zu lernen und deswegen sind Selbständige und Besessene erfolgreicher, saugen wir Wissen wie ein Schwamm auf, wenn wir dafür brennen, und lernen eine Sprache dann am besten, wenn wir im zugehörigen Land sind, Essen bestellen, flirten und philosophieren wollen.

Alles eine Frage der Begeisterung und der Beleg dafür, dass wir ohne Schmerz und Verlangen eine träge, graue Masse wären. „Wären" wäre schön. Tatsächlich leben wir mittendrin – in einer Gesellschaft, der kollektiven Verdrängung alles Tierischen und Körperlichen. Siechende Auswüchse der geist-lichen Reinheitsleere ewiggestriger Talarträger – doch der Fisch liegt auf dem Trockenen.

Wie sehr wir uns – also das „Team Mensch" – für etwas begeistern, wie sehr wir dieses Etwas emotional aufladen, entscheidet darüber, wie schnell und erfolgreich wir es lernen. Selbst wenn es sich um rein geistigen Inhalt handelt, wird es sich nur wirksam einprägen, wenn auch der Körper davon ergriffen und begeistert wird. Ohne den Körper ist auch der stärkste Gedanke schwach und machtlos.

Emotionen sind der Treibstoff der Erkenntnis. Motivation kommt aus E-Motion. Geradezu verwerflich, dass genau diese Kraft seit Jahrtausenden aus dem Wissensbetrieb herausgehalten wird – ohne große getriebene Geister wie Archimedes, Da Vinci, Newton und Darwin, könnten die Destruenten nichts mehr zersetzen, hätte die Kirche keine Kathedralen und die verkopfte Gesellschaft würde noch im Dunkeln sitzen, da fast alle erhellenden Errungenschaften von „wahnsinnigen" Genies geschaffen wurden. Kein kalter Mensch hätte Tausende von Versuchen unternommen, um eine gläserne Birne zum Glühen zu bringen – Edison schon; in ihm brannte so viel Feuer, dass er es in Millionen Haushalte rund um den Erdball zu verteilen vermochte.

Verkopfte halten das für Wahnsinn. Tatsächlich ist es der Körper. Genie und Körper liegen nah beieinander. Noch exakter bedacht, ist es der Trieb im Körper. Wer ihn negiert, hackt sich die Wurzeln ab. Bei wem er versiegt, der steht schon im Grab. Doch genau das bringen wir unseren Kindern bei: Füße still halten, Fantasie ausschalten, stumpf die Fakten büffeln.

Abwärts geht's immer

Viele Menschen sind Miesepeter. Ihr Denken kreist um Probleme und Schwächen, ihr Körper spiegelt diese Stimmung und verstärkt sie dadurch. So entsteht eine Abwärtsspirale oder wie eine weise Busfahrerin einst zu mir sagte:

> *„Scheiße zieht Scheiße nach sich."*

Wer auf dem herabfallenden Ast sitzt, geht zu Grunde. Dafür muss man nichts machen. Abstieg ist wie Schwäche oder Chaos und bedarf keiner Planung, da es der wahrscheinlichste aller Zustände ist – das beweist ein Blick auf den Schreibtisch. Ganz automatisch wird alles chaotisch, wenn wir nicht immer wieder Ordnung hinein bringen. Wer nicht beharrlich seine Muskeln trainiert, wird Jahr für Jahr einen Teil davon einbüßen und wer abstürzt, wird ganz unten landen, wenn er nicht irgendwo Halt findet – was umso schwerer wird, je länger es bereits abwärts geht; denn die Beschleunigung mag gleich bleiben, aber die Geschwindigkeit steigt.

Über kurz oder lang wird alles schwach, zerfallen und was aufsteigt, wird wieder herunterkommen. Das gilt auch für das erhabene Denken. Die Friedhöfe sind voll von Leuten, die dachten, sie stünden über den Dingen, und doch holte die Zeit auch sie wieder in den Boden der Tatsachen zurück.

Wer sich in Luftschlüsse flüchtet und seinen Körper vernachlässigt, dessen Nervensystem verwest. Schlechte Haltung, flache Atmung, Schwäche, Stumpfsinn und Nachlässigkeit machen sich breit – wie bei einem älteren Mitmenschen, der zwar noch durchgefüttert, aber von jeglichem Widerstand und jeder Herausforderung fern gehalten wird. Das ist der beste Weg, um jemanden zu Tode zu schonen.

Leider hat unsere Gesellschaft noch nicht verstanden, dass der Mensch keineswegs vom Fressen allein lebt, sondern dass es erst Herausforderungen und Emotionen sind, die ihm auch den Willen und das Wachstum zum Leben bescheren. Sind die erhabenen Weisen aus dem Osten vielleicht nur so gelassen wie Hindukühe, weil ihnen jeglicher Saft aus dem Leib entronnen ist?

Einen Menschen zu füttern, ohne ihn zu fordern, ist eher Folter denn Menschlichkeit. Eine besonders perfide Form der Käfighaltung. Gefangen in einem Körper, mit dem man zwar überleben kann, aber kaum noch leben will. Die schmerzlose Folge: Ein Wesen ohne Drang, des Lebens überdrüssig, zum Abnippeln bereit.

Wie heißt es so schön: Die Reife einer Gesellschaft erkennt man daran, wie sie mit ihren Alten umgeht. Wenn ich den momentanen Umgang der Gesellschaft mit den Alten sehe, dann graut es mir davor zu ergrauen. Darum ist es für jeden von uns wichtig, früh zu erkennen, dass es in einer Zeit des

Nahrungsüberflusses vor allem darauf ankommt, die Menschen und sich selbst zu fordern und zu stimulieren, damit sie ein starkes und erfülltes Leben führen können.

Je regelmäßiger ein Mensch dem Druck des Daseins ausgesetzt ist, desto stärker wird er sich dazwischen mit dem Saft des Lebens vollsaugen wie ein Schwamm, der sogar noch wachsen kann. Alles andere ist nur ein Durchspülen von Nährstoffen und führt nach und nach zum Verlust von Spann- und Saugkraft, bis schlussendlich alles verknöchert und zerbröselt.

Also nervt die Alten oder sie werden erkalten. Wer jedoch genau das will, sollte für ein möglichst komfortables Leben sorgen.

Die Schattenseite des Nervensystems

Viele glauben, Wahrnehmung basiere fast ausschließlich auf dem, was um uns herum geschieht. Tatsächlich kommuniziert das Nervensystem vor allem mit sich selbst. Die Nerven sind hauptsächlich untereinander verschaltet. Nur wenige kommen von den Sinnesorganen hinzu. Dieses Ungleichgewicht bestimmt auch unsere Wahrnehmung. Diese ist alles andere als objektiv und vor allem ein Spiegel dessen, was in uns vorgeht. Wessen Nervensystem sich eher in Schlechtem verwickelt, denn positiv entwickelt, dessen Welt wird zusehends dunkler.

Kaum jemand weiß das und ist umso mehr von der Welt enttäuscht, die sich ihm zusehends grässlich zeigt, wenn er sich zu sehr auf ihre dunkle Seite fokussiert – was zu noch mehr Enttäuschung führt und schlussendlich den Prozess beschleunigt und die destruktive Weltsicht verhärtet, weil das Nervensystem sich immer tiefer und fester darin verwurzelt. Dann sieht man nur noch Fehler, Lügen und Intrigen. Wer würde da nicht verzweifeln, vielleicht sogar zum Zyniker werden – oder gar zum Bösewicht, zum Lügner und Betrüger?

Solche Menschen bezeichnen sich gerne als „Realisten" und tatsächlich trifft ihre Abscheu auch auf die Realität zu – aber nur auf ihre. Was sie nicht wissen: Es gibt nicht „die" Realität. Jeder Mensch schafft sich seine eigene Realität durch seine Gedanken, die sich im Nervensystem manifestieren und genau diese Art zu denken und die zugehörige Perspektive verstärken – oder wie der „Philosophenkaiser" Marc Aurel es im alten Rom so schön formulierte:

„Auf die Dauer der Zeit nimmt die Seele die Farbe der Gedanken an."

Wenn einige junge Leute am Ufer eines Sees stehen, mit den Füßen im Wasser, und sich alle einige sind, dass das Wasser viel zu kalt zum Baden ist, dann ist das kein schöner Tag. Eine klumpige dunkle Wolke drängt sich vor die Sonne und der auffrischende Wind bläst auch den letzten Funken Frohsinn davon. Mit kalten Füßen trennen sie sich und werden beim nächsten Treffen darüber sprechen, was es für ein mieser Tag war. Den meisten fiel nämlich nicht nur das Wetter auf die Nerven; zwei blieben im Stau stecken, eine verpasste ihre S-Bahn und eine andere stritt sich am selben Abend noch mit ihrem Freund. Nur einer berichtete, dass alles wunderbar war ... Hätte ich nicht auf dem Weg nach Hause, bloß einige hundert Meter weiter, einige Bekannte getroffen, die mich zum Fußballspiel forderten, wäre mein Tag sicher auch grau wie der Himmel gewesen. Doch plötzlich befinde ich mich mitten in einem spannenden Wettstreit und finde Sprint für Sprint wieder in meinen Körper zurück. Aufgeheizt vom schweißtreibenden Gerenne und Gerangel springen wir in die eisigen Fluten des Wörthsees und lassen uns danach vom erfrischenden Wind trocknen. Ob die Wolkenschicht das letzte Licht verschluckt oder die Sonne bereits untergegangen ist, ist uns egal. Zusammen grillen wir, zischen ein paar Bier und philosophieren über die Zukunft.

Zu Hause, bereits nach Mitternacht, kuschel mich in die Liege auf meiner Terrasse und lausche unter einem inzwischen wolkenlosen Himmel dem Balzen der Frösche und den davon unbeeindruckt rauschenden Baumwipfeln darüber. Am Firmament erscheint mir der Christian Morgenstern:

> *„Mit allem Großen ist es wie mit dem Sturm. Der Schwache verflucht ihn mit jedem Atemzug, der Starke stellt sich mit Lust dahin, wo's am heftigsten weht."*

Schwach erscheint mir, wer den Bezug zum Leben, zur Natur und seinem Körper verliert – und vergisst, dass unsere Sicht perspektivisch ist. Welch traumhafter Tag. Welch Genuss dort zu leben, wo es besonders abwechslungsreich ist – solange man innerlich stabil und mit Fleisch und Geist bei der Sache ist. Ja wahrlich, es ist die Perspektive, die die Realität prägt.

Den Geist, den man brieft, wird man so schnell nicht wieder los. Er packt das Nervensystem und verstärkt sich selbst. Darum prüfe jeder Mensch seine Gedanken auf das Schärfste, denn sie werden real. Stärke zieht Stärke und Scheiße zieht Scheiße nach sich.

Aus einem Gefängnis der destruktiven Vernervung wieder heraus zu kommen ist mühevoll, aber möglich. Denn kein einziger Nerv ist in Stein gemeißelt, er ist aus Fleisch und Blut und somit wandelbar. Jede Tätigkeit, die wir meiden, jede Körperregion, die wir vernachlässigen, wird ent-nervt. Dadurch lassen sich schlechte Haltungsmuster oder Angewohnheiten verlernen, ebenso verlieren wir aber auch die Guten, wenn wir sie schleifen lassen.

Wir dürfen nie vergessen, dass wir auch noch den Schweinehund in uns haben, der bei unbeherrschtem Körper dazu neigt, für uns negative Muster zu etablieren. Wir kämpfen also nicht nur gegen unsere eigene

Destruktivität und die unserer Gesellschaft, sondern auch noch gegen die Triebe – gegen Trägheit und Trivialität. Langweilig wird es also nie oder wie es auf Latein und der NATO-Fahne heißt: *Vigilia pretium libertatis* – Wachsamkeit ist der Preis der Freiheit.

Exercitatio artem parat – Übung macht die Kunst

> *„Herausragend zu sein ist eine Kunst, die man durch Übung und Angewöhnung erwirbt. Wir handeln nicht recht, weil wir Tugend besitzen oder herausragend sind, sondern wir sind so, weil wir recht gehandelt haben. Wir sind, was wir immer wieder tun. Herausragend zu sein ist also kein Akt, sondern eine Angewohnheit."*
>
> *Aristoteles*

Zu Leben ist eine Kunst – dicht verflochten mit der Beherrschung unseres Körpers. Sie äußert sich darin, wie wir morgens aufstehen, unsere Zähne putzen und die Kaffeetasse zum Mund führen. Wie wir gehen, Auto fahren und tanzen. Wie wir Notizen schreiben, uns Kuchen einverleiben, miteinander flirten und es treiben. All das machen wir und doch liegen Welten zwischen Machen und Können.

Auf das „wie" kommt es an; darauf, ob wir uns all das mit krummer Haltung, zitternden Händen und stumpfem Blick abringen oder es mit Esprit, Eleganz und Stärke vollbringen. Letzteres, das stilvolle Handeln, ist nicht nur eine Herausforderung und schön anzusehen, sondern auch effektiv und effizient.

Die meisten Menschen überschätzen einmalige Handlungen und unterschätzen, wie mächtig eingeschliffene Verhaltensweisen unser Leben, unseren Körper sowie Geist prägen – und herunterziehen können.

Dazu eine Geschichte: Einer meiner Klienten ist von guter Veranlagung, doch sein Verhalten hatte sich dermaßen der Agilität einer Nacktschnecke genähert, dass auch sein Selbstbewusstsein, Aussehen und Vorgehen sich kaum noch davon unterschied. Die Beine waren Stümpfe, des Beugens kaum mächtig. Selbst wenn es schnell gehen sollte, waberte er gemächlich wie eine Lavalampe durch das Gelee der Raumzeit – mit scheinbar stoischer Gelassenheit, doch dahinter war nicht viel Selbstsicherheit. Er folgte eher der Maxime: Nur nicht auffallen, möglichst in Zeitlupe bewegen – so sehen mich die Raubtiere nicht.

Zudem war er furchtbar nett – selbst wenn es nicht angemessen war; manchmal bis zur Selbstverleugnung. Das hatte zur Folge, dass andere Menschen ihn so akzeptierten, da von ihm kein Widerstand kam und er immer brav machte, was man ihm auftrug. Das bestätigte sein Verhalten und das wurde zu seinem Verhängnis.

Im Laufe der Jahre wuchs er zusehends in die Breite und jede Nudistenschnecke wäre ihm davongekrochen. Während ich mich nach dem Training duschte und bereits wieder anzog – zog er noch an den Schnürsenkeln seiner Sportschuhe. Seine vermeintlichen Freunde und Kollegen hatten tatenlos zugesehen, wie es bergab ging.

Unreflektierte Akzeptanz ist eine Krankheit – stillschweigende Bestätigung, die selbst schlechte Entwicklungen fördert. Hat sich destruktives Verhalten derart verhärtet, helfen einfache Worte so viel, wie gegen einen Waldbrand anzupinkeln. Der Körper muss überzeugt werden – ein schweres Unterfangen, bei solch einer Schutzschicht. Heutzutage wärmt Körperfett nicht mehr, es schützt vor sozialer Kälte. Zudem ist es schwierig, einen Menschen wieder zu emotionalisieren, der derartige Kräfte nur noch aus dem Fernseher kennt. Mit Zuckerbrot kommt man da nicht weit. Doch die Peitsche hätte es noch verschlimmert.

Tatsächlich musste ich einfach nur ehrlich sein – denn das war schon seit Jahren niemand mehr zu ihm. Gnadenlos ehrlich. Nichts ist härter als das. Er selbst hatte seine Behäbigkeit und Fülle vollständig verdrängt – unter dem Schein der Gelassenheit und weiten Hemden. Erst als ich ihn über einen Monat hinweg, Tag für Tag immer wieder auf sich selbst und sein Verhalten aufmerksam machte, ihm im Restaurant das Brot und die Beilagen vom Teller nahm (und sie aufopferungsvoll vernichtete), ihm reines Wasser einschenkte und intensiv mit ihm trainierte, taute der Fettpanzer.

Vieles empfand er als Beleidigung – weil es seine Gewohnheit torpedierte, mit der er sich identifizierte. Doch nach einigen Tagen wurde ihm bewusst, dass eigentlich nicht ich ihn beleidigte, sondern dass die eigentliche Beleidigung die seiner Mitmenschen gewesen war, die ihn in seiner Abwärtsspirale bestätigten. Zu erzählen, dass alles in Ordnung ist, obwohl es bergab geht – das ist die eigentliche Lüge. Vor allem lernte er aber, dass er selbst dafür verantwortlich ist.

Von da an wurde es leicht. Er stellte sein Denken um, wurde kritischer, schlagfertiger, schlanker, agiler und verblüffte alle. Tatsächlich steckt ein Kämpfer in ihm, wie ich es selten erlebt habe. Eigentlich verständlich: Wer einen mächtigen Schweinehund hat, der kann auch mächtig stark werden, wenn er den Schweinehund erzieht. Wir hatten eine tolle Zeit und wurden Freunde.

Hic et nunc – Hier und jetzt

Das Nervensystem ist immer auf dem aktuellen Stand. Es lernt in Echtzeit. Just in diesem Moment prägen Sie ihm bestimmte Muster auf. Wie ist Ihre Haltung gerade? Einwandfrei oder verbesserungswürdig? Wie steht es um Ihre Atmung und Aufmerksamkeit? Lassen Sie sich leicht ablenken oder lesen Sie konzentriert?
Warten Sie nicht länger auf die ersten Übungen, die Ihre Körperbeherrschung steigern sollen – Sie sind bereits mittendrin! Verinnerlichen Sie genau jetzt, dass die Art und Weise, wie Sie jetzt leben und diesen Moment zelebrieren, wie Sie dieses Buch halten, darin lesen und die Informationen verarbeiten, darüber entscheidet, inwiefern Sie bereits auf dem Weg zu einem erfüllten und selbstbeherrschten Leben sind oder sich schlicht und einfach gehen lassen – von Destruktivität, triebgesteuerter Trägheit und einem durch die Inflation an Informationen antrainierten Aufmerksamkeitsdefizit. Wollen Sie das mit sich machen lassen? Sind Sie so schwach? Können Sie das überhaupt selbst entscheiden oder wer hat in Ihrem Körper die Nerven in der Hand?

Nun wissen Sie Bescheid und müssen sich entscheiden. Wer ein Problem erkannt hat und nichts zu seiner Lösung beiträgt, wird Teil des Problems. Auf welcher Seite stehen Sie? Können Sie sich hier und jetzt aufraffen? Ihre Haltung aufrichten, Ihre Atmung vertiefen und Konzentration schärfen?
Falls Sie es nicht schaffen, dann können Sie nie ein Lebens-Künstler werden. Da zählt die Tat-Kraft im aktuellen Moment und mehr als den aktuellen Moment – *hic et nunc*, hier und jetzt – wird es nie geben. Wollen allein hilft da nicht, denn Kunst kommt von Können und nicht von Wollen; sonst würde es ja Wunst heißen. Falls Sie den Moment nicht ergreifen können, dann sparen Sie sich weitere Mühe. Klappen Sie das Buch zu und kehren Sie zu Ihrem alltäglichen Un-Sinn zurück.
Adieu!

Wenn Sie nicht mal das schaffen, dann lesen Sie halt weiter – aber machen Sie sich bewusst, dass Sie niemals mehr als dieses „hier und jetzt" haben werden. Es gibt nur einen wichtigen Moment im Leben eines Menschen und dieser Moment ist jetzt. Jetzt trainieren Sie Ihren Körper. Selbst wenn Sie nicht mehr trainieren und einfach nur faul in den Seilen hängen wollen, trainieren Sie dieses „faul in den Seilen hängen wollen" und verstärken es dadurch.
Seien Sie wachsam, gönnen Sie sich ruhig Pausen und Ablenkungen, aber gestalten Sie sie möglichst konstruktiv. Der Mensch ist ein Produkt seiner Verhaltensweisen, die sich immer weiter verstärken, je öfter er sie realisiert (und die Außenwelt sie akzeptiert). Wollen wir unser Potenzial ausschöpfen, so sollten wir stets darauf achten, alle Tätigkeiten möglichst stilvoll und effizient auszuführen, denn ohne Stil keine Blüte. Wer sich hängen lässt, kann sich gleich erhängen. Nachlässigkeit ist Selbstmord auf Raten, weil sie sich mit jeder nachlässigen Handlung weiter verstärken wird. Das gilt für jedes Verhalten, vom Schuhebinden bis zum Liebesspiel. All das ist Nervensache – immer und überall. Kein Training gibt es nicht!

Der Anfang ist besonders anstrengend. Eingeschliffene Verhaltensweisen zu ändern ist mühsam. Team Mensch soll umprogrammiert werden. Jedes Verhalten ist an und für sich ein loser Faden, doch mit ständiger Wiederholung verflechten sich die einzelnen Fäden zu einem starken Seil – nicht selten ein Strick. Wollen wir destruktive Verhaltensweise ändern, so müssen wir uns von nun an jedes mal überwinden und die gewünschte Verhaltensweise realisieren, obwohl unser Nervensystem gelernt hat, anders zu handeln. Der schier unzerreißbare Strang muss wieder aufgelöst werden, Faden für Faden, und ein neuer geknüpft werden. Das ist die Quintessenz der Selbsterziehung: Auf gleiche Bedingungen, anders reagieren – besser reagieren! Schlussendlich wollen wir das „re" abwerfen, selbstbestimmt agieren und Henry Miller lesen:

„Der gewöhnliche Mensch ist in eine Handlung verwickelt, der Held handelt. Der Unterschied ist gewaltig."

Ein solcher Wechsel im Verhalten ist mit Widerständen verbunden und gelingt nicht von heute auf morgen. Besonders in stark emotionalen Situationen scheint das frisch geknüpfte Seil einer konstruktiven Gewohnheit noch nicht stark genug. Im Notfall verfallen viele wieder in ihre alten und destruktiven, aber bewährten Gewohnheiten: Der Griff zur Zigarette, das frühzeitige Aufgeben, das innere Zusammensinken oder äußere Durchdrehen; gefolgt von destruktiven Ablenkungsgewohnheiten wie wahllosem Surfen, stumpfem Fernsehen oder zwanghaftem Masturbieren. Das hat man jahrelang trainiert, das funktioniert. Da weiß man, was man hat. Aber ist das nicht auch langweilig? Führt das zu irgendetwas Gutem, abgesehen davon, dass es das Gefühl der Sicherheit verleiht?

Noch immer ist es die Angst vor dem Unbekannten, die die meisten Menschen davon abhält, sich weiterzuentwickeln. Wer sich aufmachen will zu neuen Ufern, der muss den sicheren Hafen verlassen. Das ist der große Konflikt bei den meisten: Sie wollen loslegen, aber nicht ablegen.

Der Griff ins Karussell

Überhaupt erst einmal vom Alten los zu lassen und Neuem eine Chance zu geben ist das Schwierigste am Unterfangen. Verhaltensweisen haben eine eigene Kraft, eine eigene Dynamik und somit eine innewohnende Schwere und Trägheit, die sich allem erwehrt, was ändern will.

Das laufende Leben zu ändern ist wie der Griff ins Karussell. Wer zögerlich handelt, kriegt was auf die Finger und wird es schwerlich erneut wagen. Wer zupackt, aber nachlässig wird, wird viel investieren, aber nichts verändern. Wer nichts macht, verkommt zum Spektanten. Nur wer all seinen Mut zusammennimmt, den Zweifel erstickt, mit aller Kraft eingreift und nicht nachlässig wird, der hält den Lauf seines Lebens in den Händen.

Nun ist klar, dass aller Erfolg bereits im Anfang liegt, sich nur verwirklicht, wenn er unnachgiebig verfolgt wird und dass der wichtigste Moment der ist, wenn man eingreift. Der Moment, an dem man es satt hat, zu warten, bis die Zeit was wandelt, sondern selbst anpackt und handelt. Das ist die Geburt des Helden, des agierenden Menschen, des über-gewöhnlichen Menschen, des Übermenschen.

Daher ist aller Anfang schwer und wird es immer erst schwerer, bevor es leichter wird. Leider missdeuten viele dieses Gefühl der Schwere als falschen Weg, weshalb sie meist abbrechen, obwohl sie schon fast über den Berg sind. Daher ist es wichtig, zu verstehen, dass man anfangs nicht nur gegen eingefahrene Prozesse bzw. schlechte Gewohnheiten kämpfen muss, sondern immer auch gegen ihre Trägheit, die sie beständig voran treibt – obwohl man das gar nicht mehr will.

Bedanken Sie sich dafür bei Ihrem Nervensystem, es wird sich mit einer Verstärkung dieses Gedankenmusters bedanken und so können Sie gute Freunde werden. Das sollten Sie nämlich, denn Ihr Nervensystem ist unbefangen, treu und verstärkend. Es kann Sie zu Grunde oder auf-richten. Nutzen Sie dieses Wissen und vergessen Sie es nie, denn Sie wissen es ja bereits: Vergessen fördert Vergessen und dafür sind Sie noch zu jung.

Cogito ergo sum – Ich denke, also bin ich

Fast jeder von uns tippt täglich auf der Tastatur seines Computers herum – manche, wie ich, sogar stundenlang und das über Jahre hinweg. Aber lernt heute noch irgend jemand das 10-Finger-System? Fehlanzeige.
Dabei ist das Adler-Such-System mit dem gezielten Herabstürzen und Attackieren des gewollten Buchstabens alles andere als erfüllend und schon gar nicht effizient. Man müsste mal ausrechnen, wie viele Stunden, Tage, ja Wochen oder gar Monate man an Lebenszeit sparen könnte, wenn man sich für ein paar Wochen anstrengen würde, um das 10-Finger-System zu lernen.
Zudem stört jede Unterbrechung den Fluss der Gedanken. Stellen Sie sich vor, wie flüssig Sie schreiben, arbeiten und chatten würden, wenn Sie so flink schreiben, wie denken könnten – und nicht dauernd Buchstaben suchen und Fehler korrigieren müssten. Dabei ist Denken selbst noch sehr langsam. Am Schnellsten und Stilvollsten ist gekonntes Handeln ohne darüber nachdenken zu müssen.
Diese Kunst erlangt, wer seinen Körper derart stark mit einer Fähigkeit vernervt hat, dass sie ohne Mühe verwirklicht wird – ohne bremsendes Denken. Denken ist zum Zweifeln und Planen da; es ist aufwendig und macht langsam. Solange wir bei alltäglichen Tätigkeiten und erwünschten Fähigkeiten denken müssen, sind wir weit davon entfernt, unser Potenzial auszuschöpfen. Dann befinden wir uns noch im Lernprozess oder wenn wir nicht zu lernen gewillt sind, in einer trägen, mühevollen und ineffizienten Warteschleife unseres Daseins. Dann sind wir Menschen, die auf der Klaviatur des Lebens mit ein paar Fingern herum hacken, anstatt ihr spielerisch eine Melodie zu entlocken und unsere Denkfähigkeit für Höheres zu nutzen.
Wir existieren vielleicht und können denken, aber wahrhaft leben tun wir erst, wenn wir unser Denken verkörpern und uns die alltäglichen Dinge spielerisch leicht gelingen, weil sie eingefleischt sind. Evolutionär betrachtet ist das Denken eine wertvolle Fähigkeit. Unter anderem ermöglicht es

uns Neues zu schaffen, abseits unserer genetisch und gesellschaftlich bedingten, schwer beeinflussbaren Triebe und Prozesse.

Neue Ideen und Fähigkeiten lassen sich erdenken und erlernen. Der französische Philosoph Rene Descartes hat mit seinem berühmten Dictum: *„Cogito ergo sum"*, also durchaus recht. Es ist das Denken, das unsere Existenz bedingt, aber das Denken ist nicht makellos. Es hebt gerne ab und ist auf seinen Höhenflügen schnell ohne Fleisch und Adel.

Es ist der Bezug zur Welt, zum Leben, zum Körper, der das Denken adelt. Wenn es den verliert, dreht es frei wie eine Schiffsschraube ohne Wasser. Wer dann noch weiterdenkt und sich in der Leere verrennt, der bestätigt durchs Denken nicht seine Existenz, sondern löst sich von ihr, er verliert sie und das ist dumm – *cogito ergo dumm*.

Natürlich ist es wichtig, zu abstrahieren und mal Abstand zu gewinnen. Nur so lässt sich reflektieren. Doch all das hat nur Wert, wenn man auch wieder zurückkehrt. Wir denken, um zu leben und nicht umgekehrt.

Das ist das Problem der modernen Gesellschaft. Sie hat vor lauter Denken verlernt, richtig zu leben – wodurch wiederum der innere Schweinehund voll auf seine Kosten kommt, da er in einem unbeherrschten Körper kaum auf Widerstand trifft. Warum er uns eigentlich nichts böses will, erfahren Sie im nächsten Kapitel.

Natura non facit saltus –
Die Natur macht keine Sprünge

Zumindest keine großen. Vielleicht gibt es hier mal eine Mutation und dort mal ein Känguru, aber sonst ist die Natur eher konservativ. Sie lässt sich Zeit – ganz im Gegensatz zur rasenden Kultur. Die überschlägt sich fast mit Ihrer Entwicklung; bevor etwas in ist, ist es schon wieder out. Die Technologie revolutioniert sich täglich, die Daten potenzieren sich stündlich und die Meinungen ändern sich mit dem Wind. Noch vor knapp 150 Jahren gab es nicht einmal elektrischen Strom, da mussten die Menschen noch aus dem Fenster fernsehen. Heute hat jeder seinen Flachbildschirm mit Heckspoiler, W-Lan-Kabel und Online-Onanie. Womit wir beim Thema wären. Alles ist so leicht geworden, so anspruchslos, so downloadbar. Eine Gesellschaft von Fahrstuhlfahrern und Rolltreppenzombies. Tag für Tag parken wir unseren Körper wie eine vollgemüllte Aldi-Tüte auf dem Bürostuhl, stopfen ihn mit Fast Food voll und glotzen auf den Bildschirm, bis die Augen kieselklein sind und der Bauch den Gürtel sprengt. Abends landen wir in der Sitzkuhle des heimischen Sofas, den Kompromiss im Arm, die Fertigpizza auf dem Schoß: Gehirn ab- und RTL II anschalten. Wir sind genau da, wo der innere Schweinehund uns haben will – was belegt, wie schlecht es um unsere Macht im Team Mensch bestellt ist.
Ficken, Fressen, Faulenzen – das wollen unsere tierischen Triebe. Sie sind das genetische Notfallprogramm, das uns Energie sparen sowie die Art- und Selbsterhaltung fördern soll. In einem führungslosen Körper kommt es voll zur Geltung. Eigentlich eine feine Sache, nur etwas veraltet. Das liegt an unseren Genen, die sich nur schleppend entwickeln – weil sich die natürlichen Lebensbedingungen normalerweise auch kaum verändern.

Als die Menschheit den Sprung von der Natur zur Kultur wagte, verließ sie rein natürliches Terrain und tauschte es gegen Klimaanlagen, Youtube und McDonald's. Wir sind verdammt modern. Nur schade, dass unser Körper noch in der Steinzeit lebt. Die Gene wollen von dem ganzen Zivilisationshype nämlich nichts wissen. Seit knapp 10.000 Jahren haben sie sich kaum verändert. Das ist normal und auch gut so. Wenn die Gene nicht so stabil wären, hätten sich im Laufe der Jahrmillionen niemals derart komplexe und stabile Lebewesen entwickeln können.

Die paar Epochen sind evolutionär betrachtet auch nichts weiter als ein Wimpernschlag im Augenblick der Zeit. Zudem kann alles so schnell sein Ende finden, wie es auch begonnen hat. Wenn uns der Saft ausgeht, die Homo-Party ein plötzliches Ende findet und wir uns in der Wildnis wieder ums nackte Überleben prügeln, dann werden wir froh sein, dass unser Körper bestens darauf ausgelegt ist. So richtig offline blüht er auf.

Dann macht alles wieder einen Sinn, dann wird der Schweinehund zum Superhund. In einer Welt, in der das Gemüse nicht mehr im Supermarkt wächst und Sardinen in Dosen leben, ist es schwierig, ausreichend Nahrung zu finden. Da überlebt nur, wer alles frisst, was ihm nicht entwischt – am besten schnell verfügbare und hochkonzentrierte Energie in Form von süßen Früchten und tierischem Fett. Die liefern viele wichtige Nährstoffe gleich mit.

Salz wäre auch nicht verkehrt. Schließlich stammt alles Leben aus dem Meer und selbst heute noch ist die Salzkonzentration in unserem Blut mit der in der damaligen Ursuppe vergleichbar. Deswegen haben wir einen starken Trieb nach allem Salzigen – weil es überlebenswichtig ist. Früher waren die weißen Körner kostbar wie Gold, jedes einzelne wurde geschätzt. Heute portionieren wir Salz mit dem Suppenlöffel – was millionenfach zu Bluthochdruck führt, dem Hauptrisiko-Faktor für Herz-Kreislauferkrankungen, die wiederum ein Top-Killer in unserer Gesellschaft sind.

Eigentlich reicht es, alles halbwegs Verdaubare mit ordentlich Salz oder Zucker zu vermischen, es bunt zu verpacken und die Menschen werden es kaufen und fressen. Das ist bereits Realität. Die Realität, in der der Schweinehund Sie einkaufen führt und Sie das greifen lässt, was ihm sein Steinzeit-Instinkt als lebenswichtig aufdrängt – aber heute nur noch eine Mogelpackung ist.

Wo sind nicht Unmengen an Süße und salziger Würze zugesetzt? Sind die Regale nicht voll von künstlichen Erzeugnissen aus der Fabrik? Sehen Sie nicht die Menschen im Supermarkt, wie Sie Müll kaufen und sich dadurch erniedrigen lassen – während der Schweinehund dahinter steht, die Leine fest in der Hand: *„Ach, hab ich nicht ein braves Menschlein?"*

Einverleibte Energie sollte auch niemals unnötig verschwendet werden. Was heute für Rohstoffe gilt, galt damals für Körperfett – und wird es auch wieder, wenn der Zivilisation der Stecker gezogen wird. Dann ist das Faulenzen des Schweinehundes wie das Umweltbewusstsein des modernen Menschen – ressourcenschonend und im Ernstfall überlebenswichtig.

28 Tage später, wenn es kaum noch Artgenossen gibt und das Make up alle ist, werden romantische Chat-Abende bei LED-Schein, frivoles Floating-Vergnügen und das ekstatische Liebesspiel mit lactosefreier Schlagsahne nicht mehr zeitgemäß sein. Dann wird einfach nur gefickt – schnell, hart und ohne die Telefonnummern auszutauschen.

Früher war das angemessen und die einzige Möglichkeit, um dem ollen Neandertaler seine Grenzen aufzuzeigen, der u.a. ausgestorben ist, weil seine Triebe nicht so stark waren wie die unserer Vorfahren. Ohne Ficken, Fressen und Faulenzen wäre der Mensch nicht da; da, wo er jetzt sitzt – auf einem überbevölkerten Planeten mit einer gewaltigen Junk Food- und Süßigkeiten-Industrie, der körperschonenden Onlinewelt und kuscheligen Sesseln. Die Triebe haben sich das Leben wunderbar eingerichtet und die Erde zu ihrem Wohnzimmer, zu ihrer Komfort-Zone umgestaltet.

Doch viel Schlechtes entsteht, indem man Gutes übertreibt. Wissen Sie, was das Schlimmste für einen Trieb ist?

Wenn er sein Ziel erreicht und darüber hinausschießt. Wenn er eine Welt voll Zucker, Salz, Fett, Spaß und Komfort geschaffen hat – und dadurch das Leben zerstört, welches er in alle Ewigkeit erhalten und verbreiten will. Gesellschaften und Menschen sind immer dann am stärksten, wenn sie es schwer haben, wenn Sie in Mangel und Verzweiflung, aber Hoffnung und Sehnsucht leben, dann sind Triebe wichtig, denn sie machen stark und wollen die Schwäche überwinden, so wie es im *Hagakure*, dem Ehrenkodex der Samurai, hinter den Blättern geschrieben steht:

> „Der Weg des Kriegers besteht in der Verzweiflung. Einen verzweifelten Mann können zehn oder mehr Männer nicht töten. Ein gewöhnlicher Geist wird nichts Außergewöhnliches erreichen. Werde wahnsinnig und verzweifle!"

Umdenken oder untergehen

Es ist kein gutes Zeichen für eine Zivilisation, wenn sie zur Zuvielisation wird, wenn sie derart in Dekadenz versinkt und solche Luxusprobleme hat wie wir. Aber wie soll man auch entscheiden, mit welchem Wagen man die 500 Meter zur nächsten Fetty-Fort-Klink überwinden will, um sich den Body pimpen zu lassen? Den Porsche oder Benz ... Ach doch lieber den Hummer, es könnte ja plötzlich ein Erdbeben geben, die polierten Straßen der Gartenstadt platzen auf ... und wer dann nicht gewappnet ist, ist selbst schuld. Auch die Menschen, die nicht mit dem goldenen Stock im Allerwertesten geboren wurden, haben ihre eigene Form der Dekadenz etabliert, die dem einfachen Schweinehund genehm ist: Junk Food, Billigbier und Rudelbums. Wo man hinschaut, die gleichen Zeichen: Wie werden wir fett, faul, schwach, krank und geil. Das werden wir nicht, das sind wir bereits. Yippie Yah Yei Schweinebacke – good job, wieder einmal eine hochmütige Kultur in den Abgrund getrieben.

Zumindest wird das geschehen, wenn wir dem inneren Treiben nicht Einhalt gebieten und lernen, es zu kultivieren. Aus unserem Inneren wird diese Erkenntnis nicht kommen. Es liegt nicht in der Natur eines Triebes, Maß zu

halten. Er will nur seinen Willen durchsetzen, um jeden Preis – das ist der Weg des Überlebens und deswegen stehen wir an der Spitze der Erde, weil wir die stärksten Triebe haben. Wir wollen alles erreichen, besitzen und beherrschen. Zu viel ist nicht genug.
Doch maßloses Wollen schafft ein Fass ohne Boden. In einem Lebensraum mit beschränkten Ressourcen der direkte Weg in die Verdammnis. Wollen wir aus diesem Schlund heraus, sollten wir die Hintergründe verstehen und lernen, uns selbst zu beherrschen. Je mehr wir das schaffen, desto stärker, stabiler, erfüllter und freier werden wir leben und desto weniger werden wir den Trieb verspüren, mangelnde Selbstbeherrschung durch äußeres Besitz-, Erfolgs- und Machtstreben zu kompensieren. Es liegt an uns, an unserem Geist, nun Einhalt zu gebieten und menschliche Reife zu zeigen. Wir legen das vierte „F" des Lebens oben drauf: Führen.

Wir wissen, dass wir bei weitem nicht mehr so viel Jagen, Laufen und Raufen müssen und das wir nicht kurz vor dem Verhungern, Nährstoffdefiziten oder einem harten Winter stehen. Wir haben den Sommer im Boiler und den Winter im Schrank und können jederzeit hinein greifen, um uns ein Wurstbrot oder Rührei mit Röstzwiebeln, Pilzen, Paprika, Speck und Emmentaler zuzubereiten. Im Wohnzimmer warten bereits die Süßigkeiten auf uns und im Büro harren die versalzenen Erdnüsse ihrer Bestimmung. Verhungern ist da unwahrscheinlich.
Das Gegenteil ist der Fall: Die Menschen unserer Zeit sterben nicht, weil sie verhungern, sondern weil sie zu viel futtern. Der Schweinehund beißt sich in den Schwanz und frisst sich selbst zu Tode. Heute überlebt, wer Maß halten kann, indem er den Trieb des Fressens beherrscht und an seinen Energieverbrauch anpasst. Sich in etwas zu verbeißen erfordert Stärke – weit mehr noch benötigt man zum Loslassen und Verzichten.
Bei einem Überangebot an Nahrung ist es katastrophal, auch noch zu faulenzen, aber genau das ist unsere Leidenschaft – die nur Leiden schafft.

Auch hier hält der Schweinehund noch die Leine in der Hand. Bewegt wird sich gerade mal beim Einkaufen, Schlafen und Anziehen. Den Rest machen Maschinen, gelebt wird online und Sport gibt's nur noch von Ritter. Wir landen beim bereits genannten Problem. Dabei verfetten wir nicht nur äußerlich, sondern auch innerlich – durch und durch.

Um unsere Organe sammelt sich das sog. Viszeralfett, das die Wahrscheinlichkeit an Krebs zu erkranken steigert. Zudem verfettet unser Blut, was über kurz oder lang zu Verstopfung führt. Wer sich bereits mit darmüblicher Verstopfung auskennt, kann sich im Ansatz vorstellen, was passiert, wenn im Herz oder Hirn etwas verstopft. Neben Krebs, Infarkt, Schwabbelbauch und Schlaganfall führen Fressen und Faulenzen auch zu Diabetes, Karies, Bluthochdruck, Osteoporose und Stumpfsinn.

Eigentlich hängen alle Zivilisationskrankheiten mit unseren unkontrollierten Steinzeit-Trieben zusammen, die nun auf eine Welt treffen, die sie sich aus ihren Sehnsüchten erschaffen haben, aber gar nicht daran angepasst sind. Die Natur ist so erfolgreich, dass sie übers Ziel hinausschießt. Wenn der Mensch lange genug durchhält, wird er sich auch daran anpassen und sich wunderbar mit dem körperlichen Nichtstun und einem Überangebot an Zucker, Butter und Getreide verstehen, aber wir sind momentan noch nicht so weit und leben jetzt. Also sollten wir auch jetzt eine Lösung für das Problem finden. Die Zeit mag eine tolle Lehrerin sein, aber sie tötet alle ihre Schüler. Damit uns das vorerst erspart bleibt, sollten wir lernen, mit dem Steinzeit-Körper sowie dem Schweinehund darin umzugehen und ihnen die Führung angedeihen zu lassen, derer sie bedürfen.

Bei so vielen und (zum Glück) einzigartigen Menschen ist es auch längst nicht mehr notwendig, sich überall, jederzeit und um jeden Preis fortzupflanzen. Auch diesen Trieb gilt es zu kultivieren. Darum geht es, wenn wir lernen wollen, den Körper zu beherrschen: natürliche Triebe kultivieren – durchdacht, zeitgemäß und spielerisch, indem wir die Dimension des Geistes hinzufügen.

Sublimare - Erheben

Denken allein ist schwach. Es sind die Triebe, die uns die Kraft geben, die notwendig ist, um in einer vielleicht absurden Welt Sinn und Freude zu schaffen. Es sind die Triebe, die uns die Kraft geben, Herausforderungen anzunehmen, sie zu bewältigen und daran zu wachsen. Es sind die Triebe, die uns tanzen, werben und sterben lassen.
Sterben, weil sie gerne auch mal zu weit gehen. So groß ist ihre Kraft, dass sie uns zum Äußersten und darüber hinaus bringen können. Die Bereitschaft zu sterben, zeugt aber auch von großer Lebendigkeit. Wenn man nichts hat, wofür es sich lohnt zu sterben, hat man dann überhaupt etwas, wofür es sich lohnt zu leben?
Wer weiß, was er will, der kann es auch erreichen. Das ist weniger das Problem. Das Problem ist eher, dass die Leute nicht wissen, was sie wollen. Dann wird es haarig, dann geraten die inneren Wesen in Unruhe wie bei einem führungslosen Unternehmen die Angestellten. Das ist das Problem unserer verkopften Gesellschaft. Viele haben Träume: abnehmen, erfinden, beherrschen, umwerben, reich werden, sich von Sucht befreien und unabhängig sein, aber kaum jemand schafft es.
Viele wollen nicht wirklich. Etwas zu wollen haben sie sich abziehen lassen. Sie denken nur noch darüber nach und hören auf ihre Eltern: „Das heißt nicht ‚Ich will‘, sondern ‚Ich möchte‘", und so wurden wir zu einer Möchte-Gern-Gesellschaft. Zu einer mausgrauen Möchtegern-Massengesellschaft, in der alle Ecken abgerundet werden, damit sich niemand verletzt, und sich alle in den Armen liegen, um sich gegenseitig in die Taschen zu greifen und zu verhindern, dass jemand aus der Reihe tanzt.
Die Triebe werden abgetötet bzw. verdrängt, anstatt ihre Kraft zu nutzen und sie zu sublimieren, zu veredeln. So erwächst eine schwache Gesellschaft, die gerne möchte, aber nicht wirklich will und deswegen fast nichts schafft. Wie Schafe auf der Weide blöken sie von Freiheit, aber lassen sich

von jedem dahergelaufenen Hund lenken. Das Problem betrifft viele Gesellschaften, was eine Szene aus der Amerika-Doku *South Park* belegt, als George W. Bush sagt:

„People? You mean Sheeple."

Dabei liegt in der rohen Triebkraft unseres Wesens so viel Macht. Welch Unterschied liegt doch zwischen dem einfältigen kastrierten Ochsen und dem rasenden Stier im Vollbesitz seiner Potenz? Wer wagt es, daran zu zweifeln, dass seine Stärke, sein größter Wille in den Cojones liegt? Darin liegt auch die größte Kraft eines jeden Menschen. Im Geschlecht eines Menschen liegt sein größtes Potenzial, seine Macht, die darauf wartet, entfesselt und mit dem anderen Geschlecht vereinigt zu werden – um Vollständigkeit zu erlangen.

Auch ich fand mit 13 Jahren meine Anfangsmotivation zu täglichem Training im heimischen Keller durch den Trieb zu einem wunderschönen reiferen Mädchen. Ihr Bild vor Augen schaffte es, mich dazu zu bewegen, meinen Körper zu auszubilden und mich charakterlich weiterzuentwickeln. Nach einigen Jahren war ihr Bild verblasst, da ich lernte zu sehen, doch die Liebe zu Training, Widerstand und Entwicklung blieb. Die wunderschönen und mich reifer machenden Momente mit Hanteln, Büchern, Diskussionen und anderen Herausforderungen in Natur, Gesellschaft und Einsamkeit, die ich immer intensiver suchte, formten mich immer stärker und vielschichtiger.

Ich kämpfte für ein Mädchen, dass ich liebte und verliebte mich in den Kampf – da er mir mehr gab, als dieses Mädchen mir je hätte geben können: mich selbst; meine Entwicklung und das Bewusstsein, dass man viel sein kann, wenn man es nur verwirklicht; dass man Großes schaffen kann, wenn man nur dafür kämpft; dass nichts unmöglich ist, wenn es nur denkbar ist und in unserem Potenzial liegt – diesem Meer an Möglichkeiten, aus dem wir nur mit dem Löffel schöpfen.

Wenn wir es schaffen, die wilde Energie für unsere eigenen Ziele zu nutzen, indem wir sie sublimieren, dann werden wir deutlich mächtiger und erfolgreicher in allem, was wir wollen und machen. Alle großen Forscher und Gestalter der Welt schöpfen und schöpften ihre Macht aus den Trieben; selbst die christlichsten – wie Martin Luther, der uns schreibt, was ihn treibt:

> *„Ich arbeite nie besser als durch Zorn inspiriert. Wenn ich zornig bin, kann ich besser schreiben, beten, predigen, da mein Geist schneller arbeitet, mein Verstand geschärft ist und alle weltlichen Sorgen und Versuchungen dahingefahren sind."*

Wer hätte das gedacht? Es war der große Zorn gegen die damaligen Ungerechtigkeiten der katholischen Kirche, die Luther angetrieben haben. Dieser Trieb gab einem einzelnen Mönch die Kraft, um sich vom althergebrachten Glauben abzuwenden, die wohl mächtigste Institution seiner Zeit zu spalten und die Pforte der Schlosskirche zu Wittenberg zu nageln.

Nach eigenem Bekenntnis führte ihn eine Erleuchtung zu der Erkenntnis, dass der christliche Gott ein gnädiger Gott sei. Fortan wolle er sich am *Neuem Testament* orientieren und an Jesus Christus, dem *„fleischgewordenen Wort Gottes"*. Wahre Göttlichkeit liege in der Inkarnation – wir Menschen sollten uns eine Scheibe davon abschneiden.

Was Luthers Zorn entfachte, war das Spiel mit der Angst, das die Lenker der katholischen Kirche beherrschten – als hätten sie es vom Leibhaftigen gelernt. Wie lässt sich übrigens das kirchliche Verständnis vom Körper besser verdeutlichen, als durch ihre eigene Wortwahl – die dem Teufel das Leib-haftige zuspricht?

Kein Wunder, dass unsere himmelshungrige Gesellschaft alle Bande zum Leib kappte – und sich so die Hölle auf Erden schuf. Da wird der Gang zum Fitnessstudio zur Glaubensfrage. In Satanisten-Kreisen könnte man damit werben: *„Huldigt Luzifer, macht Liegestütze!"*

Zu Luthers Zeit war die Angst vor dem Fegefeuer nicht nur allgegenwärtig, sie wurde gar geschürt. So hatte die Kirche starke Fäden in der Hand. Über sog. Ablassbriefe konnte man sich von seinen Sünden freikaufen. Das Marketing war grandios: *„Wenn das Geld im Kasten klingt, die Seele aus dem Feuer springt."* Heute ist Geiz gerade mal geil. Früher war er die Hölle.

Zorn und Angst sind unfassbar starke Kräfte in uns, das gilt auch für viele weitere Triebe und ihre Stufen der Sublimierung – wie Liebe, Familie, Freundschaft und Zusammenhalt; Hass, Fehde, Feindschaft und Verachtung oder das Verlangen nach Reichtum, Erfolg und Macht, um nur einige zu nennen.
In Wirklichkeit sind sie alle Lakaien des größten Triebes, dem es einzig und allein und trotz vieler Umwege um die Erhaltung und Weiterentwicklung des Lebens an sich geht – munterer Chromosomenfasching, bei dem sich alle möglichst potent zeigen wollen, damit ihre Gene auch in der nächsten Generation mit im Zug des Lebens sitzen.
Jeder von uns weiß, wie wir Menschen von den Trieben hin- und hergerissen werden können und gerne auch mal jegliche Vernunft dafür fahren lassen. Wir können diese Kraft nutzen und sogar provozieren, wenn wir sie gezielt anstacheln, uns aber davor bewahren, von ihr überrollt zu werden wie eine Südseeinsel von der Flutwelle.
Wir sollten lernen, die Kraft zu kanalisieren, indem wir uns zwar erregen, aber zugleich auch darüber erheben. Dafür ist es notwendig, ein höheres Ziel vor Augen zu haben, für das wir die Energie nutzen wollen. Dies ist der Moment, in dem das Denken des Geistes gefragt ist, dessen Mühlen durch die hereinströmende Kraft nun richtig in Bewegung gesetzt werden.
Ein fantastischer Rausch, den jeder ergriffene Geist kennt; bei dem das Denken von alleine geschieht, ohne Mühe, ohne Aufwand, einfach mitreißt und sogar noch Kraft verschafft – wie gute, laute Musik, die den Geist nicht ablenkt, sondern beschleunigt und vertieft.

Denken ohne diese tiefe, innere Kraft ist so mühsam, wie das Antreiben eines Mühlrads ohne Wasser. Deswegen fällt uns das Denken oft schwer, denn das Mühlrad dreht leer und muss nun mühsam von Hand angetrieben werden. So kostet uns das Energie, was eigentlich Kraft verschaffen und das Denken beflügeln sollte – weil wir uns vom Fluss des Lebens entfernt haben.

Das betrifft alle Arbeit, die wir eigentlich gar nicht ausführen wollen, weil wir keinen Bezug dazu finden – und allenfalls extrinsisch, von außen motiviert sind. Wer es nicht schafft, den Saft des Lebens anzuzapfen und für sich zu nutzen, der fällt schnell trocken und wird schlussendlich ausbrennen. So leben viele ein mühsames Möchtegern-Leben, bis sie überfordert und ausgemergelt sterben. Vielleicht staut sich der Trieb auch dermaßen stark an, bis er sich wie ein Tsunami unseres ganzen Körpers bemächtigt und in einen unkontrollierten Gefühlsausbruch mündet, bei dem die Vernunft die Waffen streckt und es im schlimmsten Fall sogar zum Missbrauch des schwächsten Glieds in der Gemeinde kommt. Ob das Konzept der Nächstenliebe sich derart weit auslegen lässt, bleibt fraglich. Fest steht: Druck erzeugt Gegendruck – wenn man dem nicht entgegenwirkt, wird er sich irgendwann entladen, denn ganz dicht sind wir alle nicht.

Die Verteufelung des Körpers führt über kurz oder lang zur Verkörperung des Teufels. Darum nutze ein jeder die Kraft, die überall um uns herum und auch in uns ist, anstatt sie zu ignorieren oder sich gar davon zerstören zu lassen. Triebe sind gut – wenn wir sie dazu machen.

Verba docent, exempla trahunt –
Worte lehren, Beispiele bekehren

Trocken, nüchtern lässt sich das Leben schwer lenken, reines Denken ... abstraktes Verrenken. Wo kein Trieb dahinter wirkt, geschieht alles nur schwach und ohne Fluss, ohne Drang zu Schaffen, zu verbessern, zu einem Ende zu kommen und es zu realisieren. Das ist wie mit diesem Buch, an dem ich täglich, gar nächtlich, viele Stunden schreibe, weil mich etwas dazu antreibt – außerhalb jeglicher Vernunft.
Doch wie lässt sich die Kraft der Natur anzapfen, der Saft des Lebens so umleiten, dass er uns derart durchströmt und mühelose Anstrengung ermöglicht? Jeder Mensch hat etwas, das ihn seiner Natur – den Trieben, die in ihm schlummern – nahe bringt. Etwas, das ihn in Fahrt versetzt, in Rage bringt, erregt, aus der Haut fahren oder platzen lässt. Werter Leser, wie viele Tropfen verträgt ihr Fass noch, bis es überläuft und stilles Wasser fließen lässt? Wie lange wollen Sie noch die Beine still halten, statt zu rennen, zu springen und zu tanzen? Sind sie reiner Schreibtischmensch oder wären sie gerne auch Werwolf, der sich bei Vollmond seiner schwachen Hülle entledigt und mit zum Bersten gespannten Muskeln allen Hindernissen trotzt, um seinen Durst zu stillen?
Wofür schlägt Ihr Herz? Wie tief schlummert Ihre Kraft? Wie sehr ist sie verschüttet von Konventionen, Scheinheiligkeit und Schwäche? Was versetzt Ihre Lenden in Wallung? Was lässt Sie erröten? Wofür würden Sie töten?

Auch, wenn Sie sich all das aberzogen haben oder es Ihnen bereits mit den Milchzähnen gezogen wurde. Diese scheinbar rohen, unmenschlichen Triebe sind der wahre Quell einer jeden Menschenkraft, die es zu kanalisieren und nicht auszurotten gilt – zumindest wenn man auch leben und nicht nur überleben will, wenn man auch schaffen, lachen und siegen will, statt nur zu existieren.

Gehen Sie von nun an aufmerksam durch den Alltag. Finden Sie, was ihr Blut zum Brodeln bringt und die Säfte in Bewegung setzt. Vergessen Sie die aufgesetzte Coolness, diesen Schein der Teilnahmslosigkeit, der doch nichts anderes ist als vorgezogene Leichenstarre. Wirklich cool ist, wer etwas findet, für das es sich zu kämpfen lohnt – mit Körper, Kraft und Geist.

Einige der östlichen Heilslehren, die zur Teilnahmslosigkeit an allem weltlichen Geschehen aufrufen, mögen uns im Punkt der Körperbeherrschung voraus sein, aber sie gehen fehl in der Annahme, dass das ewige Nichts bzw. die vollkommene Leere das oberste Ziel sei. Der Drang dorthin ist nicht der Weg des Lebens.

Wir wollen eine starke innere Ordnung etablieren und die brodelnden Konflikte zur Ruhe bringen, um richtig zu leben und nicht: statt zu leben. Wir wollen aus diffusen Strömen einen Strom machen, den *„Wohlfluss des Lebens"* – wie ihn die Stoiker nannten. Die Nachgeburten der östlichen Heiligen haben von diesen nur die Hülle übernommen, nicht aber ihre Kraft, ihren Trieb, ihre fanatische Kompromisslosigkeit – wie beim suchenden Buddha:

„Möge meine Haut schrumpfen und meine Hand verdorren, mögen meine Gebeine sich auflösen – solange ich nicht die letzte Erkenntnis gefunden habe, werde ich mich nicht von der Stelle rühren."

Er selbst folgte keiner Religion. Er wusste, dass der freie, suchende Mensch seinen eigenen Weg finden und gehen muss. Er wollte nicht als Gott verehrt werden und sah seinen Weg ungern als Religion. Doch beides ist geschehen. Der starke, freigeistige Buddha, der seine Kraft sublimierte und die Erleuchtung suchte, wurde für die Masse zur Gottheit und der Buddhismus zur Religion. Nun sitzen Millionen von Menschen im Lotussitz herum und starren ins Leere, ohne einen Funken des inneren Feuers, das in Buddha loderte.

Er war wie das Leben, er wollte streben, überwinden und frei sein. Dabei einen minimalistischen und bedachten Weg zu wählen ist eine gute Sache, sich aber komplett vom Weg, vom Gehen abzuwenden und einfach nur hocken zu bleiben, ohne ein inneres Ziel, ohne Drang und Energie, ist der vorgezogene Tod, eine Sackgasse des Lebens. Dabei liegt noch so viel Strecke vor uns.

Im Laufe der Zeit werden Sie viele Tankstellen der Kraft finden, an denen Sie Ihre Triebe kitzeln können. Mag es das Bild Ihrer Traumfrau sein, ein Foto Ihrer Kinder, die Sie nie enttäuschen würden, ein stumpfer Porno, inständiger Glaube, die Verachtung gegenüber der herrschenden Klasse, das niederträchtige Prekariat, das Knüppeln einer putzigen Robbe, tierisch gute oder zumindest laute Musik, überflüssige Bürokratie, der am Sonntag Abend mähende Nachbar, dioxinverseuchte Eier, Massentierhaltung auf der A8, ewigrote Ampeln, Fische voller Antibiotika, z.T. gehärtete Fette, Veganer, leere Kalorien, Geschmacksverstärker, der bevorzugte Arbeitskollege, der chauvinistische Chef, Grippewellen, die verzogene Jugend, Warteschleifen, die Absurdität unserer Existenz, der Tod Ihres besten Freundes, der Krebs im Körper Ihres Bruders, die verdammte Hitze, der sintflutartige Regen, chronische Rückenschmerzen, Gartenarbeit, Ihre eigene Unzulänglichkeit, die Deutsche Bahn, Vergewaltigung, Krieg und Mord oder die Teletubbies. Da wird es doch etwas geben. Ich glaube eher an die Unschuld einer Hure, als dass Sie nichts davon erregen wird.
Schauen Sie sich den Menschen an! Die personifizierte Fahrlässigkeit, Stumpfsinn auf zwei Beinen, 46 Chromosomen voller Mutationen und Defekte. Unzählige Dimensionen der Dummheit und Dreistigkeit. Unfassbare Weiten der Weichheit und Verweiblichung angeblicher Männer, die zu Hause Staub feudeln und dabei im Duett mit Celion Dion den Soundtrack von Titanic trällern, während die Frau in der Kneipe sitzt, den Ton anrülpst und hoffentlich nicht schon wieder vergessen hat, sich zu rasieren. Dazu ein

paar verzogene Gören, die zu allem fähig sind, aber zu nichts zu gebrauchen. Eine Gesellschaft von Linksspurschleichern, Herzchen-Smileypostern und Bildlesern.

All das sind auch Sie – zumindest sind es Aspekte Ihrer Welt! Verdrängen Sie sie nicht, lassen Sie sich davon bewegen, ja berauschen, aber nicht übermannen. So viel Unfug, Blödsinn und Schwäche. So viele Gerechtigkeitslücken, verschlafene Baustellen und marode Brücken. Doch da sind auch Hoffnung, Liebe und Verbundenheit. Schönes, Erfrischendes und Begehrenswertes.

So viel Leben, Streben und Danebenliegen, dass es eine Schande wäre, ein Verbrechen am eigenen Potenzial und der Menschheit, wenn man einfach nur wegsehen und sich ducken würde, statt daran zu wachsen, sich motivieren und stärken zu lassen – vom Fluss des Lebens, mit all seinen Wirbeln und Tiefen, seinen Irrläufen, Kurven und Sandbänken, aber auch mit seinem Reichtum, seiner Frische, Fruchtbarkeit und kraftvollen Mitte. Sperren Sie den Fluss des Lebens nicht aus, sondern leiten Sie ihn durch Ihren Garten. Auf dass er über das Rad Ihrer Mühle herabstürze und Sie anzutreiben vermag. Freuen Sie sich über alles, was Sie nervt und bewegt, ganz gleich ob gut oder schlecht, lassen Sie sich aufladen und dann sublimieren Sie es. Nutzen Sie die rohe unbeherrschte Kraft der Natur für Ihre Zwecke!

Lassen Sie sich nicht einfach davon berauschen, wie ein 16-jähriger, der von Youporn und einem Haufen Taschentüchern entmannt wird, oder wie ein gescheiterter Künstler, der sich von Drogen missbrauchen lässt. Behalten Sie die Kontrolle, beherrschen Sie sich selbst. Kanalisieren Sie die Energie und nutzen Sie sie konstruktiv, sobald sie heranschießt. Dann wechseln Sie vom niedersten tierischen Instinkt zum höchsten übermenschlichen Ziel – oder zumindest zu dem Projekt, an dem Sie gerade arbeiten.

Alles Große kommt aus der Hose

Das ist das Geheimnis der Kraft eines jeden großen Menschen. Meist geschieht es unbewusst, doch durch sie alle rauscht im Hintergrund ein Fluss, der sie antreibt. Die Kunst der Konsequenz liegt darin verborgen, wie gut ein Mensch, diesen Fluss aufrecht erhalten und einen neuen erschließen kann, sobald der alte versiegt.

Diese Fähigkeit scheint sogar ein Selektionsvorteil zu sein. Schließlich entscheidet er darüber, wie kraftvoll und beharrlich der einzelne Mensch ist. Bereits Thomas Alva Edison stellte fest, dass Erfolg nur zu 1% aus Inspiration und zu 99% aus Transpiration besteht. Er wusste, wovon er spricht; fand er doch Tausende Wege – wie die Glühbirne nicht funktioniert.

Harte Arbeit schlägt Talent, wenn Talent nicht hart arbeitet. Viele Talente scheiterten, weil sie faul waren. Ebenso vermag gute Erziehung eine Grundlage bilden, aber die Welt ist voll von gut erzogenen Versagern, die darin versagten, weiter an der Verwirklichung ihrer Vision zu arbeiten und zu erkennen, dass Misserfolge nur falsche Pfade auf dem Weg zum Erfolg sind. Mit jedem gescheiterten Anlauf erfährt man, wo es nicht lang geht. Das ist wertvolles Wissen, das unweigerlich jeden zum Ziel führt, wenn er nur genug Kraft hat, um beharrlich weiter zu forschen. Solche Gedanken findet man bei vielen Forschern und Gestaltern dieser Welt – wie bei Louis Pasteur, dem französischen Chemiker und Mikrobiologen, dem wir u.a. die haltbare Milch verdanken:

> *„Ich will Ihnen das Geheimnis verraten, das mich zum Ziel geführt hat. Meine Stärke liegt einzig und allein in meiner Beharrlichkeit."*

Viele Künstler und Wissenschaftler waren fest davon überzeugt, dass alle möglichen Ideen und Lösungen auf Probleme bereits in einer übergreifenden Weltweisheit bzw. einem kollektiven (Unter-)Bewusstsein verfügbar seien. Wir müssten nur unseren Empfänger – unser Gehirn – darauf einstellen, um daran teil zu haben.

„Genie" sei so vor allem die Fähigkeit, Wissen bzw. Weisheit zu empfangen und nicht, sie zu schaffen. Kreativität und das Finden von Lösungen sei dahingehend weniger analytisches Denken, sondern mehr Kontemplation und Meditation – z.B. unter einem Apfelbaum. So dachte der Quantenphysiker Werner Heisenberg in seinem Buch Der Teil und das Ganze. Ebenso sein Kollege Erwin Schrödinger, der in Geist und Materie schrieb, dass es seiner Meinung nach nur ein Bewusstsein gebe und der Geist jedes Menschen sei wie ein eigenes, einzigartiges Fenster zu diesem Bewusstsein.

Das erschließt ein neues Weltbild – im Gegensatz zu der hauptsächlich toten, kalten und materiellen Welt, in der die meisten von uns zu leben glauben. Dafür spricht, dass viele Forscher – und die sollten es wissen, denn es ist ihr Beruf, geistreich zu sein – fest davon überzeugt sind bzw. waren, dass ihnen die Erkenntnis eher zugefallen ist, als sie selbst geschaffen zu haben.

Mendelejew behauptete, die Idee zum Periodensystem, sei ihm im Traum erschienen. Hitler faselte von einer Vorsehung, aber die führte eher dazu, dass viele das Nachsehen hatten. Archimedes wurde von der Erkenntnis in der Badewanne überrascht und lief in Folge „Heureka!"-schreiend nackt durch die Straßen von Syrakus. Wie steht es bei Ihnen, werter Leser, in welchen Momenten haben Sie die größten Ideen? Gönnen Sie sich überhaupt kontemplative Momente der inneren Einkehr?

Meine Generation muss erst einmal lernen, die Dauerbeschallung der Medien zu überwinden – bevor sie fähig wird, zu vernehmen, was da draußen vielleicht auf uns wartet. Wenn ich leuchtende Momente hatte, die zugegebenermaßen überaus erfüllend waren, dann waren Sie keinesfalls dem Denken geschuldet. Dafür bin ich nicht integlient genug. Eher schossen Sie aus der Tiefe meines Wesens in mein Bewusstsein und erfüllten mich voll und ganz – wie ein Orgasmus.

Ob wir tatsächlich von einer kosmischen, kollektiven Weltweisheit sprechen können, bleibt fraglich. Für mich steht fest, dass meine Eingebungen vor allem aus der Weisheit meines ganzen Wesens stammen; man mag sie auch als Intuition bezeichnen. Seit ich 13 bin, lese ich Bücher – ja, freiwillig und frenetisch. Schwerlich kann ich mich an die Inhalte erinnern; nicht einmal die Titel könnte ich aufzählen. Doch mein „Team Mensch" wird sie verarbeitet und integriert haben – so wie alle meine Erfahrungen, Fehltritte und Glanzminuten.

Nun lasse ich mich von diesem ständig wachsenden Fundus leiten – ohne viel zu denken – wie bei diesem Buch. Ich habe es nicht geplant, nicht gedacht, nicht geordnet; auch nicht im Nachhinein, da ich die Urwüchsigkeit nicht zerstören wollte. Just in diesem Moment gleiten meine Finger über die Tastatur, klimpern mal hier und mal dort – ohne, dass ich es planen würde. Was mein Wesen Ihnen mitteilen will, erfahre ich erst, wenn ich lese, was ich schreibe.

Ich lerne mich durch das Buch erst richtig kennen – wo hat man sonst die Möglichkeit, seinem Innersten so viel freien Lauf zu lassen? Nicht alles, was ich lese, gefällt meinem Geist: Mein Verstand heult ab und an auf, wie eine weggesperrte, gepeitschte Kreatur. Mein Stilempfinden stößt sich an der sich immer wieder erbrechenden, derben Sprache. Meine Vorsicht bewertet zu viel Offenheit als kritisch und mein Gewissen ist verreist nach Bordeaux.

Natürlich könnte ich das Geschriebene von meiner kritischen Vernunft kastrieren lassen – doch wozu dann dies Buch? Wer als Schriftsteller nicht offen und unverblümt schreibt, was er lebt, sollte die Feder gar nicht erst erheben.

Zudem wäre es mir zu mühsam, mir rein Gedachtes aus den Hirnwindungen zu pressen – wie viel Saft bekommt man wohl aus einer Walnuss? Wohingegen der Fluss des Strebens täglich und über Monate hinweg Zeile für Zeile aus mir strömen lässt – mühelos wie der Bach dem Meer zufließt. Mein Geist konnte dies Buch nur wenige Seiten denken. Am Ende werden wir messen können, wie weit sein Horizont reichte – und wie weit meine Fähigkeit darüber hinaus zu schreiten. Die meisten Menschen denken schlecht über sich, obwohl sie Weltbewegendes schaffen könnten, wenn sie es nur machen würden; statt sich durch Skepsis noch vor Beginn den Hahn des Schaffens abzuwürgen.

Ich bin fest davon überzeugt, dass wir die Kraft der Natur über unseren Körper anzapfen können. Die Triebe darin sind Ventile dieser Kraft. Sie ist schier unerschöpflich, diese Lebenskraft, die alles erfüllt und alles durchströmt, alles Blühende erhebt, höhere Kombinationen anstrebt und das Scheidende zugrunde richtet; in Asien wird sie als Chi bezeichnet. Wir müssen nur lernen, die Ventile zu öffnen und dem Druck dahinter Herr zu werden. So dass die Triebe nicht gleich eine Riesen-Sauerei anrichten. Lieber sollten wir ihre Kraft direkt nach oben auf die Mühlen unseres Schaffens leiten. Ist der Geist erst einmal am Rotieren, ja ist er getrieben, dann gilt es nur noch, dem Körper regelmäßige Ruhepausen gönnen, damit er nicht überhitzt und ausbrennt. Das Kanalisieren unserer rohen tierischen Triebkraft ist nur eine – wenn auch die mächtigste – der Möglichkeiten zu ihrer Kultivierung; weitere folgen.

Wir sollten uns stets bewusst machen, wie viel Kraft bereits in kleinsten Atomen steckt – fragen Sie nur Hiroshima. Nach Einsteins Gleichung „$E=mc^2$" sind Masse und Energie äquivalent und Materie ist nur eine besonders stabile Form von Energie. Könnte man diese Stabilität aushebeln, wäre die Energie in Ihrem Körper groß genug, um ganz Deutschland in die Luft zu jagen oder zumindest, um es für einige Stunden komplett mit Strom zu versorgen (oder einen amerikanischen Haushalt). Jeder von uns hat enorme Energie in sich, aber nur die wenigsten nutzen sie. Die meisten denken sich schwach.

Ich gebe gerne zu, dass ich seit langem intuitiv lebe und entscheide – ohne meinem Denken viel Gehör zu schenken. Mein Leben ist ein Bei-Spiel irrationaler Entscheidungen – vom Studium der Philosophie über plan-loses Trainieren bis hin zum Aufgeben meiner materiellen Stabilität, indem ich meinen Besitz auflöste und meine Wohnung kündigte, um innerlich noch stabiler zu werden. Nichts hätte mich freier und erfüllter machen können. Nirgendwo wäre ich jetzt lieber als hier – in meinem Körper, im pulsierenden Bangkok, frisch dem Pool entschlüpft, im Freien schreibend, kurz vor einer heißen Nacht – und wenn bereits die Tage 40° haben, will das was heißen.

Wäre ich nicht so „dumm" gewesen, hätte ich brav technik- und management-orientiertes BWL studiert und würde jetzt im Büro einer seelenlosen Unternehmensberatung sitzen. Da würde es zwar weniger sechsbeinige Kakerlaken geben, aber was soll's: „Team Mensch" hat entschieden, damit lässt sich's wunderbar leben und wir trinken jetzt eine Weiß-Wein-Schorle. Chok dee, Flanders!

... und zurück!

Guten Morgen!
Kleine Wiederholung: Schaffen wir es, die diffuse Energie zu bündeln, indem wir sie kanalisieren, dann wird sie stark und zentriert – wie ein Strom, der unser gesamtes Leben erfassen und bewegen kann. Jeder Mensch ist ein Kraftwerk. Die meisten lassen die Reaktoren brach liegen und begnügen sich damit, den Garten davor zu bestellen. Dabei haben wir alles, was wir brauchen, bereits in uns oder können es dort entfesseln. Marc Aurel fand sogar eine moralische Dimension in seinem Inneren und empfahl jedem, auf der Suche nach dem guten, richtigen Leben vor allem in sich selbst zu suchen:

> *„Richte Dich auf Dein Inneres, dort findest Du die Quelle des Guten, die nie versiegt, wenn Du nur immer nachgräbst."*

Er war Vertreter der Stoa, wie Lucius Annaeus Seneca, und wie jeder Stoiker davon überzeugt, dass alle Stärke, Stabilität und Sicherheit bereits im Menschen vorhanden ist und nur erkannt und freigelegt werden müsse. Die Außenwelt sei unsicher, verwirrt und schwach. Man dürfe sich nicht auf sie verlassen, sondern solle möglichst unabhängig von ihr und ihren Wirrungen leben.

Wäre ich vernünftig, dürfte ich keinen Stoiker zu Wort kommen lassen, denn sie schworen auf die Vernunft als einzig maßgebliche Instanz. Sie allein könne es dem Menschen erlauben, sich über die irdischen Irrungen zu erheben und stabil zu leben, selbst wenn um ihn herum alles zusammenbricht. Zudem missachteten sie den Körper, sahen ihn nur als Gefäß und Werkzeug des Geistes. Doch viel Weisheit steckt in ihren Worten, die sie sicher nicht nur der Vernunft zu verdanken hatten. Auch waren sie Meister der Selbstbeherrschung und siegten über die Leidenschaften. Wir können viel von ihnen lernen. Der Hund, den sie bereits vor 2.000 Jahren an die Leine legten, lebt auch in uns. Körperlich sind wir weiter – oder schon mal einen Stoiker mit Waschbrettbauch gesehen? Es waren meist ausgemergelte Gestalten, die sich vom Trieb des Lebens entsagten – vielleicht waren sie auch nur deswegen so vernünftig. Ob sie das Leben wohl liebten?

Zumindest lebten sie kaum die Liebe und schon gar nicht das Spielerische. Wir könnten uns Seneca als einen trockenen, aber verdammt weisen Menschen vorstellen.

Tatsächlich war er viel mehr als nur vernünftig. Tief in sich drin war er leidenschaftlich und getrieben – er vermochte diese Kraft nur derart gut zu kultivieren, dass ihm ihr Ursprung nicht in den Sinn kam. Am Ende Von der Gemütsruhe schreibt er:

> *„Nur der stark erregte Geist vermag etwas überragend Großes auszusprechen. Blickt er verächtlich herab auf das Gewöhnliche und Alltägliche und erhebt er sich in begeistertem Aufschwung zu größerer Höhe, dann erst künden seine*

Lippen Größeres als ein sterblicher Mund. Nichts Erhabenes und auf der Höhe Thronendes kann er erreichen, solange er bei sich selbst ist. Losreißen muss er sich von der nüchternen Gewohnheit, sich aufschwingen und in die Zügel knirschen, den Lenker [die Vernunft] mit sich fortreißen und ihn dahin bringen, wohin er auf eigene Faust sich nie getraut hätte zu gelangen."

Wer solch einen Rausch an das Ende eines Textes über die Gemütsruhe setzt, der ist sicher nicht von reiner Vernunft. Ich kenne Seneca. Habe ihn studiert, übersetzt und verschiedene Übersetzungen gelesen. Immer und immer wieder. In über 2.000 Jahren Philosophie ist mir kaum jemand über die Großhirnrinde getapert, der dermaßen zum Hohen, Erhabenen, Selbstbeherrschten und Unabhängigen getrieben gewesen wäre wie Seneca. Darin gleicht er Nietzsche – obwohl er sich selbst als kühlen, nüchternen Vernunftmenschen gab. Was blieb ihm anderes übrig, in einem Gedankensystem, in dem es notwendig war, ein Gegenstück zu den Leidenschaften zu definieren und in einer Zeit, in der über den Körper nur wenig bekannt war. Selbst die Stärksten werden von den Umständen geprägt.
Ich werde ihn nicht weiter analysieren. Im Geiste gäbe es klare Differenzen, doch der Rest in mir weiß – wir sind Brüder im Leibe. Egal, was *in* seinen Zeilen steht. Seneca war ein Leibhaftiger, ein Getriebener, der die stumpfe Welt und sich selbst überwinden wollte.
Auch könnte man, könnte auch ich – wie Nietzsche – schreiben, dass die wahre Vernunft im Körper liegt:

„‚Leib bin ich und Seele' – so redet das Kind. Und warum sollte man nicht wie die Kinder reden? Der Leib ist eine große Vernunft, eine Vielheit mit Einem Sinne, ein Krieg und ein Frieden, eine Herde und ein Hirt. Werkzeug deines Leibes ist auch deine

kleine Vernunft, mein Bruder, die du ‚Geist' nennst, ein kleines Werk- und Spielzeug deiner großen Vernunft. ‚Ich' sagst du und bist stolz auf dies Wort. Aber das Größere ist, woran du nicht glauben willst, – dein Leib und seine große Vernunft: die sagt nicht Ich, aber tut Ich.

Was der Sinn fühlt, was der Geist erkennt, das hat niemals in sich sein Ende. Aber Sinn und Geist möchten dich überreden, sie seien aller Dinge Ende: so eitel sind sie. Werk- und Spielzeuge sind Sinn und Geist: hinter ihnen liegt noch das Selbst. Das Selbst sucht auch mit den Augen der Sinne, es horcht auch mit den Ohren des Geistes. Immer horcht das Selbst und sucht: es vergleicht, bezwingt, erobert, zerstört. Es herrscht und ist auch des Ich's Beherrscher.

Hinter deinen Gedanken und Gefühlen, mein Bruder, steht ein mächtiger Gebieter, ein unbekannter Weiser – der heißt Selbst. In deinem Leibe wohnt er, dein Leib ist er. Es ist mehr Vernunft in deinem Leibe, als in deiner besten Weisheit."

Hier in unserem Leib liegt unsere wahre „Vernunft", unsere tiefere „Intelligenz", die der nicht-linearen Logik fähig ist – gegen die die lineare des Bewusstseins die eines billigen Rechenschiebers ist. So könnte auch ich argumentieren und hätte Seneca gewusst, was wir wissen, hätte er es vielleicht auch getan. Aber das ist Wortzauberei, ein Spiel mit den Begriffen. Dennoch ein sehr schönes und somit wahres – zumindest wahrer als die Vernunft des Geistes als höchste Instanz anzusehen. Allenfalls hoch ist ihre Position doch nicht ihre Macht. Sie ist ein Zwerg auf den Schultern eines Riesen. Sie wird immer ein offenes Ohr finden, doch über die Richtung entscheidet sie kaum. Da kann sie dem Riesen noch so sehr ins Köpfchen reden – solange sie nicht lernt, sich zu verkörpern und den Körper zu begeistern, wird sie schwach und wirkungslos bleiben, verdammt zu denken, ohne zu lenken.

In dieser kümmerlichen Position bleibt ihr nichts übrig, als sich selbst und anderen Vernunft-Menschen nachträglich die vom Riesen getroffenen Entscheidungen zusammenzurationalisieren, um sie vernünftig erscheinen zu lassen und das geht bei allem. Rein rational kann man alles begründen, vom Krieg über den Frieden bis hin zu Massenmord, Raub und Zuckerwatte. Gründe lassen sich immer vorschieben. Doch Gründe sind meist nur verkleidete Werte, Prinzipien und Lüste – mehr oder minder kultivierte Triebe. Nach diesen entscheiden wir uns und die sind nie vernünftig – denn sie stehen außerhalb der Vernunft. Sie erwachsen weit tiefer – und gebrauchen die Vernunft allenfalls, um ihre Ziele zu erreichen.

Ein Ziel ist sicherlich, vernünftig zu erscheinen, weil viele Menschen der Vernunft hörig sind. So nutzen die Triebe die Vernunft und kleiden sich in ihr Gewand, um so mehr Verständnis und Unterstützung für ihre Verwirklichung zu erhalten. Welch Genie-Streich der Kraft in unserem Leib. Wie illusionär, zu glauben, die Vernunft könne sich umkehren und den Trieb beeinflussen, der sie füttert und beherrscht – als ob ein Taschenrechner den ihn gebrauchenden Menschen beeinflussen könnte.

Wer sich anderen nähern will, sollte hinter ihre Gründen sehen. Ich höre Menschen kaum noch auf der Vernunft-Ebene zu. Ich betrachte, wie sie leben und handeln, wie kultiviert ihre Triebe sind, wo sie Probleme haben und schaue, wo ich mit ihnen zusammenkommen, ihnen etwas entgegnen oder sie fördern kann. Was sie mir zusammenrationalisieren interessiert weniger. Es zeigt nicht, warum sie so handeln und leben wie sie es tun, sondern nur, wie intelligent sie sind – wie sehr sie dazu fähig sind, sich Erklärungen und vernünftige Gründe dafür auszudenken, besonders für ihre Schwächen und unkultivierten Triebe.

Intelligenz wird bei uns hoch geschätzt. Sie ist auch ein tolles Werkzeug. Doch im zwischenmenschlichen Bereich und im Leben an sich, ist sie weniger mächtig. Erst recht nicht entscheidet sie darüber, wie menschlich, lebendig oder sympathisch jemand ist. Oft sehen wir besonders intelligente Menschen, die zwischenmenschlich und lebenstechnisch arge Probleme haben. Wer könnte da denken, dass noch mehr Intelligenz die Lösung zu diesen Problemen ist? Die Lösung liegt tiefer, dort wo Wirksamkeit erwächst. Sind doch die größten Überwindungen und eindrucksvollsten Taten nicht alle unvernünftig, grenzüberschreitend und erst dadurch anziehend für andere sowie entscheidend für das Leben? Sind sie nicht allesamt Entscheidungen der großen „Vernunft", der sexuellen Triebkraft? Es sind diese Entscheidungen und Taten, die imponieren, wenn sie gelingen, und alle fassungslos dastehen lassen, wenn sie daneben gehen. Dann kommen die üblich-grauen Fragen wie: *„Was hast Du Dir dabei gedacht?"*, *„Wie kannst Du nur so unvernünftig sein?"* oder *„Wie können Sie mir das erklären?"*.

Da prallen Welten aufeinander, Risse, ja Schluchten tun sich auf, inmitten der Menschen – denn hier gibt es keine vernünftige Antwort. Ein Tor, wer danach sucht. Auf der Ebene der Vernunft erscheint alle Unvernunft verrückt und wahnsinnig. Viele stürzen in diesen Ab-Grund, weil ihr Sprung nicht groß genug ist – nicht, weil sie zu wenig, sondern weil sie noch zu viel gedacht haben.

Der Mensch muss wahrlich weit springen, ja ein Pfeil sein, um den Abgrund in sich selbst und die Bodenständigkeit der Vernunft zu überwinden. So gelangen wir über Nietzsche wieder zu Seneca. Nun wird bewusster, wie sehr er den Weg zur Größe in der Überwindung bzw. der Erhöhung der Vernunft sah. Führen Sie sich das immer und immer wieder vor Augen:

> *„Nur der stark erregte Geist vermag etwas überragend Großes auszusprechen. Blickt er verächtlich herab auf das Gewöhnliche und Alltägliche und erhebt er sich in begeistertem Aufschwung zu größerer Höhe, dann erst künden seine*

Lippen Größeres als ein sterblicher Mund. Nichts Erhabenes und auf der Höhe Thronendes kann er erreichen, solange er bei sich selbst ist. Losreißen muss er sich von der nüchternen Gewohnheit, sich aufschwingen und in die Zügel knirschen, den Lenker [die Vernunft] mit sich fortreißen und ihn dahin bringen, wohin er auf eigene Faust sich nie getraut hätte zu gelangen."

Jeder gewöhnliche Mensch hat die Macht zu Außergewöhnlichem – wenn er außer sich gerät. Der Unterschied zwischen dem, was wir tun, und dem, wozu wir fähig sind, reicht aus, um all unsere Probleme zu lösen und ein außergewöhnliches Leben zu führen; in noch viel höherem Grad, als es je ein Mensch erdacht oder verwirklicht hat. Unser Potenzial ein Meer, was wir daraus schöpfen: Tropfen. Wir sind der Ab-Schaum am Ufer, der sich mit Treibgut abspeisen lässt, für Oberflächliches empfänglich ist und weder Höhe noch Tiefe kennt – da er sich nicht hinaus wagt.

Alles, was wir machen, sollten wir auch mit vollem Einsatz machen, mit voller Aufmerksamkeit und Hingabe, mit Körper, Geist und Kraft – nur dann wird es uns erfüllen und zu einer sinnstiftenden Tätigkeit mit bombastischen Ergebnissen. Alles, was es nicht wert ist, richtig gemacht zu werden, ist es nicht wert, überhaupt gemacht zu werden. Hier gibt es Klärungsbedarf. Wir Menschen neigen dazu, wichtige Dinge aufzuschieben oder nebenher zu machen und für Nebensächliches unsere Ressourcen zu verschwenden. Das bessert unser Leben kaum – egal wie vernünftig wir dabei vorgehen.

Sex, Natur, Kultur – Die stecken alle unter einer Decke

Die Natur hat kein Problem damit, sich kultivieren zu lassen. Die Kultur ist eine Tochter der Natur, deren Herz in den Lenden schlägt.
Der Begriff „Sex" geht auf das lateinische „secare" zurück, was so viel heißt wie „schneiden" bzw. „trennen". Etymologisch betrachtet – also von der Herkunft des Wortes her – bedeutet Sex haben, so viel wie sich trennen. Das bezieht sich einerseits auf den Vorgang der Meiose zur Produktion von Keim- bzw. Geschlechtszellen, bei der unsere Chromosomenpaare halbiert werden – sonst würde sich mit jedem Nachkommen die Anzahl der Chromosomen verdoppeln; andererseits ist aber auch der Mensch geteilt.
Kein Mann und keine Frau ist an sich ein vollständiges Wesen – ebenso wenig wie ein Schlüssel ohne Schloss. Daher sind Menschen, die gerade nicht vereinigt sind, dauernd im Sex-Zustand – also getrennt, nach Ganzheit sehnend und vielleicht sogar spitz wie Nachbars Lumpi; je nachdem wie alt und domestiziert sie sind. Der Akt selbst, den wir als Sex bezeichnen, ist die Aufhebung desselben – wenn zwei Puzzleteile miteinander verschmelzen und Vollkommenheit fühlen.
Die Natur teilt sich auf, um sich auf eine einzigartige und noch nie dagewesene Weise wieder zu vereinen. In Myriaden von Fällen werden die genetischen Karten neu gemischt und ausgespielt. Ein evolutionärer Geniestreich, der in vergleichsweise kurzer Zeit zu enormer Vielfalt und Komplexität geführt hat. Ohne Sex wäre das undenkbar. Da gäbe es nur (fast) identische Klone, die weder nicht zuhören noch schlecht einparken könnten.
Sex ist das Erfolgsmodell der Natur. Jeder Mensch, der sich davon abwendet, stirbt aus. So dass am Ende nur bleibt, wer es treibt. Die meisten Tier- und Pflanzenarten unseres Planeten pflanzen sich geschlechtlich fort. Ganz oben ist der selbstbewusste Mensch herausgekommen; ein komplexes Lebewesen. Bakterien hingegen verzichten auf Sex und

sind somit stumpfer als das Abendprogramm von RTL II. Zudem sind sie hässlich wie die Nacht – also erotisch betrachtet.

Die aufreizende Schönheit der kopulierenden Wesen hingegen ist Erotik pur. Selbst Blumen wollen Insekten klarmachen. Blüten sind nichts anderes als nach Aufmerksamkeit heischende Ökobrüste, im grünen Blättermeer hervorstechende bunte Biopimmel und duftende Vulvas; an deren Pracht wir uns berauschen, die wir gerne verschenken und unsere Nase hinein stecken. Nicht ganz jugendfrei, aber wer kann schon der Verführung widerstehen? Besonders im sublimierten Gewand der Symbolik, die kaum jemandem bewusst ist.

Was haben die Asexuellen des Planeten zu bieten? Die interessieren sich weder für uns, noch für ihr Aussehen. Anstatt das Bett zu teilen, teilen sie sich selbst. Sie sparen sich all die Koketterie, das Aufbretzeln und aus der Masse hervorstechen. Bei den einzelligen Algen, Pilzen und Bazillen schreit niemand: *„Hier, hier, schau mich an, hier ich, ich bin der Schönste, Größte und Stärkste!"*

Wir sollten uns bewusst machen, was wir Sex alles verdanken: vom strammen Phallus und dem Knackpo, über pralle Brüste, volles Haar, glatte Haut, symmetrische Muskulatur und der Fähigkeit zum Lachen, Singen und Tanzen bis hin zur höchsten Kultur.

Zumindest gibt es eine solide Theorie, die davon ausgeht. Nämlich die der „sexuellen Selektion". Oft reduzieren wir Evolution auf den Begriff der „natürlichen Selektion". Sie besagt, dass die Tiere überleben und sich fortpflanzen, die unauffällig und bedacht durchs Leben kommen. Die grauen Mäuse im Hintergrund, die heimlich unterm Zaun hindurch kriechen, ohne gefressen zu werden.

Fraglich ist nur, wie das der noble Pfau mit seinem eindrucksvollen Rad schaffen soll? Wie konnte der überleben, da er doch Zielscheibe für jeden Räuber ist? Warum springen Menschen in den Fluss, um völlig Fremde zu retten? Weshalb scheren sich Künstler und Philosophen wenig um ihren Lebensunterhalt? Warum sind einige Menschen besonders spendabel? Wie kann sich all das bewähren und die genetische Grundlage davon in zukünftige Generationen übertragen?

Ganz einfach: Es ist eine höhere Form der Potenz. Sie zeigt dem anderen Geschlecht: *"Schau mich an, ich bin so potent, dass ich mich weder verstecken noch um meine Existenzsicherung kümmern muss. Das ist alles Kindergarten für mich. Ich kann noch viel mehr und zeige es der ganzen Welt. Ich bin stark, reich und erfolgreich und habe so viel zu geben, dass ich hilfsbereit bin, im Luxus schwelge und mich künstlerisch kreativ betätige, aus reiner Liebe zu Schönheit und Weisheit. Ich bin ein Segen für die Welt, stehe über der Natur, meine Gene sind Premium und jeder, der etwas davon abbekommt, ist nun auch ganz oben mit dabei."* Oder in modern: *"Fuck me – I'm famous!"* Das ist der prahlende Alleskönner, der dort über den Zaun springt, wo er am höchsten ist – und wenn gerade alle zuschauen.

Die neureiche Jugend beweist dies, indem sie sich beim Feiern im Münchner P1 die größte, teuerste Flasche Wodka im Eiskühler und mit Wunderkerzen garniert an den zentral gelegenen Tisch bringen lässt und dann jubelnd um sie herum tanzt wie die alten Israeliten um das goldene Kalb. Der Prolet vom Dorf trumpft mit seinem schnittigen Heckspoiler an der aufgemotzten Rennsemmel. Der Nerd glänzt mit Fachwissen, die Aufsteigerin mit Karriere, der Feingeist mit virtuosem Geigenspiel und die Dame von Welt mit ihrem Louis Vuitton-Täschchen, das farblich auf ihren SUV abgestimmt ist.

Männer wollen bevorzugt zeigen, dass sie trotz der verweichlichten und vom Krieg verschonten Gesellschaft immer noch Männer sind und Frauen stehen darauf, zu zeigen dass sie unabhängig sind und jederzeit auch ohne Mann auskommen können – wenn sie wollen.

Jeder hat seine Nische und ist ein geborener Selbstdarsteller; von Mutter Natur dazu bestimmt, seit sie uns „sexte" und in eine Art mit zwei Geschlechtern teilte, die nun gegenseitig um Aufmerksamkeit buhlen – und so die Gesellschaft voran treiben.

Freud schrieb, die Zivilisation sei nur durch den Aufschub von Triebbefriedigung möglich. Das erscheint mir nicht ganz zutreffend. Nicht der Aufschub der Befriedigung, nicht die vorübergehende Ruhigstellung des Tieres ermöglicht die Zivilisation, sondern seine Kultivierung – wodurch diese auch ihre Kraft erhält. Zumindest unbewusst läuft die Kultivierung der Triebe bereits in vollem Gange. Ganz oben steht, wer lernt, sie bewusst zu lenken.

In guter Gesellschaft

Die hohe Schule der Selbstdarstellung äußert sich im Understatement. Wer sich entzieht, macht sich begehrt – das Prinzip der künstlichen Verknappung. Adlige Familien beherrschen dies Metier bereits seit Generationen und galten lange als gute Partien; sind sie sicher heute noch.

Doch mit dem Niedergang der Monarchie und dem Aufstieg des Bürgertums verwässert sich der Unterschied zusehends.

Auch überlegen sich viele zweimal (aber nur selten dreimal), ob sie in einen Genpool springen wollen, dessen Wasser in den letzten Jahrhunderten kaum gewechselt wurde. Wie bei den Kartoffeln steckt auch beim Adel das Beste unter der Erde. Standesdünkel ist aus der Mode und das Prekariat hat Selbstbewusstsein entwickelt. Immer mehr zählt, wer man ist und was man schafft und nicht woher man kommt und was man hat. So entstehen Kunst, Konkurrenz, Generösität, Protzerei und Altruismus – aus tiefstem (genetisch bedingten) Egoismus. Letzterer sitzt meist so tief, dass er nur selten bewusst und oft aus Selbstschutz im Keller des Geistes verkampuscht wird. Wer sich ein rein menschliches Antlitz geben möchte, der unter-treibt – und verbirgt, wie es bei ihm wirklich aussieht. Erfolgreich in puncto Sex ist, wer glaubwürdig vermittelt, dass dieser das Letzte ist, was man im Sinn hat – so wie ich dieses Buch auch nur schreibe, täglich trainiere und romantische Sonnenuntergänge am See genieße, weil ich die Welt retten will, der menschliche Körper mir heilig ist und ich die Natur liebe. Das hat ebenso wenig wie mein riesengroßes Latinum oder mein fulminantes Fachchinesisch nichts mit der Attraktion einer wunderschönen rebellischen Seelenpartnerin zu tun. Damen sind mir ebenso gleich wie Weiber, obgleich mir die Weiblichkeit genehmer ist, denn die Dämlichkeit.

Humor und Selbstironie stehen hoch im Kurs. Wer zeigt, dass er sich nicht zu ernst nimmt, kann punkten – ebenso wie durch charmante Dreistigkeit. Im Dunklen und Hellen ist es ein wunderbares Spiel, zu dem Mutter Natur ihre Kinder einlädt und damit gleichzeitig zu einer immer höheren Selbstüberwindung und Übersteigerung des Gegebenen bewegt.
Sie spaltet sich auf, um es wieder mit sich selbst zu treiben. So etabliert sie ein überaus abwechslungsreiches Liebesleben auf unserem Planeten.

Irdische Inzucht mit dem Vorteil, dass ständig neue Genkombinationen entschlüpfen, auf die sich Bazillen und Parasiten nur schwer einstellen können. In einer bewegten Welt wie der unsrigen muss man schnell laufen, um zumindest auf der Stelle zu bleiben – so wie es die Rote Königin der Alice im Wunderland empfiehlt.

Für die Besten nur das Beste

Man sollte sich die Macht, den Sinn und das Genie der sexuellen Selektion bildlich vorstellen: Ein besonders erfolgreicher Mensch schafft es durch seine Werke oder Handlungen weltweit als existent und besonders potent hervorzustechen. Wie ein Leuchtturm ragt er über das Meer der Masse hinaus. So ist er weithin sichtbar für seinesgleichen und kann besser Ausschau halten nach seinem Traumpartner oder zumindest seine Gene weiter streuen. So findet Angelina zu Brad und der Rockstar in so manches Bett. Jede Kultur mit ihren Stars ist eine Premium-Singlebörse präsentiert von Mutter Natur, die für ihre Besten nur das Beste will.
Viele werden sich dagegen sperren, ihre Freigeistigkeit, Hilfsbereitschaft und kulturellen Schöpfungen als sexuell motiviert zu sehen, aber wir sollten uns davor hüten, jenes schier Übermenschliche zu hoch und dieses scheinbar Tierische zu niedrig zu werten. Beides gehört zum Menschen – sowohl die körperliche Ekstase intimer Natur als auch das geistige Spektakel öffentlicher Kultur. Wir dürfen davon ausgehen, dass es das eine ohne das andere nicht geben würde. Keine Gesellschaft ist weise, die einen der beiden Aspekte vernachlässigt oder verteufelt. Je aufgeklärter wir damit umgehen, desto weniger Opfer der Triebe wird es geben und desto mehr wird die kulturelle Entwicklung angeheizt.
Die geistigen Qualitäten eines Menschen sind mächtige Auswahlkriterien bei der Partnerwahl und vorbildlich, aber auch seine körperliche Schönheit

und Ausstrahlung sind eindrucksvoll und begehrenswert. Zudem spielen sie in unserer Gesellschaft eine große Rolle. Models, Porno und Chirurgie boomen. Oft pervertiert – wiederum ein Anzeichen für eine verquere Einstellung zum Körper. Ein ästhetisches Bedürfnis ist jedoch da. Der Mensch strebt danach, etwas Besonderes zu sein: etwas Einzigartiges. Das liegt in unserer Natur, das steckt tief in uns drin und da wird es auch bleiben, denn Sex ist kein Relikt der Urzeit, sondern der Motor des Fortschritts.

Progress durch Exzess

Weil Sex alles verändert, stehen Menschen, die den *Status quo* erhalten und den Fortschritt verhindern wollen, auf Kriegsfuß mit ihm. Das sind jene, die besonders reich und mächtig sind und deswegen erzkonservativ werden. Sie wissen genau: Wer bereits ganz oben ist, für den kann es nur abwärts gehen! Deswegen gilt: still halten, Status bewahren, eine unantastbare Aura schaffen und jeden Fortschritt unterbinden – so wie es die gestrige Kirche und der prüde Adel wunderbar beweisen.
Alles Geschlechtliche ist tabu – des Teufels, verrucht und schmutzig. Möglichst wenig Nachwuchs und Veränderung, die den Platz streitig machen könnten, lautet das Motto. Verhütung und Abtreibung sind ebenfalls ein Sakrileg. Sie würden den Trieb weiter anstacheln, da man ihn ungehemmter und konsequenzloser ausleben kann – so wie es in jeder aufgeklärten Gesellschaft geschieht.
Für beide Institutionen geht es bergab. Das erkennt man daran, dass sie menschlicher werden. Nur durch Wärme vermag ein untergehender Stern noch zu binden, je mehr sein Licht erlischt. Er nähert sich der Masse der Wärmesuchenden, bis er schlussendlich zerbricht, in ihr aufgeht und sich dort zerstreut – wo er auch herkam.
Die Zeit, in der man Wissenschaftler verbrennen und das *Ius primae noctis* einfordern kann, ist vorbei. Seit dem Inkrafttreten der Weimarer Reichsverfas-

sung am 14.08.1919 sind alle Standesvorrechte des Adels abgeschafft (Art. 109, Abs. 3). Auch die Kirche büßt ihre Macht ein. Mit dem Bekanntwerden der Missbrauchsfälle und weiterer Verfehlungen stieg die Zahl der Kirchenaustritte in einigen Bistümern um bis zu 70%. 2010 war das erste Jahr, in dem mehr Deutsche sich von der Kirche abwendeten, als getauft wurden. Was viele nicht wissen: Deutschland ist immer noch kein „laizistisches" Land, in dem Kirche und Staat strikt voneinander getrennt sind – wie z.B. in Frankreich oder der Türkei. In vielen Bundesländern hallt der veraltete Satz: *cuius regio, illius religio* – wessen Gebiet, dessen Religion, immer noch stark durch die Gemäuer. Revolutionäre und rebellische Bewegungen hingegen leben ihre Sexualität übertrieben aus. Da sie am Fuße des Berges stehen, wäre jeder Fortschritt ein Aufstieg – wie bei den 68ern, dem Rock ‚n' Roll oder vielen Jugendlichen. Es gilt das Motto: Ficken für Fortschritt und Freiheit!

Wie man es dreht und wendet. Verurteilen sollte man beide Seiten nicht. Es ist nicht schlecht und komplex, sondern schlicht und einfach die Systematik, in der wir existieren. Ein Glanzstück der Natur auf den Brettern der Welt – welch kosmisches Theater der Im-Potenz. Sicher eine spannende Seifen-Oper für jeden Außerirdischen.

Alle wollen nach oben, aber da ist nicht genug Platz, also behaupten sich die Obrigen mit allen Mitteln des Machiavelli, die Aufsteiger sind Feuer und Flamme für den Fortschritt und die tumbe Masse lässt sich instrumentalisieren, bezahlt das alles und findet es auch noch klasse. So wird es nie langweilig.

Auch Sie, werter Leser, sind mittendrin. Je nachdem, wo Sie stehen, fühlen Sie sich von manchen Strömungen angegriffen, von manchen bestärkt und viele sind Ihnen egal. Wenn Ihnen meine Zeilen über die Kirche und den Adel missfallen, sind Sie ein reifer, stabiler Mensch, dem Werte und Sicherheit wichtig sind. Als ein solcher Mensch haben Sie für alle Vorwürfe und Kritik immer vernünftige Einwände zur Hand, denn Sie sind erwachsen. Ihre Zeit ist jetzt – und das soll auch so bleiben, deswegen sind Sie gegen das Treiben.

Brennst Du hingegen für eine neue bessere Welt, dann bist Du ein Heißsporn, am Beginn seines Schaffens, der veraltete Strukturen überwinden will und dem das förmliche Siezen als überbewertete Respektsbekundung völlig am Arsche vorbeigeht. Du neigst dazu, auch mal gegen die Vernunft und aus dem Bauch heraus zu handeln. Hauptsache, es tut sich endlich was – und zwar auch unterhalb des Bauches.

Oder Dir ist alles egal, dann bist Du meine Hauptzielgruppe: die Milliarden Menschen, die keine Bücher lesen und dieses schon gar nicht. Ich grüße Dich! Wenn Du die Fernseh-Fernbedienung suchst, die liegt links neben Dir. Das hier ist nur ein Buch.

Jeder von uns drückt ein Auge zu, um seine Position als „richtig" ansehen zu können. Manche sogar beide – so lässt sich voll durchstarten. Was gegen unsere Position spricht, spielen wir herunter und was uns bestärkt, verstärken wir. Zur Bestätigung unserer Position führen wir heilige Instanzen, Wunder, Gesetze, Sitten und moralische Prinzipien ein – von denen wir so tun, als würden sie auch existieren, wenn wir nicht an sie denken, sie niederschreiben oder ratifizieren, weswegen sie für alle Menschen bindend wären.

Pustekuchen! Was Geistige, Gelehrte und Gesetzliche uns da vormachen und aus den tiefsten Tiefen der Vernunft ableiten wollen, sind Produkte des Menschen im natürlichen Wettstreit der sexuellen Selektion – der größte und edelste Schwanzvergleich der Geschichte, reine Fassade der Pimmelparade. Wer reicht weiter nach oben und kann länger stehen. Das ist die nackte Wahrheit hinter jeder Kultur: nämlich Natur! Stimmts mein Freud?

> *„Bei einem Vortrag denkt nach Minuten sowieso jeder nur noch an Sex."*

Mutter Natur – Managerin der Menschheit

Gäbe es keinen Sex, gäbe es keine Kultur. Wenn niemand da wäre, den wir beeindrucken wollten, wären wir noch schleimige Einzeller in der Ursuppe. Tatsächlich wären wir nicht einmal dort – ohne den Trieb, aus dem die geschlechtliche Fortpflanzung erwuchs. Selbst Einzeller und weitere sich ungeschlechtlich fortpflanzende Wesen sind bereits verhältnismäßig komplex und getrieben – doch immer noch Natur pur. Die Kultur fand ihren Anfang, als aus dem Wettbewerb gegeneinander auch der umeinander wurde.

Die Weiterentwicklung unserer Kultur wird also keineswegs zu einer geschlechtsneutralen Gesellschaft führen, in der wir das Körperliche abgelegt haben werden, denn im Körper liegt unser Lebenstrieb – nicht im Denken. Würde ein rein denkendes, vernünftiges Wesen sich überhaupt noch fortpflanzen wollen? Wozu? Macht, Ansehen, Reichtum? Das entspringt alles aus dem Lebenstrieb – und der fühlt sich in der Lendengegend entschieden wohler als im Großhirn.

Denken allein will nichts, hat keinen Trieb. Es ist nur Abstraktion und nicht der Kern unseres Wesens. Dort will ich hin: Bewusst machen, dass wir das Denken von seiner Bedeutung her falsch einordnen. In unserer Gesellschaft identifizieren wir uns damit und vernachlässigen den Körper. Tatsächlich ist das Denken nur ein intelligentes Werkzeug im Körper, um erfolgreich zu erlangen, was die Natur in uns will. Setzen wir es mit dem Menschen gleich, so ist es, als würden wir den Automechaniker mit seinem Schraubenschlüssel vergleichen. Dabei ist es sein Lebenswille, der ihn arbeiten und Geld verdienen lässt – nicht sein Werkzeug.

Natürlich will die Natur aber auch, dass wir denken, dass das Denken bzw. das Bewusstsein der Boss ist, denn so leben wir unsere Kreativität und unser Schaffen unbefangen und mit vollem Gedankenschmalz aus – was wiederum unsere Potenz belegt. Selbst, wenn wir dahinter kommen, wenn wir also denken, dass das Denken (mit dem wir uns identifizieren), also wir selbst, nur ein Trick der Natur ist, dann bewegt uns das meist doch nicht dazu, darüber zu stehen.

Der Trieb, uns als eigenständige Wesen sehen zu wollen, ist in jedem von uns so stark, weil das dazu führt, dass wir auch zu 100% in dieses unser Leben investieren. Würden wir nicht verdrängen, dass wir in erster Linie Vollstrecker der Natur sind, die sich durch uns weiter entwickelt, dann würden wir kaum einen Finger krumm machen – wie Arbeiter im sozialistischen Regime, die nicht für sich, sondern für die All-Gemeinheit arbeiten und deswegen kaum Innovation und eigenen Antrieb aufbringen können, da es ihnen keinerlei individuellen Auftrieb beschert.

Deswegen gewährt uns die Natur viel individuelle Freiheit. Wer wäre motivierter als Angestellte, die für die eigene Sache arbeiten? Mutter Natur kann auch egal sein, was ihre Kinder machen – solange sie „es" machen. Sie hat uns zwar am Wickel, aber sie hält uns an der langen Leine, weswegen wir aussuchen können, welche Rolle im Theater des Lebens wir spielen wollen. Eine Win-Win-Situation. Die Natur hat das bisher erfolgreichste Management-Buch der Welt geschrieben und das mit nur vier Buchstaben: A, C, G, T.

Mit der Natur über sie hinaus

Ich glaube, dass die Natur mich am Wickel hat und schreibe dieses Buch trotzdem; denn ich denke, wir sollten uns gar nicht gegen die Natur wehren, sondern lernen, ihren starken Trieb, ihren Willen möglichst konstruktiv für uns und unsere Gesellschaft einzusetzen. Wir können gegen die Fäden, an denen wir hängen, ankämpfen und uns darin verfangen, oder wir richten uns daran auf und lernen zu tanzen.

Wenn wir eine kreative und vielseitige Kultur bewahren und fördern wollen, sollten wir auch die Natur in uns bewahren und fördern – unsere Körper und ihre Geschlechter. Wie trostlos, einseitig und an-fällig wären wir, wenn alles gleich wäre und wenn wir die Fäden zerreißen würden, durch die wir leben?

Mit der Erfindung des Sex setzt die Natur inständig auf Vielseitigkeit und Unterschiedlichkeit – auf Individualität. Entgegen der momentanen Entwicklung sollten wir die Wesensunterschiede von Mann und Frau nicht nivellieren. Das wäre der Tod der Kultur, denn sie sind der Hopfen im Bier. Lieber stark unterschiedliche Männer und Frauen in lebendigem Spiel, in dem sie sich viel geben, streiten und gut ergänzen können, als ein lauer Mischmasch unabhängiger gleichförmiger Körperkläuse.
Wenn wir das Knistern des Lebens erhalten wollen, sollten wir lernen, unsere genetisch bedingte Rolle des Geschlechtes zu erfüllen. Wenn die Männer weiter verweichlichen und die Frauen deswegen in die Rolle eigentlicher Männer hineinwachsen, werden wir uns immer weiter annähern – wodurch wir uns immer weiter voneinander entfernen, weil die Attraktivität sinken wird, ebenso wie unsere Überlebensfähigkeit. Gegensätze ziehen sich an – denn je gegensätzlicher zwei Wesen, desto umfassender sind sie zusammen. Kein Mann will eine Frau, die ihn über die Schwelle trägt, und keine Frau will einen Mann, der keinen Nagel mehr einschlagen kann. Wie schrecklich wäre es, wenn es nur noch Menschen geben würde, die uns gleichen, statt uns zu ergänzen? Dann würde es jedem gehen, wie es William Shakespeare bereits im 17. Jahrhundert seinem Hamlet in den Mund legte:

> *„Welch ein Meisterstück ist der Mensch! wie edel durch Vernunft! wie unbegrenzt in seinen Fähigkeiten! in Gestalt und Bewegung, wie ausdrucksvoll und wunderwürdig! in seiner Haltung, wie ähnlich einem Engel! im Denken, wie ähnlich einem Gott! die Zierde der Welt! das Muster aller lebenden Geschöpfe! Und doch, was ist mir diese Quintessenz des Staubes? Ich habe keine Lust am Manne, nein, und auch am Weibe nicht."*

Die Besinnung auf das Geschlecht, bedeutet nicht, dass Frauen keine Karriere machen und selbstbestimmt leben können. Das sind gesellschaftlich geprägte Rollen, die keineswegs natürlich vorgeschrieben sind. Die Natur ist voll von Königinnen, Räuberinnen und Erkunderinnen, die die Welt ordnen und erobern – während viele Männer den Haushalt machen und nur im Keller lachen.

Wir dürfen nicht den Fehler begehen, das Stärken der Geschlechterrollen mit dem Rückfall in veraltete Gesellschaftsrollen gleichzusetzen. Wer veraltete Gesellschaftsrollen überwinden will und zugleich auch die Rollen der Geschlechter bekämpft, der begeht einen großen Fehler. Er stärkt nicht das schwache Geschlecht, sondern zerstört beide. Dabei sollten beide so gestärkt und ausdifferenziert werden, dass sie kraftvoll miteinander tanzen, streben und füreinander leben können.

Die weiblichen Waffen und Qualitäten sind mächtig und eindrucksvoll. Das beweisen unzählige Beispiele. Frauen können gesellschaftlich erfolgreich und weiblich sein. Vergleichbares gilt für den Mann und seine Männlichkeit. Die Menschen sind potenziell schöne, starke und würdevolle Kreaturen, die sich selbst im Griff haben können – wenn sie leben, wie sie sind: widersprüchlich, verschieden und getrennt, Neues, Besseres, Schöneres schaffend, um sich zu umwerben und vereinigen. Der Mensch sei ein Wesen, dessen Esprit, Potenzial und Kreativität auch geschlechtlich verkörpert wird und kein neutraler Fleischklops. Ansonsten wird er lau und grau – wie so manch Alien, das sich die Science-Fiction-Autoren ausmalen.

Aliena vitia in oculis habemus –
Die Fehler der anderen haben wir vor Augen

Wenn die Aliens kommen, werden sie enttäuscht sein – vom Homo sapiens, dem ach so weisen Menschen. Die hellen Gesellen stehen höher auf der galaktischen Karriereleiter. Sonst hätten sie es nicht geschafft, uns zu finden und hierher zu reisen. Wann wir so etwas schaffen, steht in den Sternen.

Kein Plan von Energie – hängen die Fossilien an den Hebeln unserer Gesellschaft doch sehr an ihren brennbaren Vorfahren, die immer knapper werden und dadurch immer rentabler. Nicht aus Einsicht, sondern aus Absicht handeln sie.

Die Zeit haben wir ebenso wenig im Griff – ist sie bei derartig galaktischen Entfernungen bereits allein unüberwindbare Hürde für klassische Reisen unterhalb der Lichtgeschwindigkeit. Wenn uns keine Wurmlöcher, Zeitmaschinen oder die Teleportation dabei behilflich sein werden, sehen wir alt aus, bevor wir am Ziel sind. Wie wollen wir auch Tausende oder gar Millionen von Lichtjahren überwinden, wenn wir nicht mal auf unserem Heimatplaneten die Zeit im Griff haben.

Auf der Erde mögen wir die Krone der Schöpfung sein, doch kosmologisch betrachtet sind wir Kinder im Sandkasten, die ihren eigenen Nabel mit dem der Welt verwechseln.

Wie steht es um die Aliens?

Aufgeblasene Glatzköpfe mit gewaltigen Glupschaugen, tiefschwarz wie der Mariannengraben. Hochgewachsen wie Spargel und ebenso bleich. Nur noch ein Hauch von Körper, hässlich schmächtig ohne erkennbare Muskulatur oder Schönheit – wie jemand, der zu lange vor dem Computer gesessen hat.

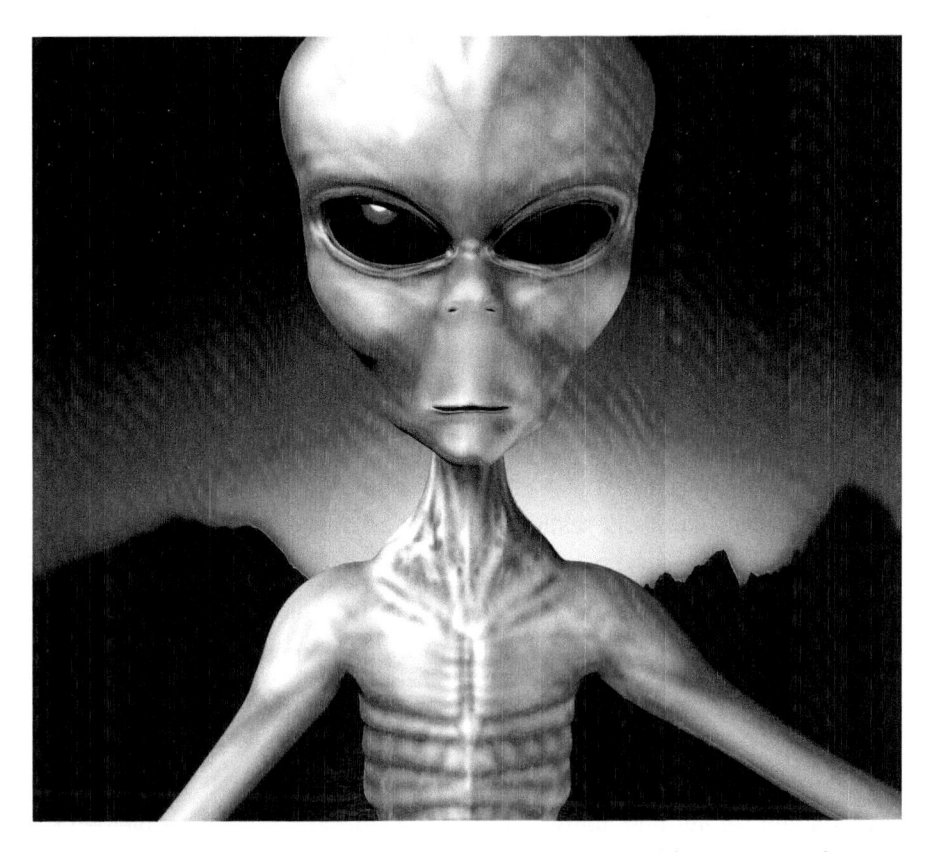

Das wird ein Tag, wenn galaktische Turbo-Nerds mit nobler Computerbräune bei uns im Sonnensystem vorbei schneftern, um ein paar Sonden zu versenken oder blaue Energie zu verschenken.

Tatsächlich sind sie schon da – in unserem Kopf, hinter unserer Stirn, im Gehirn. Wie wir früher das Bild Gottes erschaffen haben, indem wir den Menschen idealisierten – auch wenn es heißt, es wäre anders herum geschehen und im Übrigen sollten wir das gar nicht –, so ist es auch mit den Aliens. Die Aliena, die anderen, sind wir und ihre Fehler sind unsere. Wir sehen sie nur nicht an uns, da wir sie *im Rücken* haben, da sie unbewusst sind. Der vollständige Satz von Seneca lautet: *Aliena vitia in oculis habemus, a tergo nostra sunt* – Die Fehler der anderen haben wir vor Augen, unsere im Rücken.

Doch das Unbewusste kämpft sich – wie so oft – an die Oberfläche. Wir stellen uns vor, wie wir in ein paar tausend Jahren aussehen würden – hochzivilisiert und rundum evolutioniert –, und projizieren dieses Bild auf die Aliens.

Dann kommt so etwas heraus? O weh, wenn wir uns solch ein Bild von höher entwickelten Lebewesen machen, was sagt das über uns? Nun ... legen wir den Alien auf die Couch. Welche stillschweigenden Voraussetzungen, welche Präsuppositionen schlummern in ihm?

Dieser Alien berichtet von unserem Problem, das so alt ist wie die Religion und ebenso überholt wie die katholische Kirche: Wir glauben, nur der Geist sei wertvoll und der Körper bloß eine unbedeutende sterbliche Hülle, lediglich ein irdisches Gefäß für den himmlischen Spirit. Künftig würde unser Gehirn übernorm anschwellen und der restliche Körper verkümmern. Der Mensch der Zukunft sei fast reiner Geist, den Klauen des Körpers enteist und frei von Trieb.

Doch der heilige Geist hat die Rechnung ohne den irdischen Körper gemacht. Wir sollten verstehen, dass eine Kultur nur dann entstehen, sich bewahren und weiter entwickeln kann, wenn sie aus Gegensätzen besteht und sich in der Vereinigung dieser auf neue Ebenen hebt.

Männer und Frauen haben bloß einen Flügel. Erst wenn sie miteinander tanzen, steigen sie auf und überwinden ihre Generation. Ohne Tanz bleiben sie am Boden, in dem ihre einzige Zukunft liegt. Dann werden sie bevorzugt im Sofa kleben, von Billigbier, Zigaretten, Junk Food leben und ihre Kontakte nur noch auf Facebook pflegen – ohne den geringsten Drang, vor die Tür zu gehen und wahrhaft zu leben. Wen sollen wir auch beeindrucken, wenn es niemanden mehr gibt, der es wert ist, begehrt und umworben zu werden, wenn wir bereits zufrieden sind?

Würde Mutter Natur ohne Vater Krieg – ohne den Zwiespalt, den Konflikt, die Herausforderung, das Begehren und die Sehnsucht – auch nur einen Schritt voran schaffen? Wenn alles eins wäre, wenn alle gleich aussehen würden, wenn wir Frieden mit der Welt geschlossen hätten und nur noch im Geiste leben würden, würden wir dann noch einen Finger rühren?

„Natürlich", schreien nun all die hohen und durch und durch kultivierten Damen und Herren, aber tatsächlich ist das der unbewusste Trieb, der hier am Werke ist. Sobald er erlischt, wird sogar einfacher Regen sie davon abhalten, vor die Tür zu gehen – so wie es auch heute schon ist. Die Menschen wünschen sich die Unsterblichkeit, wissen aber nichts mit sich anzufangen, sobald das Internet ausfällt.

Nur finstere Gedanken? Wir befinden uns schließlich an der Spitze unserer Entwicklung und sind eine hochzivilisierte Gesellschaft. Uns kann nichts passieren. Wir sind genau auf dem richtigen Weg ...
Oder vielleicht doch nicht? Vielleicht sind wir bereits auf dem Weg, uns zu Neutren zu entwickeln, auf dem Weg nach unten, zu Menschen, die ihren Körper und ihr Geschlecht vernachlässigen und sich immer mehr auf Technik und Spezialisten verlassen, die irgendwann auch durch die Technik ersetzt werden. Und dann haben wir den totalen Thoreau:

> *„Siehe da!*
> *Die Menschen sind die Werkzeuge ihrer Werkzeuge geworden."*

So finden wir endlich Frieden. Doch den ewigen Frieden gibt es nur auf dem Friedhof. Dann hat sich die Menschheit erfolgreich abgeschafft. Dann hebt sich der Vorhang für die nächste Spezies.
Wir sind gern arrogant und glauben, der Mensch lebe ewig, sei perfekt und es gehe selbstverständlich aufwärts. So haben sich die Dinos bestimmt auch schon gefühlt und die 99,9% aller Arten auf diesem Planeten, die bereits ausgestorben sind – von den unzähligen Hochkulturen ganz zu schreiben.
Man könnte annehmen, irgendwann, wenn wir alle gleich sind, hätten wir auch die besten Eigenschaften von Mann und Frau vereint und wären der über dem Geschlechtstrieb stehende Übermensch oder zumindest das gleichförmige Alien aus unserer Fantasie. Was tatsächlich heraus kommt,

zeigt uns die Übersetzung des lateinischen Begriffs „Neutrum" – keins von beidem. Das erinnert an den Beginn und das Ende des Films *La Haine*:

> „Dies ist die Geschichte von einem Mann, der aus dem 50. Stock von ‚nem Hochhaus fällt. Und während er fällt, wiederholt er, um sich zu beruhigen, immer wieder: ‚Bis hierher lief's noch ganz gut...
>
> .
>
> .
>
> .
>
> *bis hierher lief's noch ganz gut...*
>
> .
>
> .
>
> .
>
> *bis hierher lief's noch ganz gut...'.*
>
> .
>
> .
>
> .
>
> *Aber wichtig ist nicht der Fall....*
>
> .
>
> .
>
> .
>
> .
>
> *sondern die Landung!"*

Clare et distincte – Klar und deutlich

Gegensätze sollten nicht verschwimmen, sondern sich voneinander abheben. Erst diese krasse Unterschiedlichkeit bringt Schwung ins Leben – wie bei der Symbolik von Yin und Yang in der chinesischen Philosophie des Daoismus.

Gegensätze machen das Leben schön und stark. Was wäre der Mann ohne die Frau? Die Freude ohne die Trauer? Das Revolutionäre ohne das Konservative? Die Ekstase ohne die Askese? Liebe ohne Verzweiflung? Einsamkeit ohne Gesellschaft? Altruismus ohne Egoismus? Diese dunklen Buchstaben ohne einen hellen Hintergrund?
Tatsächlich sind die jeweiligen Gegensätze dieser Welt nur scheinbar Feinde, vielmehr aber Freunde, die sich selbst erschaffen, fördern und am Leben halten, indem sie sich bekämpfen. Optimal geschieht dies, solange sie gleich stark sind.

Der Kampf gegen Ungerechtigkeit ist wichtig, aber er darf nicht pervertieren und zum Kampf gegen den Kampf ausarten. Nicht der herrliche Mann und die dämliche Frau in ihren klassischen Rollen müssen abgeschafft werden, sondern die Bevorteilung bzw. -mundung der einzelnen Seiten. Wie man an den Begrifflichkeiten sieht, wurde die Frau lange Zeit be-herr-scht und es ist gut, dass sie sich frei kämpft – bis der Begriff „dämlich" ebenso herrlich klingt, wie der zur Beschreibung des Mannes.

Doch die Frauen des 3. Jahrtausends sollten sich zu agilen, schlagfertigen, selbstbewussten und reizenden Persönlichkeiten entwickeln und nicht zu ebenso starren, herrischen Personen wie es die Männer sind, die sie doch eigentlich überwinden wollen. Eis bekämpft man nicht mit Eis am besten, sondern mit Feuer.

So wird das scheinbar Schlechte, der Gegensatz, zum Guten. Uns stärken die Erlebnisse und Menschen am meisten, die uns am meisten verletzen und aus der Bahn werfen – solange wir genug Kraft haben, sie zu überwinden. Daran wachsen wir und werden so zu reifen, ausgeglichenen und wehrhaften Menschen, die ihr Leben im Griff haben und nicht das Leben sie.

Im Widerstreit der Gegensätze manifestiert und erhebt sich die Vielfalt allen Seins – ihr Entstehen, Wachstum und Vergehen. Nur ein starker Teufel führt zu einem starken Gott. Ein starker Körper führt zu einem starken Geist und eine starke Frau zu einem starken Mann. Ohne einen starken Gegensatz fehlt jede Motivation, selbst stark zu werden.

Am Widerstand wächst man

Es ist die Herausforderung, die uns aus dem Schneckenhaus heraus-fordert und uns dazu bewegt, uns der Situation zu stellen, statt uns zu verstecken. Wer hier wächst und siegt, der überlebt nicht nur, der lebt überhaupt erst – richtig und kraftvoll, im Saft seines Potenzials.

Nietzsche warnte vor dem Land in dem Butter und Honig fließt. Ich warne vor der Gesellschaft, in der die Gegensätze verstummen und die Widerstände verschwinden, in der Wasser und Wein verpanscht werden und alles schon irgendwie in Ordnung geht.
Unsere Gesellschaft verkommt zu einem Taschenbuch mit grauen Buchstaben auf grauen Seiten. Es liegt auf dem Weg der Mitte, geschrieben von Profillosen, erkauft durch Kompromisse, gelesen von Neutren. Ein Krimi ohne Mörder. Die Deutsche Einheit hätte ich mir anders vorgestellt. Wir sitzen alle im selben Boot, da ist es nie gut, wenn alle auf derselben Seite stehen und wie sagte Churchill so schön:

„Wenn zwei einer Meinung sind, ist einer überflüssig."

Alles aneinander angleichen zu wollen ist unnatürlich wie die Verschmelzung von Feuer und Wasser – außer im Tod, im thermodynamischen Gleichgewicht, wenn der Kosmos des Lebens in das Chaos des universalen Einheitsbreis übergegangen ist.
Leben ist nichts anderes als ein Fluss von Energie, das Schaffen und Konzentrieren von Ordnung. Fließt Energie, dann bestehen noch Differenzen und dann ist Leben in der Bude. Herrscht energetisches Gleichgewicht, dann versiegt der Fluss des Lebens und man ist tot. Warum?
Weil dann keine Dynamik mehr herrscht – wie hier in Bangkok in der drückenden Mittagshitze bei 38° C. Wenn kein Lüftchen sich regt und bereits das Atmen schwer fällt. Bei so viel Gleichgewicht zwischen Körper- und Außentemperatur schwindet das Leben und jegliche Dynamik. Einzig wessen Kontostand fern des Gleichgewichts steht oder stehen soll, der ist jetzt noch aktiv, kocht am Food Stand, fährt Taxi oder sitzt im Büro.
Ich werde gleich trainieren – das wird schwer. Doch der Geist vermag auch Dynamik zu erschaffen, indem er Ziele entwickelt, die längst nicht erreicht sind. Dieses geistig geschaffene Ungleichgewicht zwischen Ideal und Re-

alität und die daraus erwachsende Dynamik sind der beste Beweis für die Wirksamkeit des Geistes.

Nach dem Training werde ich aufgeheizt und verschwitzt in den kühlenden Pool springen, einfach nur vor mich hintreiben und mich von diesem rein physikalischen Gegensatz des Temperaturflusses erfrischen lassen. Dies ist der Urkontrast: Temperatur, Bewegungsenergie, Strahlung. Die Hitze der Sonne und die Kälte des Weltalls. Beides an sich absolut lebensfeindlich. Doch dazwischen – mitten drin im Fluss der Energie – zieht die Erde ihre Bahn, überzogen von einer lebenden Kruste, die so lange wachsen wird, solange die Sonne für Dynamik sorgt.

Einen Teil dieser Dynamik, gespeichert in Form von Fisch, Fleisch, Reis, Gemüse und Bananenshake werde ich mir dann einverleiben, um mich vom Kontrast zwischen der energie- und nährstoffgeladenen Nahrung und meinem ausgezehrten Körper beleben zu lassen. Welch Fest der Kontraste. Wer hingegen schwaches, nährstoffarmes Essen futtert, der wird auch kaum davon dynamisiert.

Sobald ich satt bin, bin ich wieder im Gleichgewicht und sollte wieder geistigen Kontrast schaffen, damit ich den restlichen Tag nicht träge am ebenso gesättigten und aufgeheizten Boden klebe.

So schaukelt man sich durchs Leben, durch das Schaffen, Entstehen und Befriedigen von Kontrasten. Von Gegensatz zu Gegensatz – kosmisches Ping Pong der Kräfte und Säfte.

Ich könnte auch noch feiern gehen. Einigen befreundeten Kontrasten auf zwei Beinen fehlt der Kontrast des Y-Chromosoms, um den Kontrast von Blut und Alkohol sowie Stille und Musik als auch Starre und Bewegung zu nutzen, um den Kontrast zum Alltag zu überwinden – und innere Leere durch äußere Fülle zu kompensieren. So verdammt viel Leben – Kontrast sei Dank. Von ihm hängt alles ab.

Dynamik ist der Schopf, an dem sich das Leben aus dem Sumpf des Gleichgewichts zieht und zu tanzen beginnt, sobald es sich genug Freiraum verschafft hat. Je größer der Gegensatz, umso lebendiger die Dynamik.

Leben bedeutet also Kontrast und nur solange dieser aufrecht erhalten oder gar gesteigert wird, hat es Bestand und entwickelt sich weiter. Dahin geht meine Motivation: Wir sollten uns nicht zwanghaft an alles angleichen, sondern vielmehr Profil zeigen, uns ausdifferenzieren und zu komplexen, kontrastreichen Individuen aus Fleisch und Geist entwickeln – die erst so wieder zu einer erstarkenden Gesellschaft beitragen können.

Mir ist egal, ob das in eine gute oder schlechte Richtung geschieht: Lieber ein sattes Minus als eine Null, lieber ein Feind als ein Fähnchen im Wind, lieber einen Bösewicht als eine Marionette – erstere sind wenigstens berechenbar, bringen Schwung ins Leben und definieren das Positive, wohingegen letztere nur Platzhalter sind, Pausen in der Symphonie des Lebens.

Ohne Krieg keinen Frieden, ohne Streit keine Versöhnung, ohne Widerstand keine Entwicklung. Wir leben momentan nicht in Frieden und Entspannung, sondern in Trägheit und Trivialität und die wächst und wächst und wächst. Zum Glück sind unser Planet und seine Ressourcen unerschöpflich. So finden immer mehr Menschen Platz und dann werden wir alle Brüder – wie Kain und Abel.

Der Tanz der Gegensätze

Das Symbol von Yin und Yang verdeutlicht wunderbar, wie Gegensätze das Leben in Schwung bringen. Die sich gegenseitig verjüngenden Tropfen verweisen auf die innere Dynamik des Gesamtsystems. Alles hat seine schwache und seine starke Seite, so auch das Yin und das Yang. Die starke des einen greift die schwache des anderen an; während die starke also nach vorne prescht, flüchtet die schwache und so beginnt der Tanz des Lebens – vergleichbar mit dem Hund, der seinen eigenen Schwanz jagt. So wie in einem Stromkreis nur Energie zwischen Gegenpolen verläuft, so beginnt auch hier Energie zu fließen, in Asien als „Qi" (China), „Ki" (Japan) oder „Gi" (Korea) (und bei uns als „Chi") bezeichnet.

Solange die Gegensätze ausgewogen sind und nicht miteinander verschwimmen, bleiben Tanz und Energiefluss aufrecht erhalten. Drohen Yin oder Yang einseitig zu überwiegen, so gerät das System aus dem Gleichgewicht und wird wie eine betrunkene Ballerina oder ein unförmiger Kreisel schnell die innere Ruhe, die Kraft der Mitte verlieren, ins Schlingern geraten, sich nur mit Mühe aufrecht halten und bald zum Erliegen kommen. Dann ist der Energiefluss versiegt, das Leben am Ende, der Stillstand des Todes eingekehrt.

Eins, zwei Einheitsbrei

Unserer Gesellschaft scheint nicht nach Tanzen zu sein. Kaum noch Ecken und Kanten, keine klaren Positionen mehr und Geschlechter sind Geschichte. Der Konflikt wird gescheut, keine Kritik ins Gesicht, dafür der Verriss hinterm Rücken, selbst aber immer schön bücken. So viele Ja-Sager sah früher nur der Standesbeamte und manche haben bereits eine solch dicke Haut, dass sie gar ohne Rückgrat stehen können.
Wir fressen nicht nur den Frust in uns rein, statt ihn beim Tanzen oder Kämpfen heraus zu lassen, sondern auch tütenweise Junk Food und Süßigkeiten aus der Fabrik, statt das Beste aus Mutter Naturs Vorratskammer zu genießen. So entstehen Magenverstimmungen, Depression und ein schwabbeliger gleichförmiger Körper, statt Kampfgeist, Selbstbewusstsein und straffe, differenzierte Muskelpakete.
Niemand liest mehr Bücher. Ganze Weltbilder, Projekte und Prinzipien fußen auf dem zusammengepuzzelten Wissen aus Artikeln, Prospekten und Facebookeinträgen. Auf der Uni herrscht Bulimie: Das Wissen wird kurzfristig in den bereits mit Werbung überfüllten Kopf gestopft und bei der Prüfung wieder ausgekotzt. Nichts wird mehr gekaut, geschweige denn verdaut. Ganze Doktorarbeiten werden mit dem Kopierer geschrieben.

Alles ist so lauwarm, mausgrau und möchtegern; eine Gesellschaft von Wechselgeldzählern, Tofugrillern und Seerosengießern – optimal geschmacksneutral.

Schein ist durchaus wichtig. Er gehört zum Leben dazu und kämpft mit dem Sein, doch wenn er zum Sein wird und es nichts dahinter mehr gibt, dann geht was schief, wenn es nur noch Neutren gibt, dann geht was schief, wenn der Körper verkommt zu einer trägen tierischen Masse, dann geht was schief, wenn der Wille verstummt und das Denken wirkungslos wird, dann geht was schief. Die gegenwärtige Entwicklung des Angleichens aller Gegensätze ist falsch.

Totale Toleranz

Das lateinische „tolerare" heißt so viel wie „dulden". Im Grunde eine gute Sache. Wer weiß schon, was richtig ist? Da sollte man auch andere Meinungen zulassen. Nur im Widerstreit dieser Meinungen können sich Wissen und Kultur weiter entwickeln.

Doch was geschieht, wenn die Toleranz pervertiert? Wenn niemand mehr sich traut, für seine Meinung einzustehen, für seine Sache zu kämpfen oder – im schlimmsten Fall – gar keine eigene Position mehr hat? Dann verkommt das Prinzip und hemmt den Fortschritt, den es fördern sollte.

Toleranz ist zu der Angst verkommen, dass der andere Recht haben könnte – und so verfällt man in eine Starre von Denken, Sagen und Handeln. Das zerstört jeglichen Diskurs, jegliches Spiel, jeden Konflikt und somit jede Entwicklung. Wer traut sich überhaupt noch, eine eigene Meinung, ein bestimmtes Ziel zu haben – man könnte ja „falsch" liegen und wer will sich schon blamieren?

Fragen Sie mal in Ihrem Bekanntenkreis, fragen Sie sich selbst: Was ist der Sinn Ihres Lebens? Was wollen Sie erreichen? Für was wollen Sie

kämpfen? Oder selbst Lappalien wie: Was ist Ihre Lieblingsband und Leibspeise? Was Ihr Lieblingsschriftsteller und Lebensmotto?
Kindern fällt die Antwort noch leicht, doch je älter und reflektierter wir werden, desto mehr wird uns bewusst, dass alles nur Perspektive ist und dass wir auch falsch liegen könnten. Deswegen halten wir lieber die Beine still und schauen mal, was die anderen so machen, aber die wissen meist auch nicht weiter und halten sich an die Masse – die nicht gerade innovativ oder besonders lebendig ist. So wird totale Toleranz zu totaler Trägheit und Trivialität: Jeder mag irgendwie alles, aber nichts so richtig.

Musik? *„Och Du, ich hör eigentlich alles. Hauptsache nicht zu laut."*
Politik? *„Hm ... Die Parteien unterscheiden sich doch eh kaum, da ändert meine Stimme nichts dran."*
Leibspeise? *„Am liebsten ess ich, was grad im Angebot ist. Manchmal gönn ich mir aber was richtig Gutes, wenn ich eingeladen werd."*
Stil? *„Keine Ahnung, aber irgendwie hab ich Lust auf ein Cornetto-Eis."*

Je umfassender die Fragen, desto weniger kommt zurück. Ich kenne fast niemanden, der von seinem Lebensweg voll überzeugt ist und das liebt, was er macht. Wussten wir früher noch, dass wir Raumfahrer, Zeitreisender oder Tierarzt werden wollten, so befinden wir uns heute mitten in Ausbildung, Studium und Beruf, wissen aber nicht mehr, was wir wollen.
Dabei ist das der wahre Beruf eines Menschen: sich selbst finden und verwirklichen; ein eigenes Leben schaffen – im Rahmen der eigenen Visionen und Fähigkeiten. Nur wer hinter dem steht, was er macht, wird es auch gut machen ... und dann wird er auch gut damit verdienen können. Alles andere ist Lohn-Arbeit, Beschäftigungstherapie.
Das muss nicht einmal etwas mit dem Job an sich zu tun haben. Arbeit wird nicht gut, indem sie elitär ist. Sie wird allenfalls elitär, indem sie gut

gemacht wird – und die Chance gibt es in jedem Beruf. Die vergnügte, zuverlässige Putzfrau hat mehr Adel als so manch rechtsverdrehender Anwalt. Der er-fahrene, schlagfertige Taxifahrer ist lebendiger als der palavernde, aber ausgetrocknete Professor. Der schmierige, autoliebende Mechaniker ist glücklicher als die Bundeskanzlerin. Wie bei jedem Theater kommt es nicht darauf an, welche Rolle man spielt, sondern wie gut man sie erfüllt. Glück ist weder branchen- noch gehaltsabhängig: es ist individuell.

Heute findet kaum jemand zu sich selbst. Die meisten suchen nicht einmal. Irgendwann haben sie den Willen verloren, ihn mit allem Kindlichen und Körperlichen abgestreift und somit auch die Fähigkeit zu wahrer Begeisterung, die Kopf und Fuß hat. Wir denken zu viel. Denken bedeutet immer auch Zweifeln und Zweifeln ist der Tod für jede Tat. Wer wirksam werden will, muss den Zweifel überwinden.

Wussten wir früher, was wir wollen, waren aber zu jung, um es zu verwirklichen, so wissen wir heute nicht mehr, was wir wollen, sind aber zu alt, um uns weiter Zeit zu lassen. Plötzlich befindet man sich mitten im Leben. Die Zeit ist nicht geduldig. Sie überholt uns und zwingt uns zu Entscheidungen, die wir meist treffen, weil sie sich ergeben und nicht, weil wir davon überzeugt sind. Anstatt zu leben, werden wir gelebt – von Umständen, Trieben, Kommerz und Meinungsmachern. Wer hat noch eigene Prinzipien, Ideale und Ziele? Die meisten sind Studienabbrecher, Nichtwähler, Stillose, Meinungslose – mausgraue Möchtegerne.

Es gibt nichts Wichtigeres für einen Menschen als Überzeugung! Eine Meinung, einen Willen, ein Ziel – Tankstelle der Kraft und Navigationssystem zugleich: eine Motivation. Ohne sie wird ihm das Leben schwer fallen. Jeder Schritt ist mühsam, wenn man nicht weiß, wohin er führen und warum man ihn machen soll. Vielen Menschen erscheint ihr Leben wie ein schlechtes Lied. Kein Wunder, dass sie es leiser drehen, sich in ihr Schneckenhaus verkriechen und darauf warten, dass alles vorbei ist.

Dem Tier in uns missfällt jeder Zweifel. Es raubt uns die Kraft, weil es ziellose Energieverschwendung meiden will. So ergeht es Millionen von Menschen in lebensfremden Berufen, die willenlos ausgeführt, statt engagiert erfüllt zu werden. Die Natur wehrt sich gegen rein extrinsische Motivationen – wie z.B. Geld oder Zwang. Sie will Sinn und Leben in ihren Wesen, ja Erfüllung. Das schafft nur eine intrinsische Motivation. Wer sie nicht hat, dem fällt es schwer, morgens aufzustehen, da nichts auf ihn wartet, was schöner wäre als sein Schlaf. Selbst volle Taschen helfen nicht gegen innere Leere.

Der Betroffene wird träge, traurig, stumpf, zynisch, weinerlich, krank und abhängig von anderen Kompensationen wie Facebook, Fernsehen und Fast Food. Der Körper spiegelt das wieder und so beginnt eine Abwärtsspirale, aus der es schwer wird wieder herauszukommen – wie bei einer Schnecke die in einem gewaltigen Schneckenhaus in die falsche Richtung kriecht.

Darum wehret den Anfängen: An erster Stelle sollte stets ein sinnvoller Beruf stehen, dann erst der Lohn. Ein angenehmer Lebensstandard lässt sich leicht finanzieren, ein sinnvolles Leben ist unbezahlbar.

Wer das schaffen will, muss ein eigenes Leben schaffen – mit eigener Meinung, eigenen Entscheidungen und Handlungen. Natürlich ist eine eigene Meinung nie der Synapsen letzter Schluss, ebenso wie die daraus erwachsenden Handlungen problematisch werden können, aber verdammt noch mal: Das hier ist gerade Ihr Leben! Sie haben nur dieses eine und bald ist es vorbei. Sie werden sterben. Ihre Zeit läuft ab, also leben Sie jetzt und zwar so, wie SIE es für richtig halten. Leben Sie Ihr Leben – bevor es andere machen. Finden Sie, was Ihr Leben lebenswert macht und dann kämpfen Sie dafür, leben Sie es, lieben Sie es ... und überwinden Sie es – um noch höher zu steigen.

Ich sage, gönnen Sie sich eine Meinung, sei sie noch so subjektiv. Stehen Sie dazu, geben Sie Vollgas und lassen Sie es krachen. Freuen Sie sich über Enttäuschungen und Fehlentscheidungen. Wie bei der Entbindung die Bindung, so hört bei der Enttäuschung die Täuschung auf. Und Fehlentschei-

dungen vermitteln die Erfahrung, die notwendig ist, um richtige Entscheidungen zu treffen.
Beides ist unabdingbar, um weise zu werden. Also leben Sie so intensiv wie möglich. Umso mehr werden Sie ent-täuscht werden und falsch entscheiden – wodurch Sie lernen, was wichtig, wirklich und richtig ist. Die Blume der Weisheit wächst nicht auf Watte, sondern auf einem Misthaufen.
Stehen Sie jetzt auf und kämpfen Sie für die Verwirklichung Ihres Lebenstraumes … andernfalls wird Sie jemand bezahlen für die Verwirklichung seines Lebenstraumes; und das war es dann.

„Toleranz" ist schnell daher gesagt. Doch muss man wirklich alles und jeden tolerieren? Wo sollte es enden? Soll man auch Kinderschänder und Vergewaltiger tolerieren? Ausbeuterische Großkonzerne, Kleinganoven und Sekten? Provozierende Halbstarke, betrunkene Fußballfans und Naziomas? Spießer, Brüller und Drängler? Langweiler, Hausierer und Prediger? Emanzen, Beamte und Nachbarn? Plärrende Kinder, Callcenter-Inder und Gänseblümchen? Wo ist die Grenze?
Es ist unmöglich, eine Grenze zu ziehen, wodurch das gesamte Konzept auf wackeligen Füßen steht. Sicher hat vieles eine Chance verdient, doch man sollte wachsam sein und nicht alles akzeptieren. Sonst ist man nichts weiter als ein von außen formbares Knetmännchen, ohne Charakter, Selbstverständnis und Kraft.
Ebenso wichtig sind Autorität und Respekt – die denen zustehen, die sie sich verdienen – und nicht einfach jedem, nur weil es ihn gibt. Hier lassen sich leichter Grenzen ziehen, durch Kenntnis und Leistung. Solange es jedoch keine reinen Menschen gibt, werden sich auch keine reinen Grenzen ziehen lassen. Zu viel Chaos und Ströme wirken in jedem Menschen, als dass man ihn in nur eine Schublade stecken könnte – das gilt selbst für die „Schlimmsten". Bleiben Sie also offen, seien Sie tolerant, aber nicht so weit, dass alles gleich wird und sie sich allem beugen. Es gibt Unterschiede, Gegensätze

und Kontraste – sie machen das Leben bunt und granatenstark. Durch ihren Widerstreit entwickelt sich die Welt weiter. Grauer Einheitsbrei hingegen führt zu nichts als Tratsch und Matsch.

Nehmen Sie dieses Buch. Es ist wahrlich ein Buch zum Hassen oder Lieben; es ist subjektiv, blumig formuliert und vertritt radikale Ansichten. Natürlich lässt sich da vieles angreifen und das ist gut so, denn es belebt die Diskussion, weckt uns auf – und sei es auch nur, um eine Gegenposition zu etablieren. Ich stehe hinter der Botschaft dieses Buches und deswegen schreibe ich es, deswegen spiele ich den Salzstreuer für die offenen Wunden des Geistes. Ich weiß, dass es nur Meinung ist, aber für mich ist es die beste, die ich habe. Vielleicht wird es die Welt verändern. Vor allem verändert es mich selbst. Deswegen kämpfe ich dafür, denn tot bin ich noch lang genug. Lieber falsch liegen, als brach liegen!

Homo sapiens & Philosophie –
Der weise Mensch und die Liebe zur Weisheit

Der Begriff „Homo sapiens", der weise Mensch, ist ein schönes Beispiel für den Wortzauber, dem wir Menschen gerne anhängen. Welcher Mensch ist schon weise? Ist nicht vielmehr das Gegenteil der Fall? Ist er nicht vielmehr kleinlich, engstirnig und egozentrisch?
Und doch trägt jeder von uns die Veranlagung zur Weisheit in sich. Homo sapiens ist somit weniger ein Gattungsbegriff und vielmehr eine Herausforderung. Jeder kann weise werden, sich durch die Trugschlüsse und Trivialitäten des Daseins emporarbeiten zu Erhabenheit und Verständnis. Doch was bedeutet das überhaupt: Weisheit?
Vor allem gilt es zu lernen, dass Weisheit keine Wissenschaft ist. Sie spielt sich nicht im Denken allein ab, ist weder abstrakt noch weltfremd, kein System oder eine Gleichung, kein Begleiter der analytischen Intelligenz. Weisheit offenbart sich nur dem, der sie liebt – in seiner ganzen Menschlichkeit, mit Fleisch, Geist und Kraft. Doch die Menschen sind gespalten. Die Herausforderung ist nun, diese Spaltung zu überwinden, um vollkommen zu werden. Nur ein vollkommener Mensch kann auch eine vollkommene Philosophie schaffen – weder abstrakte Geister noch stumpfe Körper allein vermögen das.
Gemeinhin wird „Vollkommenheit" mit Perfektion gleichgesetzt – und somit als unerreichbar eingestuft; fast schon ein Tabu-Begriff. Für mich ist ein Mensch vollkommen, wenn er seine drei Wesen vereint und aus den Wirren der Ströme einen Strom schafft; wenn er es schafft, weise zu werden – und davon handelt dieses Buch.
Vollkommenheit in Perfektion wird nie jemand erreichen, aber so erhält sie ein Gesicht. Weisheit und Perfektion sind ohnehin ein Widerspruch. Weisheit besteht gerade darin, das Unperfekte (Unvollendete) zu akzeptieren, ebenso wie das Imperfekte (Vergangene) und dabei locker (beherrscht)

zu bleiben – mag all das auch noch so tragisch scheinen. Darüber hinaus gilt es dennoch, sich stets zu erheben und Vollkommenheit anzustreben. Außerordentliches sollten wir anpeilen, um zumindest Ordentliches zu erreichen. Wichtig sind also Ziel und Prozess; eine vorwärts gerichtete Reise, statt zu entgleisen und an Trümmern der Vergangenheit hängen zu bleiben. Das ist ideales Leben – ohne Zwang und Krampf, sondern mit Spiel und Kampf.

Die Liebe des Menschen zur Weisheit nennt sich „Philosophie" (*philosophia* auf griechisch). *„Sophia"* steht für die Weisheit (deswegen heißt der berühmte Philosophie-Roman auch *Sofies Welt*) und *„Philo-"* steht für die Liebe – wie bei der Philatelie, der Liebe zu Briefmarken (auch wenn solche Partnerschaften nicht in allen Gesellschaftsschichten anerkannt sind).
Doch ist Philosophie nicht dieses trockene, weltfremde Geschwätz, das viele Professoren so verpacken, dass man a) es kaum versteht, b) sich tierisch dabei langweilt c) unnötig verschachtelte Gedankengänge – unterbrochen von Abschweifungen (und Verschachtelungen, die in sich selbst wieder relativiert werden und nicht ganz zu Ende) – entstehen und man d) irgendwann vor lauter Unterpunkten gar nicht mehr weiß, e1) wie der Satz angefangen hat, e2) worum es geht, e3) was das überhaupt soll, e4) wo der Bezug zum Leben ist, e5) wo mein Fahrrad steht, e6) ob das hübsche Mädel zwei Reihen vor mir nur auf geistreiche Typen steht oder ob ich auch eine Chance habe und ähh ... f)uck jetzt hab ich den Faden verloren, aber naja, wird schon wichtig sein, ansonsten stünde da vorne ja kein intelligenter Mensch und würde jahrelang über solch komplexe Themen dozieren und um mich herum würde keine Herde von Freigeistern sitzen, die so wie ich denken: *„Philosophie ist halt doch sehr kompliziert und nicht jedem zugänglich. Vielleicht verstehe ich ja im 16. Semester, was ich hier mache und dann nach dem Grundstudium befassen wir uns endlich mit der lebensnahen Philosophie, wegen der ich hier bin."*

Einen solchen Eindruck zu erwecken, scheint der Lehrauftrag vieler Akademiker der letzten Jahrhunderte gewesen zu sein, der auch heute noch vorzüglich erfüllt wird. Wenn es das Ziel war, eine abstrakte Wortklauberei zu schaffen, eine Selbstbefriedigung der analytischen Intelligenz, das Lehren der Langeweile, zuweilen brillant, aber unnütz technisch, mit esoterischem Vokabular und durchsichtig wie Nebel, dann waren die Hochschul-Philosophen mehr als nur erfolgreich.

Sie haben eine eigene Kaste geschaffen und es geschafft, die Philosophie so elitär werden zu lassen, dass sie kaum noch jemand versteht. Die Liebe wurde rein, trennte sich von der Weisheit und verkam zur Selbstliebe der Logik. Aus Freigeistern wurden Geistfreie. Ein Mirakel, dass ihre Schriften so trocken sind, obwohl sie vor Quellen fast bersten. So viel Leblosigkeit kann nur das Ergebnis jahrelanger Studien sein.

Der Mensch und seine irdischen Belange wurden überwunden, wodurch die „Philosophie" nun in vollem Glanz der Erhabenheit erstrahlt – aber kaum noch Ernst genommen wird. Denn was den Bezug zum Mensch verliert, verliert auch seine Beachtung und um Weisheit handelt es sich längst nicht mehr – allenfalls noch um „Denkheit", die elitärste Form der Dummheit, dem Leben entfremdet. Weisheit will den Menschen zum Partner. Wer ihn abschüttelt, vergrault auch sie.

Was bringt uns die vierfache Wurzel vom Grunde oder die kategoriale Seinsebene der transzendierenden Reduktion? Entfremdet sich der Geist in der Materie? Tut Anchamun, was Nofre täte? Ist das gewisse Etwas ein Loch im absoluten Nichts? Nichtet das Nichts? Dichten dicke Nichten im Fichtendickicht tüchtig oder macht sich da ein Wicht nur richtig wichtig? Kommt da mehr heraus als bei der digitalen Penetration der humaninhärenten olfaktorischen Region beim Plenilunium?
Unabhängig der potenziellen Produktivität des Nasenpopelns bei Vollmond versteckt sich hinter der gestelzten Wortakrobatik oft nur geistige Diarrhö,

in der das Denken frei dreht und die Synapsen sich vergessen. Selbst wenn es Bezug zum Leben hat, wäre es adäquat, den Usus nonetablierter Termini zu minimieren. Das würde nicht nur meine Person zuvorderst delektieren. Manche machen die Dinge halt komplizierter, als sie sind, um klüger zu erscheinen, als sie sind – schließlich ist das sexy (sagt die Natur).

Was ist nur aus der Philosophie geworden, aus dieser einst so lebendigen, natürlichen und körperlichen Liebschaft zum Wesentlichen und der Verachtung der Adiaphora, der Nebensächlichkeiten? Verkommen zu einer toten, verkopften und überheblichen Denkerei. Diese Bürokraten kategorisieren die Welt, statt sie zu bessern. Dabei ist Letzteres doch der Sinn der Philosophie: die Welt bessern und besser zurecht kommen mit dem, was sich nicht bessern lässt.

Was machen die „Philosophen"? Sie lösen keine Probleme, sie schaffen ständig neue. Das liegt in der Natur der Logik, in der sich ein System niemals ganz schlüssig schließen lässt. Irgendwo ist immer eine Lücke, ein Problem, die führt einen zum nächsten System und so bahnt sich das abstrakte Unheil seinen Weg in die Welt der Bezugslosigkeit. Hätten sie nur auf Nietzsche gehört, dann würden unzählige Bäume noch unbedruckt im Walde leben und die philosophische Fakultät wäre keine bessere Ausbildungsstelle für Taxifahrer und Freikleisterer, die nur bis zur Nase weise sind:

> *„So wenig wie möglich sitzen; keinem Gedanken Glauben schenken, der nicht im Freien geboren ist und bei freier Bewegung – in dem nicht auch die Muskeln ein Fest feiern."*

In seinem Buch *Der Philosoph als Hund* schreibt der Franzose Michel Onfray über den rumänischen Zyniker Emile Cioran, der sich in einem Brief an Fernando Savater, den spanischen *„Philosophen aus der Nachbarschaft"*, wendet:

„*Wir sind geschichtlich an einem Punkt angelangt, wo es nach meiner Überzeugung unerlässlich geworden ist, den Begriff der Philosophie zu erweitern. Wer ist Philosoph?*"

Und der alte Mann präzisiert:

„*Gewiss nicht der Akademiker, der in Konzepten stochert, Begriffe auseinanderklaubt und unverdauliche Traktate verfasst, um die Rede des analysierten Autors zu verdunkeln. Ebenso wenig der Techniker, und sei er auch noch so brillant oder virtuos, wenn er nebulösen und unverständlichen Rhetoriken frönt. Philosoph ist derjenige, der in Einfachheit, ja sogar der Kargheit sein Leben mit Denken und sein Denken mit Leben füllt. Er knüpft feste Bande zwischen seiner Existenz und seiner Reflexion, seiner Theorie und seiner Praxis. Keine Weisheit ohne konkrete Implikation dieser Verflechtung.*"

Das ist wahre Philosophie – der Tanz von Leben und Denken, der es ermöglicht, die Entwicklung zu lenken. Es geht um lebenswertes und nicht lebensfremdes Denken. Das ist die Grundlage zum weisen Leben. Mit einem solchen, pragmatischen Denken bin ich gern per Du.
Wenn wir die Philosophie den Lohnarbeitern des Geistes überlassen, den Spezialisten steriler Autopsien, die mit der Mumifizierung von Texten und der Domestizierung des Rebellischen ihr Geld verdienen, dann wird sie wie sie: spießig, grau, nutzlos, ohne Saft, vom Fleisch gelöst und unbekannt verzogen. Lebendige Weisheit muss sowohl im Bauch als auch im Kopf wurzeln. Sie muss des Körpers und dem Menschen nahe sein, wie es der libanesisch-amerikanische Philosoph Khalil Gibran wunderbar erfasst:

„Mit einer Weisheit, die keine Träne kennt, mit einer Philosophie, die nicht zu lachen versteht, und einer Größe, die sich nicht vor Kindern verneigt, will ich nichts zu tun haben."

Philosophie ohne Lachen, Leichtigkeit und Humor ist wie a Brezn ohne Weißwurscht, Senf und a g'scheits Weißbier. Man bekommt sie schon herunter, aber sie ist verdammt trocken. Schnell wird sie ungenießbar und bleibt im Hals stecken – man kann sie zwar noch weiter durchkauen, aber besser wird sie nicht. Bessere Philosophie lässt sich verdauen und verkörpern – ohne lang auf ihr rumkauen zu müssen. Der Körper weiß, was ihm bekommt und was nicht.

Ist die heutige Zunft trocken wie eine alte Brezel, so war sie in der Antike, besonders bei den Kynikern, noch voll jubilierender Weisheit; eine fröhliche Wissenschaft, in der Spott, Wortwitz und Ironie die Mittel der Wahl waren – weil sie mitten im Leben standen, statt nur darüber zu reden.

Diogenes machte die Tat von der Schönheit der Geste abhängig, wider die Ernsthaftigkeit. Ihm ging es um eine Verschmelzung von Ethik und Ästhetik, weil die Schönheit für ihn mehr Maßstab war als die Vernunft. Seine Art zum Denken anzuregen, war nicht die des Schwafelns, der Paragraphen, Schlüsse und Vorschriften, sondern die der Anekdote, des Widerspruchs und der Tat. Diese Mittel sind gut dazu geeignet, zu erziehen und zu hinterfragen – indem sie den Menschen dort kitzeln, wo er sich eine Blöße gibt.

Die Herrschaft über den Körper verband Diogenes mit dem Sieg über sich selbst, da er in ersterem die Vorstufe des zweiten sah. Selbstbeherrschung war ihm das höchste Ziel, denn so erlangt man Freiheit. Ethik ist ihm weniger Tugendlehre, sondern mehr Kunst, Wettkampf, Rausch, Mimikry und Übersteigerung. Michel Onfray ergänzt:

„Die Kyniker lehren uns die Unverschämtheit gegenüber allem, was sich mit den Federn des Heiligen schmückt: das Gesellschaftliche, die Götter, die Religion, die Könige und die

Konventionen. Mit ihnen kümmert sich die Philosophie um die naheliegenden Dinge und verachtet alle Unternehmungen, die der Ernsthaftigkeit den Vorzug geben."

Philosophie soll tief und zugleich leicht sein, wenn nicht gar komisch – das sind die Prinzipien einer fröhlichen Wissenschaft. Nietzsche schreibt in seinen *Unzeitgemäßen Betrachtungen*:

> *„So sollte es auf der Grabschrift der Universitätsphilosophie heißen: ‚sie hat Niemanden betrübt'. Doch ist dies freilich mehr das Lob eines alten Weibes als einer Göttin der Wahrheit, und es ist nicht verwunderlich, wenn die, welche jene Göttin nur als altes Weib kennen, selber sehr wenig Männer sind und deshalb gebührendermaßen von den Männern der Macht gar nicht mehr berücksichtigt werden.*
> *Steht es aber so in unserer Zeit, so ist die Würde der Philosophie in den Staub getreten; es scheint, dass sie selber zu etwas Lächerlichem oder Gleichgültigem geworden ist: so dass alle ihre wahren Freunde verpflichtet sind, gegen diese Verwechslung Zeugnis abzulegen und mindestens so viel zu zeigen, dass nur jene falschen Diener und Unwürdenträger der Philosophie lächerlich und gleichgültig sind. Besser noch, sie beweisen selbst durch die Tat, dass die Liebe zur Wahrheit etwas Furchtbares und Gewaltiges ist."*

Oder wie der französische Schriftsteller Charles Péguy festhielt:

> *„Eine große Philosophie ist nicht eine fehlerlose, sondern eine furchtlose."*

Weshalb sollte die Logik über der Komik oder der Kraft stehen? Der Mensch ist nicht logisch, weshalb sollte seine Weisheit es sein?
Die Philosophie stirbt, weil sie nur noch in Universitäten lebt. Sie hat den Sinn für die Straße verloren, ist in das Ghetto der Seriosität gesperrt worden – so wie Georg Friedrich Wilhelm Hegel es wollte:

> *„Es ist sehr wichtig, dass die Philosophie wieder eine seriöse Angelegenheit wird."*

Nietzsche dachte tiefer und stellte die Vernunft nicht an die Spitze, sondern in Frage:

> *„Die Grenzen der menschlichen Vernunft begreifen – das erst ist wahrhaft Philosophie."*

Die Kathederphilosophen haben verdrängt, dass „*Philo-*" so viel wie Liebe bedeutet und nichts mit Vernunft gemein haben kann. Liebe fängt da an, wo die Vernunft aufhört. Liebe ist des Körpers, ein Rausch des Geistes, eher Gefühl als Gedanke, voller Kraft – etwas das den ganzen Menschen erfasst. Philosophie ist somit gefühlte, gelebte, empfundene Weisheit, herrische, weibliche, kraftvolle, ja erotische Weisheit und nicht gedachte, dozierte, geschwafelte, vernünftige Weisheit. Vernunft mag dem Wissen anheischig sein, mit der Liebe zur Weisheit hat sie nicht viel gemein.
Die angeblichen „Philosophen" sind gar keine – allenfalls Ratiosophen, die die Weisheit durch Vernunft erlangen wollen, durch Theorie, statt sie zu leben, zu lieben und intuitiv zu pflegen – im Spielerischen, Humorvollen, Ironischen, Poetischen, Ästhetischen. Das lässt sich schwer lehren, allenfalls durch Vorbild und Pragmatik, aber nicht durch Hermeneutik und Exegese. Wahre Philosophie lässt sich nicht so leicht zerstückeln, vorkauen und bei Prüfungen wieder ausspeien.

Auf der momentanen Uni lernt man viel auswendig, aber wenig fürs Leben. Eine gute Schule der Philosophie würde den Wortwitz üben, den Widerspruch kräftigen und die Rhetorik wiederbeleben; die schöne Geste, den tiefen Blick, die Menschenkenntnis, den Mut und die Schlagfertigkeit. Sie würde sich mit dem Leben, seinen Chancen und Problemen befassen – pragmatisch und spielerisch. Sie würde die Beherrschung des Körpers ebenso lehren wie den Maßstab des Schönen und die Kultivierung der Triebe. Sie würde sich die Hände schmutzig machen, bluten, schwitzen und frieren, um das innere Feuer zu schüren; das Selbstbewusstsein stärken und nicht zersetzen.

Darum geht es, um das richtige Leben, um die Tat, den Jux und die Axt für das gefrorene Meer in uns, allenfalls um Worte über das Leben, aber nicht mehr um Worte über Worte, deren Worte sich mit den Worten über Worte beschäftigen. So vermag ein einfacher Witz zu verdeutlichen, was sonst unzählige Traktate nicht schaffen, nämlich das Wesen von vernunftkranker Philosophie und irrgläubiger Theologie sowie ihr Verhältnis zueinander zu klären:

> *Sagt der Theologe zum Philosophen: „Philosophie ist, wenn jemand in einem absolut dunklen Raum mit verbundenen Augen eine schwarze Katze sucht, die gar nicht da ist."*
> *Erwidert der Philosoph: „Aber Theologie ist, wenn jemand in einem absolut dunklen Raum mit verbundenen Augen eine schwarze Katze sucht, die gar nicht da ist, und dann ruft: ‚Ich hab sie!'"*

Wenn wir schon dabei sind, können wir die Politik auch gleich erklären. Dann ersparen Sie sich so manches Semester:

> *Ein Sohn fragt den Vater: „Papi, was ist eigentlich Politik?"*
> *Da sagt der Vater: „Mein Sohn, das ist ganz einfach. Sieh mal, ich bringe das Geld nach Hause, also bin ich der Kapi-*

talismus. Deine Mutter, die verwaltet das Geld, also ist sie die Regierung. Unser Dienstmädchen ist die Arbeiterklasse. Wir alle haben nur eines im Sinn, nämlich dein Wohlergehen. Folglich bist du das Volk und dein kleiner Bruder, der noch in den Windeln liegt, ist die Zukunft. Hast du verstanden, mein Sohn?"

Der Kleine überlegt und bittet seinen Vater, dass er erst eine Nacht darüber schlafen möchte. In der Nacht wird der Junge wach, weil sein kleiner Bruder in die Windeln gemacht hat und fürchterlich brüllt. Da er nicht weiß, was er machen soll, geht er zu den Eltern ins Schlafzimmer. Da liegt aber nur seine Mutter, und die schläft so fest, dass er sie nicht wecken kann. So geht er weiter in das Zimmer des Dienstmädchens, wo der Vater sich gerade mit selbigem verlustigt. Beide sind so in Ekstase, dass sie nicht mitbekommen, dass der kleine Junge vor ihrem Bett steht. Also beschließt der Junge, unverrichteter Dinge wieder schlafen zu gehen. Am nächsten Morgen fragt der Vater seinen Sohn: „Na, mein Junge, kannst du nun mit eigenen Worten erklären, was Politik ist?"

„Ja!", antwortet der Sohn. „Der Kapitalismus missbraucht die Arbeiterklasse, während die Regierung schläft. Das Volk wird vollkommen ignoriert und die Zukunft sitzt voll in der Scheiße. Das ist Politik!"

Zu den Wurzeln

Seneca, Du Schwerenöter der Weisheit, wurde das bei Euch im antiken Rom vor fast 2.000 Jahren auch schon so gehandhabt? Ihr und die Griechen wart doch Vorreiter der europäischen Philosophie. Wie siehst Du die moderne Entwicklung? Ist den Professoren die Philosophie zu Kopf gestiegen und zu schnöder Abstraktion verkommen? Oder sind sie auf dem richtigen Weg?

> *„Die Philosophie ist keine handwerksmäßige Kunstfertigkeit und bietet nichts zur Schaustellung Geeignetes. Ihr Wesen liegt nicht im Wort, sondern in der Handlung. Sie dient nicht dazu, einen Tag in angenehmer Unterhaltung hinzubringen und die Qual der Langeweile los zu werden: Sie formt und bildet den Geist, ordnet das Leben, regelt unsere Handlungen, zeigt uns, was zu tun und zu lassen ist, sitzt am Steuerruder und lenkt das Schiff durch die Fährnisse des Wogenschwalles. Ohne sie kann niemand ohne Zagen, ohne Sorge leben. Jede Stunde bringt Unzähliges, was Rat erfordert, der nur von ihr geholt werden kann."*

Ein ziemlicher Redeschwall, aber Du hast Recht. Philosophie ist nur wahrhaft, wenn sie Bezug zum Leben hat. Abstraktion hingegen ist nicht Freund der Philosophie, sondern nur ein Mittel – das zum Gegner wird, sobald es zum Selbstzweck verkommt. Das zeugt bereits die lateinische Wurzel: *abstrahere* – fortziehen, wegschleppen. Wer also abstrahiert, der entfernt sich vom Leben und somit auch von der Weisheit. Doch was ist Weisheit eigentlich? Für mich äußert sich Weisheit in der Besinnung auf das Wesentliche. Seneca, wenn Du den Begriff kurz und knapp auf den Punkt bringst, was ist Weisheit für Dich?

> *„Eine Seelenverfassung, die auf Erkenntnis der Wahrheit bedacht ist, die kundig ist dessen, was man zu meiden und was zu erstreben hat, die den Wert der Dinge nicht nach einem eingebildeten, sondern nach ihrem natürlichen Maßstab bestimmt, die den Geheimnissen des Weltalls nachspürt und allen Seiten der Tätigkeit desselben ihre volle Aufmerksamkeit schenkt, schneidig im Denken und Handeln, ebenso hochherzig wie tatkräftig, gegen jedes Wetter gefeit, sei es Sturm oder Sonnenschein, keiner Schicksalslaune sich beugend, erhaben über alle Zufälligkeiten und Vorkommnisse, von unvergleichlicher Schönheit und einer Selbstbeherrschung, in der sich Würde und Kraft vereinigen, besonnen und nüchtern, aller Leidenschaft und Furcht enthoben, von keiner Gewalt gebeugt, durch den Wechsel des Schicksals weder übermütig gemacht noch zu Boden gedrückt."*

Was für ein Satz. Gut, dass ich nicht nach der langen Fassung gefragt habe, aber ich stimme Dir zu. Auch in der Art Deiner Darstellung wird bewusst, wie lebensnah Weisheit ist und dass sie auch mit einer gewissen Freiheit einher geh...

> *„... eine schrankenlose Freiheit. Weder vor Menschen noch vor den Göttern Furcht zu haben; seine Wünsche weder auf Schimpfliches noch auf Übermäßiges zu richten, über sich selbst unbedingte Gewalt zu haben. Es ist ein unschätzbares Gut, sein eigen zu werden."*

Ja genau. Selbstbeherrschung ist von großer Bedeutung, ebenso ein gewisses Maß an Unabhängigkeit.

„Der sei der Mächtigste, der sich selbst in der Gewalt habe."

Ich seh schon, das ist genau Dein Thema und wie Recht Du hast. Wir sollten lernen, in einigen wichtigen Punkten kompromissloser zu werden. Umso entspannter können wir in den vielen nebensächlichen Angelegenheiten werden. Heute ist es meist umgekehrt: Wir regen uns wegen Kleinkram auf und bei wesentlichen Entscheidungen lassen wir uns verbiegen wie eine Gummipuppe und uns gehörig in den Allerwertesten ...
Wer darauf achtet, sieht das Tag für Tag bestätigt. Zeter und Mordio, wer hat die Kaffeetassen falsch herum in den Schrank gestellt? Wer hat meine Müllermilch getrunken, mir beim Kurs für sozialkritisches Töpfern den letzten Platz weggenommen und wo ist diese verdammte Fernbedienung schon wieder hin?
Wo wir hingegen leben, mit wem, was wir beruflich machen, unter welchen Umständen, wie wir mit unserem Körper umgehen und ob wir wirklich „unser" Leben leben, das überlassen wir meist den Umständen und äußeren Einflüssen. Wer hat schon wirklich seinen Traumjob, Traumpartner und Traumkörper? Wer ist Herr über sich und sein Leben? Wer verwirklicht seine Ziele?
Kaum jemand ... und das liegt nicht daran, dass es nicht möglich ist, sondern daran, dass wir bei den wichtigen Entscheidungen zu nachgiebig sind und dafür bei Nebensächlichem umso spitzfindiger reagieren. Da klebt man in der Sofakuhle und mokiert sich über die zu vielen Werbeunterbrechungen bei der abendlichen Volksbelustigung in der potenzialbindenden Flimmerkiste, statt zu verstehen, dass der spannendste und mitreißendste Film dort wartet, wo kaum jemand vorbeischaut: im eigenen Leben!

Wahre Weisheit findet sich mitten im Leben, wo sie auch hingehört und wo wahre Philosophen sie stets beheimaten – wie Erich Kästner, der genau wusste, wie man Ethik, Weisheit und Leben vereint; nein, nicht in einem Buch, sondern in einem Satz:

„Es gibt nichts Gutes, außer man tut es."

Wie wäre es, wenn man den Stier an den Eiern packt, Vollgas gibt und lebt, statt nur zuzuschauen und darüber zu reden? Der passive Konsum von Kultur ist nicht halb so erfüllend wie ihre aktive Gestaltung. Doch wie schaffen wir das? Wie erwecken wir die Philosophie wieder zum Leben?

Alea iacta est – Der Würfel ist geworfen

Das Leben ist kein Spiel – aber nur wer es spielerisch angeht, wird gewinnen.

Wie gut jemand verkörpert ist, zeigt sich in seiner Fähigkeit, das Beste aus jedem Moment hervorzukitzeln. Wo auch immer wir sind, was auch immer uns widerfährt und zu welchem Zeitpunkt auch immer – was wir daraus machen, entscheidet, wie sehr wir unseren Körper und somit das Leben im Hier und Jetzt beherrschen. Doch ist das nicht stark von den Bedingungen unserer Umgebung abhängig? Wie viel Einfluss haben wir schon auf das, was uns geschieht?
Berechtigte Fragen. Tatsächlich sind äußere Einflüsse sekundär. Manche Menschen langweilen sich in der abwechslungsreichsten Umgebung, andere können selbst im Konzentrationslager Spaß haben – wie im Film *Das Leben ist schön* von Roberto Benigni. Da wird der kleine Giosuè von den Nationalsozialisten in ein Konzentrationslager deportiert, gemeinsam mit seinem Vater. Der erklärt seinem Sohn, dass alles Teil eines großen Spiels sei, bei dem es einen echten Panzer zu gewinnen gäbe – wenn man sich an alle Regeln hält und bis zum Ende im Spiel bleibt.
So schafft er es, dem Jungen eine andere Perspektive zu vermitteln, die dazu führt, dass er gesund bleibt, die Regeln befolgt und dabei auch noch Spaß hat – wohingegen die anderen Insassen nach und nach ihren Mut verlieren. Während sie verzweifeln, durchdrehen und sterben, gelingt es Giosuè die Ordnung im „Team Mensch" zu bewahren. Diese Stabilität einerseits und die Herausforderung des Spieles andererseits erlauben es ihm, mit Körper und Geist bei der Sache zu sein – und das Spiel zu gewinnen: zu überleben. Auch wenn sein Vater stirbt, dämmert dem Jungen schlussendlich, dass in diesem Spiel mehr Ernst lag, als er zu glauben wagte. Es war ein Spiel um Leben und Tod. Als sich das Blatt wendet und die Amerikaner anrücken, wird Giusoè von einem amerikanischen Panzerfahrer aufgelesen und darf

bei ihm mitfahren. Ihm wird bewusst, dass er nun sogar den vom Vater versprochenen Preis erhalten hat. Der Film endet mit seinen Worten:

> *„Dies ist meine Geschichte, dies ist das Opfer, welches mein Vater erbracht hat, dies war sein Geschenk an mich. Wir haben das Spiel gewonnen."*

Die anderen Insassen erklärten den Vater für verrückt. Er würde sein Kind betrügen und belügen. Doch seine Herangehensweise erlaubte es dem Sohnemann zu überleben: indem er seine Aufmerksamkeit beeinflusste. Er hat eine der wertvollsten Lektionen gelernt: Erscheint das Leben auch noch so hart – wer es spielerisch angeht, hat die besten Karten. Das gilt auch und gerade dann, wenn für den Wochentagsmenschen „der Spaß vorbei ist". Ein Widerspruch – und somit eine Pforte zu höherem Verständnis. So auch Jacques Cousteau, der Wassermann mit der roten Wollmütze:

> *„Spielen ist eine Tätigkeit, die man gar nicht ernst genug nehmen kann."*

Giosuè hat dies verstanden. Er hat gelernt, dass die Realität perspektivisch ist, dass Perspektiven variabel sind und dass sie in unserer Macht liegen. Die Fähigkeit, bessere Perspektiven zu schaffen und die eigene Aufmerksamkeit zu lenken, entscheidet nicht nur über die Qualität unseres Lebens, sondern schlussendlich auch über unsere Fähigkeit zu überleben.

Erfüllung durch Besitz?

Bertolt Brecht sagte: *„Erst kommt das Fressen, dann die Moral."* Das stimmt. Wird der Mensch an die Grenze seiner Existenz gedrängt, entfesselt das die

Bestie in ihm. Der innere Hund wird zum Wolf und verdrängt alles Menschliche, denn nun geht es ums nackte Überleben. Dann ist der Mensch dem Menschen ein Wolf – *homo homini lupus.*

Sobald die grundlegenden Bedürfnisse gestillt sind, lässt sich die Bestie befriedigen und der Wolf wird wieder zum geselligen, umtriebigen Hund, der einfach nur ficken, fressen und faulenzen will.

Wenn uns Wohlstand befriedigt und auf grundlegende Weise glücklich macht, könnte man annehmen, dass unermesslicher Wohlstand unermesslich glücklich macht. Daher wollen wir alle noch viel viel reicher werden, als wir ohnehin schon sind.

Dahinter liegt jedoch ein Fehlschluss. Es stimmt, dass uns die Erfüllung unserer Grundbedürfnisse – ein gewisser Wohlstand – glücklich werden lässt, aber darüber hinaus trägt eine weitere Steigerung unseres Reichtums nur marginal zu unserer persönlichen Erfüllung bei. Dahinter steckt die Psychologie des zweiten Tortenstücks – die wir alle kennen: Wer Heißhunger auf Süßes verspürt, dem gleicht der erste Bissen in eine frische Bananen-Torte mit Haselnusssplittern und saftigem Schokoladenüberzug einem kulinarischen Höhepunkt. Eine solch vollmundige Geschmacksexplosion auf der Zunge ist einmalig. Wird Einmaliges jedoch zur Routine, verliert es seinen Reiz. Siggi erklärt warum:

> *„Wir sind so eingerichtet, dass wir nur den Kontrast intensiv genießen können, den Zustand nur sehr wenig. Somit sind unsere Glücksmomente schon durch unsere Konstruktion beschränkt."*

Der Mensch stumpft ab. Um beim zweiten Stück Torte noch einmal den gleichen Genuss zu erfahren, müsste es deutlich besser sein als das erste – aber das ist nicht der Fall. Es ist genauso gut und somit weniger genussvoll. Es entwickelt sich eine genusszerschmetternde Dynamik: Je mehr Kuchen, desto weniger Genuss.

Da der Mensch das Glücksgefühl wiederholen will und ihm die lineare Sichtweise seines Denkens mehr Glück durch mehr Kuchen verspricht, wird er zum Vielfraß. Gierig will er immer mehr von dem, was einst so erfüllend war, wird fanatisch und doch immer mehr enttäuscht, je mehr er konsumiert. Schlussendlich wird ihm der Boden wegbrechen und der Luxus des Hochgenusses wird zur Normalität. Dann wird ihn selbst das Beste nicht mehr befriedigen und alles darunter wird ihm schal und geschmacklos vorkommen. Seine Komfort-Zone ist stark geschrumpft. Er kann weder höher noch tiefer.

Was Qualität nicht mehr bieten kann, will er über Quantität kompensieren: Er will immer noch mehr wie Dagobert Duck – wodurch es noch schlimmer wird. So beginnt eine Abwärtsspirale: Man wird abhängig vom Luxus, kann ihn immer weniger genießen und wird unermesslich gierig. Doch wird das helfen? Wie viel muss man hinein stopfen, um ein Fass ohne Boden zu füllen? Epikur bietet eine andere Lösung an:

> *„Wenn Du jemanden reich machen willst, gib ihm nicht mehr Geld, sondern nimm ihm von seiner Begierde."*

Für Epikur ist Erfüllung weniger eine Frage der Quantität, nicht einmal eine der Qualität, sondern eher eine des Haushaltens mit den eigenen Bedürfnissen. Alles, was zum Leben notwendig ist, ist leicht zu beschaffen und alles, was nicht leicht zu beschaffen ist, ist auch nicht notwendig. Wer es schafft, diese geistreiche Perspektive einzunehmen, der kann kaum arm werden – und hat viel Spielraum nach oben. Wer sich unter der Woche mit Schwarzbrot und Käse begnügt, dem werden die Glückshormone sprudeln, wenn es am Wochenende geräucherten Lachs mit Honig-Senf-Dill-Sauße gibt. Wer bereits im Kaviar badet, dem wird ordinärer Räucherlachs kein Tröpfchen Serotonin entlocken.

Wer ist also reich? Der, der will, was er nicht haben kann, oder der, der sich mit wenigem begnügt und alles andere genießen kann? Schnell wird bewusst, dass Armut an Bedürfnissen der sicherste Reichtum ist.

Deswegen vermag ein unzivilisierter Aborigine im Einklang mit der Natur erfüllter zu leben, als der dicke, getriebene Durchschnittsdeutsche, mit prallem Portemonnaie, Autos, Eigenheim und 468 Fernsehkanälen.

„Arm ist nicht, wer wenig hat, sondern, wer mehr haben will", wirft Seneca ein. Recht hat er. Persönliche Erfüllung hängt nicht davon ab, was wir haben, sondern allein davon, was wir sind, wie wir mit dem umgehen, was uns geschieht und wie wir es schaffen, mit unseren Bedürfnissen Haus zu halten.

Soll heißen: Wer es nicht auf die Reihe bekommt, in bescheidenen Verhältnissen glücklich zu sein, der wird es auch nicht schaffen, wenn seine Brieftasche prall gefüllt ist. Das sind zwei Paar Schuh.

Schlechte Nachrichten für die da draußen, die sich erhoffen, dass ihnen mehr Reichtum und Einfluss das Leben versüßen wird, sich deswegen den Buckel krumm schuften und dafür die fruchtbarste Zeit ihres Lebens mit endlosen Überstunden im Büro vergeuden, während die Erfüllung meist viel näher liegt – nämlich dort wo auch der Körper lebendig wird: in der Familie, im Bett mit der Geliebten, beim Grillen mit Freunden, auf dem Segelboot, auf Berggipfeln, beim Schwimmen, Radeln oder Lesen ... und vor allem beim Finden und Erfüllen des eigenen Selbst, beim Schaffen von etwas Neuem, Besserem, Schönerem, das die Menschen weiterbringt oder zumindest erfreut, wodurch sich auch gutes Geld verdienen lässt – und so wird ein Paar Schuh draus.

Erst das Selbst, dann das Geld. Wer es anders herum probiert, wird alt und reich, hat aber sein Leben noch gar nicht begonnen – für viele ein spätes Erwachen. Einige erwachen erst, wenn der ewige Schlaf kurz bevor steht. Doch die Gefahr besteht immer. Sie ist da – zum Glück. Sie lässt die Zeit, die uns bleibt, erst wertvoll werden. Also gibt es zwei wegweisende Stunden im Leben eines Menschen: die, in der er geboren wird und die, in der ihm bewusst wird, warum.

Das Steuern der Aufmerksamkeit

Die meisten Menschen machen ihre Stimmung abhängig von äußeren Bedingungen. Doch die haben sie nicht immer im Griff, wodurch sie auch schnell die Kontrolle über sich selbst verlieren können. Stark und stabil bleibt, wer seine Stimmung von dem abhängig macht, was er besser im Griff hat: sich selbst – seine Aufmerksamkeit und innere Ordnung.
So prallt das äußere Chaos ab und lässt sich besser bewältigen. Um dorthin zu gelangen, muss zuallererst das innere Chaos beseitigt werden. Die innere Unordnung zerfleischt uns sonst. Wenn sich der Trieb und der Geist in die Wolle kriegen, geht es hoch her – wodurch unsere Energie und Aufmerksamkeit von außen abgezogen und in innere Konflikte verstrickt werden.
Eine wichtige Voraussetzung, um den Schweinehund zum Schoßhund zu machen, ist das bewusste Steuern unserer Aufmerksamkeit – denn alles, was beim Schweinehund ankommt, erreicht ihn durch unsere Erfahrung. Ist unsere Erfahrung diffus, ungeordnet und chaotisch, so wird sich das auch in unserem Körper spiegeln, zu Chaos führen und dem Schweinehund mehr Freiraum geben. Was wir nicht kontrollieren, kontrolliert der Trieb. Je besser wir unsere Aufmerksamkeit steuern, desto bessere Erfahrungen machen wir und desto geordneter geht es im „Team Mensch" zu.
Die optimale Erfahrung ist ein Hochgenuss für jedes Lebewesen. Der Moment, an dem alles stimmt, man sich selbst vergisst und vollkommen in dem aufgeht, was man gerade macht. Wie der Segler, dessen Boot wie ein junges Pferd durch die raue See prescht, während die Gischt zischt und der Wind sein Haar durchpeitscht. Den Blick gen Horizont. Vergessen, was hinter ihm liegt; all der Schlamm, die äußeren Probleme und innere Unordnung.
Das sind die besten Momente unseres Lebens. Das sind *Flow-Momente*, wie sie der amerikanisch-ungarische Psychologe Mihály Csíkszentmihályi erforscht hat:

„Flow hilft, das Selbst zu integrieren, weil das Bewusstsein im Zustand höchster Konzentration gewöhnlich gut geordnet ist. Gedanken, Absichten, Gefühle und alle Sinne sind auf das gleiche Ziel gerichtet. Diese Erfahrung heißt Harmonie. Und wenn diese Flow-Episode vorbei ist, fühlt man sich ‚gesammelter' als zuvor, nicht nur innerlich, sondern auch mit Blick auf andere Menschen und die Welt im allgemeinen."

Im Flow geht es darum, dass man zu einem einzigen zielgerichteten Fließen wird – wenn man es schafft, seine Aufmerksamkeit zu steuern. Ein Fließen, dass uns in unserer Entwicklung voran bringt, uns erfüllt und unser Selbst stärkt. Das Fließen, das ein Maßstab dafür ist, wie nahe wir uns am Strom des Lebens befinden und es schaffen, ihn zu kanalisieren. Widerstrebende Wesen im „Team Mensch" können sich den Luxus, sich zu zerfleischen, dann nicht mehr leisten. Nun müssen sie an einem Strang ziehen. So erwächst Harmonie – durch ein gemeinsames Ziel.

Ziele – Wo will ich hin?

Die Verfolgung eines Zieles bringt Ordnung ins Leben. Das ist die Möglichkeit, die Körper, Kraft und Geist zusammenschweißt. Wer etwas unbedingt erreichen will, verliert sich nicht in endlosen Gedankengängen, hat keine Zeit für Trägheit und Trivialität, muss seine Werkzeuge beherrschen, seine Möglichkeiten kennen, den richtigen Weg finden und überprüfen, wie gut er voran kommt.

Jeder Mensch kann sich Ziele setzen und an ihrer Verwirklichung arbeiten; seien seine Ausgangsbedingungen auch noch so bescheiden. Jeder kann sich etwas besser verhalten, eine Hausarbeit noch besser erledigen, einen Text noch effizienter tippen, etwas schneller gehen, höher springen und weiter schwimmen – egal wie fit oder untrainiert er auch sein mag.

Ausnahmslos jedem Menschen ist es möglich, seine Grenzen zu erweitern, indem er sie überschreitet. Er muss nur stets darauf achten, sich realistische Ziele zu setzen. Solche, die ihn fordern, aber weder unter- noch überfordern. Zudem sollten sie exakt sein. Viele scheitern, weil sie nicht genau wissen, was sie wollen – und nicht, weil sie nicht dazu fähig wären. Schwammige Ziele führen zu schwammigen Ergebnissen. Wer jedoch weiß, was er will, wird feststellen, dass es gar nicht so schwer ist, es zu erreichen.

Wer hingegen nicht weiß, was er will, der dreht sich im Kreis; was schnell deprimiert. Der Geist fühlt sich unterfordert, beginnt in der Seele zu stochern und gräbt Probleme aus, die längst keine mehr sind, wohingegen dem Schweinehund die nutzlose Rennerei auf den Zeiger geht, weswegen er sein Recht auf Faulheit einfordert. Mühsam, frustriert und innerlich gespalten lebt der ziellose Mensch so vor sich hin. Wie viel Spaß bereitet es wohl, Tag für Tag ohne ein mitreißendes, lohnendes Ziel durch das Leben zu stapfen?

Feedback – Wie weit bin ich?

Bei all dem ist es wichtig, den Überblick zu behalten, um sich nicht in zielbewusstem, aber planlosem Streben zu verirren – was wiederum frustriert.

Darum muss jede Entwicklung, jedes planvolle Vorgehen überprüfbar sein. Welche Etappen, welche Zwischenziele kann man sich setzen und wie kann man überprüfen, ob man sie auch erreicht? Bei der Diät hilft das Maßband um den Bauch, beim Chirurg der Zustand des Patienten, beim Liebesspiel die stimmige Chemie und beim Fischen der Fang.

Solche Maßstäbe sind unverzichtbar, für jeden, der sich weiterentwickeln und den Erfolg seines Strebens bemessen will. Alles andere ist wie Kochen, ohne zu schmecken; wie singen, ohne zu hören. Jedoch wahrzunehmen, wie man vorankommt und immer besser wird, ist eines der erfüllendsten Gefühle im Leben eines Wesens. So entwickelt man Selbstbewusstsein – indem man weiß, was man kann, dass man vorankommt und dass noch viel mehr möglich ist. Neue Welten tun sich auf. Es wird bewusst, dass man erst am Anfang einer wunderbaren Reise steht: der der eigenen Entwicklung.

Eine solche Entwicklung ist langfristig nur machbar, wenn Körper, Kraft und Geist näher zusammen finden und lernen gemeinsam zu arbeiten. Jede Herausforderung, jeder Widerstand und jeder Erfolg bringt sie einander näher.

Wir kennen das aus eigener Erfahrung: Sperrt man mehrere Menschen in einen Raum, dann werden sie sich früher oder später zerfleischen, weil sie doch sehr verschieden sind. Doch gibt man ihnen eine schwierige Aufgabe, dann werden sie zusammenarbeiten und dann sind ihre Unterschiede plötzlich nützlich, da sie das Repertoire an möglichen Perspektiven, Möglichkeiten und Wegen zur Lösung des Problems erweitern. Gemeinsamkeiten machen kaum stärker. Unterschiede machen stark, denn sie ergänzen sich. Das sollte unsere Gesellschaft lernen und auf Nietzsches mahnende Worte in seiner Morgenröte hören:

> *„Man verdirbt einen Jüngling am sichersten, wenn man ihn anleitet, den Gleichdenkenden höher zu achten, als den Andersdenkenden."*

Ein einziges Ziel schafft es, unzählige verschiedene Menschen, ja ganze Gesellschaften zu vereinen und gemeinsam kämpfen zu lassen. Ziele schaffen Harmonie, wo gut zureden, predigen und halbseidene Verbrüderungsversuche ohne höheren Sinn, ohne inneren Drang kläglich scheitern. Wo Planlosigkeit, Trägheit und Trivialität die Schwächen eines Menschen hervorkehren und ihn nicht nur unausstehlich, sondern auch angreifbar machen, kehren Ziele die Stärken eines jeden Menschen hervor und machen ihn zu einem wertvollen Teil der Gemeinschaft, über dessen Schwächen man bereit ist hinwegzusehen.

Es wird Zeit, dass die Aliens kommen, um die Erde anzugreifen. Dann werden uns die, von denen wir uns momentan distanzieren, plötzlich ganz nahe sein – denn sie verfügen über Mittel und Wege, die wir gar nicht kennen und gehören doch irgendwie zum „Team Erde".

Bis es soweit ist, wollen wir die Lektion lernen und zumindest individuell anwenden. Setzen Sie spielerisch Ziele und überprüfen Sie, wie weit sie kommen. Nicht nur bei großen Projekten, sondern auch bei kleinen – möglichst bei allem was Sie machen. Es funktioniert aber auch bei Jugendgruppen, unter Kumpels und mit Angestellten – besonders aber bei Senioren, die oft schon jahrelang auf Sinn- bzw. Zielentzug sind und nur noch Feedback dafür bekommen, dass sie heute ganz wunderbar ihr Tellerchen geleert haben und einiges davon sogar im Mund angekommen ist.

Ich werde nie vergessen, wie mich die grünen Augen einer ergrauten Dame anfunkelten wie leuchtende Smaragde, als ich mit ihr trainierte, um ihre

Beweglichkeit und Unabhängigkeit zu stärken. Sie strahlte über das ganze Gesicht und erzählte mir, dass sie schon seit Jahren weder Aufgaben noch Rückmeldungen erhalten hatte. Es ging ihr einfach zu gut. Alles wurde für sie erledigt, weshalb sie stark abbaute. Selbst einfaches Gehen und Treppensteigen fielen ihr schwer. Bereits etwas körperliche Herausforderung und ein ehrliches Feedback holten sie wieder ins Leben zurück. Nun macht sie täglich ihre Kniebeugen, Ausfallschritte und Liegestütze. Der Rollator kann warten.

Regeln – Wie spiele ich?

Wenige sind sich bewusst, dass Regeln ein Spiel nicht begrenzen, sondern erst erschaffen – wie bei Giusoè im Film *Das Leben ist schön*. Regeln sind der Geist im Körperlichen; die Kultivierung und somit Erhöhung des Fleischlichen, Banalen, Tierischen.
Was wäre Fußball ohne Regeln?
Ja, vielleicht Rugby – aber selbst dort gibt es ein klares Regelwerk. Je rauer die Sportart, desto wichtiger die Regeln. Deswegen ist Boxen auch ein Sport für Gentlemen, in dem Disziplin und Höflichkeit gefragt sind – also die Bereitschaft, nach den Regeln zu spielen.
Doch die Zeiten ändern sich, oft genug artet es in Pöbelei und Prügelei aus. Man mag die Menschen zwar aus der Gosse bekommen, doch die Gosse aus den Menschen zu bekommen ist ungleich schwerer. Dabei folgt selbst die stumpfe, alte Wirtshausschlägerei unausgesprochenen Regeln – die mit Füßen getreten werden, wenn jemandem Selbiges widerfährt, obwohl er bereits am Boden liegt.
Was wäre die Gesellschaft ohne Gesetze?
Auch wenn man es sicher übertreiben kann. Ein Regelwerk ist nicht dann perfekt, wenn man nichts mehr hinzufügen, sondern wenn man nichts mehr

wegnehmen kann. Die korruptesten Systeme haben auch die meisten Gesetze. Da fehlt jeglicher Spiel-Raum. Vieles entwickelt sich am besten, wenn es sich frei entwickeln kann – solange diese Entwicklung zielgerichtet bleibt und ermöglicht wird, indem sie geschützt wird. Alles andere ist wie Kämmen ohne Plan. Da kann man sich gleich die Haare raufen. Was wäre die Kochkunst ohne Regeln?

Zwei Tassen Salz auf eine Tasse Reis? Zander mit Zucker? Bier ohne Alkohol? Soweit kommts noch. Wobei ... im letzten Fall, soll es ja sogar – sicher außerhalb Bayerns – so etwas wie spaßbefreiten Gerstensaft geben. Regeln sind somit nicht sakrosankt. Laut Tyler Durden sind sie wie Nasen, nämlich zum Brechen da. Niemals darf man Regeln nur ob der Regeln bewahren oder aufstellen. Sie müssen Sinn machen, das Spiel erleichtern – indem sie es ermöglichen, seine Grenzen abstecken und es schützen.

Im klassischen Spiel erleben wir die Bedeutung der Regeln direkt. Was wäre die Dame beim Schach ohne ihre Beweglichkeit? Was der König ohne seine Stabilität und Heimattreue? Was wäre der Hofstaat ohne das einfache Fußvolk, ohne die Bauern? Was die Festung ohne die Türme?

Kniffel, Poker, Monopoly! Sie alle entstehen erst durch ihr Regelwerk und schaffen so einen Flow-Kanal – die Möglichkeit, mittendrin, statt nur dabei zu sein. Bei Computer- und Rollenspielen ist es nicht anders. Man muss sich nur darauf einlassen, hinein begeben und bereit sein, eine andere Perspektive einzunehmen. Das ist die Kunst, darauf kommt es an: Flexibilität und Fantasie – im festen Rahmen.

Auch das Beispiel des Beischlafs wird umso reizvoller, je spielerischer man es angeht, je mehr man es kultiviert und gewissen Regeln folgt, die man vielleicht mit niemandem sonst teilen würde. Erst wenn Ficken geistreich wird (und mit begeisterten Körpern geschieht), wird es erotisch, ansprechend und erfüllend – anstatt dass sich nur zwei Fleischklopse triebgesteuert aufeinander reiben.

Das gilt bereits fürs Flirten. Nur wer die Regeln erkennt, befolgt (und banale zu brechen weiß), wird auch putten. Viele schaffen es nicht einmal aufs Grün – weil sie nur ihren ungeregelten Trieben folgen, statt sich geistreich auf spielerischer Ebene zu nähern. Den ganzen Menschen erreicht man erst, wenn man ausreichend kultiviert ist und mehr als nur Körper und Trieb zu bieten hat – oder wie mir eine feurige Schottin einmal entgegenschnodderte:

„If you can't fuck my brain, you will never get the rest."

Dieses Buch will nicht nur den Geist verkörpern, sondern auch den Körper begeistern. Erst beides lässt uns zum Individuum werden, das es schafft, spielerisch zu leben. Die Frage ist nun: Wie schaffen wir es, das Vergnügen – die Konzentration, Energie und Erfüllung – vom klassischen Spiel auf unser Leben zu übertragen?
Na, indem wir jede Tätigkeit mit (möglichst minimalistischen, aber bindenden) Regeln versehen. Kinder können das noch. Wo wir auf der Autobahn nur Blechlawinen sehen, sehen sie die Möglichkeit für unzählige Spiele: Wer sieht am meisten BMWs, Motorräder, grüne Kleinwägen oder kiffende Omis im Lamborghini? Welche Stadt steckt hinter welchem Nummernschild? Wer hat gerade gezaubert?
Meist geht das mit viel Spaß und Tohuwabohu vonstatten. Die Kinder sind mittendrin und bekommen gar nicht mit, wie sehr. Die Eltern unterbinden das Chaos kultürlich, da sie verlernt haben, die großartige, lebendige Ordnung darin zu erkennen. Sie zwingen ihren Kindern die Perspektive einer starren, spießigen und langweiligen Realität der Formen und Konventionen auf, in der das Leben hart, mühsam und deprimierend ist – und „kein verdammtes Spiel". Ehrlich gesagt ist das Blödsinn; nicht Erziehung, sondern Entmenschlichung. Wenn die Leute doch nur mehr lesen würden und mehr Sinn für das Schöne hätten. Dann wüsste heute jeder, was Friedrich Schiller

bereits 1795 schrieb – in seiner Schrift *Über die ästhetische Erziehung des Menschen*:

> *„Der Mensch spielt nur, wo er in voller Bedeutung des Worts Mensch ist, und er ist nur da ganz Mensch, wo er spielt."*

Keine Perspektive ist absolut richtig. Natürlich ist es wichtig, dem Nachwuchs Kontrolle und Stabilität zu vermitteln, aber das geht auch spielerisch. Nirgendwo sind Kinder ernster bei der Sache, als bei einem fordernden Spiel. Anstatt das Spielen zu verbieten, muss man es auf eine höhere Ebene heben; Schritt für Schritt zu immer sinnvollerem „Spielen" führen, bis der Nachwuchs es schafft, auch die ernsten Herausforderungen des Lebens spielerisch zu bewältigen. So wird man er-wachsen!

Wer nicht mehr spielerisch an sein Leben herangehen kann, der ist nicht erwachsen, sondern verwachsen. Wie will man da Vorbild sein? Wie will man das Spielerische vermitteln, wenn man es selbst nie gelernt hat?

Doch es ist nie zu spät. Eigene Kinder sind die besten Bei-Spiele, um das nachzuholen, was man in der eigenen Jugend verlernt hat. Für jeden Menschen steckt enormes Potenzial im spielerischen Leben – alles eine Frage der Regeln ... und der Fantasie.

Perspektiven – Wer bin ich? Wer will ich sein?

> *„Wenn Dir Dein Leben nicht gefällt, dann kannst Du es ändern."*
>
> H.G. Wells

Wir Menschen verkennen unsere Möglichkeiten auf der Bühne des Lebens. Wir fügen uns in die Rolle, von der wir glauben, sie wäre unser unveränderbares Sein und dadurch, dass wir daran glauben, wird sie erst starr und prägt unser

ganzes Wesen, unsere Schwächen, Schrullen und Grenzen. Dabei ist unser Wesen wandelbar wie Wachs – bei ausreichend Wärme. Finden Sie ein Ziel, das Ihr Wesen entflammt – und es wird Wachs in Ihren Händen. Wer hingegen kein solches Ziel zu finden scheint, der sollte einen Schritt weiter denken ...
Oft liegt die Kühle des eigenen Lebens nicht am etwaigen Ziel, sondern an der falschen Perspektive darauf. Für fast alles kann man sich begeistern – wenn man bereit ist, einen besseren Blickwinkel dazu einzunehmen. Wann haben Sie zuletzt eine andere Perspektive probiert, sich neue Regeln geschaffen und ein anderes Spiel gespielt? Wann konnten Sie ihr starres Ich fallen lassen, Ihre Sicht der Realität überwinden und zu einem anderen Menschen werden? Vom Nerd zum Held, vom Prolet zum Poet, vom Chef zum Lustsklaven, vom Politiker zum aufrichtigen Bürger. Die Welt ist eine Bühne. Jeder spielt nur eine Rolle – warum nicht ausbrechen, wenn uns die Rolle nicht gefällt? Warum nicht eine begehrte Rolle einnehmen, um zu lernen, wie man sie lebt? Warum nicht eine feindliche Rolle einnehmen, um zu erleben, wie die Welt aus dieser Perspektive aussieht?
Nichts hält uns fest, nur unsere Gewohnheiten, nur die Fäden unseres Nervensystems, die sich so verbunden haben, wie wir leben, denken, handeln und reden. Das ist alles wandelbar.
Vom Penner zum Gentleman kann es jeder schaffen, er muss nur die Rolle ändern, die er spielt und für real hält – die aber tatsächlich nur Perspektive ist. Perspektiven lassen sich ändern. Gute Schauspieler beherrschen das perfekt. Gestern noch Piratenbraut, heute Finanzhai und morgen erforscht sie unmotiviertes Schmatzen bei peruanischen Bergziegen, weil sie darin die morgigen Lottozahlen erahnt. Und das Geheimnis eines solch guten Schauspielers: „Spiel die Rolle nicht. Sei die Rolle", was natürlich auch wieder nur ein Spiel ist – auf höherer Ebene.
Der Geist ist wandelbar, der Körper ist wandelbar, die Kraft ist wandelbar – der Mensch ist wandelbar – für alle die bereit sind, die Perspektive zu wechseln. Hier liegt die große Starre des Menschen. Er hält seine Realität

für DIE Realität und das ist sein Untergang. Diese Verblendung kettet ihn an seine Realität, wodurch er unfähig wird, sich zu wandeln (und zu verstehen, warum andere sich so verhalten, als würden sie in einer anderen Welt leben).
Die Menschen wollen immer alles verändern und alles besser machen, um besser zu leben. Dabei können sie um sich herum, in ihrem Leben, Besitz und Freundeskreis so viel verändern wie sie wollen – wenn sie nicht ihre Perspektive verändern, wird sich gar nichts verändern.
Es sind nicht die Dinge, die unsere Welt färben, sondern unsere Sicht auf die Dinge! Eine grau getönte Brille wird die Welt immer grau erscheinen lassen – egal wie wir die Welt im Blickfeld umgestalten. Deswegen scheitern Diäten, Projekte und Motivationsbücher.
Wer sich für fett und fresssüchtig hält, der bleibt es auch – egal wie kompromisslos er zwischendurch hungert. Wer die Welt aus der Perspektive eines Versagers sieht, der wird langfristig immer scheitern – egal wie hart er auch arbeitet. Wer bereits so demotiviert ist, dass er Motivationsbücher benötigt, der verhärtet damit seine Perspektive der Motivationslosigkeit – egal wie sehr er sich von seiner Schwäche lossagt. Je zwanghafter man etwas überwinden will, desto mehr bindet man sich daran.
Deswegen kämpfte Zarathustra gegen das Mit-Leid, welches nur das Leid verstärkt und deswegen kaut dieses Buch auch keine Probleme durch. Es schafft eine neue, konstruktive Perspektive, bietet Ideale und spielt mit Herausforderungen.
Was Herausforderungen sein könnten, sind für die meisten nur Hindernisse – dabei könnten sie wunderbar daran wachsen. Das ist der Wind der Veränderung – doch statt ihren Drachen steigen zu lassen, bauen die meisten Mauern und ver-kümmern dahinter.
Herausforderungen verkommen zu Hindernissen, wenn man sein Ziel aus den Augen verliert. Überwinden kann sie nur, wer eine bessere Perspektive einnimmt, wieder das Ziel erkennt oder sich ein neues setzt. Wenn man weiß, wofür man kämpft und dass es sich lohnt, dann wirft man den Ballast ab, überwindet die Mauer und kämpft sich durch das Dickicht, statt darin hängen zu bleiben.

Unser Problem ist, dass wir uns mit allem identifizieren, was nur im Entferntesten mit uns zu tun hat. Jemand lacht in der Umgebung und wir beziehen es auf uns. Jemand antwortet nicht auf unsere Kontaktaufnahme und wir fühlen uns missachtet. Jemand reagiert anders als erwartet und wir fühlen uns missverstanden. Die Welt ist voll von Missverständnissen und enttäuschten Erwartungen. Haben Sie es nicht auch schon erlebt? Machen Sie ein Problem daraus? Das ICH fühlt sich schnell missbraucht, verleumdet oder hintergangen, es hält sich für schwach, arm und unzulänglich. Na und! Lassen Sie sein Murren ziehen wie die Wolken am Himmel.

Unser ICH wälzt dauernd Probleme. Dafür ist es da. Aber es erschafft auch viele, wo keine sind und macht gerne aus einer Mücke ein Mammut. Wer sich damit identifiziert, der personifiziert das Problem, macht es real und glaubt, es im Spiegel zu sehen. Ist es erst einmal Fleisch geworden, dann sieht man es plötzlich überall bestätigt – dabei war es nur ein Gehirnfurz.

Die meisten Probleme entstehen erst dadurch, dass wir sie erschaffen, weil wir sie bereits für real halten. Perspektiven erschaffen unsere Realität – und wenn die erst einmal unser Weltbild gekapert haben, dann wird es schwer, sie wieder loszuwerden. Sie binden uns ihre Brille auf und versuchen Sie dann mal, die Welt anders zu sehen – als durch diese Brille.

Darum prüfe jeder, womit er sich identifiziert. Gedanken kommen und gehen. Wir dürfen uns nicht daran klammern; das haben die Buddhisten uns voraus. Wir müssen sie ziehen lassen – besonders die schwächenden, bohrenden. Die stärkenden, aufrichtenden, schönen, zielenden, ja die spielerischen, die können wir uns ruhig schnappen und fest daran glauben – damit sie real werden. Das ist die Kunst, die eigene Aufmerksamkeit zu steuern. Davon hängt alles ab – oder wie Henry Ford es formulierte:

„Ob Du denkst, Du kannst es, oder, Du kannst es nicht:
Du wirst in jedem Fall recht behalten."

Vor vielen Jahren habe ich mir einen Text notiert, konnte aber nicht herausfinden, woher er stammt, ob er so korrekt ist und wer ihn verfasst hat. Erwähnung findet William James, ein Professor der Psychologe und Philosophie, der von 1842 bis 1910 in Amerika lebte. Da der Text zeitlos und zu schön formuliert ist, um zu verstauben, gebe ich ihn hier in voller Länge wieder:

„*DIE KUNST SICH ZU WANDELN*

Von allen Geschöpfen dieser Erde ist allein der Mensch befähigt, sein Wesen zu wandeln. Nur der Mensch ist der Baumeister seines Schicksals. William James hat erklärt, die größte Revolution seiner Zeit sei die Entdeckung gewesen, dass die Menschen durch die Änderung ihrer Geisteshaltung die äußeren Umstände ihres Lebens ändern können. Geschichte und Dichtung sind reich an Beispielen für das Wunder der inneren Wandlung. Eine alte persische Erzählung berichtet von einem buckligen Prinzen, der sich ein Standbild anfertigen ließ, das ihn in aufrechter Haltung zeigte. Er betrachtete es täglich und wurde selber aufrecht und groß. Wer sich wandeln will, muss alte Gewohnheiten durch neue ersetzen. Man bildet seinen Charakter und seine Zukunft durch seine Gedanken und Taten. Die Wandlung wird gefördert, wenn man sich mit Menschen verbindet, mit denen man zwischen den Sternen schreiten kann. Die Wandlung wird beflügelt, wenn man seine geistigen Ahnen unter den Großen aller Zeiten wählt. Die Wandlung kann bewirkt werden, wenn man seine Umwelt wechselt. Entledige dich niedriger Dinge und primitiver Geisteshaltung und strebe nach Höherem! Umgib dich mit dem Besten an Literatur, Musik und Kunst! Die Wandlung kann vor allem durch die Kraft des Gebetes erreicht werden, denn im Glauben ist kein Ding unmöglich."

Ich bin dann mal weiter – Selbstüberwindung

Ein Mensch wächst dann am stärksten, wenn er sich mit voller Hingabe einer Sache widmet, die größer ist als er selbst; wenn die Grenzen von Körper, Kraft und Geist verschwimmen und ihre Bedeutung verschwindend klein wird.
Durch ein höheres Ziel, an das man selbst glaubt, entfesselt sich die Macht des unbewussten, mächtigen Riesen – der in uns schlummert, solange wir träge und trivial vor uns hinkümmern. Wer jedoch rundum be-geistert ist und für eine höhere Sache brennt, der wird nicht krank (solange er nicht ausbrennt), der wird nicht schwach und der wird unglaubliche Fähigkeiten entwickeln.
Einmal sollte ich ein Buchskript in kurzer Zeit anfertigen. Ich stimmte zu, da mir das Projekt wichtig war, doch mir fehlte die Zeit, da ich bereits von morgens bis spätnachmittags anderweitig arbeitete. Irgendwie sollte es aber klappen, schließlich hatte ich zugesagt. Also begann ich vor der Arbeit am Buch zu schreiben, nach der Arbeit und das ganze Wochenende über. Mit zunehmendem Druck, aber auch zunehmender Lust am Buch wurde es ein Rausch des Dauerschaffens. Nach und nach bin ich immer früher aufgewacht – ohne Wecker. Irgendwann saß ich bereits gegen fünf am Schreibtisch und das wurde Routine. Nach der Arbeit trainierte und meditierte ich eine Stunde und setze mich mindestens bis Mitternacht wieder an das Skript. Als die Buchstaben begannen, aus der Reihe zu tanzen und die Konzentration schwand, fiel ich erschöpft ins Bett, schlief tief und war meist gegen fünf wieder frisch und munter – ohne Druck, ohne Wecker; über Wochen hinweg.
Das Faszinierende ist nicht, dass ich so viel gearbeitet habe – das machen viele andere auch –, sondern, dass es ohne Anstrengung ging, dass ich so früh aufwachte und bis nach Mitternacht konzentriert durcharbeiten konnte; für über 3 Monate. Das war nicht geplant und nicht erzwungen. Es war, als wüsste das Unbewusste in mir, der Körper und meine Kraft (also die

sublimierte Triebkraft), was notwendig war, um das Projekt zu verwirklichen. Ich ließ mich einfach leiten, wecken und schreiben; vertraute mich dieser Weisheit an und es wurde eine runde Sache.

Kaum war das Skript fertig, hab ich wieder verpennt; volle 3 Stunden länger als zuvor – als wäre es nie anders gewesen. Am Abend der Vollendung lag ich erleichtert und gelöst im Bett. Die Mammutaufgabe war bewältigt. Ich freute mich darauf, mal wieder Fischen zu gehen, Freunde zu treffen und ein Buch außerhalb meines Fachthemas lesen zu können. Doch am nächsten Morgen …

Ich liege im Bett, schaue aus dem Dachfenster in den weiß-blauen Himmel, die Sonne klettert über meine Füße und eine Stimme raunt mir zu: *"Laaangweilig. Was machen wir jetzt?"* Klang wie Homer Simpson, doch ich glaube, es war noch tiefgründiger.

Daran sieht man, wie mächtig die Kraft in uns ist – sobald wir sie auf ein Ziel ausrichten. Ein Leben ohne Ziel hat kaum Zug und bleibt auf dem Abstellgleis. Dann wird man träge. Alles Leben wird mühsam. Man klebt fest. Wer aufsteigen will, muss sein Potenzial entfalten wie die Schwingen eines Adlers, der zu Höherem bestimmt ist. *Aquila non captat muscas* – Ein Adler fängt keine Fliegen.

Doch was machen wir, was machen unsere Gedanken? Sie schwirren wie Fliegen um die Scheiße, um alle nur erdenklichen Nichtigkeiten, das ganze Panorama der Banalitäten: Sitzt meine Frisur? Habe ich den Müll rausgebracht? Was denkt meine Nachbarin über mich? Wo bekomm ich 'n Snickers her? Was kommt heute Abend im Fernsehen? Wenn man einen Schlumpf würgt, welche Farbe bekommt er dann? Wie kommen die „Rasen betreten verboten"-Schilder in die Mitte des Rasens? Warum hat Noah die zwei Stechmücken nicht erschlagen? Ist ein Pferd vorne hinten als höher? Wenn man Pasta und Antipasta isst – ist man dann wieder hungrig? Wie weiß ein Blinder, dass er fertig ist mit Hinternputzen? Wenn es nachts kälter ist als draußen, warum bauen Menschen ihre Häuser dann nicht im Keller? Dürfen Vegetarier Schmetterlinge im Bauch haben? Warum nennt man einen Mann, der Frauen schmutzige Sachen sagt, einen Sexist, während eine Frau, die Männern schmutzige Sachen sagt, einen Euro pro Minute bekommt? Woran ist das Tote Meer gestorben? Warum heißt „Dusch Das" nicht „Dusch Dich"? Wo ist beim Baum hinten? Warum stinken Fische, obwohl sie ihr ganzes Leben lang baden? Warum gibt es in Flugzeugen Schwimmwesten statt Fallschirme? Ist der Begriff „Selbsthilfe-Gruppe" nicht ebenso widersinnig wie „Trauer-Feier"? Warum gibt es Whiskas-Huhn, -Fisch und -Rind, aber kein Whiskas-Maus? Wie würden Stühle aussehen, wenn wir die Kniescheiben hinten hätten? Warum sind Pizza-Schachteln eckig? Wie viel wiegt ein Hologramm? Und warum stellt der Zippel so dämliche Fragen – obwohl er auf Höheres aus ist?

Teil von etwas Größerem, Bedeutenderem zu sein, erlaubt uns, unseren momentanen Horizont zu überwinden, indem wir uns selbst vergessen und auf Wichtigeres konzentrieren. Das Streben und Leben für ein bestimmtes, uns erfüllendes Ziel – ganz gleich, welches es auch sein mag – erlaubt uns, in dieser Tätigkeit aufzugehen. Wenn wir es schaffen, uns nicht davon ablenken zu lassen, befinden wir uns mitten im Flow. Dann ist alles andere weggefegt und das innere Chaos ordnet sich; dann gibt es nur noch den Moment – den Moment, in dem alles stimmt.

Im Flow vermag man sich selbst zu überwinden und damit auch die eigene Kleingeistigkeit und Beschränktheit. Selbstüberwindung bedeutet jedoch nicht den Verlust des Selbst. Vielmehr ist es eine Ausweitung, die unseren Horizont erweitert und unsere Persönlichkeit komplexer werden lässt. Wir verlieren uns kurzfristig aus dem Fokus, verschwinden aus dem Mittelpunkt unseres Lebens, wachsen an der Aufgabe, die nun das Zentrum bildet, und kehren danach gestärkt in den Mittelpunkt zurück – bereit für eine größere Aufgabe.

Ich kenne das von einigen Wildnistrips, bei denen man so intensiv mit Wandern, Bergsteigen, Fischen, Pflücken, Schwimmen, Feuer machen, Kampieren, Hungern und Frieren beschäftigt ist, dass erst spät bewusst wird, dass man seit drei Wochen nicht mehr in den Spiegel geschaut hat. Der Moment, wenn man es zum ersten Mal wieder macht, ist magisch: man sieht sich an und doch wieder nicht. Man sieht einen Fremden. Man sieht den Menschen, der man geworden ist – weil man es geschafft hat, sich selbst zu überwinden und Größeres zu bewältigen, wodurch man selbst größer wurde. Man sieht einen reiferen Menschen.

Wer sich täglich im Spiegel sieht, wessen Leben sich nur um sich dreht, wer nur für sich arbeitet, für sich trainiert, feiert und liebt – der wird solch einen Moment nie erleben, der wird nie wahrhaft streben, die Gelöstheit des Sichvergessens, den Rausch des Sichüberwindens, die Einheit mit der Tätigkeit und der Welt verspüren. Für mich sind es die schönsten Momente des Lebens – wenn man über Stunden oder gar Tage hinweg derart im Fluss ist, dass man kaum oder gar nicht das denkt, was die Menschen unserer Gesellschaft täglich Tausende von Malen denken und sagen: ICH.

Wer sich ans ICH klammert, wird s-ich nie überwinden und nur schwerlich weiterentwickeln. Eine Uhr läuft nicht, solange man sie aufzieht. Manches muss man loslassen, damit es in Fahrt kommt.

Es gibt so viel mehr als nur das ICH. Es wird Zeit, sich mit der Faszination der großen weiten Welt zu beschäftigen. In der Konfrontation mit ihr liegen auch die erfüllendsten Erfahrungen verborgen. Ob wir sie erleben, liegt jedoch weniger am Zufall oder den Umständen, sondern vor allem an uns selbst.

Die Beherrschung des Selbst

"Ein Mensch kann sich glücklich oder unglücklich machen, unabhängig davon, was tatsächlich ‚draußen' geschieht, indem er einfach den Inhalt seines Bewusstseins verändert."

Mihály Csíkszentmihályi

Wir können uns ablenken lassen oder lernen, uns zu beherrschen. Entscheiden wir uns für den zweiten – richtigen – Weg, so nehmen wir die Zügel über unsere Erfahrung in die Hand. So erlangen wir die Macht über unser eigenes Leben und Erleben. Dann werden wir verstehen, dass Glück und Erfüllung nicht durch äußerer Umstände bestimmt sind, sondern allein durch uns selbst. Sehen wir uns das Leben starker Persönlichkeiten an, die vom Leben gebeutelt wurden und es locker nahmen, dann wissen wir, dass es möglich ist. Sokrates griff zum Schierlingsbecher als wäre es Wein. Während die ihm nahe Stehenden sich der Verzweiflung anheim gaben, entschied er sich dafür, dass ihm die Selbstbeherrschung wichtiger war als sein Leben. Die Möglichkeit zur Flucht lehnte er ab. Er wollte sich nicht davon schleichen, seinem Urteil entziehen. Er wollte lieber selbstbeherrscht sterben, als fremdbestimmt zu leben.

... oder doch „Ja" zum Leben sagen?

Wenden wir uns den Gräueltaten der Moderne zu: Den Konzentrationslagern des 3. Reiches. Sicher dachten Sie sich beim vorherigen Beispiel von *Das Leben ist schön*: Das ist ja nur ein Film. In der harten Realität des KZs wäre das nie möglich gewesen. Menschen wurden plötzlich aus ihrem Leben gerissen. Die Illusion eines sicheren normalen Lebens – an die sich fast alle Menschen klammern – zersprang just in tausende kristallene Scherben. Kinder wurden ihren Müttern entrissen, Körper misshandelt, Geister gebrochen.

Doch auch hier galt: Wer sich unter diesen Umständen nicht zu beherrschen wusste, verfiel in inneres Chaos. Als die äußeren Lebensbedingungen zusammenstürzten wie ein Kartenhaus, war für viele nichts mehr da, worauf sie bauen konnten. Verzweiflung machte sich breit, Realität wurde geleugnet, Galgenhumor gepflegt. Rasant stumpfte man ab. Nahm kaum noch Notiz von den Verbrechen und Todesfällen um einen herum. Die Hölle drang in den Geist ein und zerstörte alles Menschliche. Viele gaben auf und suchten freiwillig den Tod.

Viktor Frankl wollte sich nicht dem Chaos überlassen. Der Wiener Psychologe wollte nicht wie so viele andere *„in den Draht laufen"*, der vor allem durch Stacheln und Hochspannung gekennzeichnet war. Obwohl in Auschwitz gefangen, wollte er „*... trotzdem Ja zum Leben sagen*".

Sein gleichnamiges Buch zeugt davon, wie es ihm selbst unter unmenschlichen Bedingungen gelingt, ein geordnetes Leben zu führen. Ein Leben, in dem er der Herr blieb – unabhängig der äußeren Tatsache, dass sein Körper gefangen, geschunden und kurz vor dem Verhungern war. Die soeben erwähnten Aspekte der Selbstbeherrschung und -überwindung waren ihm bewusst:

> *„Die totale Entwertung der Realität, wie sie der provisorischen Existenzweise des Lagerhäftlings entspricht, verführt einen vollends dazu, sich gehen zu lassen, sich fallen zu lassen – da ja ohnedies ‚alles zwecklos' sei. Solche Menschen vergessen, dass oft gerade eine außergewöhnlich schwierige äußere Situation dem Menschen Gelegenheit gibt, innerlich über sich selbst hinauszuwachsen."*

Er verstand es, seine Erfahrung zu lenken, seinem Leiden einen Sinn zu geben. Als Erforscher des Geistes, setzte er sich das Ziel, zu untersuchen, wie die menschliche Psyche mit solch einer Extremsituation umgeht – mit dem Ziel später darüber zu schreiben und seine Erkenntnisse weiterzugeben. Dieses „Spiel" erlaubte es ihm, über der Sache zu stehen, seine eigenen Probleme, sein ICH zu überwinden und ein höheres Ziel zu verfolgen. Dieses konnte er wiederum nur erreichen, wenn er auch überlebte, was selbst dann noch den entsprechenden Drang in ihm weckte, als die meisten um ihn herum aufgaben. Aus der schlimmen Zeit erwuchs eine wunderbare Erkenntnis – über die Macht eines jeden von uns:

> *„Wir haben den Menschen kennengelernt, wie vielleicht noch keine Generation. Was also ist der Mensch? Er ist das Wesen, das immer entscheidet, was er ist."*

Ein einprägsames und diesmal reales Beispiel aus dem KZ, das zeigt, wie wertvoll es für einen Menschen ist, wenn er es schafft, seine Aufmerksamkeit zu steuern. Wer dazu fähig ist, den vermag nichts zu brechen. Das Schlimmste für einen Menschen ist nicht Leid, sondern der Verlust jeglichen Lebenssinnes. Leid lässt sich überwinden, Leere zerfrisst einen innerlich, bis nichts mehr übrig ist. Nietzsche:

> „Der Mensch braucht ein Ziel und eher will er noch das Nichts wollen als nicht wollen."

Die äußeren Stützen unseres Lebens sind kein verlässliches Fundament, sind nichts als Fassade. Wer sich an sie klammert, droht mit ihnen zusammenbrechen, wenn sie ins Wanken geraten. Nur wer sich Autonomie im eigenen Bewusstsein erschafft, wird auch dort Mut bewahren, wo alle anderen verzweifeln. Es steigt und fällt mit der Fähigkeit, die eigene Aufmerksamkeit zu steuern. Das lehrte bereits Marc Aurel zur Zeit der römischen Antike:

> „Wenn Dich äußere Dinge quälen, so sind nicht diese es, die Dich stören, sondern Dein eigenes Urteil über sie. Und es steht in Deiner eigenen Macht, dieses Urteil auszulöschen."

Unsere Gesellschaft steht auf tönernen Füßen; ist blind für diese Zusammenhänge; philosophisch vollkommen – vollkommen zurückgeblieben. In der Schule lernt man nichts über Viktor Frankl oder Marc Aurel. Im Fernsehen sieht man nur oberflächliche Scheiße, talmigen Tinnef und Tand. Selbst im Philosophiestudium lernt man kaum fürs Leben (leider gilt das bereits als selbstverständlich).
Kollektiv hecheln wir der Anhäufung scheinbarer Güter hinterher und lassen uns von unseren Trieben beherrschen – viele sind dafür bereit, ihre Würde in den Dreck zu ziehen und ihre Freunde zu verraten. Doch glücklich werden sie nie. Sie bellen den falschen Busch an. Sind abhängig von äuße-

ren Bedingungen. Oft genug werden sie stolpern, in die Gruben fallen, die sie anderen graben, und aus dem Fenster springen, wenn ihre Aktien fallen. Sie sind nichts weiter als Fähnchen im Wind. Gelangweilt und schwach bei Flaute, hin und her gerissen bei Sturm, einzig nach der vorherrschenden Richtung orientiert. Von Körper und Kraft entdreit und bereit, für Geld jeden Preis zu zahlen.

Wahre Stärke jedoch entsteht durch Selbstbeherrschung und Selbstüberwindung. Wie einem das eigene Leben gefällt, hängt letzten Endes weniger von Tatsachen ab – vielmehr davon, wie man damit umgeht. Wahrhaft glücklich kann nur werden, wer sich nicht von äußerem Glück abhängig macht, oder Seneca?

„Der sei der Glücklichste, der des Glückes nicht bedarf."

Die Überbewertung des Vergnügens

„Schlaf, Ruhe, Essen und Sex verschaffen einem homöostatische Erfahrungen, die das Bewusstsein ordnen, wenn die Bedürfnisse des Körpers sich bemerkbar gemacht und psychische Entropie ausgelöst haben. Aber sie bewirken kein psychologisches Wachstum. Sie vermitteln dem Selbst keine Komplexität. Vergnügen hilft, die Ordnung aufrechtzuerhalten, doch an sich kann es keine neue Ordnung im Bewusstsein schaffen."

Mihály Csíkszentmihályi

Ein weiteres Problem unserer Gesellschaft ist die Überbewertung des Vergnügens. Verstehen Sie mich nicht falsch. Vergnügen ist fein. Aber was nützt uns das? Bringt uns das weiter? Es versüßt uns den Moment, aber wachsen werden wir daran nicht. Kurzfristig schafft es Ordnung im Geist und befriedigt den Hund. Es vermag das Chaos ungeordneter Gedanken und verwirrender Gefühle zu verdrängen. Essen, Schlafen, Faulenzen und Feiern lenken uns von unseren Problemen ab. Deswegen entwickeln viele Menschen hier zwanghaftes Verhalten und werden so fett, träge und versoffen. Den Haken an der Sache ignorieren sie jedoch: Probleme auszublenden, löst sie nicht.

Vergnügungssucht ist bei uns weit verbreitet. Kollektive Verdrängung à la Ballermann, die aber nie von Dauer ist. Nur solange man beschäftigt wird, bleiben die Scheuklappen kleben. Wird man nüchtern, fallen sie ab und wir haben uns kaum weiterentwickelt, oft sogar zurück. Nicht vergleichbar mit den Zielen und Fortschritten der Selbstbeherrschung und -überwindung. Mit jedem Schritt in diese Richtung, werden wir zu einem anderen, ganz sicher besseren, Menschen.

Es gibt einen einfachen Maßstab, um in Erfahrung zu bringen, wes Kind eine Beschäftigung ist. Wir müssen uns nur fragen: Werde ich dadurch gefordert, habe ich ein Ziel vor Augen, werde ich danach ein stärkerer, reiferer Mensch sein oder ist es nur Ablenkung und Zerstreuung?

Dort wo es anstrengend wird, wartet das wahre Vergnügen auf den, der wachsen will. Das einfache Vergnügen der Masse stärkt nur den Schweinehund, zerbricht die innere Einheit, schädigt den Körper und stumpft den Geist ab. Wer dieser Misere entsteigen will, muss es machen wie der Drachen – gegen den Wind.

Die Kontrolle über Arbeit und Freizeit

Wäre das Zitat: *"Finde einen Beruf, den Du liebst, und Du musst keinen Tag Deines Lebens mehr arbeiten"*, von Konfuzius nicht so ausgelutscht, würde ich es zitieren, aber da sie es bestimmt zur Genüge kennen, lasse ich es lieber.

Es sollte Ziel eines jeden Menschen sein, dass seine Arbeit in sinnvollem Zusammenhang zu seinem Selbst und seinen Fähigkeiten, seinem Leben, Wollen und Streben, steht. Mag ihm dies nicht gelingen, so muss er härter an der Verwirklichung dieser Vision arbeiten. Denn schafft er es, Erfüllung in seiner Arbeit zu finden, so wird er beginnen, sie zu lieben. Feiertage und Ferien wird er nicht benötigen – eher werden sie ihm als Bestrafung erscheinen.

Wie wir bereits gelernt haben, sind Stelle und Stellung an sich sekundär. Der Traumjob ist ebenso wie Reichtum eine nette Zugabe. Die eigene Erfüllung hängt nicht davon ab. Selbstbeherrschte Menschen schaffen es, in jeder Tätigkeit den Flow zu finden. Selbst in scheinbar hirnlosen Tätigkeiten ist es möglich, sich selbst – die eigenen Handlungen, Haltungen und Gedanken – zu verbessern. Gibt es in unserer Umgebung keine Herausforderungen, an denen wir wachsen können, so müssen wir sie uns schaffen – sei es, indem wir einen spielerischen Umgang mit den Dingen aufnehmen oder versuchen, Perfektion im einfachen Handeln zu erreichen.

Vermag ein Mensch es, selbst im KZ Sinn zu stiften, so ist dies am Fließband oder an der Kasse ein Leichtes. Man kann versuchen, immer schneller zu arbeiten, immer weniger Fehler zu machen oder jedem Kunden ein Lächeln zu entlocken. Das mag sich nach kindischen Spielereien anhören, aber selbst solche kleine Herausforderungen schaffen Ordnung im „Team Mensch", bereiten Spaß und tragen zu unserer Entwicklung bei. Zudem verhindern sie, dass wir am Trott ewig gleicher Handlungen verrückt werden oder sich unsere Triebe zu Wort melden, weil unser Körper keinerlei Bezug zum Geschehen verspürt. Wer wahrhaft schaffen will, muss den gesamten Menschen beschäftigen. Wer nur den Körper oder nur den Geist beschäftigt, wird einseitig verkümmern, innerlich zerbrechen und so inneren Konflikten und dadurch wiederum der Vergnügungssucht Tür und Tor öffnen – um all dies zu verdrängen.

Die Erfüllung im Beruf ist unabhängig seiner Umstände. Sie liegt im Berufenen selbst. Auch in unserer Freizeit gilt diese Regel; aber wir nutzen unsere kostbare Zeit nicht. Wir verschwenden sie. Kaum sind wir zu Hause – oftmals gestresst von dem Beruf, den wir versäumen, erfüllend zu gestalten – und was kommt dann? Internet, Fernsehen, Zerstreuung. Ablenkung durch oberflächliche Vergnügungen, die kurzfristig Ordnung im Geist schaffen und unsere Unzufriedenheit verdrängen. Doch wachsen werden wir daran nicht. Wir sollten aktiv werden.

Die mannigfaltigen Ablenkungen der Freizeitindustrie sind nur ein fader Abgeschmack der Erfüllung der eigenen Zeit, die man bei der Bewältigung echter Herausforderungen erfährt. Ein paar Tasten auf der Tastatur oder Fernbedienung zu drücken, ist sicherlich keine große Herausforderung. Csíkszentmihályi bringt es auf den Punkt:

> *„Flow-Erfahrungen, die aufgrund des Einsatzes von Fähigkeiten eintreten, führen zu Wachstum, passive Unterhaltung führt nirgendwohin."*

Der rein passive Konsum der Massenmedien ist die Geißel unserer Gesellschaft. Ein Hauptgrund dafür, dass die meisten Menschen in künstlichen Vorstellungen leben, den Bezug zum Körper verlieren und nur vor sich hin träumen, statt wirklich zu leben. Das frisst unser Nervensystem von innen heraus auf, da es unterfordert wird und alle unnötigen Fäden zur Marionette des Körpers kappt.

Indem wir zuschauen und uns umgarnen lassen, fangen wir an zu glauben, dass wir Erfahrungen machen und Fähigkeiten haben, die wir jedoch in Wahrheit niemals machen und haben werden – wenn wir es nicht schaffen, unseren Arsch hochzukriegen und vor die Tür zu bewegen. Dort wartet das wahre Leben, das stark macht, uns weiterbringt und erfüllt – stimmts Mihály?

„Die Energie, die man auf komplexe Ziele richten könnte, um erfreuliches Wachstum zu schaffen, wird an Anregungen verschwendet, die die Realität bloß nachäffen. Massenfreizeit, Massenkultur und sogar die gehobene Kultur sind Parasiten des Geistes, wenn man sich nur passiv und aus äußerlichen Gründen daran beteiligt – wie aus dem Wunsch heraus, mit seinem Status anzugeben. Sie absorbieren psychische Energie, ohne dafür echte Kraft zurückzugeben. Wenn man nicht die Kontrolle über Arbeit und Freizeit übernimmt, werden beide nur enttäuschen."

Die Flow-Gesellschaft

Nach welchem Maßstab wollen wir eine, wollen wir unsere Gesellschaft bemessen? Fragt man mich, so bin ich mir sicher: Wir fahren auf dem falschen Dampfer. Schaut man sich unsere verkopfte Gesellschaft sowie ihre Oberflächlichkeit, Probleme und falschen – durch die Massenmedien und angeblichen Vorbilder verbreiteten – Leitbilder an, so kommt man zu diesem Schluss. Nur wenige unserer Mitmenschen sind wirklich glücklich. Gehen in dem auf, was sie machen. Sind komplexe und verkörperte Persönlichkeiten. Es gilt das Tyler-Durden-Paradoxon: Wir machen Jobs, die wir hassen, kaufen Scheiße, die wir nicht brauchen, um Leute zu beeindrucken, die wir nicht leiden können. Lieber Leser, leben Sie wirklich Ihr Leben? Sind Sie erfüllt? Wie viele Ihrer Freunde, Kollegen und Familienmitglieder sind es? Kaum jemand schafft es, von sich heraus eine Flow-Persönlichkeit zu entwickeln. Die meisten benötigen einen kleinen (oder größeren) Stups in die richtige Richtung. Eine Gesellschaft, die es schafft, dies zu bewerkstelligen, die es schafft, ihren Bürgern zu einem erfüllten Leben voller Selbstverwirklichung zu verhelfen, die ist auf dem richtigen Weg.

Nicht materielle Anreize, sondern ideelle Herausforderungen sind es, die es zu etablieren gilt. Menschen arbeiten besser, wenn sie sich mit ihrem Projekt identifizieren können, und nicht, wenn sie besser dafür bezahlt werden. Herz und Seele, Körper und Kraft kann man nicht kaufen. Man muss sie bewegen, motivieren, mit Sinn erfüllen, kultivieren – begeistern. Dann werden sie erblühen und Neues, Schöneres, Besseres schaffen. Unsere Gesellschaft jedoch schippert an diesem Ideal vorbei. Der schnöde Mammon und das Vergnügen haben es ihr angetan. Dafür verrottet das Potenzial vieler Millionen vor dem abendlichen Fernseher und in einem sinnentleerten Arbeitsmilieu. Es beschämt mich, Teil dieser unterentwickelten Gemeinschaft zu sein. Noch mehr beschämt es mich, oft genug selbst darin verstrickt zu sein. Das ist nicht mein Leben. Mihály?

> *„Es ist völlig irrational, das Leben ausschließlich ökonomisch zu betrachten; der wahre Wert besteht in der Qualität und Komplexität der Erfahrung. Eine Gemeinschaft sollte nicht nur als gut bezeichnet werden, weil sie technologisch fortgeschritten ist oder in materiellem Reichtum schwimmt. Sie ist gut, wenn sie den Menschen eine Chance bietet, so viele Aspekte ihres Lebens wie möglich zu genießen, während sie ihnen gleichzeitig ermöglicht, ihr Potential bei der Verfolgung noch größerer Herausforderungen zu entwickeln."*

Die Verantwortlichen an den Schaltstellen der Macht machen es kaum besser. Etliche sind käuflich, lechzen nach Status und Besitz, sind unerfüllt, hinterziehen Steuern, obwohl sich die Millionen auf dem Konto türmen. Sie entscheiden nach ökonomischen Gesichtspunkten. Kennen keine Skrupel, haben keinen Sinn für Philosophie.

Mit den lieben Promis ist es nicht anders. Viele sind so komplex wie die letzte Seite der Bildzeitung, so tiefgründig wie ein Sandkasten. Doch man behandelt sie wie Götter. Dass derartige Witzfiguren Leitbilder für unserer Kultur sind, wirft kein gutes Licht auf uns. Früher hatten wir Goethe, Nietzsche und Einstein – heute johlen wir mit Bohlen, beten zu Fußballern und unsere Wissenschaftler sind Fachidioten. Die Zeit der großen Dichter und Denker scheint vorbei, Dekadenz und Völlerei sind am Ball. Der Verlust an Hoch-Mut ist unser Fall.

Wir müssen uns an die eigene Nase fassen. Wir sind zu träge. Bekommen den Arsch nicht hoch. Verschwenden unsere Zeit und treiben die ganze Maschinerie von Konsum und Oberflächlichkeit munter mit an. Um unsere eigene Entwicklung kümmern wir uns kaum. Nach der Schule bzw. Uni legen wir die Bücher aus der Hand. Hören auf zu lernen. Wir leben weiter, aber wir entwickeln uns nicht weiter. Bleiben zurück. Wo ist unsere Eigenverantwortung? Wie wäre es, auch mal ein Buch zu lesen oder zwei oder zwanzig? Wann ging es das letzte Mal um Philosophie? Um Selbstbeherrschung, Selbstüberwindung und Reflektion? Wer aufhört zu lernen, hört auf zu leben.

Der Untergang beginnt in jungen Jahren. Die Beschränkung wird früh gesät. Die Jugend ist verkommen. Innerlich hohl. Auf Konsum und Massenmedien ausgerichtet. Das ist meine Generation. Sie ist in Frieden und Überfluss aufgewachsen, also schwach und verwöhnt. Sie verlässt sich auf die Stabilität und Sicherheit äußerer Umstände. Kennt nichts anderes. Weiß nichts anderes. Strebt nichts anderes an. Der Blick nach innen findet kaum statt. Das dicke Ende wird noch kommen. Jugendliche, die nicht lernen, ihr Selbstbewusstsein zu entwickeln und ihre Aufmerksamkeit zu steuern, werden zu Erwachsenen ohne Disziplin und arm an Perspektiven.

Die Bewältigung von Schicksalsschlägen

> *„An sich ist nichts weder gut noch schlimm; das Denken macht es erst dazu."*
>
> William Shakespeare

Manche lassen sich von Schicksalsschlägen herunterziehen. Andere wiederum beißen die Zähne zusammen, entdecken auch in der schlimmste Lage noch die Herausforderung und die Möglichkeit zu konstruktiver Bewältigung. Letzteres ist die beste Möglichkeit, mit dem Leben fertig zu werden und sich Anerkennung zu verdienen. Das ist Senecas Fachgebiet:

> *„Wohlergehen in Verbindung mit Reichtum ist erwünscht, aber das Wohlbefinden in Verbindung mit Pech wird bewundert."*

Wie steht es mit Ihnen, lieber Leser? Lassen Sie sich von den Umständen beeinträchtigen? Gar niederdrücken? Und wandern Sie durchs finstere Tal, wie gehen Sie damit um? Lassen Sie sich übermannen? Zerfließen Sie in Selbstmitleid ... oder machen Sie das Beste daraus? Mihály, wie stehst Du dazu?

> *„Von allen Tugenden, die man uns beibringt, ist keine nützlicher, wichtiger zum Überleben und geeigneter, die Lebensqualität zu verbessern, als die Fähigkeit, Widerstände in eine erfreuliche Herausforderung umzuwandeln."*

Eines sollte ein jeder von uns lernen: Erfahrung ist nicht das, was mit einem Menschen geschieht, sondern das, was er daraus macht. Das Prinzip dahinter ist nicht neu. Nichts besonderes. Vielmehr ist es die Grundlage der Natur und Technik – wenn es darum geht, höhere Ordnung zu schaffen. Die Wiege unserer komplexen Welt.

Pflanzen und Maschinen nutzen ungeordnete oder gar zerstörerische Energie und verwandeln sie in konstruktive Energie. Beim Prozess der Photosynthese entsteht aus diffuser, destruktiver Sonnenstrahlung – mit Hilfe von Kohlenstoffdioxid und Wasser – geordnete Energie in Form von Glucose. Die Basis unserer Biosphäre. Die Umwandlung von Chaos in Kosmos.

Herbivoren, also Pflanzenfresser, nutzen diese geordnete Energie, um dadurch ihr komplexes Leben aufrecht zu erhalten, um ihren Körper mit Baumaterial und Energie zu versorgen. Carnivoren, die Fleischfresser, tun sich an diesen gütlich und entwickeln sich auf diese Weise zu noch komplexeren Lebewesen.

An der Spitze steht der Mensch: Kraft seiner Intelligenz schuf er Maschinen, in denen er die Sonnen-Energie, die in den Überresten längst verstorbener Lebewesen konserviert ist, für sich nutzen kann. Durch Lokomotiven, Hochöfen und ähnliche Geräte ist es ihm möglich, die sonst brach liegende Energie in die Bewältigung komplexer Tätigkeiten umzuwandeln und für seine Zwecke zu nutzen, um höhere Ordnung zu schaffen.

Der träge anlaufende Umschwung auf Energien, die nicht mehr von fossilen Brennstoffen abhängig sind, wird eine weitere Stufe der Entwicklung der Menschheit zu einer komplexeren Ordnung werden. Es gilt, möglichst viel Ordnung zu schaffen – mit möglichst wenig Abfall und chaotischen Nebenwirkungen. Strukturen, die derartiges ermöglichen, werden als „dissipative Strukturen" bezeichnet.

Der Mensch funktioniert nach ähnlichen Prinzipien. Er ist dazu fähig, wie ein dissipatives System zu funktionieren. Er geht nicht an dem zugrunde, was ihm widerfährt. Er geht nur dann daran zugrunde, wenn er es nicht schafft, destruktive (oder neutrale) Erlebnisse in positive Erfahrungen und Entwicklungen umzuwandeln. Ob uns das Leben fickt, langweilt oder erfüllt, liegt nicht an der Welt da draußen. Es liegt einzig und allein daran, wie gut wir uns darauf verstehen, aus all diesem Chaos eine gewisse Ordnung entstehen zu lassen. Eine Ordnung, die uns positiv stimmt, erfüllt und wachsen lässt.

Schlussendlich waren die schlimmsten Erlebnisse meines Lebens auch immer die einschneidensten, die mich am stärksten aus dem Trott der Trägheit und Trivialität aufscheuchten und mich schlussendlich am intensivsten geprägt und gestärkt haben.

So sage ich mir stets, wenn es mich mal wieder erwischt: *Quae nocent, docent* – Was schadet, lehrt; meist meldet sich auch der kleine Nietzsche auf meiner Schulter und schnauzt mir ins Ohr:

> *„Wer sich stets viel geschont hat, der kränkelt zuletzt an seiner vielen Schonung. Gelobt sei, was hart macht."*

Aus der eigenen Psyche eine dissipative Struktur zu formen, ist nicht einfach – zumindest wenn man nicht von Natur aus ein unerschütterlicher Sonnenschein ist. Und wer ist das schon? Aber jeder von uns hat das Potenzial dazu. Die Wellen des Lebens lassen sich nicht aufhalten, aber anstatt sich herunter ziehen zu lassen, kann man lernen zu surfen. Auch Sie, lieber Leser, sind dazu in der Lage, die Widrigkeiten Ihres Daseins allesamt zu meistern. Was hinter Ihnen und was vor Ihnen liegt, ist Kleinkram im Vergleich zu dem, was in Ihnen steckt.

Memento mori – Bedenken Sie, dass Sie sterben werden. Überwinden Sie die Furcht vor dem unvermeidlichen Tod, dann werden Sie auch die Furcht vor dem Leben verlieren. Alle Erfahrungen, die sich unterhalb Ihres Todes ansiedeln lassen, liegen in Ihrer Hand. Ergreifen Sie sie und formen Sie sie so, dass sie Sie stützen und nicht erdrücken.

Mihály Csíkszentmihályi hat in seinem fast 600 Seiten starken Buch *Kreativität. Wie Sie das Unmögliche schaffen und Ihre Grenzen überwinden* 91 Nobelpreisträger, Forscher, Schriftsteller und Künstler interviewt und begleitet, um herauszufinden, was einen erfolgreich schaffenden, einen kreativen Menschen ausmacht. Waren es die Lebensumstände? Die Gene, das gute Elternhaus oder gar das klischeehafte Trauma in der Kindheit? Lesen Sie selbst:

> *„Offenbar wurden diese Männer und Frauen nicht ein für allemal durch Erbanlagen oder die Erfahrungen der frühen Kindheit geprägt. Sie wurden mit unterschiedlichsten äußeren Ereignissen konfrontiert, trafen auf hilfreiche und weniger hilfreiche Menschen, hatten mal Glück, mal Pech und lernten im Laufe der Zeit, das Beste aus jeder Situation zu machen. Anstatt sich durch die Ereignisse formen zu lassen, formten sie die Ereignisse und passten sie ihren Zielen an. Dieser Auffassung zufolge ist ein kreatives Leben immer noch vorherbestimmt, aber das Bestimmende ist die anhaltende Entschlossenheit – der feste Wille, Erfolg zu haben, dem Leben einen Sinn zu geben, mit allen Mitteln zu versuchen, einige der Geheimnisse des Universums zu lösen."*

Nutzen Sie Ihre dissipativen Fähigkeiten – all Ihre Tapferkeit, Widerstandskraft und Hartnäckigkeit – und transformieren Sie destruktive Energie in konstruktive Erfahrung, die Sie Ihrem Ziel näher bringt. Nutzen Sie das Schicksal als Sparringspartner, reagieren Sie spielerisch auf seine Schläge und lernen Sie, damit umzugehen und sie in Zukunft zu meiden – so werden die Meteoriten des Lebens nicht all zu hart treffen oder gar vorbeiziehen. So lehrt es Coach Seneca:

> *„Wir müssen uns dem Schicksal darbieten, um durch es selbst gegen es gehärtet zu werden."*

Es ist nie zu spät für eine starke Vergangenheit

Auch Ihre Vergangenheit vermögen Sie zu ändern – wenn Sie es schaffen, Ihre Perspektive dazu zu wandeln. Verbrennen Sie das Fett Ihrer Seele, um mit Hemingways Worten zu sprechen. Verlassen Sie die Opferperspektive. Übernehmen Sie die Verantwortung – für Ihre Perspektive. Hören Sie auf, sich Sorgen zu machen, Schuld einzureden und an Vergangenes zu klammern. Ziehen Sie Lehren, lassen Sie los und orientieren Sie sich nach vorne. Alles ist Erfahrung – und gute Erfahrung erlangt man vor allem durch schlechte Entscheidungen. Klammern Sie sich nicht an vergangene schlechte Entscheidungen. Treffen Sie in Zukunft bessere.

Doch was ist überhaupt eine schlechte Entscheidung, eine tragische Vergangenheit? Nichts als Perspektive – die Sie verändern können. Schnappen Sie sich ein Blatt Papier und zeichnen Sie sich eine Tabelle mit drei Spalten:

Linke Spalte: Das Ereignis an sich
Mittlere Spalte: Ihre bisherige (negative) Perspektive
Rechte Spalte: Ihre neue (positive) Perspektive

Als Kind habe ich einige Jahre auf Sardinien gelebt. Kaum konnte ich schwimmen, bin ich allein aufs Meer hinaus, da packt mich auch schon der olle Poseidon an den Füßen und reißt mich in sein Reich. Der kleine Christian ist zu weit geschwommen – mitten in eine starke Strömung hinein und plötzlich gesellen sich auch hohe Wellen dazu.

Ich kämpfe eine gefühlte Ewigkeit um jeden Zentimeter in Richtung Strand, doch ich komme nicht voran. Kaum bin ich an der Oberfläche, kann nach Luft schnappen und einen Kraulzug mit den Armen machen, springt mir schon die nächste Welle in den Rücken, drückt mich unter Wasser und zieht mich wieder raus. Ich gerate in Panik, schlage wild um mich, ringe um Luft, doch atme nur Salzwasser, will husten, doch schaffe es kaum an die Oberfläche. Kurz sehe ich wieder Licht, reiße meinen kleinen Mund auf und will laut *aiuto* schreien, doch bereits nach dem „a" springt mir eine Welle ins Gesicht und mein Hilfeschrei verstummt in der Gischt.

So kämpfe ich mich voran. Irgendwie schaffe ich es aus der Strömung heraus, das Meer will sich an mir nicht den Magen verderben. Auf jeden Fall kann ich mich mit letzter Kraft ans Ufer retten. Röchelnd, hustend und fluchend liege ich im Sand, drehe mich um und das Meer grinst mich an. Danke, Du Schwein, Du großer Lehrmeister!

Ich war noch klein, vier oder fünf Jahre alt, und sicherlich erlebte ich diese Lektion viel dramatischer, als sie tatsächlich war, doch ich werde sie nie vergessen. Sie war mein Sündenfall, meine Befreiung aus dem Paradies, meine wahre Geburt, denn zum ersten Mal schmeckte ich meine Sterblichkeit – süß und salzig zugleich.

Davor fühlte ich mich kindlich, sicher, unsterblich, lebte vor mich hin, spürte weder Zug noch Druck, brach keine Tabus und hatte kein Ziel – wie viele Leute heute, die noch keine mahnende Watschn von Gevatter Tod erhalten und nicht verstanden haben, dass er hinter jeder Ecke lauert, unter jedem Auto, in jedem Haushalt und in jeder Flasche Whiskey. Er brät unsere Burger, dreht unsere Zigaretten, baut unsere Züge, fliegt unsere Flugzeuge, führt das Skalpell, drückt aufs Gaspedal, legt beim Hanteltraining mehr Gewicht auf und schwimmt mit uns aufs Meer hinaus. Er ist mein Held.

Lieber Tod, ich danke Dir! Du lehrtest mich zu leben, Vollgas zu geben und im Hier und Jetzt zu streben, denn wenn es morgen nicht vorbei sein könnte, würde ich übermorgen noch genauso vor mich hinvegetieren wie schon gestern.

Streben und Sterben sind aus demselben Holz geschnitzt, aus den gleichen Buchstaben gesetzt. Wer nicht bereit ist, zu sterben, der hat noch nicht begonnen zu leben; der klammert sich noch zu sehr ans Leben, drückt ihm zu sehr die Luft ab, als dass er es erfüllen könnte. Oder wie Seneca es formuliert:

> *„Wer den Tod fürchtet, wird nie einer des Menschen würdigen Tat fähig sein."*

Was er damit meint, besprechen wir später. Hier soll bewusst werden, wie mächtig die Wahl der Perspektive ist. Ebenso hätte ich nach meinem Stelldichein mit Poseidon einen Kokon spinnen, mich darin verkriechen und nie wieder einen Fuß ins Meer setzen können. Ich hätte böse auf meine Eltern und alle Menschen am Strand sein können, da sie mir nicht geholfen haben. Ich hätte mich klein, schwach und verletzlich fühlen können.

Das wäre eine ebenso berechtigte Perspektive gewesen – die viel zu viele Menschen wählen. Wie heißt es so schön? Gebranntes Kind scheut das Feuer – oder es vernarrt sich darein.

Sicherlich sehen Sie es kritisch, dass ich so offen oder gar heroisch, poserisch über solch ein Erlebnis schreibe. Ich bin mir bewusst, dass es befremdlich klingen mag und sichtlich übertrieben. Es ist viel Selbstschutz dahinter, viel Färbung, die mein Leben für mich positiver erscheinen lässt, als es anderen erscheint. Nach knapp 150 Seiten wissen Sie auch, dass ich kompromisslos denke und gerne in grellen Farben male. Natürlich ist das übertrieben und subjektiv – aber es ist die kraftvollste Möglichkeit, um aus allem noch mehr Kraft und Zuversicht zu schöpfen.

Also vergessen Sie kurz die sozial-verträgliche Perspektive und begleiten sich mich ins Reich des A-Sozialen: Was da draußen, um uns herum und vielleicht sogar schon in Ihnen drin abläuft ... Dieses ängstliche, träge, alltagsgraue Verhaltensmuster das eigene Leben hochzuschätzen, die Sterblichkeit zu fürchten – ja genau das, was der Alltagsmensch als gesunden Menschenverstand bezeichnet – das ist die größte Fessel, die schlimmste Perspektive, die ein von Natur aus freies Wesen sich nur zulegen kann!

Jeder Mensch sollte für sich der Held seines Lebens sein – sonst wird er sich nie zu einem solchen entwickeln. Vielleicht denken Sie, ich nehme mich zu ernst. Seien Sie sich versichert, das Gegenteil ist der Fall: Ich nehme mich und mein Leben überhaupt nicht ernst. Gerade das erlaubt es mir erst, so spielerisch offen und ironisch pathetisch damit umzugehen. Würde ich jedes meiner

Worte auf die Goldwaage legen, dann würde sie zusammenbrechen. Doch das ist mir egal. Ich schreibe nicht, wovon ich denke, dass Sie es lesen wollen, und erst recht nicht schüchtern, nüchtern, sondern was ich fühle und lebe.
Was wäre die Alternative? Bescheiden sein, vorsichtig, berechnend und zurückhaltend? Das könnte ich schon, doch gibt es nicht genug dieser Bücher? Verkörpern Sie wirklich das Leben? Ist es Leben, wenn man mit kühlem Kalkül vorgeht? Wenn einen nichts mehr kitzelt, fordert, an die Grenze bringt – und darüber hinaus? Ist das noch Leben oder ist es eher kalt und maschinell?

„Leben ist das Allerseltenste in der Welt. Die meisten Menschen existieren nur."

Das sagt Oscar Wilde und er hat Recht. Lieber Leser, warum nicht die Perspektive wechseln? Warum nicht Vollgas voraus? Aufwärts steigen? Es krachen lassen? Alles abfackeln, was Ihr Leben beschmutzt und belastet? Wird nicht alles Edle, Starke und Reine übrig bleiben und durch das Feuer gereinigt? Ein Leben ohne Feuer ist tot und kalt, wie rohes Fleisch ohne Bier und Musik, wie Sex ohne Leidenschaft.
Es sind diese Entscheidungen, die entscheiden, was aus uns wird, wie lebendig und erfolgreich wir sind. Angriff oder Rückzug – *tertium non datur*, ein Drittes gibt es nicht, zumindest nicht bei einschneidenden Erlebnissen. Sie verändern unser ganzes Leben. Ob sie uns stärken oder zerstören, liegt an uns – an unserer Perspektive. Also arbeiten Sie mit der Tabelle und schaffen Sie aus allem eine stärkende Lektion – statt sich davon zerfleischen und zurückdrängen zu lassen. Und arbeiten sie hart daran, von nun an stets die richtige – starke – Perspektive einzunehmen.
Mir hat das Schicksal schon oft in die Suppe gespuckt, meine Knochen gebrochen, Freunde genommen, mich in Panik versetzt und das ein oder andere Mal fuhr ich nur knapp am Abgrund der ewigen Leere vorbei.

Wenn wir tief genug schürfen, ist es jedem von uns schon so ergangen. Wir sollten es akzeptieren, etwas daraus gewinnen und verstehen, dass das Leben erst dort anfängt, wo uns die Luft ausgeht – alles andere ist Fernsehen.

Eine neue Perspektive schaffen

Viele Menschen erleben Flow nur in bestimmten Phasen. Während der Arbeit, während des Trainings, des Feierns oder beim Sex. Ansonsten fühlen sie sich eher tot, gelangweilt, unterfordert. Ich hoffe, nun ist klar, dass dies selbstverschuldet ist. Wer das Leben nicht genießt, der ist selber schuld. Selbst aus den kleinsten Dingen – wie z.B. der richtigen Haltung, Atmung oder Gestikulation – kann man Herausforderungen schaffen.
Einen wirklichen Sinn im Dasein wird nur finden, wer in persönlicher Erfüllung lebt – ganz gleich, wie er sie auch erlangen mag, und unabhängig von Reichtum und Besitz. Eine Teilzeit-Erfüllung, wie sie soeben beschrieben wurde, steht diesem Ansinnen im Wege. Also klären Sie die Verhältnisse: Haben Sie etwas im Leben, das Sie nicht erfüllt, dann streichen Sie es oder finden Sie die Herausforderung darin. Das wird Ihr Leben verbessern.
Optimale Erfahrung und vollkommene Erfüllung werden Sie nur erreichen, wenn Sie in allem, was Sie machen, mit Körper, Kraft und Geist bei der Sache sind – spielerisch, zielgerichtet und das Selbst überwindend. Wenn Sie das lernen, werden Sie erfüllt leben – selbst wenn Sie alles verlieren, denn das Leben ist schön.

„Die Fröhlichkeit des Geistes ist ein Zeichen seiner Stärke."
Ralph Waldo Emerson

Carpe diem – Nutze den Tag

Lieber Leser, vertrauen Sie nicht auf Morgen, denn Sie werden sterben. Das einzige, was wirklich sicher ist, ist der Tod. Und nicht einmal der ist umsonst. Der kostet das Leben: Ihr Leben.
Sterben ist ein Prozess. Er beginnt am Tag Ihrer Geburt und geleitet Sie in die Urne. Mit jedem weiteren Tag, jeder Stunde, jeder Minute und jeder Sekunde stirbt etwas von Ihrer Zukunft und Ihrem Potential.
Sehen Sie ruhig öfter aus dem Fenster: Die Natur rast. Innerhalb eines Jahres geschieht so viel. Lernen Sie darauf zu achten, wie die Natur tickt. Wie schnell der Frühling ausbricht, der Sommer alles auf- und überheizt, im Herbst die Blätter fallen und der Winter alles mit kristalliner Kälte überdeckt. Wie viele Jahreswechsel werden Sie noch erleben? Wie viele wollen Sie noch an sich vorüber ziehen lassen, bis Sie aufwachen und nicht nur denken, sondern auch spüren, dass Ihre Zeit ab-läuft?
Spüren Sie die Prozesse Ihres Körpers? Ihre Atmung, wie sie Ihnen den ach so lebenswichtigen und doch so giftigen Sauerstoff einverleibt, der Sie mit Leben erfrischt und zugleich innerlich zerfrisst? Ihr Herz, wie es unermüdlich die fleischige Maschinerie Ihres Körpers antreibt? Irgendwann wird es stehen bleiben. Von einem Moment auf den anderen. Die große Stille in Ihrer Brust, sie wird kommen.
Jeder einzelne Pulsschlag zeugt vom Rhythmus Ihres Körpers. Er ist der Sekundenzeiger Ihrer inneren Uhr. Je schneller er schlägt, umso schneller werden Sie auch altern. Das ist Ihre biologische Zeit und sie macht: tick tack tick tack tick tack ...
Der Preis des Lebens ist der Tod. Leben bedeutet immer auch sterben und sterben bedeutet leben. Viele halten den Tod für ungerecht. Schließlich holt er nicht nur die Alten, Kranken und Bösen, sondern ausnahmslos alle. Auch die Jungen, Gesunden und Guten sind nicht vor ihm gefeit.

In Wirklichkeit steckt dahinter die wahre Gerechtigkeit des Todes. Er steht über den beschränkten Kategorien des menschlichen Denkens. Er kennt weder schwarz noch weiß, weder arm noch reich, weder gut noch böse. Wie die Lottofee greift er wahllos in den Pott des Lebens, zieht jedoch nicht die Gewinnerzahlen, sondern die Verlierernummern und das schon erfolgreich seit es Leben gibt. Ihre Nummer ist auch im Spiel.

Ihre Tage sind gezählt

Diese Erkenntnis ist existentiell. Wer sie nicht verstanden hat, wird leben, als würde er ewig leben. Und was macht jemand mit dieser Einstellung? Er schiebt alles auf morgen und wird auch heute noch so weit sein, wie schon gestern. Er bleibt zurück und schon morgen ist er zurückgeblieben. Er wird sich daran gewöhnen und nur noch jenen Bedürfnissen und Pflichten nachkommen, die absolut notwendig sind. Allen anderen Möglichkeiten seines Daseins wird er es versagen, Realität zu werden. Er ist ein Versager.
Dann wird er, von der Trägheit gefesselt, die angebliche Hektik der Welt an sich vorbeirauschen sehen. Er wird jammern, dass er einfach nicht genug Zeit hat, dass zu viel zu tun ist, zu viele Termine, Pflichten und Verantwortungen den Plan seines Lebens überfrachten und dass mehr einfach nicht möglich ist. Dabei stimmt es gar nicht, dass wir zu wenig Zeit haben. Eher haben wir zu viel. Wir haben zu viel Zeit, die wir nicht nutzen. Der Druck ist zu gering. Viele besinnen sich erst, wenn Sie erfahren, dass sie nicht mehr lange leben werden. Tatsächlich gilt das für jeden von uns. Vielleicht ist es sogar schon morgen vorbei. Doch was machen wir? Wir schweifen ab, lassen uns wegtragen und verlieren das Wesentliche aus den Augen. Wir verschwenden den Großteil unserer Zeit für Nebensächliches und verwechseln einen gefüllten Terminkalender mit einem erfüllten Leben. Fast alles davon könnten wir fallen lassen und hätten doch nichts verloren.

Ein einziger Tag

Ein Menschenleben ist mehr als ausreichend, um Großes zu bewegen und Erfüllung zu finden. De facto reicht dafür ein einziger Tag – wenn man ihn nutzt. Wenn Sie nur noch einen Tag zu leben hätten? Was würden Sie dann machen? Würden Sie vielleicht Ihren Eltern oder Kindern ein besonderes Geschenk machen? Würden Sie Ihrem Partner sagen, dass Sie ihn lieben (oder sich endlich von ihm trennen)? Würden Sie Ihrem besten Freund einen besonderen Gefallen tun? Würden Sie sofort verreisen? Würden Sie den ganzen Ballast abwerfen und die letzten Stunden frei, ungehemmt und spielerisch leben? Würden Sie Hinz und Kunz Ihre Meinung sagen, kein Blatt mehr vor den Mund nehmen und für Ihren Glauben einstehen? Würden Sie aufhören, alles auf die Goldwaage zu legen, an allem herum zu mäkeln, hemmungslos flirten und überall die Möglichkeit zum Wortwitz, zur Ironie und zum spielerischen Schlagabtausch wahrnehmen? Würden Sie die Maske biederen Ernstes fallen lassen und das Leben so locker nehmen, dass es Spaß macht und plötzlich viel besser gelingt? Würden Sie nicht auch Ihre Träume verwirklichen, sich mit geliebten Menschen umgeben, längst überfällige Rechnungen begleichen und wichtige Kämpfe bestreiten – also das Leben aufräumen, genießen und es angemessen beschließen? Würden Sie nicht endlich der Held Ihres Lebens werden? Der Übermensch – der alle Schranken und Konventionen überwunden hat?
Wenn das alles so wichtig und richtig ist, warum haben Sie es bisher noch nicht getan? Warum schieben Sie es auf – bis es vielleicht zu spät ist? Schlagen Sie die Zeit nicht zu lange tot. Sie wird sich rächen und irgendwann das Gleiche mit Ihnen machen.
Natürlich gliche es Torschlusspanik, wenn Sie nun all Ihre Anliegen in einen Tag quetschen würden. Das wäre übertrieben, aber machen Sie sich eine Liste und dann arbeiten Sie sie Schritt für Schritt ab. Beginnen Sie noch heute. Die Uhr tickt.

Stellen Sie sich vor, wie frei und losgelöst, wie kraftvoll und selbstsicher Sie leben würden – wenn Sie wüssten: morgen ist es vorbei! Tatsächlich ist es morgen vorbei – zumindest aus kosmischer Perspektive. Was machen schon ein paar Tage oder Jahre mehr oder weniger? Schnell sind die vorbei und vergessen. Eines Morgens wachen Sie auf und sind tot. Fest steht, es wird bald vorbei sein – also warum leben Sie nicht so?

Ich will Ihnen sagen, warum die meisten Menschen so brav und zurückhaltend leben, warum sie nicht leben, als gäbe es kein Morgen. Sie haben Angst! Angst vor Konsequenzen. Sie ducken sich, bleiben still und existieren weiter vor sich hin. Viele fürchten sich vor dem kleinen, dem gesellschaftlichen Tod und trauen sich kaum aus der Reihe zu tanzen. Noch mehr fürchten sich vor dem großen, dem absoluten Tod – dabei sollten sie sich allein vor einem toten Leben fürchten.

Leider spüren wir selbiges kaum. Angst hemmt, ohne Bescheid zu sagen. Das wurde mir bewusst, als ich einmal mutterseelenallein an einem Heidebach fischte, der friedlich durch die Nacht plätscherte. Der Himmel leuchtet lila-schwarz. Der Mond spiegelt sich im redseligen Wasser. Auf der anderen Seite Kiefernwald. Bäume. Viele Bäume. Hinter mir ebenso – und ich mitten drin. Am Ufer des silbern-glitzernden Bandes, dass sich durch den Wald schlängelt. Die Bäume schlucken alles Licht – nur ein paar Birken lugen hervor. Ein Moment, in dem man sich winzig klein fühlt. Hilflos wie ein – fünfzehnjähriges – Baby und doch geborgen in der Dunkelheit. Die Stille ist ohrenbetäubend. Innere Stille folgt. Ein wunderbares Erlebnis. Zudem kommen die dicken Fische nur nachts heraus – wie bei den Menschen ...

Plötzlich bricht ein Ast hinter mir! Als wäre jemand darauf getreten. Die Stille platzt wie ein überstrapazierter Ballon und der Laut hallt durch die Nacht – als würde er kein Ende finden, springt er von Baum zu Baum. Alles andere bleibt stehen. Selbst der Bach verstummt. Mein Körper krampft. Kein Gedanke, keine Regung, kein Atemzug mehr. Ich lasse es einfach zu und beobachte meinen Körper und den Trieb der Angst bei der Arbeit.

Faszinierend! Bereits ein brechender Ast bindet mir alle Glieder – vor allem die Unsicherheit über die Ursache. Angst zu haben und nicht zu wissen, wovor, ist wohl die schlimmste, weil reinste und grenzenloseste Form der Angst. Nichts weiter passiert. Den Rest der Nacht spüre ich, wie ich unter Spannung stehe – und mich völlig anders verhalte, als am (gefühlt) sichereren Tag. Gegen vier wird es schweinehundekalt. Zudem scheinen selbst die kapitalen Bachforellen bereits im Flussbett zu schlummern. Ich schwinge mich auf meinen Drahtesel und radle nach Hause. Den Großteil durch Wald und Wiesen, vorbei an ein paar einsamen Bauernhöfen. Der Mond leuchtet mir. Nebel zieht auf. Schön gespenstisch.

An der Haustür drängt mich mein Körper, die Tür aufzuschließen. Erst als ich im Bett liege, entspannt er sich und beginnt wieder frei zu atmen. Ich versinke in tiefer Entspannung, das Gefühl der Sicherheit umhüllt mich. So schön spürt man das nur, wenn vorher etwas An-Spannendes geschieht und die Illusion der Sicherheit verpufft.

Mir wird bewusst, welch Glück ich habe, dass ich diesen Kontrast erlebe, dass ich nicht dauernd diesen furchtbar klammen Zustand der Furcht verspüre. Mir wird aber auch bewusst, dass wir Furcht immer erst spüren, wenn sie verschwindet – wenn wir sie überwinden und erleben, wie sich alles verändert, wie die Fesseln fallen und man sich frei, stark und sicher fühlt.

Wer seine Furcht nie überwindet, wird sie nie zu spüren bekommen – und so auf immer von ihr gefesselt sein; denn was man nicht kennt, lässt sich schwer überwinden. So schleppen wir uns durchs Leben, gehemmt von unseren Ängsten, die uns allen das Leben, die Lockerheit, das Spielerische abschnüren – ohne dass es uns bewusst ist.

Erzählen Sie mir, was Sie wollen: Sie, Ich und jeder von uns fürchtet die beiden Tode, den kleinen gesellschaftlichen und den großen absoluten – die einen mehr, die anderen weniger. Je mehr wir diese beiden Ängste überwinden, desto freier, entspannter und stärker werden wir leben und desto sicherer werden wir uns fühlen. Wie wir das schaffen? Coach Nietzsche empfiehlt:

„Tue, was Du fürchtest – und die Furcht stirbt."

Womit wir wieder mitten im Reich der Selbstüberwindung sind. Nun wird sich kaum jemand in lebensbedrohliche Situationen bringen; dabei gäbe es viel zu gewinnen und kaum etwas zu verlieren. Solche Situationen schaffen Gewaltiges. Sie weiten nicht nur den Horizont; sie reißen ihn dermaßen auf, dass alles andere, Alltägliche klein, harmlos und überschaubar wird – wodurch wir die Möglichkeit erlangen, spielerisch damit umzugehen.

Als ich mit 17 durch Slowenien radelte und wohl etwas zu tief im Wald zeltete, wurde ein Braunbär ziemlich wütend. Ich höre ihn schnauben, wache davon auf. Aggressivst brüllt er unzählige Male. Immer und immer wieder. Vielleicht 10 Minuten – eine gefühlte Ewigkeit. Ich bin so groß wie das Zelt, ziehe Kopf und Beine ein, verharre regungslos und hatte noch nie eine dermaßen krasse Angst. Panik. Mir geht so manch Artikel aus der Presse durch den Kopf: *„Fischer nachts aus dem Zelt gerissen und zerfetzt."* *„Frau muss mit ansehen, wie ihr Mann aus dem Zelt gezogen und in den Wald gezerrt wird"* usw. Das hat man davon, wenn man zu viel liest – aber natürlich kein Buch über Braunbären.

Am Tag zuvor bin ich noch durch die Hauptstadt geradelt: Ljubljana. Nun liege ich gerade mal 20 km von ihr entfernt im Wald und habe so viel Angst, dass ich nicht zu zittern wage. Einzig das Denken funktioniert noch. Es beginnt zu rasen, überschlägt sich, wünscht sich fort: *„Lieber würde ich jetzt von einer Horde Hooligans zerlegt werden, als hier zu sein"*, dachte ich mir noch. Doch da ... er verschont mich, verstummt und trollt sich. Tatsächlich schaffe ich es, wieder einzuschlafen. Körperliche Verausgabung ist das beste Schlafmittel. Am nächsten Morgen wache ich auf – und bin ein anderer Mensch.

Wieder auf dem Rad, geht es weiter in Richtung Italien. Die ein oder andere brenzlige Situation erlebe ich noch, Stress, Streit, Heiterkeit – doch alles ist leiser, leichter und lockerer. Es sind solche Erlebnisse, die uns bewusst machen, was wirklich gefährlich ist und uns zeigen, wie sicher

und frei wir uns im Alltag bewegen können. Fehlt uns das, ja weiß der Körper nicht, was wahre Angst bedeutet, dann wird sein Horizont derart schrumpfen, bis ihn schon der Alltag ängstigt. Dann lebt man in Dauer-Furcht, stark gehemmt und weiß es nicht mal.
So lässt sich der Tag keinesfalls nutzen. So lässt sich nicht frei leben und das wagen, was man will. Und deswegen schreibe ich Ihnen das alles und berichte von diesem Pathos des *„Überwinde Deine Todesfurcht"* – denn so hart es auch klingen mag und auch wenn es nicht gerade ein Thema ist, das man heute in Büchern findet: Das Gefühl der Freiheit und Furchtlosigkeit und somit die Fähigkeit, überhaupt im Heute zu leben und spielerisch zu streben, werden Sie, tapferer Leser, nur finden, wenn Sie sich mit Ihrem Tod konfrontieren, versöhnen und die Furcht überwinden. Wo es langgeht wissen Sie nun: Da, wo die Angst ist, ist der Weg.
Verdrängen Sie nie, dass dieser Atemzug – jetzt gerade – Ihr letzter sein könnte. Würdigen Sie ihn! Schätzen Sie den Moment und erfüllen Sie ihn mit vollem Leben – mit Körper, Geist und Kraft. Erfüllung ist nichts, was zu Ihnen kommt. Erfüllung ist, was Sie investieren. Erfüllung ist, was Sie bereit sind zu geben. Erfüllend wird eine Situation dann, wenn Sie sie dazu machen.

Zurück in Deutschland ging ich in eine Bücherhandlung und schnappte mir ein Buch über Bären. Welcher Satz fällt mir sofort ins Auge?

> *„In Slowenien findet sich die größte Bären-Population im Alpenraum. Gerade südlich von Ljublja ..."*

Da klappte ich das Buch zu.

Die Illusion der Sicherheit

Einige sagen, es sei blauäugig nur im Heute zu leben, statt vorzu-sorgen. Dabei verwechseln sie Sicherheit mit Sorge – und vergessen, dass die Sicherheit durch innere Stärke sicherer ist als die durch äußere Vor-Sorge. Schwäche sorgt vor und wird umso schwächer, je stärker sie vorsorgt. Stärke verbraucht sich und wird so noch stärker. Goethe sagte, „der ist schon tot, der um seiner Sicherheit willen lebt", und tatsächlich ist Sicherheit nichts als Illusion.
Kennen Sie den Film *Instinkt*? Mit Anthony Hopkins, als Gorillaforscher Dr. Ethan Powell, und Cuba Gooding Jr., als Psychologe Dr. Theo Caulder? Powell sitzt im Hochsicherheitsgefängnis, weil er zwei Wilderer getötet und Polizisten angegriffen hat. Lange Zeit hat er im afrikanischen Dschungel mit Gorillas zusammengelebt. Er ist alt, doch steht voll im Saft. Die Instinkte des „Affenmenschen" sind messerscharf. Sprechen will er nicht. Er hat den Bezug zur Gesellschaft verloren – die ihn einsperrte, weil er eingriff, als seine *„Familie"* abgeschlachtet wurde. Dr. Caulder will ihn zum Sprechen bringen.
Powell steht an die Tür gelehnt.
Dr. Caulder stellt sich hinter ihn und beschwört:
> „Ich bin der Richtige."
>
> „Alles unter Kontrolle, hä?"
>
> „Jep"

Powell fährt herum, packt ihn am Hals, wirft ihn auf den Tisch, (auf dem zufällig ein Stück Panzerband klebt) und verklebt ihm den Mund.
> „Wer hat hier die Kontrolle? Sie? Vielleicht ich? Die Wachen da draußen? Der Direktor in seinem Büro? Ja? Wer hat die Kontrolle?"

Powell hat Dr. Caulder im Würgegriff, drückt ihn auf den Tisch, weist auf einen Notizblock und gibt ihm einen Stift in die Hand.

„*Das wird ein sehr einfacher Test. Sie können bestehen oder durchfallen.*
Leben oder Tod. Sind Sie bereit? Dann schreiben Sie mal auf dieses Blatt, was ich Ihnen eben genommen habe. Was haben Sie verloren? Schreiben Sie! LOS JETZT!"
Dr. Caulder schreibt: Kontrolle.
„*Die Kontrolle?"*
Powell reißt das Papier ab, zerknüllt es und wirft es weg.
„*Falsch! Sie haben gedacht, dass Sie sie hätten, doch Sie hatten sie nie.*
Eine Illusion. Was können SIE denn kontrollieren, ich meine wirklich? Die Klimaanlage in Ihrem Wagen oder die Lautstärke Ihrer Stereo-Anlage? Was noch? Was noch?
Na gut, noch eine Chance. Sie sind nervös. Stehen unter Druck. Von vorne. WAS HABE ICH IHNEN GENOMMEN? WAS HABEN SIE VERLOREN? Los, schreiben Sie. SCHREIBEN Sie!"
Dr. Caulder schreibt: Meine Freiheit.
Powell flucht, reißt das Blatt vom Block.
„*Sie sind ein Narr. Haben Sie geglaubt frei zu sein? Wo waren Sie denn heute um zwei? In der Turnhalle, habe ich Recht? Und heute morgen hat der Wecker geklingelt; oder mitten in der Nacht wachen Sie schwitzend auf und Ihr Herz rast."*
Er drückt ihm stärker die Luft ab.
Dr. Caulder bekommt Panik, Tränen fließen.
„*Was ist es, was Sie gefangen hält? Einschnürt wie einen Knoten? Ist es vielleicht Ihr Ehrgeiz? Jaha, Du bist für mich kein Geheimnis, Junge. Ich war mal genauso."*
Er räumt mit dem Arm den Tisch leer.
„*Ok, noch eine letzte Chance … Sie trauens mir nicht zu?"*
Er zieht den Würgegriff noch enger.

> *„Was wäre schon ein Psychiater weniger auf der Welt? Ich stecke schon tief im Dreck. Was kann mir noch passieren? Letzter Versuch. Also machen Sie's richtig. Was haben Sie verloren? Was hab ich Ihnen weggenommen? SCHREIBEN SIE!"*

Dr. Caulder schreibt: Meine Illusion.

> *„Meine Illusion. Genau. Ich gratuliere."*

Er reißt ihm das Panzerband vom Mund und lässt ihn zusammensinken.

> *„Sie sind immer noch mein Student. Und Sie haben nichts verloren, außer Ihrer Illusion ... und ein klein bisschen Haut."*

Wir Menschen bauen uns Festungen aus Stein, Stahl und Paragraphen. Wir wohnen darin, fliegen damit und denken darin. Dort fühlen wir uns sicher. Doch tatsächlich wissen wir nichts über die Welt da draußen, warum sie da ist und von Sicherheit wissen wir schon gar nichts. Existiert sie überhaupt? Außerhalb unseres Geistes?

Ist es nicht sogar so, dass wir innerlich umso unsicherer werden, je mehr wir auf äußere Sicherheit drängen? Was nicht gefordert wird, verkümmert, was uns abgenommen wird, das schwächt uns – somit auch unsere Freiheit und die Fähigkeit, den Moment zu leben, den Tag zu nutzen. Also legen Sie nicht zu viel Wert auf die Illusion äußerer Sicherheit, arbeiten Sie an innerer Stabilität – körperlich wie geistig. Das gibt ihnen die Kraft, frei zu leben und frohgemut aus der Reihe zu tanzen.

Zurück ins Glied?

Oft wird argumentiert, Anarchie und Chaos würden ausbrechen, wenn jeder lebt, wie er will. Abgesehen davon, dass kaum jemand weiß, was „Anarchie" wirklich bedeutet, ist es ein Irrglaube, Menschen würden sich schlecht verhalten, wenn sie frei und ungehemmt leben. Das sind pervertierte, triebgesteuerte Vorstellungen. Kein Mensch, der es schafft, sich aus den Verstrickungen von Trieben und Konventionen zu befreien, wird sich derart unbeherrscht verhalten – denn dann wäre er nicht frei.

Er wird sich vielleicht unmoralisch verhalten, aber nicht amoralisch. Er wird sich eine eigene, freiere Moral schaffen und danach leben. Eine starke, fordernde, lebendige Moral – wie sie in unserer Natur liegt und Nietzsche sie schrieb.

Einige werden nun entgegnen, dass die Nazis auch nichts anderes wollten. Doch das ist Blödsinn. Ja, sie wollten hoch hinaus. Sie sprachen von Kraft und Freude, doch ihre Triebe pervertierten, weil sie sie nicht kultivierten. So entwickelten sie sich alles andere als in diese Richtung, sondern verwuchsen zum genauen Gegenteil: nicht zu Spiel, Freiheit, Schönheit und Lebendigkeit, sondern zu Starre, Zwang, Verfolgung, Hass und Hässlichkeit.

Die Nazis haben mit einer hohen, freien, starken Moral so viel gemein wie ein perverser Vergewaltiger bei der Tat mit einem energischen Paar beim Liebesspiel. Für verblendete Beobachter mag es ähnlich aussehen, weil sie keine Ahnung haben, wie lebendig das Lieben sein kann und doch herrschen hier völlig verschiedene Ziele, Regeln und Perspektiven vor.

Die Nazis schrieben sich *„Kraft durch Freude"* auf die Fahnen und wollten sie durch das Gegenteil erwirken, durch Starre, Angst, Gleichschaltung und Zwang. *„Kraft durch Freude"* war nichts als Propaganda.

Wer sich auch heute noch dagegen sperrt, mit dem Verweis, dass dies Nazimoral sei, der geht der Nazipropaganda auch heute noch auf den Leim. Der sollte einmal hinter den Vorhang der Wörter schauen und erkennen, dass Kraft durchaus aus Freude und Spiel erwächst, aber da es bei den Nazis weder Freude noch Spiel gab, hatte die Kraft nie wirklich die Chance, sich frei zu entfalten. Der *„Deutsche Volkskörper"* wurde nicht tänzerisch und muskulös, sondern starr und verknöchert. Er entfernte sich so schnell vom Leben, dass er binnen 12 Jahren zersetzt und ausgemergelt zusammenbrach.

Wer Nietzsches Moral mit der der Nazis gleichsetzt, der verwechselt Stärke und Freiheit mit Terror und Gewalt. Nietzsche und die Natur feiern die, die aus der

Reihe tanzen; die Nazis erschossen alle, die das taten. Also blicke ein jeder auf ihre Taten, statt auf ihre Wörter. Wörter wurden benutzt und beschmutzt. Große Wörter – für große Lügen. Taten sagen die Wahrheit; zeigen, was dahinter stand.

Nun gibt es dieses unsägliche, oberflächlich vernünftig geschriebene (sonst wäre keiner gefolgt), aber zutiefst unmenschliche, keinesfalls kultivierte, sondern triebgesteuert pervertierte Kapitel im Buch der Weltgeschichte. Die Deutschen waren dafür. Die Milch färbte sich schwarz. Es ging voll in die Hose, ein großer brauner Streifen. Wäre das nicht passiert, wären die meisten heute Nazis – denn die Menschen haben sich kaum geändert: Sie richten ihre Fahne nach dem Wind. *ER ist wieder da* – SIE waren nie weg.

Deutschland wollte ganz nach oben, doch wählte den falschen Weg und ist mit Vollgas in den Abgrund gerast. Nun befindet es sich ganz unten, am Boden – schlotternd, umschlungen und durchdrungen von Konventionen. Furcht vor Konsequenzen. Klammernd an äußere Sicherheit. Der Tod war ein Meister aus Deutschland. Er pervertierte und wurde zum Mörder. Ihm wurde der Prozess gemacht, doch mit dem Beelzebub wurde auch der Tod ausgetrieben. Die einst mutigen Deutschen haben das Sterben verlernt und so auch das Leben.

Was „Leben" bedeutet? Das zu machen, was man will – begeistert, kultiviert und frei von Angst. So wie Dr. Ethan Powell es am Ende von Instinkt erkennt:

> *„Freiheit ist kein Traum. Es gibt sie wirklich. Sie liegt jenseits der Mauern, die wir selbst errichten."*

Der Mensch an sich verändert sich nicht – Sie müssen sich verändern

> *„Was klagen wir über die Natur? Sie hat sich gütig erwiesen: das Leben ist lang, wenn man es recht zu brauchen weiß. Aber den einen hält unersättliche Habsucht in ihren Ban-*

den gefangen, den anderen eine mühevolle Geschäftigkeit, die an nutzlose Aufgaben verschwendet wird; der eine geht ganz in den Freuden des Bacchus auf, der andere dämmert in trägem Stumpfsinn dahin; den einen plagt der Ehrgeiz, der immer von dem Urteil anderer abhängt, den anderen treibt der gewinnsuchende, rastlose Handelsgeist durch alle Länder, durch alle Meere; manche hält der Kriegsdienst in seinem Bann; sie denken an nichts anderes, als wie sie anderen Gefahren bereiten oder ihnen selbst drohende Gefahren abwehren können; manche lässt der undankbare Herrendienst sich in freiwilliger Knechtschaft aufreiben; viele kommen nicht los von dem Glücke anderer oder von der Klage über ihre eigene Lage; die meisten jagt mangels jeden festen Zieles ihre unstete, schwankende, auch sich selbst missfällige Leichtfertigkeit zu immer neuen Entwürfen. Manche wollen von einer sicher gerichteten Lebensbahn überhaupt nichts wissen, sondern lassen sich vom Schicksal in einem Zustand der Schwäche und Schlaffheit überraschen, so dass ich nicht zweifle an der Wahrheit des Wortes jenes erhabenen Dichters, das wie ein Orakelspruch klingt: Ein kleiner Teil des Lebens nur ist wahres Leben."

Senecas Gedanken sind uralt und doch modern – geschrieben wurden sie vor fast 2.000 Jahren. Manche Artikel und Bücher von einigen Schreiberlingen der letzten 20 oder auch 200 Jahren lesen sich wie Artefakte aus der Steinzeit. Vieles von dem, was heute geschrieben wird, ist bereits schon dann anachronistisch, wenn es die Feder verlässt oder durch die Tastatur gejagt wird. Aber die Worte Senecas sind zeitgemäß, da sie zeitlos sind.
Die Zivilisation mag bedeutende Fortschritte gemacht haben, doch der Mensch selbst hat sich in dieser langen Zeitspanne keinen Deut weiterent-

wickelt. Er ist immer noch der selbe, unstete, rauflustige, oberflächliche, kleingeistige, träge, saufende, gierige, opportunistische und karrieregeile Zellhaufen von damals. Eine Zivilisation überlebt viele Generationen, gar Jahrtausende. Der einzelne Mensch überspannt allenfalls ein Jahrhundert. Ihm bleibt weit weniger Zeit, um kultiviert zu werden. Fängt er doch bei null an – egal wann und wo er in den Erdenlauf geworfen wird. Viele versäumen diese Möglichkeit und verbleiben auf der Stufe, die Seneca beschreibt.

Wer sich darüber erheben will, sollte sich selbst erziehen. Er sollte erkennen, was von Bedeutung ist und was nicht. Er sollte lernen. Er sollte sich von der Welt distanzieren, um sich seine eigene Welt, seine eigene Perspektive zu erschaffen. Doch seine Zeit ist knapp. Sie läuft ab wie der Sand in einer Sanduhr.

Viele verrennen sich in der Wüste, lassen sich von Kleinkram ablenken und plötzlich sind sie tot. Die meisten Menschen sterben, bevor sie anfangen zu leben. Während sie auf das Leben warten, zieht es an ihnen vorüber. Wir nutzen unsere Zeit nicht effizient genug. Wir verschwenden sie, wo es nur geht, und jammern gleichzeitig, dass uns die Zeit fehlt. Nichts als Ausflüchte.

Eine weitere große Gerechtigkeit neben der scheinbar ungerechten Gerechtigkeit des Todes ist die, dass jeder einzelne Mensch 24 Stunden pro Tag für sich und seine Entwicklung zur Verfügung hat. Es liegt allein in seiner Verantwortung, was er daraus macht. Gewinner finden Wege, Verlierer Ausreden. Niemand zwingt uns zu irgendwas. Das einzige, was wir im Leben müssen, ist sterben. Nicht einmal das. Sterben beendet das Leben. Im Leben „müssen" wir überhaupt nichts. Alles ist frei – allein Ihre Sache!

Viele wollen länger leben, da sie hoffen, weitere Tage würden ihr bisher ärmliches Leben bereichern, aber das ist ein Irrweg. Wir sollten nicht das Leben mit möglichst vielen Tagen füllen, sondern die Tage mit möglichst viel Leben. Bereits ein erfüllter Tag ist wertvoller als ein unerfülltes Leben.

Die Illusion von Zukunft und Vergangenheit

Im Tode sind wir alle gleich. Viele glauben, danach kommt noch mehr, darum nehmen sie das Leben so schwer. Was wirklich sein wird, wissen wir nicht, ist eine Frage des Glaubens. Wir sollten jedoch nie ausschließlich für ein etwaiges Leben nach dem Tod leben, sondern vor allem für das Leben vor dem Tod. Denn ja: Es gibt ein Leben vor dem Tod! Und zwar heute.
Der Geist kann vielleicht im Morgen oder Gestern leben, doch der Körper kann es nicht. Er bleibt zurück, wenn der Geist auf Reisen geht. Der Mensch spaltet sich auf und verliert seine Ordnung. Das Denken verliert den Boden unter den Füßen und der Körper fällt zurück ins Tierische, da ihm die geistige Dimension, die spielerische und erhabene Führung fehlt. Die Verkörperung des Geistes, das Schaffen eines geistreichen Körpers, das Verschmelzen von Körper und Geist, das Individuum und die Kultivierung der Triebe – also der weise Mensch, der Übermensch – ist nur im Moment möglich, im Hier und Jetzt. Wer nicht dort ist, lebt gespalten. Verplant ist, wer nur vom Morgen träumt; alt, wer nur in Erinnerung lebt.
Das Heute kann eine Stufe sein, eine Ebene oder ein Abhang – Sie allein entscheiden, was sich davon verwirklicht, was aus Ihnen wird. Das Morgen ist nur eine Vorstellung. Nicht real. Für den ganzen Menschen gibt es immer nur das Heute und alles was wir auf Morgen verschieben, werden wir nie erreichen.
Alles Große wurde immer nur heute geschaffen – jeder geschichtliche, kulturelle, menschliche Höhepunkt. Wir reden zwar in der Vergangenheitsform darüber, aber all das fand nie in der Vergangenheit statt. Geschichte wird nur, was mal richtig lebendig war – im Hier und Jetzt. Alles, was vollkommen ist, ist heute. Nutzen Sie das Heute. Nutzen Sie den Tag. Mehr werden Sie nie haben – mehr wird es nie geben.

Divide et impera – Teile und herrsche

Selbstbeherrschung ist das Schaffen von Ordnung – in uns und in unseren Verhältnissen. In der Psychotherapie bezeichnet der Begriff „Gestaltungsraum" die Gesamtheit aller Möglichkeiten eines Menschen, sein Leben, seine Welt zu gestalten.
Problematisch wird es für alle, die ihren Gestaltungsraum für unveränderlich halten. So geben sie die Macht über ihr Leben aus den Händen. Sie glauben sich ins Leben geworfen, ohne die Möglichkeit, es zu beeinflussen. Dabei liegt genau hier, im Gestaltungsraum, eine große Chance für jeden Menschen, sein Leben in die Hand zu nehmen und es zum Positiven zu wandeln.
Das Verhältnis von Körper, Geist und Trieben zu klären, sorgt für innere Ordnung. Sie beseitigt den Streit und das Chaos im „Team Mensch". Doch wir müssen uns der Größe unseres Gestaltungsraumes gewahr werden und kräftig aufräumen, auch über das „Team Mensch" hinaus. Nicht nur wir selbst, sondern auch unsere Umwelt, Lebensbedingungen und Bekanntschaften sind anfällig für Chaos.

Willkommen im Reich der Entropie

Chaos ist der Normalzustand – das weiß jeder Junggeselle. Für Physiker ist es gar Gesetz, welches auf den 2. Hauptsatz der Thermodynamik zurückzuführen ist. Es besagt, dass die Entropie (das Maß der Unordnung) des Gesamtsystems beständig zu nimmt.
Jedes Mal, wenn Sie etwas bereinigen, können Sie den Müll nie wirklich beseitigen. Sie können ihn nur woanders hin verfrachten. Wenn Sie Schmutz vom Boden aufwischen, dann ist er nicht einfach weg. Er landet im Abwasser und verteilt sich noch mehr, wenn Sie es wegschütten. Vor-

her war er auf einer überschaubaren Fläche verteilt, nun haben Sie ihn im Schweiße Ihres Angesichts aufgewischt und damit Ihren Boden in Ordnung gebracht, aber dafür das Abwasser noch unordentlicher gemacht. Zudem haben Sie mehr Sauerstoff als sonst geatmet, verbrannt und Kohlenstoffdioxid wieder abgegeben sowie vorab aufgenommene Nahrungsenergie verstoffwechselt. Diese Energie haben Sie nicht nur effizient für die Bewegung Ihrer Muskulatur und das planvolle Vorgehen von Geist und Nervensystem verbraucht, sondern auch eine ganze Menge verpulvert, durch unnötige, unbeherrschte Bewegungen, Reibungsenergie und Wärmeabgabe.

Durch Mühe konnten Sie lokal Ordnung schaffen, auch wenn sie global für noch mehr Unordnung sorgten. Viel Aufwand und Zerstörung für einen sauberen Boden, weshalb das Genie das Chaos überblickt, anstatt es zu beseitigen und so für noch mehr Chaos zu sorgen – dachte ich mir in meinen ersten Studiensemestern; ebenso wie unzählige Kommilitonen, die im Hotel „Mama" aufgewachsen waren.

Mit der Zeit wurde mir bewusst, dass solche Genies meist auch ziemlich zerstreut sind, oft sogar lebensunfähig. Studienkollegen, WG-Mitbewohner und Konsorten, die sich besonders gehen ließen, lebten auch sonst eher Larifari, alles andere als kontrolliert und erfolgreich. Die Unordnung ihrer Umgebung hatte auch Körper und Geist infiziert. Sie ließen sich gehen, die Hygiene schleifen, futterten Schund, bewegten sich kaum und versauten das Studium. Sie versanken im Meer des Chaos, selbst wenn sie den Mund öffneten, kam nur Müll heraus. Der einzig stabile Faden ihrer Existenz war der monatliche Wechsel aus dem Elternhaus – der oft genug die frühe Besinnung verhinderte.

Also war es an der Zeit, den Müll in die eigene Hand zu nehmen und für Ordnung zu sorgen. Jeden Tag aufs Neue. Wir alle sind Teilsysteme des Gesamtsystems und wenn wir nichts dagegen unternehmen und den Müll draußen halten, dann fließt er immer wieder zu uns zurück.

Das Leben spielt sich am Rand einer Müllkippe ab, die immer weiter abrutscht und nur fern gehalten werden kann, wenn wir unseren eigenen Müll und den, der zu uns abrutscht, regelmäßig wieder auf die Müllkippe werfen – und ewig putzt das Murmeltier, aber so sind die Regeln.
Statt uns dagegen zu sträuben und im Müll zu ertrinken, sollten wir es spielerisch angehen, ja eine Kunst daraus machen. Also bringen Sie den Müll raus!
Es gibt vier Kategorien von Müll in Ihrem Leben: den in Ihrem Kopf, den in Ihrem Körper, den in Ihrem Besitz und den in Ihrem sozialen Umfeld.

In Ihrem Kopf ...

hinter Ihrer Stirn, in den Windungen Ihres Gehirns und den Tiefen des Geistes sammeln sich mit der Zeit allerlei Ideen, Vorstellungen und Konzepte an, die nichts weiter als Gedankenmüll sind.
Gedanken sind wie Farben. Man kann unendlich viele Bilder mit ihnen malen. Schöne Bilder, nützliche Bilder, motivierende Bilder, verbindende Bilder, tiefgründige Bilder, ansprechende Bilder, bewegende Bilder, schockierende Bilder, entsetzliche Bilder, geschmacklose Bilder, hässliche Bilder und solche, die jeden Rahmen sprengen. Aber man darf die Farben nicht verurteilen, wenn einem das Bild nicht gefällt.
Es liegt in der Hand des Künstlers, was er daraus macht. Ein guter Künstler ist, wer sich im Griff hat, wer den Umgang mit Farben beherrscht und sie rein zu halten weiß; der weiß, welche Farben miteinander harmonieren, welche nicht und welche unbrauchbar oder verwässert sind.
Es gilt ein ästhetisches Prinzip in unserer Welt: Schönheit! Alles, was schön ist, ist auch stabil und erfolgreich. Das wusste auch Bettina von Arnim:

> *„Alle Wahrheit ist Schönheit und alles Unschöne ist Unwahrheit."*

Um dies zu verstehen, reicht es aus, die Ästhetik einer einzigen Schneeflocke zu schauen. Bereits ein solch kleines Wunder der Natur scheint einer komplexen Ordnung einerseits und einer atemberaubenden Schönheit andererseits zu unterliegen. Alles, was funktionieren und bestehen soll, was erfolgreiches Prinzip werden soll, muss ebenso geordnet und schön sein.
Alles Chaotische, Asymmetrische, Instabile rüttelt an der bestehenden Ordnung. Dies sind die Attribute des Rebellen, des Schöpfers und Genies – aber auch des Verbrechers. Jene nutzen es als Mittel zu höherer Ordnung, dieser, um die bestehende zu erschüttern. Daran sollte man Chaoten messen – ob sie höhere Ordnung schaffen oder niedere erzwingen wollen, ob ihnen Chaos Mittel oder Ziel ist. Momentan sperrt sich die Gesellschaft gegen jedes Chaos und somit auch gegen den Fortschritt. Die Ordnung ist pervertiert – erstarrt, verkalkt – wie das Chaos damals in der Französischen Revolution pervertierte.

Um Ordnung überwinden und eine höhere schaffen zu können, muss es jedoch erst einmal eine grundlegende geben. So auch in uns, im „Team Mensch" und nun geht es um die im Geist. Wie steht es um Ihre Gedanken? Sie sind überaus komplex. Doch sind sie auch geordnet? Sind sie schön und stabil? Oder fliegen sie wild umher? Gleicht Ihr Geist einem Spielball, der von den hereinströmenden Meinungen, Prophezeiungen und Versprechen hin- und hergerissen wird? Gleicht Ihr geistiger Horizont der Morgenröte oder dem Flimmern einer überforderten Glühbirne? Was glauben Sie? Woran halten Sie fest? Was bringt Licht in Ihr Leben und Sinn in Ihr Streben? Jeder Mensch sucht sich im Laufe seines Lebens einen Gedanken – einen Fixpunkt –, an dem er sich festhalten und orientieren kann, einen Anker des Glaubens. Alles andere – die gesamte weitere Welt – wird von diesem Punkt aus relativiert und immer so weit in Frage gestellt, bis es mit dem eigenen Glauben, seiner Perspektive, seinen Zielen und Grenzen übereinstimmt. So wie amerikanische Kreationisten fest davon überzeugt sind, alle Fossilien der Erde seien vor 4.500 Jahren durch eine große Sintflut entstanden.

Es handelt sich um christliche Freigeister bzw. Geistfreie, die die Bibel beim Wort nehmen. Für sie wurde die gesamte Welt mit allen Gestirnen, Tieren und Menschen vor 6.000 Jahren geschaffen. Genauer gesagt war es kurz vor dem Frühstück am Morgen des 23. Oktober 4004 vor Christi Geburt – zumindest errechnete dies der englische Erzbischof James Ussher im 17. Jahrhundert anhand von biblischen Lebensläufen, Stammbäumen und Zuchtprotokollen. Bis zum Sündenfall lebten alle Lebewesen friedlich miteinander – als Vegetarier versteht sich. Menschen wurden locker 900 Jahre alt und die Krater auf dem Mond entstanden bei einem Kampf zwischen Satan und Engeln, präsentiert von Gott und ohne Werbeunterbrechung. Das klingt vernünftig und bodenständig – im Vergleich zu anderen Glaubenslehren.

Scientologen glauben, unsere Seelen (sog. Thetane) seien außerirdischen Ursprungs und vor 75 Millionen Jahren vom galaktischen Tyrannen Xenu mitsamt ihren Körpern gefangen, auf die Erde transportiert, dort in Vulkane gestopft und mit Wasserstoff-Bomben in die Luft gejagt worden – weil in seinem Herrschaftsbereich eine ziemliche Überbevölkerung herrschte und die Wahlen kurz bevor standen.

Die aufgescheuchten und entleibten Seelen hat Xenu mit gewaltigen Staubsaugern einfangen lassen, sie einer Seelenwäsche unterzogen und in die nächstbesten Primaten verpflanzt. So ist der heutige, beseelte Mensch entstanden, der orientierungslos, ohne Bezug zu seinem Körper und sich auf der Erde fremd fühlend vor sich hin wuselt. Selbst Hollywood-Stars sind dabei. Klingt komisch, aber in sich schlüssig.

Nun werden Sie, weiser Leser, denken, dass es Unfug sei. Dabei glauben viele Zehntausende Menschen weltweit fest daran. Wundern Sie sich nicht. Milliarden von Menschen glauben so allerlei, nur weil andere daran glauben, es in Büchern steht und in sich schlüssig ist. Sie glauben, innere Logik und die Worte anderer Menschen seien ein Beleg für Wahrheit. Dabei ist innere Logik nichts als Konsistenz in sich selbst (unabhängig der weiteren Welt). Die Worte anderer sind nichts als subjektiver Schein, ja Laut-Malerei, und gesellschaftliche Gemeinsamkeiten nichts als Prägung.

Manche essen gar Menschenfleisch, trinken das Blut ihres Erlösers und tränken ihre Neugeborenen in kaltem Wasser. Wäre ihr Heiland am Galgen gestorben, würde nun ein solcher auf ihren Dächern prangen. Wäre der offene, lebensfrohe Zimmermann nicht nur auferstanden und raufgefahren in den Himmel, sondern würde er auch mal wiederkommen und einen tranigen, traurigen Gottesdienst besuchen, wäre er ganz schön betrübt darüber, was für eine biedere, lebensfremde Veranstaltung aus seinem einstigen Fischereiverein geworden ist.

Woran glauben Sie, lieber Leser? Warum glauben Sie es? Weil Sie so erzogen wurden? Wissen Sie, was Sie glauben oder wollen Sie daran glauben? Was versprechen Sie sich davon? Lohnt es sich, dafür Scheuklappen aufzusetzen und die Freiheit des Geistes zu beschränken?

Ich halte mich lieber an Bertrand Russell und glaube, dass das gesamte Universum mitsamt allen unseren Erinnerungen, Theorien und Religionen vor 20 Minuten vom Gott Quitzlipochtli erschaffen wurde. Werter Leser, können Sie mir das Gegenteil beweisen?

Aus anderen Perspektiven erscheinen widersprüchliche Weltbilder meist verrückt und nicht nachvollziehbar. Tatsächlich gilt das für ausschließlich alle Weltbilder. Wir vernarren uns darin – und sind wir erst einmal drin, ergeben sie auch einen Sinn. Das ist die Krux am Denken. Wenn man nur genug Gehirnschmalz investiert, lässt sich alles „logisieren" – so dass es in sich schlüssig erscheint, für alle offenen Fragen eine Antwort liefert, erklärt, warum die anderen verblendet sind und wo ihre Denkfehler liegen – ja selbst für Logiklöcher findet sich meist ein Brocken Glaube, der sie gut zu stopfen weiß.

Je mehr man daran glaubt, desto klarer wird ein Weltbild, desto mehr immunisiert es sich und desto mehr zementiert es sich. Deswegen werden Weltbilder nur selten überwunden; wie Thomas Kuhn in seinem Werk über *Die Struktur wissenschaftlicher Revolutionen* festgehalten hat: Eher sterben sie aus, mit ihren Menschen.

Die Überwindung von Weltbildern geschieht selten individuell; meist wechseln sie mit den Generationen. Der individuelle Wechsel ist auch kein Pappenstiel. Wessen Weltsicht zerbricht, mit dessen Welt geschieht, was mit einem Puzzle geschieht, wenn es aus dem 10. Stock geworfen wird.

Das reine Chaos, nach dem Aufschlag. Nichts ist mehr, wo es hingehört, alles verliert seinen Bezug, seinen Sinn, ergibt kein zusammenhängendes Bild mehr. Denken, Handeln und Glauben werden unmöglich und wem der Glaube fehlt, der vermag nicht einmal mehr Zwerge zu versetzen. Viele geraten in einem solchen Moment in einen Schockzustand, werden apathisch und es ist fraglich, wie viel ein Mensch verträgt, der seine Stabilität von äußeren Weltbildern abhängig macht. Deswegen ist die Angst groß. Reflektieren fällt schwer, erscheint oft unmöglich – so wie immer, wo sich der

Geist am Granit des Glaubens die Zähne ausbeißt. Einige würden sich lieber den Kopf abreißen, als sich einzugestehen, dass das Weltbild darin Müll ist. Viele spüren, dass sie nicht alles glauben dürfen, doch woran sollen sie sich orientieren? Ohne einen festen Bezugspunkt würde der Mensch schnell verrückt werden. Er muss etwas haben; etwas was ihm den Anschein von Gewissheit und Sicherheit verleiht, etwas was ihm den Anschein vermittelt, dass seine eigene Existenz und die seiner Welt nicht sinnlos ist. Aber so etwas gibt es nicht. Oder doch?
Was ist uns wirklich gewiss? Was hat Bedeutung für uns? Für mich ist es vor allem eines, etwas ganz Lebensnahes, Pragmatisches: Der Glaube an das eigene Potenzial! Das Vermögen, sich selbst zu einem gesunden, schönen, intelligenten, würdevollen und starken Menschen zu entwickeln, der Körper und Geist vereint, spielerisch weise wird, sich über die tierischen und gesellschaftlichen Schwächen der Welt erhebt und dabei derart vor Kraft und Kreativität überströmt, dass er auch seinen Mitmenschen und seiner Gesellschaft davon gibt.

Erst an sich selbst zu denken und dann an Mitmenschen und Gesellschaft mag egoistisch erscheinen, aber es ist der beste Weg für alle. Will man sich, andere und die Gemeinschaft voranbringen, so muss man erst zu sich selbst finden, sein Potenzial realisieren, sich stabilisieren und Kraft auftanken, um sich dann von all dem distanzieren und es überwinden zu können – wie ein Bogenschütze die Sehne erst spannen und den Pfeil zu sich selbst ziehen muss, um ihn kraftvoll und zielgerichtet nach vorne schießen zu können.
Viele Menschen wollen selbst-los helfen. Das ist gut gemeint, aber nicht gut gemacht, denn sie schießen, ohne den Bogen zu spannen. Sie sind nicht selbstlos, sondern wirkungslos. Selbstlos handeln kann nur, wer auch ein Selbst hat – und damit kommt man nicht auf die Welt. Das Potenzial ist uns gegeben – entfalten und erfüllen müssen wir es selbst.

Ist nicht jeder große Fortschritt durch selbstbewusste Menschen geschaffen worden? Von Menschen, die ihr Selbst verwirklicht haben und – für sie – bestehende Probleme überwinden wollten?

Probleme an sich gibt es nicht. Probleme entstehen erst durch Perspektiven, die durch dieses Problem benachteiligt werden (gegenüber anderen Perspektiven). Je selbstbewusster ein Mensch, desto stärker seine Perspektive, desto größer sein Bewusstsein für Probleme und desto größer sein Drang, diese zu überwinden. Deswegen hängt aller Fortschritt von selbstbewussten Menschen ab und nicht von selbstlosen. Für die gilt: Kein Selbst, keine Perspektive, keine Probleme – keine Lösung.

Der zufriedene Mensch, der weniger für sich selbst lebt, sondern mehr von der Gesellschaft und seinen Trieben gelebt wird, ohne sich davon erniedrigt zu fühlen oder darüber erheben zu wollen, von dem wird das Rad der Zeit auf keine neue Stufe gehoben – er sorgt allenfalls dafür, dass es sich weiter dreht.

Ein Mensch kann nur aufsteigen, indem er Schwächen erkennt und überwindet und er wird umso höher steigen, je mehr Ballast er abzuwerfen weiß. Und ach, wie viel Ballast schwirrt doch durch unsere Köpfe: Wahnvorstellungen, falsche Ideale und Irrglaube sind in uns allen beheimatet. Sie alle legen unseren Geist in Ketten und hindern uns daran, uns frei zu entfalten.

Mir ist es einerlei, welcher Gedankenmüll sich bei Ihnen im Laufe der Jahre angesammelt hat. Ich rate Ihnen nur, hier gehörig aufzuräumen. Nehmen Sie sich dafür ausreichend Zeit – sie wird nicht verschwendet sein. Denn hier in Ihrem Geist liegt viel Potenzial verborgen.

Wie ein Fallschirm arbeitet der Geist nur, wenn er offen ist. Er sollte sich leicht entfalten und spielerisch lenken lassen. Jeder Makel macht sich im Flug der Gedanken bemerkbar. Sie sollten hier schleunigst für Ordnung sorgen, abstauben, entkalken und erfrischen. Solange Sie hier nichts verändern, werden Sie gar nichts verändern. Ohne einen starken Geist lässt sich das „Team Mensch" schwerlich begeistern.

Schmeißen Sie alles raus, was bremst und belastet. Es hat hier nichts zu suchen. Weg damit. Lassen Sie den Gedankenmüll nicht liegen und ihr Denken davon vergiften – nur weil Sie ihn nicht sehen können, heißt es nicht, dass er nicht da ist. Reinigen Sie Ihren inneren Blick, Ihr geistiges Auge. Sie benötigen einen klaren Verstand, um in dieser Welt bestehen, verstehen und wachsen zu können.

Kehren Sie auch ruhig mal aus. Den ganzen Staub, den kleinen Schmutz des Denkens, die Vorurteile, Engstirnigkeiten und Kleinlichkeiten. Sie werden nur dann ein besserer Mensch werden, wenn Sie von allem Nichtigen ablassen, denn das hält Sie an dem fest, was Sie sind – und überwinden wollen. Lassen Sie es los. Lassen Sie es weggleiten. Befreien Sie Ihren Geist – von vorgefertigten Meinungen, Geschwurbel und Gedankenschlamm.

Sie müssen lernen, selbst zu denken und alles zu hinterfragen, was Sie denken und noch mehr das, was andere denken. Die meisten Menschen denken nicht selbst. Sie glauben nur das, was sie glauben, was andere Menschen denken. Doch jeder Mensch ist selbst für das verantwortlich, was er denkt und glaubt. Gibt er hier seine Autonomie auf, so gibt er auch sich selbst auf. Wer keine eigene Meinung hat, dessen Meinung ist wertlos. Aber wenn wir dies wirklich so stringent beurteilen würden, dürfte wohl kaum ein Mensch wählen gehen. Es geht ohnehin kaum jemand ernsthaft wählen, weil auch kaum jemand ernsthaft weiß, was er will. Wissen Sie es?

Werde Sie sich über Ihre Ziele bewusst. Seien Sie sich im Klaren darüber, dass Ihr Leben nicht selbstverständlich ist und es jeden Moment zu Ende sein kann. Klären Sie, warum Sie am Leben bleiben wollen, was Sie erreichen und was bewegen wollen. Fragen Sie sich, ob dies auch wirklich würdevolle und honorige Ziele sind. Ziele mit Kopf und Fuß. Ziele, die Sie der Vollkommenheit näher bringen. Ziele, die einen aufrichtigen Menschen auszeichnen und nicht beschmutzen.

Wenn man derart kompromisslos im eigenen Geist aufräumt, dann wird am Ende nicht viel übrig bleiben. Das ist aber nicht schlimm, sondern schön. Qualität entsteht nicht durch Quantität, sondern dadurch, dass man wegmeißelt, was der Qualität im Wege steht und sie verdeckt – wie überschüssiges Körperfett das Muskelrelief eines Bodybuilders.

Specken Sie ab, was die Trägheit des Denkens Ihrem Geiste angedeihen ließ. Machen Sie eine Diät für den Kopf, denn nicht nur im Körper, auch im Geist sammelt sich eine Menge überschüssiger Müll an. Ebenso, wie erst der Körper wirklich gesund, funktional und ästhetisch wird, der sich von seinem überschüssigen Fett – und den darin gespeicherten Giften – befreit, so wird es dem ergehen, der es versteht, auch seinen Geist zu entschlacken und von überflüssigem, ja schädlichem Ballast zu befreien.

In Ihrem Körper ...

sammelt sich im Laufe des Lebens viel Müll an. Dabei meine ich nicht nur überschüssiges Körperfett, sondern die schädlichen Substanzen, die wir aufnehmen. Minderwertige Nahrung, Drogen und allerlei Medikamente, obwohl wir gar nicht krank sind. Sie sind schnell verfügbar, machen Spaß, putschen auf, machen gesellig, sind oft billig, industriell herstellbar, senken die Hemmschwelle und steigern die Leistungsfähigkeit – sie sind einfach wunderbar und kaschieren all unsere Schwächen. Aber indem sie dies machen, machen sie nichts anderes, als dass sie täuschen. Sie täuschen eine Welt vor, die es nicht gibt. So täuschen wir andere Menschen und vor allem täuschen wir uns selbst.

Man ist kein lustiger, interessanter oder beherrschter Mensch, wenn man diese Eigenschaften nur durch Hilfsmittel abrufen kann. Man ist kein leistungsfähiger oder kreativer Mensch, wenn man dafür auf Nikotin, Koffein oder Kokain angewiesen ist und man ist auch kein unabhängiger, eigenständiger Mensch, wenn man dies alles nur konsumiert, um mit anderen Menschen etwas gemeinsam zu haben. Vielmehr ist man so nichts weiter als ein schwacher Idiot, ein Mitläufer und Mitsäufer. Man lebt auch nicht gesund, wenn man sich industriellen Fertigmüll hinter die Kiemen schiebt, um dadurch schneller und effizienter leben zu können. Das einzige was dadurch schneller und effizienter vonstatten geht, ist der Untergang der eigenen Leistungsfähigkeit und Gesundheit. Je mehr man sich auf äußere Mittel verlässt, desto abhängiger wird man auch – denn Abhängigkeit fördert Abhängigkeit.

Ein großes Problem beim Umgang mit unserem Körper besteht in unserer Kurzsichtigkeit. Wir sehen nur die kurzfristigen Auswirkungen und verdrängen die langfristigen Entwicklungen. Aber nur wenn wir lernen unseren Blick auf diese zu wenden, werden wir verstehen, was unserem Körper schadet und was ihm hilft. Primär sollten Sie langfristig denken. Fragen Sie sich stets: Was sind die langfristigen Konsequenzen meines Konsumverhaltens? Wie würden sich mein Befinden, Aussehen, meine Leistungsfähigkeit und Gesundheit sich entwickeln, wenn dieses Konsumverhalten zur Norm wird. Ok, werden Sie sagen, aber ein paar mal werden ja nicht schaden?! Ich aber frage Sie: Wenn Ihnen etwas generell Schaden zufügt, warum sollten Sie es dann im Einzelfall akzeptieren? Um abschalten zu können? Um einmal richtig Spaß haben zu können? Um dem grauen Alltag entfliehen zu können? Ja natürlich, warum nicht. Aber ist dies wirklich eine Legitimation, um den eigenen Körper zuzumüllen?

Vielmehr ist es nichts weiter als eine Art der Verdrängung: Wenn wir abschalten wollen, zur Abwechslung mal Spaß haben und entfliehen wollen, dann sagt uns dies nichts anderes, als dass wir mit vielen Aspekten unseres Lebens momentan nicht zufrieden sind. Anstatt sie jedoch zu ändern, akzeptieren wir sie und verdrängen sie, indem wir sie uns kurzfristig schön rauchen, saufen, schlucken oder fressen. Da Kurzfristiges jedoch nicht lange währt, machen wir es immer und immer wieder, bis es zur Gewohnheit,

zur Sucht verkommt, uns vollständig beherrscht und unseren Körper nachhaltig schädigt, jegliche Entwicklung schon im Keime erstickt und schlussendlich das Leben zerstört, das es versüßen sollte.
Dieser Weg ist Müll. Gehen Sie ihn nicht. Verändern Sie Ihr Leben so, dass Sie es nicht mehr zu verdrängen brauchen. Leben Sie gesund. Erkennen Sie die langfristigen Konsequenzen Ihres kurzfristigen Handelns! Bringen Sie den Müll raus und lassen Sie ihn auch draußen. Körperhygiene ist nicht nur von außen Pflicht.

Wir sollten aber auch differenzieren: Nicht alles ist für jeden schlecht. Ein starker, gesunder Körper verträgt ohne Probleme den ein oder anderen Genuss – wenn er nicht zur Routine wird und zur Stärkung, Erforschung oder Entspannung beiträgt. Strikte Askese ist alles andere als spielerisch und nichts als Zwang, der den Schweinehund gegen uns aufbringt.
Genuss ohne Abhängigkeit ist nicht nur möglich, sondern auch erfüllend – doch Hand auf die Leber, schaffen Sie das, lieber Leser? Können Sie all ihre Stimulanzien auch von hier auf jetzt entbehren – für Tage, Wochen oder gar Monate? Falls ja, sind Sie frei, falls nein, sollten Sie etwas ändern.
Bei allen niederen Dingen sollten wir stets die Fäden in der Hand halten und nicht umgekehrt. Auch sollten wir uns regelmäßig vor Augen führen, dass viele dieser Stimulanzien (Fraß-)Gifte sind. Peitschenhiebe, die unseren Körper aufschrecken und aufschreien lassen – an diesem Schock berauschen wir uns und genießen es, dass unser Körper endlich mal wieder ein Lebenszeichen von sich gibt (und verdrängen, dass er danach umso zerschundener am Boden liegt).
In diesem Moment des Hochgefühls spüren Sie ein Bruchteil von dem Potenzial an Lebensgefühl, dass sich Ihnen eröffnen wird, wenn Sie Körper und Geist zusammenschweißen und Ihre innere Kraft entfesseln. Wenn Sie das derart genießen – wäre es nicht wunderbar, wenn Sie all diese Energie, diese Kraft, Konzentration und Agilität, diese Lebendigkeit und die Gelas-

senheit, dieses starke Selbstbewusstsein, die Selbsttranszendenz und noch viel mehr auch ohne Stimulanzien erleben könnten? Was glauben Sie, warum äußere Stimulanzien überhaupt in unserem Körper wirken können? Weil wir bereits Rezeptoren für körpereigene Stoffe haben, die denen der Stimulanzien ähneln. Vergleichbare Effekte vermag unser Körper selbst zu produzieren. Er hat genug körpereigene Drogen im Apotheken-Schrank der Botenstoffe. Fragen Sie mal Dr. Josef Zehentbauer oder lesen Sie sein Buch über *Körpereigene Drogen*:

> *„Millionen Menschen versuchen, ihre Psyche und ihr Gehirn durch Psychodrogen oder Psychopharmaka zu beeinflussen, nehmen stimulierende Mittel, angstlösende oder bewusstseinserweiternde Drogen, Antidepressiva, Nikotin, Cannabis und Alkohol, Schmerz- und Schlaftabletten. In aufwendigen Forschungsarbeiten beschäftigt man sich seit langem mit der Frage, wie all diese Psycho-Drogen im menschlichen Gehirn wirken. Dabei stellte man fest, dass das menschliche Gehirn eigene Psychodrogen herstellt, beispielsweise schmerzstillende, morphinähnliche Stoffe (Endorphine) oder angstlösende, valiumähnliche Substanzen.*
> *Das jüngst entstandene Wissen um die körpereigenen endogenen Drogen ist eine Revolution in der Medizin. Nahezu alle körpereigenen Botenstoffe wurden in den Laboratorien der Pharmaindustrie auf der Suche nach immer neuen und wirksameren Medikamenten als 'Nebenbefunde' entdeckt. Diese Entdeckungen könnten aber bald zum Schaden der Pharmaindustrie gereichen, da der Mensch in der Lage ist, alle wichtigen Drogen selbständig in seinem Körper herzustellen, und letztendlich auf die Zufuhr exogener Drogen, also auf Medikamente oder auf Rauschdrogen, verzichten kann.*

Der Mensch ist sein eigener Drogenproduzent; er muss nur wieder lernen, wie er bedarfs- und wunschgerecht seine körpereigenen Drogen stimulieren kann. Die Palette von körpereigenen Drogen umfasst antriebssteigernde, antidepressive, schmerzstillende, beruhigende, anxiolytische, sexuell anregende, psychedelische, schläfrig machende oder euphorisierende Drogen. Nachgewiesen sind sogar die Immunabwehr steigernde oder herzstärkende körpereigene Drogen."

Kaum jemand weiß über sein eigenes Rauschpotenzial; über das, was Hypnose, Placebo-Effekt, Glaube, Hoffnung, Wille und Verzweiflung alles aus uns herauskitzeln können. Lieber Leser, sind Sie sich bewusst, dass Sie Ihre Apotheke immer dabei haben – sie quasi selbst sind?
Nun müssen Sie nur noch lernen, sie zu steuern; lernen, Konzentration, Heilung, Stärke, Überwindung und weitere nützliche Prozesse gezielt zu aktivieren. Wie das funktioniert?
Wir sind bereits mitten drin. Der erste und wichtigste Schritt, ist wieder zum Apotheker zu werden und nicht bloß Konsument zu sein. Das schaffen Sie, indem Sie genau das machen, worum es in diesem Buch geht – die Verkörperung des Geistes und die Steuerung der Triebe.
Leider gibt es kaum Literatur zu diesem Thema – keine freigeistige, die nicht mit esoterischem Geschwurbel durchzogen wäre. Unsere Gesellschaft befasst sich nur geringfügig damit. Auch die Pharmaindustrie macht keine Forschungsgelder locker. Komisch, dabei will sie uns doch heilen – so wie alle Ärzte, Therapeuten und Krankenhäuser. Sie wollen doch eigentlich nur unser Bestes. Leider halten sie unser Geld für das Beste.
Lieber Leser, geben Sie nie die Verantwortung über Ihre Gesundheit ab. Andere Menschen beraten und behandeln nur – Sie müssen damit leben. Schlussendlich tragen Sie die Konsequenzen und allein Sie sollten ent-

scheiden. Ich habe einige angeratene Operationen nicht durchführen lassen – und mir geht es blendend. Von der aufgerissenen Faszie oder eingerissenen Bauchwand bis hin zum durchgerissenen Muskel. Der Körper hat gelernt, damit umzugehen bzw. es wieder so repariert, dass ich wunderbar damit leben und trainieren kann. Irgendwann bin ich nicht einmal mehr zum Arzt gegangen. Der letzte Besuch ist einige Jahre her. Man darf sich meine Krankenkasse als eine glückliche Krankenkasse vorstellen.

In meiner Jugend wurde mir eine beidseitige Hüftdysplasie diagnostiziert. Ich hatte Schmerzen. Der Onkel Doc meinte, das würde nicht besser werden, Krafttraining sei Gift, ich solle mich einer Triple-Osteotomie unterziehen lassen oder bräuchte mit 30 eine neue Hüfte. Bei dieser OP werden einem die Hüftpfannen rausgebrochen und in einem anderen Winkel wieder festgeschraubt. Das hätte mich für einige Jahre flach gelegt.

Ich hatte damals schon einen Dickschädel und dachte mir: Die beste Operation ist die, die vermieden werden kann; bedankte mich für den Rat, verließ die Arztpraxis und setzte auf meine eigene, damals noch kleine, aber bereits gefestigte Körperweisheit: Widerstand ist die bessere Medizin!

Ich ließ die Dauerläufe weg, konzentrierte mich noch mehr auf schweres Krafttraining (denn hohe Widerstände stärken nicht nur Muskulatur und Sehnen, sondern auch Knochen, Gelenke, Bänder) und war einige Zeit später schmerzfrei – bis heute ... und ich bin über 30.

Verstehen Sie mich nicht falsch. Ich bin kein Gegner der Medizin. Ich schätze und respektiere sie. Statt sie zu überlasten und unsere Selbstheilungskraft zu schwächen, sollten wir sie uns jedoch aufsparen für wichtige Fälle – wie Herzinfarkte, Verkehrsunfälle und Brust-OPs.

Wir Deutschen sind Operations-Weltmeister. Der Durchschnittsdeutsche geht 18 mal pro Jahr zum Arzt. Unfassbar! Tragisch. Kein Land hat dies Buch mehr nötig als Deutschland – das völlig den Bezug zum Körper verloren hat und sich seinen Wehwechen hilflos ausgeliefert glaubt.

Die meisten Medikamente, Therapien und Behandlung sind vermeidbar. Sie heilen nicht wirklich. Sie geben dem verkopften Menschen nur den Glauben an Heilung, der eigene Heilungsmechanismen aktiviert – weil er selbst nicht mehr dazu fähig ist. Das „Team Mensch" wird mit fast allem fertig – nur nicht mit einem Selbstbild, in dem es sich als schwach, verletzlich und hilflos glaubt. Wer sich als unmündigen, zur Selbstheilung unfähigen Patienten sieht, der wird ohne Ärzte und Medikamente auch zu keiner Heilung fähig sein.

Wie mächtig der Glaube ist, zeigen sog. Placebo-Operationen. Bei diesen werden Patienten scheinbar operiert, tatsächlich aber nur oberflächlich aufgeschnitten und wieder zugenäht. Das lindert ihre Probleme fast ebenso wie es bei der wirklich operierten Vergleichsgruppe der Fall ist – z.B. bei Kniebeschwerden. Der Glaube vermag Schmerzen zu lindern, Gewebe zu heilen und Schädliches abzubauen. Er ist ein starker, fleisch- und beindurchdringender Befehl, der im ganzen Körper wirksam wird.

Es gibt viel(-versprechende) Literatur zum Placebo-Effekt. Wer sich dem Thema kritisch nähern möchte, findet bei Howard Spiro und seinem Buch *Placebo. Hoffnung, Heilung, Arzt-Patienten-Beziehung* eine fundierte Grundlage. Sein Fazit, das ihn selbst überraschte:

> *„Viele der in der Schulmedizin eingesetzten Verfahren sind nicht besser als Placebos oder haben eine placebo-artige Wirkung. Das heißt, kraft ihrer symbolischen Bedeutung lindern sie Schmerz, Angst oder andere ungute Empfindungen oder verbessern die Wirksamkeit eines anderen Mittels oder Verfahrens."*

Der Placebo-Effekt wird von der Pharmaindustrie und medizinischen Kreisen in den Schatten gestellt. Schließlich könnte nichts geschäftsschädigender sein als sich selbst heilende Menschen und die Erkenntnis, dass die meisten Therapien vor allem deswegen wirken, weil der Patient daran glaubt. Es sind meist die Menschen, die uns am meisten helfen wollen, mit dafür verantwortlich, dass wir verlernen, uns selbst zu helfen. Indem wir unsere Gesundheit in fremde Hände legen, entfremden wir uns von unserer Fähigkeit dazu. Hilflosigkeit fördert Hilflosigkeit.

In ernsten Fällen kann diese Entfremdung zum Tod führen. Der Mediziner Bernard Lown beschreibt in seinem Buch *The Lost Art of Healing* einen solchen Fall, bei dem er selbst Zeuge war: Es geht um eine Frau mit geringgradiger Herzinsuffienz, die bei ihrem behandelnden Arzt Dr. Levine, einem bekannten Bostoner Herzspezialisten, wie schon so oft in der Sprechstunde war. Nur an diesem Tag war er in Anwesenheit einiger Studenten. Er verkündete ihnen: *„Diese Frau hat TS"*, und verließ den Raum. Den weiteren Gang der Entwicklung möchte ich direkt aus Lowns Buch zitieren:

> *„Kaum war Dr. Levine aus der Tür, veränderte sich das Betragen von Mrs. S. Sie wirkte ängstlich und rang nach Luft. In ihren Lungen, die wenige Minuten zuvor noch ganz frei gewesen waren, war jetzt feuchtes Knistern zu hören. Ich fragte Mrs. S. nach dem Grund für ihre plötzliche Aufregung. Sie antwortete, Dr. Levine habe gesagt, sie habe TS, und ihres Wissens nach bedeute dies ‚terminale Situation', also den Endzustand."*

Tatsächlich steht „TS" für eine „Trikuspidalstenose", was nichts anderes bedeutet als eine chronische Deformation der Herzklappe. Doch die Patientin glaubte an etwas anderes und das führte dazu, dass sie *„noch am gleichen Tag an Herzversagen starb. Bis auf den heutigen Tag lässt mich die Erinnerung an dieses tragische Geschehen erzittern, wenn ich daran denke, welche Macht die Worte eines Arztes haben können"*, beendet Lown seine Betrachtung. Man fühlt sich an die Worte Norman Cousins erinnert, die dieser in seinem Buch *Anatomy of an Illness: As Perceived by the Patient* formuliert:

„Aus dem Mund eines Arztes können Worte Tore öffnen oder zuschlagen. Sie können den Weg zur Genesung freimachen oder aber den kranken Menschen in Angst, Abhängigkeit oder Rebellion versetzen. Die richtigen Worte können einem kranken Menschen Kraft geben, seinen Lebenswillen mobilisieren und heroischen Reaktionen den Boden bereiten. Die falschen Worte dagegen können ihn in Verzweiflung stürzen."

Lieber Leser, Sie selbst sind der wichtigste Heiler in Ihrem Leben. Sie sind Patient, Arzt und Apotheker in einer Person und fast immer haben Sie bereits alles, was Sie für ein starkes und gesundes Leben benötigen, bei sich, in sich: Ihre Fähigkeit zu Glauben, den Körper und seine Kraft. Erkennen Sie das und lernen Sie, diese Fähigkeiten zu fördern. Auch für alltägliche Probleme wie Konzentrationsschwäche, Müdigkeit, Kopfschmerzen und Lethargie liegt die Lösung in Ihnen selbst – in den Botenstoffen. Sie sind eine mächtige Kommunikationsebene im „Team Mensch". Schalten Sie sich doch mal ein und reden Sie ein Wörtchen mit.

Doch Schritt für Schritt. Vorerst gilt es Ordnung zu schaffen, den Körper zu entmüllen und die Verhältnisse zu klären – auch in der Ernährung. Sie wirkt sich direkt auf den Körper aus. Wie gut etwas ist, hängt auch davon ab, wer es isst. Zucker ist nur für den schlecht, der ihn nicht verbrennt. Dann macht er fett, überlastet die Bauchspeicheldrüse, fördert Krebs uvm. Vergleichbares gilt für die Kohlenhydrate in Mehlprodukten, Kartoffeln und Hülsenfrüchten – wobei viele davon wiederum wertvolle Nährstoffe liefern. Im Schlechten steckt also auch Gutes.

Es sei denn, es handelt sich um „leere Kalorien", die einfach nur Energie liefern, aber sonst keine lebenswichtigen Nährstoffe. Vor allem finden sich leere Kalorien in Zucker- und Weißmehlprodukten und die muss man sich leisten können – nicht finanziell, denn diese Mastmittel, die den Gaumen befriedigen, aber nicht den Körper, sind billig. Man muss sie sich vom Stoffwechsel her leisten können.

Nur wenn hier ein Feuer lodert und der Mensch nicht nur in, sondern mit seinem Körper lebt, schwitzt und strebt, dann wird er auch diese überschüssige Energie verbrennen, statt an der Schlacke zu ersticken.

Ebenso sollten wir darauf achten, möglichst naturbelassene Nahrung zu uns zu nehmen. Unser Körper ist nicht auf Chemie eingestellt, er kennt nur Biologie, seine Gene sind aus der Steinzeit. All die Zutaten aus dem Labor liegen nicht in seiner Natur. Kurzfristig mögen sie keinen Schaden anrichten, langfristig sind sie problematisch. Chemisch gehärtete Fette, wie wir sie in vielen Lebensmitteln finden (z.B. in Margarine, Gebäck, Frittierfett und Chips) steigern nachweislich die Krebswahrscheinlichkeit. Der moderne Körper hat bereits Probleme mit dem Überangebot an natürlichen Fetten, warum sollten wir ihn zusätzlich mit chemisch veränderten Fetten überlasten, auf die er gar nicht eingestellt ist? Vergleichbares gilt für all die Geschmacksverstärker, Konservierungsstoffe und Farbstoffe aus der Fabrik. Dabei ist die Vorratskammer von Mutter Natur prall gefüllt. Achten Sie auf möglichst naturbelassene Nahrung und lassen Sie alles im Supermarkt liegen, das aus künstlichen Zutaten zusammengepuzzelt wurde. „Bio" ist ebenfalls anzuraten, auch wenn die Herstellungsprozesse nicht ganz transparent sind. Dennoch ist es von enormer Bedeutung, ob Fische mit Fischmehlpellets und Antibiotika vollgestopft sind, ob sie naturnah gezüchtet werden oder vielleicht sogar aus einem heimischen Gewässer stammen. Es ist von Bedeutung, ob Rinder mit billigem Mastmittel groß gezogen oder mit Gras gefüttert werden – sie weisen dann verschiedene Fettsäureprofile auf. An das vom grasgefütterten Rind sind wir angepasst, es stärkt unseren Körper und seine Gesundheit, das andere kommt in natürlichem Fleisch gar nicht vor und macht langfristig krank, weil unser Körper nicht damit zurecht kommt – wie ein Benziner mit Diesel.

Diesel an sich ist ebenso wenig schlecht, wie all die Lebensmittel in unseren Supermärkten. Es passt nur nicht zu unserem Motor – und wir sollten lernen, möglichst reinen, uns angemessenen Treibstoff zu tanken, damit er nicht auf halber Strecke den Geist aufgibt oder dauernd in die Werkstatt muss. Ebenso gilt das für alle anderen tierischen Produkte: Was die Tiere gefressen haben, die wir essen, das essen auch wir.

Wir sehen es nicht, aber industriell hergestellte Tierprodukte sind Medikamente und billige Mastmittel in Form von Steaks, Filets, Milch und Eiern – auf die unser Körper nicht eingestellt ist. Sie bringen unseren Stoffwechsel durcheinander, stören die Verdauung, machen fett und krank. Vorsicht auch bei ausländischen Tierprodukten.

In Europa ist der Einsatz von Hormonen bei der Tierproduktion verboten; in vielen anderen Ländern nicht. Aus diesen Ländern wandert aber viel auf unseren Teller – und Hormone sind mächtig; unabhängig davon, ob wir sie spritzen oder essen. Selbst wenn sie „nur" in unseren Abwässern und Gewässern schwimmen – einmal im Kreislauf der Natur, wird sich vieles davon auch wieder beim Menschen zurück melden und seinen Körper belasten. Das gilt ebenso für Pestizide, Fungizide, Schwermetalle und Arzneimittelrückstände. Kritisch zu beäugen sind auch die Plastikverpackungen mit ihren Weichmachern, in die fast all unser Essen eingeschweißt ist.

Wer sich in das Thema einliest, sich über Produktionsmethoden informiert sowie mit Forschern und Ärzten spricht, der wird mit ganz anderen Augen durch die Räumlichkeiten des örtlichen Lebensmittelhandlangers gehen. Lassen Sie es lieber, sonst werden Sie fast gar nichts mehr essen. Merken Sie sich jedoch: Kaufen Sie möglichst naturbelassene Lebens-Mittel, Mittel zum Leben, die auch mal gelebt haben und auch noch daran erinnern. Achten Sie auf Herkunft und Herstellungsprozess. Kaufen Sie möglichst beim Produzenten Ihres Vertrauens, Produkte aus Ihrer Umgebung und geben Sie lieber etwas mehr Geld aus, bevor Sie Müll in sich hineinstopfen.

Viele Gifte, die wir über die Nahrung aufnehmen, sammeln sich in unserem Körpergewebe. Wer abnimmt oder gar fastet, wird überrascht sein, wie viel Giftstoffe der Körper gespeichert hat – wie ein schmelzender Gletscher gibt die Fettschicht nach und nach den ganzen Müll ab, der sich im Laufe der Zeit darin angesammelt hat.

Als Personal Trainer kenne ich das gut von meinen Klienten und mir. Die Leber arbeitet hart, wie nach einem durchzechten Wochenende, einem wird übel, die Zähne werden pelzig, die Zunge verfärbt sich, man wird launig und fängt aus allen Poren dermaßen stark zu stinken an, dass sich beim Joggen im Park die Leute nach einem umdrehen – zumindest bei besonders belasteten Körpern. Wer sich ernährt wie ein Mülleimer, darf sich nicht wundern, wenn er ebenso riecht und aussieht.

Wollen Sie wirklich mit so viel Müll im Körper herum laufen und ständig neuen dazu schütten? Denken Sie nicht, dass Körper und Geist – und somit Ihr gesamtes Leben – stark dadurch belastet werden? Wo würden Sie mit ihren Kindern lieber baden? An einem naturbelassenen Strand oder an einer verseuchten Küste? Welches der beiden Ökosysteme ist wohl gesünder, lebendiger und produktiver?

Wenn Sie ein reines Leben führen wollen, sollten Sie vor allem in Ihrem Körper damit beginnen. Körperhygiene ist nicht nur für das Äußere des Körpers von Bedeutung, sondern für unser ganzes Leben maßgebend. Sie findet vor allem im Inneren statt – selbst für die äußere Erscheinung. Gesundheit und Schönheit gehen durch den Magen. Die Vitamine, Kräuter und Fruchtextrakte in unseren Kosmetikartikeln sollten wir uns lieber aufs Brot schmieren, anstatt auf tote Zellschichten und Hornfäden.

In Ihrem Besitz ...

hat sich so viel Müll angesammelt, dass man ihn überhaupt nicht mehr überschauen kann. Das ist die Norm in unserer Gesellschaft. Besitz ist die größte Kompensationskeule, der ein Mensch zum Opfer fallen kann.

Wir definieren uns über unseren Besitz, unseren Reichtum, unsere Autos, Häuser, Sammlungen und Kleidungsstücke. Viele wollen sogar ihre Partner besitzen. Auch andere Menschen werden über ihren Besitz definiert. Je größer dieser wird, desto weniger wichtig wird dabei der Mensch dahinter bzw. desto mehr Schwächen und Ausfälle kann er sich leisten. Viele hoffen selbst, dass sie so von ihren Schwächen ablenken können.

Ein Bekannter sagte mir bei einem gemeinsamen Bier am See einmal folgende zwei Worte: *„Besitz belastet."* Und er musste es wissen.

Alles, was Sie besitzen, von dem werden Sie auch besessen. Und wer zu viel besitzt, der wird auch besessen zu Grunde gehen. Streng genommen ist Besitz auch nicht real. Er ist die kollektive Wahnvorstellung, dass einem Lebewesen mehr gehören würde als sein Geist, seine Kraft und sein Körper – wenn überhaupt und falls man es schafft, den Schweinehund zu dominieren. Besitz ist in einer Gesellschaft immer nur dort möglich, wo er auch von dieser Gesellschaft akzeptiert wird. Er ist Konsens; mehr nicht.

Wir können vermeintliche Güter horten, konstruieren, fabrizieren, tauschen, bewahren und zerstören, aber sie haben immer nur die Bedeutung, die wir ihnen verleihen und keine darüber stehende.

Alle sehen immer nur den Preis. Machen Sie es besser: Sehen Sie in allen Dingen immer nur den Nutzen, den sie für Ihre Entwicklung, für das Erreichen Ihrer Ziele haben. Sie sollten lernen, die pragmatische Seite des Besitzes zu erkennen. Besitz soll voranbringen und nicht belasten. Jegliche Form von Besitz ist flüchtig. Nutzen Sie Dinge immer so, als würden Sie sie auch nur nutzen und nicht besitzen. So werden Sie auch nicht besessen, so werden Sie auch nicht verletzt, wenn sie einmal weg oder kaputt sind. Und das werden sie früher oder später alle sein. Metall zu Metall und Plastik zu Plastik.

Befreien Sie sich aus der Abhängigkeit des Besitzes. Seien Sie unabhängig von allen Gütern. Nutzen Sie sie, wenn sie da sind, aber vermissen Sie sie nicht, wenn sie weg sind. Lassen Sie die Dinge ruhig in Ihr Leben, aber nicht in die Seele. Francois de la Rochefoucauld wusste, dass sie uns vom Wesentlichen abhalten:

„Wer sich zu viel mit kleinen Dingen abgibt, wird gewöhnlich unfähig zu großen."

Nun führen Sie sich Ihre Besitztümer vor Augen. Ist da nicht auch eine Menge Schund dabei? Wie viele Krawatten, Hemden, Hosen, Röcke oder Handtaschen benötigen Sie wirklich? Wie viele Schuhe können Sie tragen? Wie viele der unzähligen Bücher haben Sie wirklich gelesen? Welche sind es wert, behalten zu werden? Welches Geschirr, welche Einrichtungsgegenstände nutzen Sie? Und was liegt alles brach? Was belastet Ihren Wohnraum, Ihre Küche, das Bad, Schlafzimmer und Büro? Wie zugemüllt ist Ihr Auto, der Keller und Dachboden? Die kleine Gartenlaube oder Garage? Fragen Sie sich nie: Kann ich das noch brauchen? Denn man könnte fast alles irgendwann einmal gebrauchen, aber das „irgendwann" wird entweder nie kommen oder es wird sich eine andere Möglichkeit ergeben – meist sogar eine aktuellere und bessere. Fragen Sie also lieber: Kann ich auch ohne das leben? *In dubio contra reo* – Im Zweifel gegen den Angeklagten. Sie werden sehen: Das meiste in Ihrem Leben ist nur Überbau, unnötig, ablenkend, oft sogar belastend. Es liegt im Weg, blockiert Freiraum und lenkt ab. Weniger ist mehr. Weniger verschafft besseren Überblick, erleichtert Ordnung und Kontrolle. Also: ausmisten! Da man nur das Beste behalten wird, hebt sich die Lebensqualität insgesamt.

Vieles ist Müll. Knapp 80% unseres Eigentums nutzen wir kaum, wohingegen wir ungefähr 20% regelmäßig nutzen. Ihre Schränke werden voll sein mit ungetragenen, unschönen und ungemütlichen Kleidungsstücken und allerlei anderem Tinnef, den Sie irgendwann, irgendwo einmal erstanden oder geschenkt bekommen haben, aber nicht viel damit anfangen können. Warum belasten Sie sich damit? Wenn Ihnen etwas nicht ins Leben passt, dann raus damit. Schaffen Sie sich Raum zum Atmen, zum Bewegen und Tanzen. Verschenken, verkaufen, spenden oder entsorgen Sie – aber raus damit.

Ich habe es auch getan. Zwei Anhänger voll. Es war der größte Befreiungsschlag meines Lebens, der mir dazu verhalf, freier zu leben und mich mehr auf das Wesentliche zu besinnen – mein Leben, meine Entwicklung, meine Arbeit, meine Familie und meine Beziehungen.

Zu Beginn fällt es schwer, doch mit der Zeit wird es leichter und routinierter. Je leichter Sie loslassen können, desto freier sind Sie auch. Wenn Sie etwas Neues kaufen, schmeißen Sie dafür etwas altes weg. Freuen Sie sich, wenn etwas kaputt geht, Probleme bereitet, im Weg herum steht oder einfach nur hässlich ist – dann haben Sie einen Grund, um es wegzuwerfen und noch etwas mehr Ballast loszuwerden. Wenn Sie ein Buch gelesen haben und es nicht unbedingt behalten wollen, dann schenken Sie es jemandem, dem es gefallen könnte. Es freut die Menschen, wenn wir individuell auf sie eingehen. Wenn Sie es sich leisten können, dann sortieren Sie auch alles aus, was nicht ihrem Geschmack oder Stil entspricht. Das Leben ist zu kurz, um in einer Umgebung zu leben, die nicht voll und ganz auf Sie abgestimmt ist. Selbst der kleinste Widerwille führt zu Unordnung im „Team Mensch". Sie glauben gar nicht, was unbewusst alles in uns gärt und brodelt. Wenn Ihnen eine kleine Unstimmigkeit bewusst wird, dann können Sie sicher sein, dass Ihr Unbewusstes stark davon genervt ist. Da geht viel Energie verloren – ohne dass sie es merken. Darum machen Sie auch aus der Gestaltung Ihres Wohnraums und allen weiteren Bedingungen Ihres Lebens eine Kunst – die Kunst des materiellen Minimalismus. Was wird das Wesentliche in Ihrem Leben stärker zur Geltung bringen, als die Abkehr von allem Nebensächlichen, Nichtigen?

Wenn Sie schön, spielerisch, stark und produktiv leben wollen, dann sollte Ihr Reich das auch widerspiegeln. Vor allem sollten Sie sich aber vor Augen halten, was der schottische Schriftsteller Samuel Smiles schrieb:

> „Nicht was ich habe, sondern was ich schaffe, ist mein Reich."

Also übertreiben Sie es nicht beim Thema Besitz. Zumüllen kann sich jeder. Stil zeigt, wer sich auf weniges, aber Gutes, Schönes und vor allem Nützliches zu konzentrieren und sonst zu verzichten weiß. Eine Wohnung ist nicht dann perfekt eingerichtet, wenn man nichts mehr hinzufügen, sondern wenn man nichts mehr wegnehmen kann. Verzicht ist wahre Noblesse.

Na dann: Bringen Sie den Müll raus und verlernen Sie, ihn zu achten. Achten Sie nur das, was Potenzial hat. Was durch Benutzung abnutzt, ist tot, materiell und wertlos. Was durch Nutzung wächst und sich weiterentwickelt, ist lebendig, wertvoll und hat Potenzial: Ihre Fähigkeiten, Stärken und Beziehungen.

Je mehr Sie Mensch werden, je mehr Sie lernen, im Moment zu leben, spielerisch und zielgerichtet, je mehr Sie sind und werden, desto unabhängiger werden Sie auch von Besitz, desto unwichtiger wird, wie viel und was Sie haben – Sie werden es eh wieder verlieren. Dann stehen Sie da in Ihrer nackten Menschlichkeit. Was wird übrig bleiben?

Verschanzen Sie sich nicht in einer Burg aus Gütern. Dies führt meist dazu, dass man sich selbst vernachlässigt und zu sehr auf Äußeres verlässt. Schlussendlich führt es dazu, dass nur zu oft ein bleiernes Messer in einer goldenen Scheide steckt.

Ein starker, strahlender Mensch steht für sich. Wie ein funkelnder Diamant bedarf er keines weiteren Schmuckes. Besitz lenkt nur vom eigentlichen Ziel ab. Er trägt nicht zur Menschwerdung bei. Nur Menschen, die von sich ablenken wollen – sprich, die ihre Schwächen kaschieren wollen, statt sie zu beheben –, versteifen sich auf Besitztümer. Das sind schwache Menschen. Sind Sie ein schwacher Mensch? Nein? Dann bringen Sie auch diesen, besonders greifbaren Müll raus. Und damit meine ich nicht nur Besitztümer, sondern vor allem Ihre Einstellung zu diesen.

In Ihrem sozialen Umfeld ...

gibt es sicherlich eine Menge Menschen. Wo aber viele Menschen sind, da sind auch immer Idioten, Lügner und Verräter. Viele von ihnen kann man nur schwer verändern. Entweder fehlt einem die Zeit, der Zugang oder auch die Lust dazu. Die meisten wollen es auch gar nicht oder treiben bewusst ein falsches Spiel. Ganz erbärmlich sind diejenigen, die einem heimlich in den Rücken fallen und dabei auf gut Freund machen. Der Möglichkeiten gibt es viele.

An erster Stelle sollte immer stehen, den Menschen zu helfen. Doch man muss stark und stabil sein, wenn man sich mit schlechten und wankelmütigen Menschen umgibt – sonst wird man selbst zu einem. Die folgenden Zeilen sind für den Fall, dass Sie noch mitten in der Selbstfindungs-, Stärkungs- und Stabilisierungsphase sind. In diesem Fall bleibt Ihnen nur ein Weg für den Umgang mit destruktiven Menschen: Sie sollten sie meiden wie die Pest.

Alles andere gleicht dem Versuch mit einem schwachen Immunsystem Doktor zu spielen inmitten unzähliger kranker Patienten. Merken Sie sich das Bild: Menschen sind immer ansteckend, auf allen Ebenen – umso stärker, je schwächer Sie sind. Krankheit fördert Krankheit, Verbrechen Verbrechen, Kreativität Kreativität, Erfolg Erfolg und Feuer fördert Feuer. Beachten Sie das und fragen Sie sich immer: Wird dieser Mensch mich aufrichten oder herunterziehen? Und wenn Sie stark genug sind, dann ändern Sie die Frage in: Kann ich diesen Menschen aufrichten oder wird er mich herunterziehen?

Nur selten räumen wir gewissenhaft in unserem sozialen Umfeld auf. Wir akzeptieren es meist so, wie es ist. Wer will schon vorschnell richten? Aber die Entropie nimmt auch hier zu und es sammelt sich eine Menge Müll an, ansteckender Müll. Das mag respektlos klingen, aber auf manche Menschen trifft das zu. Sicherlich hat jeder von uns die ein oder andere

Enttäuschung erlebt und damit meine ich nicht kleine Ausrutscher, sondern umfassendes Blendwerk.

Viele unserer Mitmenschen kennen wir nicht gut genug, um sie korrekt einschätzen zu können. Aber einiges bemerken wir doch. Oft verdrängen wir diese Schattenseiten, weil wir es nicht wahrhaben wollen, es uns egal ist oder wir einen Nutzen daraus ziehen. Und so gehen wir immer mehr Kompromisse ein. Doch Kompromisse sind Probleme in spe und Probleme belasten. Sie lasten auf Ihren Schultern und bremsen Ihr Leben, hemmen Ihre Entwicklung. Das Denken kreist ständig um sie, weil es sie lösen möchte. Das lenkt ab und frisst Energie.

So fällt es schwer, sich auf Wesentliches zu konzentrieren. Dafür sollten Sie alle nebensächlichen Probleme so schnell wie möglich loswerden. Aber manche Probleme lassen sich einfach nicht lösen, weil sie nicht durch uns selbst, sondern durch Menschen in unserer sozialen Umgebung bedingt sind.

Wenn dies der Fall und keine Hoffnung in Sicht ist, dann streichen Sie diese Menschen aus Ihrem Leben. Ganz kompromisslos. Wenn Sie nicht alles aus Ihrem Leben entfernen, was Sie in Ihrer Entwicklung hemmt, dann werden Sie bedeutend weniger von Ihrem Potenzial verwirklichen können, als es Ihnen eigentlich möglich wäre. Dies liegt allein in Ihren Händen.

Menschen, die Sie betrügen, belügen, verlachen, schlecht machen, ausnutzen und Ihre Ziele herabsetzen, haben nichts in Ihrem Leben verloren. Aber sie sind da. Sie kommen von alleine und müssen wieder vor die Tür gesetzt werden. Lieber allein, statt nur von Idioten und Heuchlern umgeben zu sein, die Sie auf ihr „Niveau" herunterziehen.

Wenn Sie sich schon mit Menschen umgeben, dann suchen Sie sich solche, auf deren Wort man sich verlassen kann, dann werden Sie im Ernstfall auch nicht verlassen werden. Denn im Ernstfall verlassen zu werden, ist ein besch*** Gefühl. Lieber erst gar nicht auf morschen Planken aufs offene Meer hinaus segeln. Ich könnte mich dafür ohrfeigen, dass ich dies bereits in jungen Jahren schon einige Male gemacht und Schiffbruch erlitten habe, weil ich Menschen vertraut habe, obwohl es bereits genug Anzeichen zum Misstrauen gab. Sicherlich haben Sie schon ähnliche Lektionen erlebt. Es wird Zeit, dass wir daraus lernen.

Gute Freunde sind immer für uns da, wenn Sie uns brauchen. Dabei beginnt wahre Freundschaft erst dort, wo gegenseitige Abhängigkeit endet, wo man einfach nur zusammen lebt und strebt, weil es einem Freude bereitet, weil es beide fördert, aber zu nichts zwingt. Wer eine Freundschaft des Nutzens wegen beginnt, der wird sie auch für den nächst besseren Nutzen wieder aufgeben. Berechnende Menschen sind die Pest für jede Freundschaft.

Dabei müssen Sie sich nichts schenken. Eine starke Freundschaft lebt davon, dass man sich offen kritisieren kann, ohne dass das Band zerreißt. Verwechseln Sie ehrliche Kritik – und mag sie noch so hart sein – nie mit Boshaftigkeit. Kritik ist wichtig und Menschen, die Sie ernsthaft und begründet in Frage stellen, unterstützen Sie auf diese Weise. Sie zeigen Ihnen Ihre Fehler und Schwächen auf. Dafür sollten Sie dankbar sein. Diese Menschen sind der soziale Widerstand, an dem Sie wachsen werden. Sehen Sie es nicht als Angriff von außen, sondern als kritische Stimme Ihres Selbst. Es heißt nicht umsonst, eine starke Freundschaft gleicht einer Seele in zwei Körpern. Schön, wenn man die Maske fallen lassen und offen über alles sprechen kann.

Das Leben ohne Maske sollten Sie generell immer öfter ausprobieren und schlussendlich ganz etablieren. Ohne Maske sind sie leicht angreifbar. Das ist gut, denn so werden Sie dauernd auf Ihre Schwachstellen aufmerksam gemacht und wissen, woran Sie arbeiten können. Das ungeschützte Leben ist ein Gratis-Test Ihrer Stärke und Stabilität. Angreifer, die einen fit halten, gibt es genug. Ein Dank an alle Unruhestifter und Störenfriede.

Auch sollten Sie sich anderen Menschen gegenüber nicht von vornherein verschließen. Das wäre überzogen. Nur wer offen ist, wird auch jene Menschen finden, die ihn ergänzen und was wäre das Leben schon ohne ein paar ebenso spielerische und ambitionierte Mitstreiter? Falls Sie diese noch nicht gefunden haben, können Sie sich sicher sein, dass sie da draußen sind. Sie müssen sie nur erreichen.

Schnell sollten wir lernen, Menschen richtig einzuschätzen. Wir sollten lernen, sie zu lesen; beobachten, wie sie mit anderen Menschen umgehen, wie sie über diese hinter ihrem Rücken reden, was sie für ein Weltbild haben, ob sie offene, korrekte, ehrliche und ansprechende Menschen sind. Reden können sie alle viel, daher sollten wir vor allem ein Auge auf ihre Taten haben. Die lügen nur selten. Menschenkenntnis ist gefragt. Natürlich gibt es keine perfekten Menschen und jeder von uns hat Fehler – viele, viele Fehler –, aber einige Punkte sollten stimmen: Vertrauen steht ganz oben.

Im gegenseitigen Vertrauen stecken hohe Ideale: Offenheit, Ehrlichkeit, Verlässlichkeit, Hilfsbereitschaft und Authentizität gehören zu den wichtigsten. Das kann man von einem Partner oder Freund erwarten. Wer Ihnen dies nicht entgegenbringt, dem sollten Sie kritisch gegenüber stehen. Wer als Mensch nicht authentisch – sprich, ein Poser, Blender oder Heuchler – ist , der hat in Ihrem Umfeld nichts zu suchen.

Ansonsten gilt es, Originale zu finden: Menschen, die sagen, was sie denken und machen, was sie sagen. Wenn sie innerlich gespalten sind, dann sollten sie offen damit umgehen können und intensiv daran arbeiten. Alle anderen können draußen bleiben. Allein bleiben muss dennoch keiner, schließlich hat jeder seinen Hund.

Natürlich sollten Sie ebenfalls die soeben erwähnten Ideale und Prinzipien verkörpern. Wie wollen Sie einen guten Freund gewinnen, wenn Sie selbst keiner sind? Natürlich ist keiner von uns perfekt, aber wir sollten danach streben, diese Ideale zu leben und ein vertrauenswürdiger, ehrenhafter und authentischer Mensch zu sein. Derartige Ideale sind in unserer Gesellschaft so verstaubt, dass es Zeit wird, sie wieder aus der Mottenkiste herauszuholen und kompromisslos zu verkörpern. Hieran misst sich der wahre Wert eines Menschen und nicht an seinem Besitz oder seiner Karriere. Anders als auf der

Grundlage dieser Ideale wird es zudem nie möglich sein, Körper und Geist miteinander zu koppeln.

Der Körper kann nicht lügen und fühlt sich furchtbar, wenn der Geist das von ihm verlangt. Dann wird er unruhig wie ein Außenminister, verhaspelt sich, kommt ins Schwitzen und wird vorerst scheitern. An den meisten Menschen ist der Körper das einzig Ehrliche. Oft zeigt er, dass sein Geist nicht rein und das Verhältnis gestört ist. Achten Sie auf solche Zeichen. Suchen Sie nach Selbstbeherrschung, spielerischer Leichtigkeit, aufrichtiger Haltung, Kraft, Ehrlichkeit und Gelassenheit.

Jeder Mensch wird als Original geboren, doch die meisten sterben als Kopien. Machen Sie es besser. Seien Sie ein Original. Fragen Sie sich, welchen Menschen Sie in Ihrer Umgebung vertrauen können und welchen nicht. Ziehen Sie die Konsequenzen und umgeben Sie sich nur mit den Menschen, die es auch verdient haben, zu denen Sie auch gehören möchten, von denen Sie lernen und ihnen helfen wollen.

Es gibt Milliarden von Menschen. Unzählige davon sind Abschaum – Verbrecher, Vergewaltiger, Lügner und Betrüger. Viele fressen an ihren Nerven, setzen Sie herab und bremsen Sie aus. So viele Spießer, Neider und Vermeider. Nur eine Frage der Zeit, bis man in einem solchen Umfeld umfällt. Einige sind aber auch wundervolle, mitreißende, liebenswerte und kritische Individuen. Mit wem werden Sie sich umgeben? Zeigen Sie mir Ihren Freundeskreis und ich sage Ihnen, wer Sie sind. Vergessen Sie vorher nicht, darin aufzuräumen. Das ist Ihre Aufgabe. Niemand anders wird das für Sie übernehmen – und doch bestimmt es Ihr Leben.

Also ...

trennen Sie sich von allen Beziehungen, Dingen, Substanzen und Gedanken, die Sie belasten, bremsen, frustrieren, missbrauchen und zerstören.

Entfernen Sie alle Probleme, die Ihrer Entwicklung im Wege stehen. Entweder indem Sie sie lösen oder indem Sie sie vollständig über Bord werfen, weil sie es nicht wert sind, angegangen zu werden.

Trennen Sie sich von Ihrem Müll. Seien Sie kein Messie. Sortieren Sie regelmäßig aus. Schaffen Sie Ordnung und erhalten Sie diese. Die Entropie schläft nie – wie Unkraut überwuchert sie jeden ungepflegten Garten.

Je mehr Sie Ihr Leben im Griff haben, desto mehr werden Sie auch Ihre Entwicklung im Griff haben. Der Müll in Ihrem Kopf, in Ihrem Körper, in Ihrem Besitz und in Ihrem sozialen Umfeld steht Ihnen noch im Wege. Beseitigen Sie ihn kompromisslos.

Vieles von dem, was Sie anstreben, haben Sie noch nicht erreicht, aber vieles von dem, was Sie bereits jetzt haben – was Sie denken, glauben, konsumieren, besitzen und mit wem Sie sich umgeben –, ist schon zu viel. Je mehr Sie sich an letzteres klammern, desto weniger werden Sie ersteres erreichen. Je mehr Ballast Sie sammeln, desto schwerer wird Ihr Leben – Gift für jedes Streben.

In unserem Leben häuft sich unfassbar viel Müll an und je mehr es wird, desto mehr sinkt auch die durchschnittliche Qualität desselben. Also auf ein letztes Mal: **Bringen Sie den Müll raus.** Tun Sie sich den Gefallen und setzen Sie auf Qualität: Für einen klaren Geist in einem sauberen Körper in einer stilvollen und pragmatischen Umgebung in einer aufrichtigen Gesellschaft. Alles andere ist inakzeptabel, dumm und dreckig. Seneca, irgendwelche letzten charmanten Worte?

„Reinige Deine Seele von jeder Art der Nichtswürdigkeit."

Sehr drastisch, aber klar auf den Punkt gebracht. Vielleicht etwas Feinsinnigeres von einem Künstler wie Franz Marc?

„Ich werfe jeden Tag mehr auf den Scheiterhaufen des Unwesentlichen, – das Schöne bei diesem Tun ist, dass das

Wesentliche dabei nicht kleiner, enger wird, sondern gerade mächtiger und großartiger."

Ok, schließen wir das Kapitel. Lieber Leser, Sie sehen, dass es ein radikales Thema ist, aber *radix* ist die Wurzel und manches Übel muss man an der Wurzel packen und es komplett heraus reißen – auch wenn es schmerzhaft ist, aber das ist ein gutes Zeichen. Wenn einem der nächste Schritt zu leicht fällt, ist er nicht groß genug.

„Nicht weil es schwer ist, wagen wir es nicht, sondern weil wir es nicht wagen, ist es schwer."

Jetzt ist aber gut Seneca.

„Grmbl!"

Mens fortis in corpore forti –
Ein starker Geist in einem starken Körper

Nun geht es so langsam an die Eingeweide der Körperbeherrschung, an das Nervensystem und seine Schulung, ans Organ-isieren. Vorab sollen noch die Verhältnisse von Körper und Geist geklärt und erklärt werden und wie sie sich entwickelt haben (könnten). Eine kleine Lektion in Sachen „Denken", bevor wir übergehen zum Lenken. Beginnen wir mit der Frage: Warum funktioniert unser Körper?
Organe erlauben es dem Körper zu funktionieren, indem sie unterschiedlich ausdifferenziert sind und verschiedene Funktionen erfüllen. So erwächst eine stabile, höhere Einheit; nicht aus einem verschwimmen aller beteiligten Strukturen.
Herz und Leber sind verschieden. Noch so viele Herzen können keine Leber ersetzen und umgekehrt. Sie sind unterschiedlicher Natur und doch aufeinander abgestimmt. Nur gemeinsam – im Verbund mit allen anderen Organen – schaffen sie etwas Höheres: den menschlichen Körper.
Würde man Herz und Leber aneinander angleichen, ja würde man mit allen Organen und körperlichen Strukturen so verfahren, dann würde der Körper zu einer unfähigen trägen Masse verkommen, die zu nichts anderem mehr fähig wäre, als vor dem Fernseher zu vegetieren und nicht wählen zu gehen. Also würde sich für die meisten nicht viel ändern.
Viele glauben, eine höhere Einheit entstünde durch das Angleichen und Verschwimmen aller beteiligten Strukturen, aber wie so eben gezeigt, ist das Gegenteil der Fall. Das gilt für den Mensch und seine Organe, für Mann und Frau, ebenso wie für Körper und Geist oder unsere Gesellschaft und seine Wirtschaft. Spezialisierung ist die Voraussetzung zur Weiterentwicklung – wenn es möglich ist, die beteiligten Strukturen zusammenzuführen und miteinander tanzen zu lassen. Mal wieder hängt alles von klaren Kontrasten und vom Akt der Vereinigung, vom Ficken ab. Yin und Yang.

Differenzierung und Integration

Je komplexer etwas organisiert ist, desto höher ist es auch entwickelt. Komplexität entsteht durch Differenzierung und Integration der beteiligten Strukturen. Differenzierung bedeutet die unterschiedliche Ausbildung der beteiligten Organe bzw. Untersysteme des Gesamtsystems. Differenzieren bedeutet also spezialisieren.

Integration bedeutet die Zusammenführung der beteiligten Organe zu einem höheren Ganzen. Je besser sie dabei aufeinander abgestimmt sind, wie die Teile eines Motors, desto besser und stabiler das Gesamtsystem. Integrieren bedeutet also vereinen.

Die Entwicklung aller Komplexität verlief und verläuft stets über diese beiden Prozesse: Differenzierung und Integration. Es begann mit einfachsten speziellen atomaren Teilchen, die sich zu größeren Molekülen integrierten und so völlig neue Fähigkeiten (bzw. Eigenschaften) entwickelten. Die verschiedenen Moleküle wiederum differenzierten und integrierten sich über Jahrmilliarden zu immer komplexeren Gesamtsystemen, bis sie irgendwann so komplex waren, dass sie anfingen zu zucken und zu schlucken – Fortbewegung und Stoffwechsel waren geboren; Wahrnehmung und Fortpflanzung folgten.

Das Prinzip von Differenzierung und Integration führte zu ersten Wesen. Es wurde verkörpert – ziemlich sicher auch vergeistigt, denn spätestens sobald ein Nervensystem vorhanden ist (mag es auch noch so einfach sein), wird auch eine geistige Dimension (mag auch sie noch so einfach sein) daraus entschlüpfen. Vor allem wirkte in jedem von ihnen bereits der Urtrieb zur Komplexität. Aus ihm heraus und in seinem Sinne differenzierten sich weitere Triebe – zum Leben, Entwickeln und Streben –, die sich in immer komplexere Lebewesen integrierten.

Lange bevor lebende Wesen die Fähigkeit des Denkens ausdifferenzierten, folgten sie bereits ihren Trieben. Diese waren nicht nur die Grundlage zum Überleben, sondern auch die zum Besserleben: Hin zum Angenehmen, weg vom Unangenehmen. Diese Urform aller Motivation trieb und treibt selbst die einfachsten Wesen an.

Kein Lebewesen ist eine reine Reiz-Reaktions-Maschine – wie es viele Wissenschaftler glauben, dem toten Weltbild des Materialismus auf den Leim gehend. Alles Lebende hat auch eine bewegende Komponente, einen eigenen Trieb, der etwas will und einem Telos, einem Ziel, folgt.

Wo dies beginnt, wissen wir nicht. Wo beginnt die Teleologie, die Finalität im Universum – die Zielgerichtetheit? Wo waltet noch die reine Kausalität – die Ursächlichkeit?

Kausalität oder Finalität?

Wissenschaftler erforschen Kausalitäten. Nur diese lassen sich extrinsisch (von außen) beobachten. Deswegen glauben sie auch nur an die Kausalität, weil sie nur glauben, was sie sehen – und missachten, was sie fühlen. Sie sind wie der Nachtschwärmer, der seinen Fahrradschlüssel nur im Schein der Laterne sucht, weil dies der einzige Bereich ist, der für ihn sichtbar ist. Das ist die eine Sache, aber sollte man davon ausgehen, dass es außerhalb der Laterne keine weitere Welt mehr gibt?

Finale Fragestellungen sind schwer untersuchbar, gar verpönt. Was bewegt Kohlenstoff-, Wasserstoff- und Sauerstoffmoleküle dazu, sich zu vereinen und gemeinsam mit anderen Stoffen einen Menschen zu schaffen? Was bewegt ein Elektron dazu, ein Proton zu umschwirren und so verdammt stark daran festzuhalten, dass man diese Bindung, diese Integration nur mit großer Mühe wieder zerreißen kann – solange die Bindung nicht instabil und das Atom bereits gesättigt und der Bindungen überdrüssig ist?

Ja, der überflüssige Tropfen im Glase hat es nicht leicht, wie das fünfte Rad am Wagen. Er will, aber wird kaum gewollt. Für ihn geht es um alles, er will zum Ganzen gehören. Für die anderen ist er aber nur eine Möglichkeit, ein

Ersatzteil oder Rivale. Deswegen stoßen sich Rivalen ab. Doch warum stoßen sich Elektronen gegenseitig ab? Und was bewegt ein Proton dazu, ein Elektron anzuziehen?

Der Wissenschaftler hat die Erklärung parat: Elektronen sind negativ geladen und Protonen positiv. So einfach ist das, denn gegensätzliche Ladungen ziehen sich an und gleiche Ladungen stoßen sich ab – wie man es bei zwei Magneten beobachten kann. Das ist Gesetz. Also lässt es sich doch rein kausal erklären und durch Beobachtung bestätigen bzw. widerlegen, oder?

Nun ja

Ein Experiment ist eine Frage an die Natur. Leider erschließen die Fragen der Wissenschaftler immer nur, wie sich etwas verhält, aber nie, was es will bzw. was es antreibt. Es gibt nur die Frage nach dem „Wie". Die Frage nach dem „Warum" gilt als unwissenschaftlich. Die Antwort auf jede „Warum"-Frage lautet dann: *„Das ist Gesetz und das muss man akzeptieren."* Doch muss man das wirklich?

Ein intrinsischer Zugang zum Inneren eines Systems ist Wissenschaftlern verwehrt. Der einzig intrinsische Zugang, den ein Mensch hat, ist der zu sich selbst. Hier spürt er Willen, Triebe, Ziele. Doch beobachten und messen lassen sie sich nicht. Rein wissenschaftlich müsste die menschliche Subjektivität geleugnet werden – was sogar vorkommt. Doch dies ist ein anderes Buch.

Hinterfragen wir lieber die Kausalität der Teilchen. Was uns die Wissenschaftler schuldig bleiben, ist die Antwort auf die Frage, warum gleich geladene Teilchen sich abstoßen und gegensätzlich geladene sich anziehen? Was ist die Ursache dafür?

Das wissen wir nicht. Wir reden von Kräften. Ein schwammiger Begriff, der jeden forschenden und definierenden Geist in die Wüste schickt. Was ist

Kraft? Physikalisch betrachtet ist sie Bewegung. Kraft ist ein Vektor. Sie hat eine Richtung. Sie verrichtet Arbeit und bewegt oder verformt Körper. Was also ist sie, wenn nicht ein anderes Wort für Wille, für Trieb, für Motivation? Ist die Kraft der Physiker vielleicht nur ein entgeistigter Wille? Ein Trieb, der hypostasiert, sprich verdinglicht, wurde? Schließlich lässt sich Kraft nie ohne Ziel, nie ohne Richtung vorstellen. Ist sie nicht eher final, statt kausal? Graviationskraft wirkt nicht einfach so; sie hat das Ziel, Massen aufeinander zuzubewegen. Sie hält uns auf der Erde, den Mond an der Erde und uns alle zusammen im Sonnensystem. Elektromagnetische Kraft folgt dem Trieb gleich geladene Prozesse voneinander abzustoßen und unterschiedlich geladene gegenseitig anzuziehen. Sie sorgt dafür, dass Elektronen an Atomkerne gebunden werden und stabilisiert unsere gegenständliche Welt. Sie sorgt auch dafür, dass unser Planet mit seinem Nord- und Südpol ein gewaltiges Magnetfeld aufrecht erhält, das uns vor dem zerstörerischen, aus elektromagnetischen Prozessen bestehenden Sonnenwind schützt.
Es lässt sich durchaus die Perspektive wechseln, vom Ursächlichen, zum Urtrieblichen. Was wirkt wirklich?
Im Urgrund allen Wirkens fällt es schwer, zwischen Geist und Materie zu differenzieren – doch genau das wollen wir, denn Differenzierung ist der Grund dafür, dass aus dem Ur-Grund (dem Grund aller Gründe) etwas Höheres entstieg, sobald erste Prozesse sich differenzierten und integrierten.
Vielleicht gab es aber keinen Urgrund, keine Ursache, sondern einen Urwillen, einen Urtrieb – wie es Nietzsche, Schopenhauer uvm. sahen. Ist die physikalische Kraft vielleicht und in Wirklichkeit ein Trieb – eine Zwischenstufe von Körper und Geist? Vermag die reine Materie der Physiker sich überhaupt zu bewegen – oder beobachten wir das nur (von außen) und schließen aus dieser einseitigen, dürftigen Grundlage daraus, dass Kraft durch etwas äußeres Materielles, Physikalisches bedingt sein muss, statt durch einen inneren Trieb? Vielleicht ist alle Materie nur bloße Hülle, wie ein Computer ohne Programmierung, ein Apfel ohne Kern, ein Tier ohne Trieb.

Könnten nicht die physikalischen Kräfte äußerst simple, aber ausdifferenzierte und stabile Triebe sein? Sollten wir den Begriff des Triebs vielleicht generalisieren und vom Lebendigen auf alles übertragen, was ist? Denn alles, was wir kennen, das will auch etwas, strebt einen bestimmten Zustand, ein bestimmtes Ziel an – lange bevor es lebendig wird.

Wissenschaftler sagen, es folgt bestimmten Naturgesetzen, doch ebenso könnten wir sagen, dass es gar keine äußeren Naturgesetze gibt, sondern nur innere Triebe. Das würde implizieren, dass die Welt nicht blind wie eine vorab eingestellte Maschine funktionieren würde, der die Ordnung von außen aufgeprägt wird, sondern dass alle beteiligten Prozesse die Ordnung aus sich selbst heraus schaffen würden. Selbst einfachste Prozesse wären deutlich komplexer als bisher gedacht.

Sie würden auch über eine Art Wahrnehmung verfügen. Ein negativ geladener Prozess muss „wissen", wo ein anderer geladener Prozess ist, da sein Verhalten in Bezug zu diesem steht. Doch woher weiß ein Elektron, wo andere Elektronen sind und wo andere Protonen? Woher weiß der Nordpol vom Südpol? Ist der Glaube an Naturgesetze, die das alles von außen regeln, nicht doch einleuchtender?

Viele stimmen der letzten Frage zu. Aber die Ebene der Ungewissheit wird nur nach hinten verschoben. Wo sollen diese Gesetze, dieses äußere Regelwerk herkommen? Warum halten sich die energetischen Prozesse unserer Welt daran? Wie erfahren sie davon? Sind sie frei von Freiheit? Könnten sie nicht ebenso zu 100% getrieben sein und frei von Zweifel?

Dann würde die Welt sich langsam aus simpelsten Trieben entwickeln und nicht aus einem äußerst komplexen und für alles bindenden Regelwerk, bei dem fraglich ist, woher es kommen soll. Dann geschieht jedes Verhalten von innen heraus, wie auch beim Menschen, der seinen Trieben folgt. Nur dass der Mensch ein besonders komplexes Prozessnetzwerk der Natur ist, in dem sich der Geist dermaßen weit entwickelt hat, dass es ihm möglich ist, sich über seine Triebe zu erheben und ein bisschen Freiheit zu schmecken.

Tatsächlich ist der Gedanke einer gegenseitigen Wahrnehmung der energetischen Prozesse unserer Welt gar nicht so abwegig. Die Quantenmechanik zeigt, wie stark alles wie in einem Netzwerk verbunden ist. Zieht man hier an einem Knoten, dann löst sich zugleich ein ganz anderer, der mit diesem verwoben bzw. verschränkt ist. Zeit und Raum verlieren die Bedeutung der Distanz, sind ohnehin relativ, nur eine Ebene der Welt. Dahinter hängt vieles mit vielem zusammen. Das einzelne, einsame, auf sich allein gestellte und toten Gesetzen folgende Teilchen gibt es nicht. Alles befindet sich ständig im Austausch mit seiner Umwelt und reagiert darauf; auf der Quantenebene sogar instantan, also sofort, ohne Zeitverzug. Kleinste mikroskopische Prozesse müssen nicht einmal wahrnehmen und dann darauf reagieren. Sie werden gleichzeitig mit dem anderen beteiligten Prozess verändert, da ihre Trennung nur Schein zu sein scheint. Eher sind sie eine Einheit.

Je größer und komplexer die Prozesse bzw. Prozessnetzwerke werden, desto eigenständiger werden sie auch, desto wichtiger wird auch die Fähigkeit zur Wahrnehmung und desto größer ist ihre Fähigkeit zur Freiheit, sich über die inneren Triebe zu erheben. All dies gipfelt im heutigen Menschen und seinem Bewusstsein. Er ist die Spitze einer Milliarden Jahre währenden Entwicklung, die von innen heraus angetrieben wird und zu immer größerer Komplexität führt. Differenzierung und Integration wären ebenfalls Triebe und keine Naturgesetze. Differenzierung wäre der Trieb zur Entwicklung, zur Entfaltung des eigenen Potenzials, zur Verwirklichung des eigenen Selbst – also das Individuelle. Integration wäre der Trieb zur Vereinigung, zum Verbinden, Ergänzen und Übersteigen – also die Urform des Sex in allem Weltlichen.

Doch wie wollen wir das beweisen – da uns der Blick in das Innere eines Prozesses verwehrt bleibt, da alle Wissenschaft objektiv sein will und per definitionem die subjektive Seite allen Seins unerforscht lässt? Ist die Nichtexistenz von etwas dadurch bewiesen, dass es sich nicht erforschen lässt? Wenn ein Betrunkener an einem Busch vorbei geht, aus dem Bellen ertönt, ist seine Annahme richtig, dass der Busch selbst bellt? Vielleicht steckt ein Hund darin.

Werter Leser

... wie Sie sehen, dreht das Denken hier frei, weil es den Bezug zu unserem Leben, zum Moment, zum Hier und Jetzt verliert. Ebenso wie Generationen von Forschern und Philosophen werden wir hier zu keiner Lösung gelangen, weil unsere Perspektive nicht objektiv ist, die Wissenschaft aber nicht subjektiv. So leben wir in einer gespaltenen Welt, in der das Wissen objektiv, tot und kausal und das Leben subjektiv, lebendig und getrieben ist. Für Wissenschaftler existiert nur, was auch gemessen werden kann – doch tote, materielle Messinstrumente können auch nur tote, materielle Eigenschaften messen, nur Quantitäten und keine Qualitäten. Daraus erwächst die große wissenschafts-philosophische Debatte mit der ich mich in meinem Buch *rosenrot – oder die Illusion der Wirklichkeit* beschäftigt habe.
Ich wollte Ihnen nur bewusst machen, dass wir keineswegs in einem toten, ursächlichen Universum leben müssen. Mit gleicher Inbrunst und Berechtigung können wir auch daran glauben, dass alles mit Trieb, mit der Urform des Willens durchdrungen ist.
Wir wissen nicht, was uns bewegt, wie es das macht und schon gar nicht, warum. Vor allem wissen wir nicht, warum es überhaupt etwas gibt und nicht vielmehr nichts. Eigentlich haben wir keine Ahnung. Wir glauben, wir hätten den großen Plan vom Universum, aber der Plan dreht frei. Er schwebt im Nichts des Unwissens. Das große Bild hängt ohne Nagel. Ziemlich haltlos, vollkommen absurd – weshalb sich die Menschen allerlei Mythen, Religionen und Systeme erdenken und fest

daran glauben (wollen), um mehr Stabilität in ihr Leben zu bringen. Sie schaffen sich ihren eigenen Nagel und hängen ihr Weltbild daran auf und schon hat alles seine Ordnung.

Doch der Nagel wird ins Leere getrieben. Das Bild hängt ohne Wand. Das große Fragezeichen wird nur um eine Ebene nach hinten verschoben. Die Fragen bleiben die Gleichen: Wo kommt Gott her bzw. der Big Bang? Wer oder was hat ihn erschaffen bzw. ausgelöst? Wann, wo, warum und kann ich davor noch auf Toilette?

Wissenschaft offenbart sich an ihrer Grenze als eine besonders kritische Form der Religion. *Wissen kann man nicht wissen, man kann nur daran glauben* – besonders dort, wo man zwar noch fragen, aber nicht mehr beobachten, ja nicht einmal mehr rechnen kann. Der Pfaffe weiß, was er glaubt und der Wissenschaftler glaubt, was er weiß.

Daraus sind sehr differenzierte und sich stark bekämpfende Organe der Zivilisation geworden – Wissen und Glauben. Beide widersprechen sich, doch ergänzen sich auf einer höheren Ebene, wo das eine ohne das andere nicht mehr auskommt. Das nennt sich *Komplementarität* und ist – Sie ahnen es bereits – nichts anderes als: Differenzierung und Integration.

Erst dieses Wechselspiel lässt etwas stabil existieren und sich weiterentwickeln – weshalb ich dazu neige, für alles, was existiert, ein solches Zweigespann anzunehmen. Die Physik allein vermag nicht zu erklären, was Kraft ist bzw. wie die strebende Kraft etwas rein Materielles, Körperliches sein kann. Daher glaube ich, dass alles Körperliche auch eine wollende Dimension hat, die es antreibt – selbst das kleinste atomare Teilchen, das ja wiederum nach der Erkenntnis der Quantenmechanik gar kein Teilchen ist, sondern ein Prozess und welcher Prozess ist schon ohne Ziel? Alles entwickelt sich in eine bestimmte Richtung, ist irgendwie getrieben.

Ha, welch Koinzidenz, fast schon gespenstisch. Ich lasse gerade meine Musiksammlung im Random-Prinzip durchlaufen und während ich diesen

Absatz schreibe, singen J.B.O. – die Verteidiger des Blödsinns – Aristoteles hätte gesagt:

„Alles was auf der Welt ist, hat die Tendenz, zu einem Ziel zu streben."

Natürlich hätte solch eine Information in einem seriösen Buch keinerlei Bedeutung, deswegen passt sie hier wunderbar hinein. Ich habe das Lied noch nie bewusst gehört und bei 71787 Liedern in der Playlist ist die Wahrscheinlichkeit gering, dass genau jetzt, genau dieses Lied und genau diese Stelle erklingt. Ich sehe das als universelle Botschaft dafür, dass wir auf dem richtigen Weg sind.
Gott, falls Du etwas einzuwenden hast, dann lass das Buch bitte hier enden ...

Oh, es geht weiter. Danke! Nun haben wir auch göttlichen Beistand. Da wollen wir doch gleich noch eine Schippe drauflegen. Vielleicht gibt es in allem sogar ein Dreigespann – wie bei uns Menschen: Körper, Geist und Trieb. Es gibt ein Weltbild, das zwar den Trieb verdrängt, aber zumindest in diese Richtung denkt: den Panpsychismus. Wir wollen es um den Trieb vervollständigen – im Rahmen eines kraftvollen Pantheismus.

Vom Panpsychismus zum Pantheismus

Das griechische pan bedeutet so viel wie „alles". Dem Panpsychismus zufolge hat alles Körperliche auch etwas Geistiges in sich. Das bedeutet nicht, dass ein Atom eine Psyche oder gar ein Bewusstsein hat. Man spricht eher von proto-psychischen Prozessen, die sich im Laufe der Evolution und durch die Prinzipien von Differenzierung und Integration zu immer komplexeren Systemen entwickelt haben – wie auch die körperliche Seite der Existenz.
„Evolution" bedeutet, dass sich Prozesse und die sich daraus zusammensetzenden Wesen bzw. Prozessnetzwerke weiterentwickeln und an der Welt messen müssen. Was hineinpasst und überlebt, besteht. Was nicht hineinpasst, wird ausgesiebt und stirbt (aus). Mutation und Selektion.
Der Panpsychismus beseitigt die unerklärliche Frage, den Weltknoten nach Schopenhauer: Wo kommt in einer toten, stumpfen, materiellen Welt plötzlich der Geist her? Wie entsteht das Feuer des Geistes aus dem Holz der Materie?
Die Panpsychismus-Antwort: Das Problem gibt es gar nicht. Der Geist war schon von Anfang an dabei.
Der Pantheismus erweitert die Perspektive des Panpsychismus um das Göttliche. Alles ist nicht nur begeistert, sondern hat auch etwas Göttliches in sich – der gesamte Kosmos, die Natur und jedes Lebewesen. Theoretisch könnte man den Pantheismus auch ohne die panpsychistische Perspektive

vertreten. Praktisch gesehen wollen wir jedoch genau dorthin: zu einem panpsychistischen Pantheismus. Er erlaubt uns, den Trieb, die Kraft zu Körper und Geist hinzuzufügen und so das Dreigespann zu vervollständigen – wenn wir bereit sind, die alles durchwirkende, treibende Kraft als das göttliche Prinzip anzuerkennen.

Dann entsteht sie ebenso wenig wie der Geist plötzlich aus einem komplexen Klumpen Fleisch, sondern ist von Anfang an im Weltgeschehen dabei – treibt es an, ja hat es vielleicht sogar erst geschaffen, aus purer Freude und Kraftmeierei.

Denken Sie da mal drüber nach. Alles in der Welt hat seine Schwerpunkte. Vieles ist vorwiegend körperlich, stumpf (wie Planeten und Kometen), anderes eher geistig und erhaben (wie ein Dichter oder Musiker), aber alles ist von Kraft durchdrungen. Sie ist überall – und will nur eines: Stärker werden, wachsen, streben, überwinden.

Die Komplexität des menschlichen Geistes und seiner Kraft erwächst somit nicht aus der des Körpers – sie spiegelt sich darin, wie der Körper in der ihrigen. Sie alle sind von ihrer Komplexität her gleich, doch in ihrem Wesen verschieden – der Körper ist fleischig, der Geist flüchtig und die Kraft, das Göttliche, treibend, schaffend. Der Körper hat viele Organe, der Geist diverse Aspekte und die Kraft verschiedene Triebe.

Vielleicht fällt es Ihnen schwer, zu glauben, dass die Kraft in uns, ja gar der Schweinehund etwas Göttliches sein soll. Jahrhundertelang wurde diese *„unmenschliche", „tierische"* Dimension geleugnet, aber es ist offenkundig, dass sie in uns und überall um uns herum wirkt. DIE WELT WILL! Noch viel mehr, als dass sie ist oder denkt.

Wenn es einen Gott gibt, dann ist es der Trieb, die Kraft – und nicht ein gedachter oder materieller, denn er wäre nie so einseitig, nur fleischig oder flüchtig, sondern überströmend und alles durchdringend wie unser Trieb, wie die Kraft, die auch im „Team Mensch" Körper und Geist energetisiert und voran peitscht, beide hin zu ihrer Bestimmung – den Körper, das Tierische hinab zur Erde, aus der er erwachsen ist und den Geist, den Höhenflieger hinauf zum Himmel, zu dem er flüchten will. Himmelwärts strebend, im Boden verwurzelt.

Wahrlich sind wir der Moment, an dem der sich aufrichtende Affe nicht höher kann, sein Geist aber weiter will – und muss er noch den Schädel sprengen, er will hinauf, nach oben, himmelwärts, aufwärts, sich erheben zum Erhabensten – und droht so alles zu verlieren, seinen Körper und somit sein Fundament.

Im Zentrum dieses Kampfes, inmitten dieses Wirbelsturms der Kräfte erwächst der heutige Mensch. Wohin wird er sich entwickeln? Zum hohen, weltfremden Asketen, zum niederen, stumpfen Hedonisten oder zum bodenständigen, aber aufrichtigen Weisen?

Die Menschen halten den Himmel für das Reich des Göttlichen, weil sie von der Erde genug haben, ihres Körpers entfremdet sind und sich mit dem aufstrebenden Prinzip des Bewusstseins identifizieren, statt mit der all durchdringenden Kraft in ihrem Inneren. Doch das Göttliche findet sich ebenso wenig allein im Himmlischen wie im Irdischen. Es ist überall in uns und um uns herum: im lebendigen, wirbelnden Reich der Gegensätze – heiß und kalt, Wasser und Feuer, Luft und Erde.

Wir befinden uns mitten im Paradies und verscheuchen uns selbst daraus, indem wir uns spalten und nach fremden Welten sehnen – statt die einzig wirkliche zu erfüllen, die uns beschieden ist. Die größte Prüfung eines Menschen ist es, dies zu erkennen, seine Wesen zu vereinen und das Rinnsal an Zeit derart mit Leben zu füllen, dass ein Fluss daraus wird – auf dass die Natur erschaudern mag:

Wahrlich, hier habe ich ein Wesen geschaffen, dass sich selbst übertrifft, aufrecht im Gang, nach Höherem strebend, den Körper erhebend, an-mutig wirbelnd, gar schwebend und doch fest verankert in Fleisch und Blut – mitten im Fluss, im Safte des Lebens. Ein gar göttliches Wesen.

Jeder Kraftakt ist ein Gottesdienst, jedes Streben ein Gebet, jede Schwäche Frevel. Gott ist in jedem Wesen, jedem Atemzug, jedem Stein. Er lässt Muskeln strotzen, Blumen wachsen, Adler kreisen und Zebras grasen. Er lässt Gletscher schmelzen, Planeten kreisen und Sterne brennen. Gott ist Kraft. Jedes stolze, aufrichtige, starke, stabile, sich selbst bewusste und überwindende Wesen ist ihm ein Höhepunkt. Jeder Kompromiss, jede Ausrede und Nachlässigkeit ein Dorn in der Krone – der zu noch MEHR anstachelt, wachsen und blühen oder überwunden werden will.

Das klingt nicht nett, macho-mäßig und übertrieben – aber das ist das Leben, das ist Evolution. Das all umfassendste Prinzip im Universum. Wer sich dagegen sperrt, lebt verkehrt, verdrängt das Offensichtliche. Das ist die Kirche der Kraft – die einzige mit richtig Saft. Treten Sie ein, in uns brennt immer Licht, wir bieten kuschelige Holzpritschen, es gibt Steak mit Fisch und alles, was uns Mutter Natur in die Vorratskammer strömen lässt.

Dieser begeisterte Pantheismus ist ein kraftvoller, göttlicher Panpsychismus. Vollkommen durchtrieben und überall zuhaus, denn sein Gott ist immer und überall, hier und jetzt – mitten im Leben. Er ist kein abstraktes Prinzip, keine Illusion, kein Hirngespinst und sein Reich liegt weder im Himmel noch in der Hölle. Er ist greifbar, spürbar, flowbar – mit jedem Herzschlag, jedem Augenblick, jedem Witz, Höhepunkt und Faustschlag. Jeder See, jeder Wald, jedes Gebirge, jedes Wesen ist seine Kirche.

Nur in der derzeitigen Kirche, scheint er zu fehlen. Dort, wo man sich zusammenzwingt, um jedes Wochenende ein nie endendes Begräbnis zu zelebrieren, wo ein großer Freigeist, als Fluch auf das Leben, auf ewig gekreuzigt hängen soll, wo alles als Gottes-Dienst gesehen wird und nicht als Feier.

Würde Jesus heute in eine Kirche treten, würde er denken: *„Wäre ich doch nie auferstanden."* Doch seine Auferstehung, seine Stärke und Freiheit stand nie im Vordergrund, sondern der leidende, gekreuzigte Mensch. Die Schwäche.

Kraft klingt stumpf. Doch aus ihr lässt sich alles weitere ableiten. Streben und Überwinden sind Attribute der Kraft. Kraft will! – also strebt sie, strömt sie, also entwickelt sie sich, differenziert sich weiter aus, schließt sich zu neuen, stärkeren Prozessen zusammen, integriert sich, differenziert diese Prozesse wiederum aus und integriert sie auf noch höherer, stabilerer, kraftvollerer, strebenderer Ebene und so weiter – vom kleinsten Teilchen bis zum heutigen Menschen, tanzenden Taubenschwänzchen, kraftvollen Grizzly, majestätischen Königslachs, dichtesten Dschungel, himmlischen Himalaya, fantastischen Great Barrier Reef, bodenlosen Mariannengraben, mächtigen Beardmore-Gletscher, glühenden Lavastrom, tosenden Tsunami, atemberaubenden Nordlicht, gewaltigen Pferdekopfnebel und dem kosmischen Staubsauger in der Mitte unserer Milchstraße mit einer so hohen Saugkraft, dass er selbst Licht verschluckt.

Schwarze Löcher sind der Schlund, durch den sich das Universum die Kraft zurückholt, die es andernorts ausspeit und über die Welt verteilt. Keine Physik konnte je erklären, wo all diese Kraft, diese Energie in unserem Universum herkommt und wo sie hingeht. Vielleicht ist sie einfach nur da; wirkt, fließt rhythmisch zwischen Quelle und Schlund hin und her – und hat Freude daran, sich selbst zu erhöhen. Nichts anderes geschieht hier und wir sind mittendrin. Kann man davor die Augen verschließen?

Ich kann keine Religion respektieren, die all diese Weltwunder der Natur und des Kosmos ignoriert und die Kraft darin nicht zum Höchsten erhebt – wo sie doch genau vor uns, in uns und um uns herum liegt, wirkt und sich weiterentwickelt. Die Erlösung liegt nicht irgendwo da oben, sie findet sich im Leben, Streben selbst und in seinen Kathedralen – die ebenfalls kraftvoll und rastlos sind; selbst das höchste Gebirge, der tiefste Graben, das mächtigste Riff und der größte Galaxienhaufen – sie alle befinden sich im Fluss, sprühen vor Veränderung und Überwindung. Das sind lebendige Kirchen. Wer das erkennt, bejaht und lebt, der findet den Himmel auf Erden in sich selbst und seiner Welt.

Das Christentum ist starr und marode – eine nachgebende, sich beugende, sinnlose und körperfeindliche Zufluchtsstätte der Schwäche. Die Anbetung der Kraftlosigkeit, des Jenseits und Todes. Zelebriert in gewaltigen Grabmälern. Sie stärkt nicht den freien Willen, das Streben, Begeistern, Verkörpern, Erheben und Kultivieren. Sie ermuntert nicht: *„Du kannst! Du wirst! Du willst! Du schaffst!"* Nein, sie gebietet und verbietet: *„Du sollst dies nicht und Du sollst das nicht!"* Sie fördert den unmündigen, schwachen und hörigen Menschen, der sich seiner Kraft und seines Körpers entfremdet.

Kultürlich liegt viel Größe darin, Schwäche zu zeigen und Schwaches zu stützen – aber nur, wenn man dies macht, um es zu stärken, zu ermuntern, sein Potenzial zu entfesseln und es auf eigene Beine zu stellen, auf dass es kraftvoll und tänzerisch wird. Aber alles Mit-Leiden, Schützen, Akzeptieren und Gruppenkuscheln ohne den Gedanken der Überwindung verhärtet diese Schwäche, ist eine Krankheit der Kultur. Eine starke Religion verbietet nichts. Sie strebt und erhebt. Ist lebendig, groß, offen und überwindet sich selbst. Ihr Evangelium ist das des Feyerabends:

> *„Das einzige Prinzip, das den Fortschritt nicht hemmt, heißt: Mach, was Du willst."*

Der heutige Mensch verdrängt es, doch er ist ein Raubtier. Er saugt die Kraft seines Planeten auf, verkörpert, begeistert und erhöht sie. Mit jedem Bissen ins Steak, ja jedem Apfel raubt er dem Planeten Kraft und veredelt sie, indem sie in einem noch komplexeren Wesen aufgeht. Einem Wesen, dass bereits so hoch reicht, dass es die Freiheit schmecken und tun kann, was es will.

Alles weitere regeln die Prinzipien der Differenzierung, Integration und Evolution. Sie erwachsen aus dem Prinzip der Kraft. Das Stärkere ist der Feind des Starken, wodurch alles Schwächere der Existenz überdrüssig wird und der Kraftfluss dorthin versiegt. Was stark ist, wird überleben, was nicht, wird vergehen. Das ist das kosmische Prinzip. Alles andere ist frei. So lebe ein jeder so, wie er will! Ich tue es.

Wenn Ihnen das abstrus und weltfremd vorkommt, dann geben Sie Ihrem Freigeist eine Chance und gönnen Sie sich den Feyerabend. Kennen Sie Rolf Dobelli? Den Bestseller-Autor mit den 52 Denkfehlern und Irrwegen, die er in seinen beiden Büchern *Die Kunst des klaren Denkens* und *Die Kunst des klugen Handelns* aufdeckt? Hier seine amazon-Rezension zu Feyerabends Werk *Wider den Methodenzwang*:

> *„EIN PHILOSOPHISCHER SKANDAL*
> *Paul Feyerabends 'Wider den Methodenzwang' löste bei seinem Erscheinen 1970 in philosophischen Kreisen wahre Schockwellen aus. Da forderte doch ein renommierter Wissenschaftstheoretiker und ehemaliger Schüler des großen Karl Popper ernsthaft, alle Regeln und methodischen Vorgaben in der Wissenschaft aufzugeben und stattdessen dem Slogan ‚Anything goes' zu folgen. Jede noch so absurde Idee soll man weiterverfolgen, auch wenn empirische Studien dagegen sprechen. Das Wort eines Laien soll ebenso viel gelten wie das Urteil eines Spezialisten. Forscher sollen so lange Unsinn reden, bis es Sinn ergibt. Klarheit, Präzision, Objektivität ‚die Lieblingskinder des kritischen Rationalismus' sind bloß ein fauler Zauber. Provokante Thesen, die in der Fachwelt als Skandal empfunden wurden. Trotzdem avancierte das Buch rasch zu einem Klassiker. Zu Recht, denn bei aller Polemik gegen die etablierten Wissenschaften, gegen eitle Forscher, arrogante Nobelpreisträger und autoritätshörige Studenten rührt Feyerabend an die Wurzeln unseres Selbstverständnisses, nämlich an die Bedingungen menschlicher Erkenntnis."*

Das christliche Gewissen

Früher wäre es einem Teil von mir nicht leicht gefallen, diese Worte so offen zu schreiben, da ich selbst Teil dieser christlichen Kultur bin, darin aufgewachsen und großgezogen wurde – aber sie ist mir viel zu lebensfremd, trocken und spießig. Jede Faser meines Körpers sträubt sich dagegen. Der Geist ist ihr überdrüssig. Der freudige Siegfried erklärt es schlüssig – 1930 in seinem Buch *Das Unbehagen in der Kultur*:

> *„Eine besondere Bedeutung beansprucht der Fall, dass eine größere Anzahl von Menschen gemeinsam den Versuch unternimmt, sich Glücksversicherung und Leidensschutz durch wahnhafte Umbildung der Wirklichkeit zu schaffen. Als solchen Massenwahn müssen wir auch die Religionen der Menschheit kennzeichnen. Den Wahn erkennt natürlich niemals, wer ihn selbst noch teilt."*

In seiner Schrift Neue Folge der Vorlesungen zur *Einführung in die Psychoanalyse* geht er das Thema wissenschaftlich an. Sein Fazit:

> *„Das zusammenfassende Urteil der Wissenschaft über die religiöse Weltanschauung lautet also: Während die einzelnen Religionen miteinander hadern, welche von ihnen im Besitz der Wahrheit sei, meinen wir, dass der Wahrheitsgehalt der Religion überhaupt vernachlässigt werden darf. Religion ist ein Versuch, die Sinneswelt, in die wir gestellt sind, mittels der Wunschwelt zu bewältigen, die wir infolge biologischer und psychologischer Notwendigkeiten in uns entwickelt haben. Aber sie kann es nicht leisten. Ihre Lehren tragen das Gepräge der Zeiten, in denen sie entstanden sind, der unwissenden Kinderzeiten der Menschheit."*

Karl Marx sah in der Religion die Unterdrückung und zugleich den Protest der Schwachen. Sie gibt Hoffnung in einer Welt der Ausbeutung, festigt sie aber zugleich und sediert alle Kraft und Rebellion – weil sie von den tatsächlichen Verhältnissen ablenkt und die Grundbedürfnisse der Seele befriedigt. Sie spendet Hoffnung, predigt das Paradies, aber droht mit der Hölle. Jenseitige Versprechungen ermöglichen die Ausbeutung im Diesseits. Aus seiner Schrift *Zur Kritik der Hegelschen Rechtsphilosophie* stammt das berühmte Zitat:

> *„Das religiöse Elend ist in einem der Ausdruck des wirklichen Elendes und in einem die Protestation gegen das wirkliche Elend. Die Religion ist der Seufzer der bedrängten Kreatur, das Gemüth einer herzlosen Welt, wie sie der Geist geistloser Zustände ist. Sie ist das Opium des Volks."*

Dabei gibt es doch viel reineres Opium. Marx baut auf die Projektionstheorie von Ludwig Feuerbach. Ihr zufolge schuf der Mensch Gott nach seinem eigenen Wesen, seinen Wünschen und macht in der Religion nichts anderes, als sich selbst zu erheben und anzubeten. In seinem Werk *Das Wesen der Religion* schreibt er:

> *„Wie der Mensch denkt, wie er gesinnt ist, so ist sein Gott: so viel Wert der Mensch hat, so viel Wert und nicht mehr hat sein Gott. Das Bewusstsein Gottes ist das Selbstbewusstsein des Menschen, die Erkenntnis Gottes, die Selbsterkenntnis des Menschen. Aus seinem Gotte erkennst Du den Menschen, und wiederum aus dem Menschen seinen Gott: beides ist eins. Was dem Menschen Gott ist, das ist sein Geist, seine Seele, und was des Menschen Geist, seine Seele, sein Herz, das ist sein Gott: Gott ist das offenbare Innere, das ausgesprochene Selbst des Menschen; die Religion die feierliche Enthüllung der verborgenen Schätze des Menschen,*

> das Eingeständnis seiner innersten Gedanken, das öffentliche Bekenntnis seiner Liebesgeheimnisse."

Warum der Mensch sich diese Illusion schafft und derart stark an ihr festhält, ist verständlich: Die Religion füllt die innere Leere, die die allein aufs äußere fixierte Naturwissenschaft schafft. Freud, der wie Marx von Feuerbach geprägt war, befasst sich in seiner Schrift *Die Zukunft einer Illusion* eingehender mit der dahinter wirkenden Motivation:

> „Man muss fragen, worin besteht die innere Kraft dieser Lehren, welchem Umstand verdanken sie ihre von der vernünftigen Anerkennung unabhängige Wirksamkeit?
> Ich meine, wir haben die Antwort auf beide Fragen genügend vorbereitet. Sie ergibt sich, wenn wir die psychische Genese der religiösen Vorstellungen ins Auge fassen. Diese, die sich als Lehrsätze ausgeben, sind nicht Niederschläge der Erfahrung oder Endresultate des Denkens, es sind Illusionen, Erfüllungen der ältesten, stärksten, dringendsten Wünsche der Menschheit; das Geheimnis ihrer Stärke ist die Stärke ihrer Wünsche."

Der junge Heinrich Heine wollte nicht wünschen, sondern leben. Er gilt als letzter Dichter der Romantik und zugleich als ihr Überwinder. Er war Atheist, doch er gehörte nicht zu den „*Atheisten, die da verneinen, ich bejahe*". Er beklagte, dass wir „*während wir über den Himmel streiten auf Erden zu Grunde*" gehen. Ihm schien der Himmel für die erfunden worden zu sein, denen die Erde nichts mehr bietet – gleich Marx schreibt er:

> „Heil dieser Erfindung, Heil einer Religion, die dem leidenden Menschengeschlecht in den bittern Kelch einige süße, ein-

schläfernde Tropfen geistiges Opium goss, einige Tropfen Liebe, Hoffnung und Glauben."

Mit Beginn des Christentums erwuchs *„eine traurige Zeit, und die Welt wurde grau und dunkel."* Alles Sinnliche, Genussvolle, Spielerische, Körperliche sei verteufelt worden – zur Sünde:

> *„Du darfst den zärtlichen Neigungen des Herzens Gehör geben und ein schönes Mädchen umarmen, aber du musst eingestehn, dass es eine schändliche Sünde war, und für diese Sünde musst Du Abbuße tun."*

Einzig die Welt des Geistes sei christlich, heilig und die Welt des Körpers sowie alles, was damit einher geht, sei des Teufels. Durch diese gewaltsame Spaltung von Körper (Kraft) und Geist sei *„die große Weltzerrissenheit, das Übel"* entstanden. Dabei sei sie längst überholt:

> *„In dunklen Zeiten wurden die Völker am besten durch die Religion geleitet, wie in stockfinstrer Nacht ein Blinder unser bester Wegweiser ist; er kennt dann Wege und Stege besser als ein Sehender. Es ist aber töricht, sobald es Tag ist, noch immer die alten Blinden als Wegweiser zu gebrauchen."*

Da wir erkannt haben, wie eng Körper, Kraft und Geist verbandelt sind und dass das eine ohne das andere nicht blühen kann, brauchen wir neue Götter. Im *Vorwort zu A. Weill's „Sittengemälden aus dem elsässischen Volksleben"* wirft Heine 1847 die Frage auf: *„Wer sind jene Götter?"*, und ringt sogleich um Antwort:

"Ich weiß nicht, wie sie heißen, jedoch die großen Dichter und Weisen aller Jahrhunderte haben sie längst verkündigt. Sie sind jetzt noch geheimnisvoll verhüllt; aber in ahnenden Träumen wage ich es zuweilen, ihren Schleier zu lüften, und alsdann erblicke ich ... Ich kann es nicht aussprechen, denn bei diesem Anblick durchzuckt mich immer ein stolzer Schreck, und er lähmt meine Zunge. Ach! ich bin ja noch ein Kind der Vergangenheit, ich bin noch nicht geheilt von jener knechtischen Demut, jener knirschenden Selbstverachtung, woran das Menschengeschlecht seit anderthalb Jahrtausenden siechte, und die wir mit der abergläubischen Muttermilch eingesogen ... Ich darf es nicht aussagen, was ich geschaut ... Aber unsere gesünderen Nachkommen werden in freudigster Ruhe ihre Göttlichkeit betrachten, bekennen und behaupten. Sie werden die Krankheit ihrer Väter kaum begreifen können. Es wird ihnen wie ein Märchen klingen, wenn sie hören, dass weiland die Menschen sich alle Genüsse dieser Erde versagten, ihren Leib kasteiten und ihren Geist verdumpften, Mädchenblüten und Jünglingsstolz abschlachten, beständig logen und greinten, das abgeschmackteste Elend duldeten ... ich brauche wohl nicht zu sagen, wem zu Gefallen.

In der Tat, unsere Enkel werden ein Ammenmärchen zu vernehmen meinen, wenn man ihnen erzählt, was wir geglaubt und gelitten! Und sie werden uns sehr bemitleiden! Wenn sie einst, eine freudige Götterversammlung, in ihren Tempelpalästen sitzen, um den Altar, den sie sich selber geweiht haben, und sich von alten Menschheitsgeschichten unterhalten, die schönen Enkel, dann erzählt vielleicht einer der Greise, dass es ein Zeitalter gab, in welchem ein Toter als

Gott angebetet und durch ein schauerliches Leichenmahl gefeiert ward, wo man sich einbildete, das Brot, welches man esse, sei sein Fleisch, und der Wein, den man trinke, sei sein Blut. Bei dieser Erzählung werden die Wangen der Frauen erbleichen und die Blumenkränze sichtbar erbeben auf ihren schönlockichten Häuptern. Die Männer aber werden neuen Weihrauch auf den Herd-Altar streuen, um durch Wohlduft die düsteren, unheimlichen Erinnerungen zu verscheuchen."

Für ihn ist die Zeit des Wandels gekommen:

„Die Menschheit ist aller Hostien überdrüssig und lechzt nach nahrhafterer Speise, nach echtem Brot und schönem Fleisch."

1844 dichtet er in seinem berühmten *Deutschland. Ein Wintermärchen*, was wir immer noch nicht verstanden haben:

„Ein kleines Harfenmädchen sang.
Sie sang mit wahrem Gefühle
Und falscher Stimme, doch ward ich sehr
Gerühret von ihrem Spiele.

Sie sang von Liebe und Liebesgram,
Aufopfrung und Wiederfinden
Dort oben, in jener besseren Welt,
Wo alle Leiden schwinden.

Sie sang vom irdischen Jammertal,
Von Freuden, die bald zerronnen,
Vom jenseits, wo die Seele schwelgt

Verklärt in ew'gen Wonnen.
Sie sang das alte Entsagungslied,
Das Eiapopeia vom Himmel,
Womit man einlullt, wenn es greint,
Das Volk, den großen Lümmel.

Ich kenne die Weise, ich kenne den Text,
Ich kenn auch die Herren Verfasser;
Ich weiß, sie tranken heimlich Wein
Und predigten öffentlich Wasser.

Ein neues Lied, ein besseres Lied,
O Freunde, will ich euch dichten!
Wir wollen hier auf Erden schon
Das Himmelreich errichten.

Wir wollen auf Erden glücklich sein,
Und wollen nicht mehr darben;
Verschlemmen soll nicht der faule Bauch,
Was fleißige Hände erwarben.

Es wächst hienieden Brot genug
Für alle Menschenkinder,
Auch Rosen und Myrten, Schönheit und Lust,
Und Zuckererbsen nicht minder.

Ja, Zuckererbsen für jedermann,
Sobald die Schoten platzen!
Den Himmel überlassen wir
Den Engeln und den Spatzen."

Heine schwärmt für eine neue Zeit, die Zeit der Überwindung von Sünde und Spaltung, die der Vereinigung, der Sinnlichkeit und spielerischen Freude am Schöpfen und Schaffen im Hier und Jetzt. Dies wäre sein Sommer. Am Ende seines Wintermärchens, 26 Kapitel später, prophezeit er ihn:

> *„Was sich in jener Wundernacht*
> *Des weitern zugetragen,*
> *Erzähl ich euch ein andermal,*
> *In warmen Sommertagen.*
>
> *Das alte Geschlecht der Heuchelei*
> *Verschwindet, Gott sei Dank, heut,*
> *Es sinkt allmählich ins Grab, es stirbt*
> *An seiner Lügenkrankheit.*
>
> *Es wächst heran ein neues Geschlecht,*
> *Ganz ohne Schminke und Sünden,*
> *Mit freien Gedanken, mit freier Lust –*
> *Dem werde ich alles verkünden."*

In seinem Werk *Zur Geschichte der Religion und Philosophie in Deutschland* sieht Heine bereits kommen, was Programm unseres Buches ist:

> *„Diese Weltansicht, die eigentliche Idee des Christentums, hatte sich, unglaublich schnell, über das ganze römische Reich verbreitet, wie eine ansteckende Krankheit, das ganze Mittelalter hindurch dauerten die Leiden, manchmal Fieberwut, manchmal Abspannung, und wir Modernen fühlen noch immer Krämpfe und Schwäche in den Gliedern.*

Ist auch mancher von uns schon genesen, so kann er doch der allgemeinen Lazarettluft nicht entrinnen, und er fühlt sich unglücklich als der einzig Gesunde unter lauter Siechen. Einst, wenn die Menschheit ihre völlige Gesundheit wieder erlangt, wenn der Friede zwischen Leib und Seele wieder hergestellt, und sie wieder in ursprünglicher Harmonie sich durchdringen: dann wird man den künstlichen Hader, den das Christentum zwischen beiden gestiftet, kaum begreifen können.

Die glücklicheren und schöneren Generationen, die, gezeugt durch freie Wahlumarmung, in einer Religion der Freude emporblühen, werden wehmütig lächeln über ihre armen Vorfahren, die sich aller Genüsse dieser schönen Erde trübsinnig enthielten, und, durch Abtötung der warmen farbigen Sinnlichkeit, fast zu kalten Gespenstern verblichen sind! Ja, ich sage es bestimmt, unsere Nachkommen werden schöner und glücklicher sein als wir. Denn ich glaube an den Fortschritt, ich glaube, die Menschheit ist zur Glückseligkeit bestimmt, und ich hege also eine größere Meinung von der Gottheit als jene frommen Leute, die da wähnen, sie habe den Menschen nur zum Leiden erschaffen. Schon hier auf Erden möchte ich, durch die Segnungen freier politischer und industrieller Institutionen jene Seligkeit etablieren, die, nach der Meinung der Frommen, erst am jüngsten Tage, im Himmel, stattfinden soll."

Einige Jahre zuvor brachte Nikolaus Lenau in seinem *Faust* zur Sprache, wem die Welt gehöre, nämlich dem, der sie sich nehme, der bereit ist, sich zu überwinden, die innere Kraft zu entfesseln und selbst für Rettung und Erlösung sorgt, statt sie zu erflehen und dabei unterzugehen – wie ein Schiff im Sturm:

EIN PRIESTER (auf den Knien)
„Erbarme dich, du großer Gott!
Barmherziger, hilf in unsrer Not!
Herr! deines Sohnes Christi Blut
Helf in der Not uns Armen,
Besänftige mit Erbarmen,
Ein heilig Öl, die Sturmesflut!"

MATROSEN (auf den Knien)
„Erbarme dich, du großer Gott!
Barmherziger, hilf in unsrer Not!"

FAUST (ruft in die Wolken)
„Mach was du willst mit deiner Sturmesnacht!
Du Weltenherr, ich trotze deiner Macht!
Hier klebt mein Leib am Rand des Unterganges,
Doch weckt der Sturm in meinem Geist die Urkraft,
Die ewig ist, wie du, und gleichen Ranges,
Und ich verfluche meine Kreaturschaft!"

MEPHISTOPHELES
„Bravissimo! zuschanden geht der Nachen;
Den kleinen Bissen hat der Ozean
Lang hin- und hergespielt in seinem Rachen,
Nun beißt er drein mit seinem Klippenzahn."
(Wehgeschrei der Mannschaft)
„Nun schluckt er ihn! Faust! spring auf diese Zacken,
Hier kann die tolle Flut dich nimmer packen."

FAUST
„Schon steh ich fest; doch sterben die Matrosen,
Wohl gerne lebten noch die Rettungslosen."

Wer Rettung sehnt, kann lange warten – nur wer kämpft, strebt und sich selbst rettet, der wird sie finden. Lenaus Version des *Faust* ist radikaler als die knapp 25 Jahre zuvor entstandene von Goethe. Gewaltiger in seiner Bildsprache, doch kaum bekannt. Sein „Faust" spiegelt nicht den forschenden Menschen an sich wieder, sondern eher seinen Schöpfer, der zwischen bitter empfundenem Atheismus und Pantheismus schwankte, zerfressen von Zweifel und dem Gefühl nirgends zuhause zu sein. So viel Kampf in einem Menschen, da erwächst viel Kunst aus dem Chaos, der Eiter innerer Konflikte. Erfüllung fand er nie, seine letzten Jahre verbrachte er im Irrenhaus, da weder seine Umwelt noch er selbst mit dem inneren Zerwürfnis zu leben vermochten.

Apropos geistige Umnachtung: All dies, der Unwille zum Christentum, Heines Poesie und die Projektionstheorie Feuerbachs gipfeln bei unserem lieben, getriebenen Friedrich Nietzsche:

> *„Diese ewige Anklage des Christentums will ich an alle Wände schreiben, wo es nur Wände gibt – ich habe Buchstaben, um auch Blinde sehend zu machen … Ich heiße das Christentum den einen großen Fluch, die eine große innerlichste Verdorbenheit, den einen großen Instinkt der Rache, dem kein Mittel giftig, heimlich, unterirdisch, klein genug ist – ich heiße es den einen unsterblichen Schandfleck der Menschheit."*

So schreibt er gegen Ende von *Der Antichrist*; Untertitel des leidenschaftlichen Plädoyers ist *Fluch auf das Christentum*. Das trifft es gut. Tatsächlich sind die Formulierungen derart drastisch, dass sie kaum in mein vergleichsweise frommes Buch passen. Wechseln wir zur *Fröhlichen Wissenschaft*. Dort schreibt er über den tollen Menschen und den – viel zitierten – Tod Gottes:

> *„Habt ihr nicht von jenem tollen Menschen gehört, der am hellen Vormittag eine Laterne anzündete, auf den Markt lief und unaufhörlich schrie: 'Ich suche Gott! Ich suche Gott!'*
> *Da dort gerade viele von denen zusammenstanden, welche nicht an Gott glaubten, so erregte er ein großes Gelächter. Ist er denn verlorengegangen? sagte der eine. Hat er sich verlaufen wie ein Kind? sagte der andere. Oder hält er sich versteckt? Fürchtet er sich vor uns? Ist er zu Schiff gegangen? ausgewandert? – so schrien und lachten sie durcheinander.*
> *Der tolle Mensch sprang mitten unter sie und durchbohrte sie mit seinen Blicken. 'Wohin ist Gott?' rief er, 'ich will es euch sagen! Wir haben ihn getötet - ihr und ich! Wir sind seine Mörder! Aber wie haben wir das gemacht? Wie vermochten wir das Meer auszutrinken? Wer gab uns den Schwamm, um den ganzen Horizont wegzuwischen? Was taten wir, als wir diese Erde von ihrer Sonne losketteten? Wohin bewegt sie sich nun? Wohin bewegen wir uns? Fort von allen Sonnen? Stürzen wir nicht fortwährend? Und rückwärts, seitwärts, vorwärts, nach allen Seiten? Gibt es noch ein Oben und ein Unten? Irren wir nicht durch ein unendliches Nichts? Haucht uns nicht der leere Raum an? Ist es nicht kälter geworden? Kommt nicht immerfort die Nacht und mehr Nacht? Müssen nicht Laternen am Vormittag angezündet werden? Hören wir noch nichts von dem Lärm der Totengräber, welche Gott begraben? Riechen wir noch nichts von der göttlichen Verwesung? – auch Götter verwesen!*

Gott ist tot! Gott bleibt tot! Und wir haben ihn getötet! Wie trösten wir uns, die Mörder aller Mörder? Das Heiligste und Mächtigste, was die Welt bisher besaß, es ist unter unsern Messern verblutet – wer wischt dies Blut von uns ab? Mit welchem Wasser könnten wir uns reinigen? Welche Sühnefeiern, welche heiligen Spiele werden wir erfinden müssen? Ist nicht die Größe dieser Tat zu groß für uns? Müssen wir nicht selber zu Göttern werden, um nur ihrer würdig zu erscheinen? Es gab nie eine größere Tat – und wer nun immer nach uns geboren wird, gehört um dieser Tat willen in eine höhere Geschichte, als alle Geschichte bisher war!' Hier schwieg der tolle Mensch und sah wieder seine Zuhörer an: auch sie schwiegen und blickten befremdet auf ihn. Endlich warf er seine Laterne auf den Boden, dass sie in Stücke sprang und erlosch. 'Ich komme zu früh', sagte er dann, 'ich bin noch nicht an der Zeit. Dies ungeheure Ereignis ist noch unterwegs und wandert – es ist noch nicht bis zu den Ohren der Menschen gedrungen. Blitz und Donner brauchen Zeit, das Licht der Gestirne braucht Zeit, Taten brauchen Zeit, auch nachdem sie getan sind, um gesehen und gehört zu werden. Diese Tat ist ihnen immer noch ferner als die fernsten Gestirne – und doch haben sie dieselbe getan!' –
Man erzählt noch, dass der tolle Mensch desselbigen Tages in verschiedenen Kirchen eingedrungen sei und darin sein Requiem aeternam deo angestimmt habe. Hinausgeführt und zur Rede gesetzt, habe er immer nur dies entgegnet: 'Was sind denn diese Kirchen noch, wenn sie nicht die Gräber und die Grabmäler Gottes sind?'"

Aus diesem Gedanken erwächst die Idee des Übermenschen – wie wir sie vor allem im *Zarathustra* finden:

> *„Todt sind alle Götter: nun wollen wir, dass der Übermensch lebe."*

Nietzsche selbst hat Gott nicht getötet. Hat er nie behauptet. Er hat nur erkannt, dass wir durch die Erkenntnis der Fülle und des Reichtums der diesseitigen Welt, der Weisheit unseres Körpers und Kraft unseres Willens den Gott unserer Einbildung überwunden haben, da das Christentum im Laufe der Jahrhunderte marode und unglaubwürdig wurde – durch seine Predigten, Verbote, Jenseitsversprechungen, die Verteufelung von Kraft, Sinnlichkeit und Körper. Kirchen und Christentum sind jetzt nichts weiter als Grabmäler und Leichenprozession. In Anbetracht dieses großen Wandels, dieser gewaltigen Tat stellt der tolle Mensch die Frage aller Fragen:

> *„Müssen wir nicht selber zu Göttern werden, um nur ihrer würdig zu erscheinen?"*

Das können wir und das sollten wir. Nach dem ewiggestrigen *„Du sollst!"* ist es nun Zeit für das *„Ich will! – denn ich bin frei."* Dostojewski schrieb:

> *„Wenn Gott nicht existierte, so wäre alles erlaubt."*

Sein Gedanke katapultiert uns in die französische Moderne des Existenzialismus, zu Jean-Paul Sartre und seiner Schrift *Ist der Existentialismus ein Humanismus?*:

> *„In der Tat, alles ist erlaubt, wenn Gott nicht existiert, und demzufolge ist der Mensch verlassen, da er weder in sich noch au-*

ßerhalb seiner eine Möglichkeit findet, sich anzuklammern. Vor allem findet er keine Entschuldigungen. Geht tatsächlich die Existenz der Essenz voraus, so kann man nie durch Bezugnahme auf eine gegebene und feststehende menschliche Natur Erklärungen geben; anders gesagt, es gibt keine Vorausbestimmung mehr, der Mensch ist frei, der Mensch ist Freiheit."

Und nach dieser Kreuzfahrt durch das Meer der Religionskritik landen wir wieder dort, wo wir gestartet sind; bei Feyerabend und seinem Dictum:

„*Mach, was Du willst.*"

Menschen – Götter

Tatsächlich ändert sich gar nicht so viel. Feuerbach erkannte, dass der Mensch seine Götter aus seinem idealisierten Ebenbild schnitzte. Götter sind also menschengleich.
Das Christentum sieht es genauso – nur umgekehrt: Menschen sind gottgleich. Nachzulesen in der *Bibel*, genauer im Buch *Genesis 5,1*:

„*Dies ist das Buch von Adams Geschlecht. Als Gott den Menschen schuf, machte er ihn nach dem Bilde Gottes.*"

Das Buch *Genesis* oder auch das *1. Buch Mose* ist das erste Buch der *Bibel* und erzählt von der Schöpfung der Welt, quasi der christliche Urknall: Gottes Coming-out. In *Genesis 1,26f* lesen wir, wie der Mensch geschaffen wurde:

„*Und Gott sprach: Lasset uns Menschen machen, ein Bild, das uns gleich sei, die da herrschen über die Fische im*

Meer und über die Vögel unter dem Himmel und über das Vieh und über alle Tiere des Feldes und über alles Gewürm, das auf Erden kriecht. (27) Und Gott schuf den Menschen zu seinem Bilde, zum Bilde Gottes schuf er ihn; und schuf sie als Mann und Frau."

Und schwupps, waren sie da: die Menschen, Herrscher über alles Vieh und Gewürm auf Erden – nach Gottes Bild. Diese Ebenbildlichkeit belegt das Göttliche in jedem von uns.
Wir müssen uns nicht um die richtige Perspektive streiten: Feuerbach oder Genesis? Beides passt. Feuerbach hat sicher recht, wenn er feststellt, dass beim Erschaffen von Götter-Mythen und Religionen ein idealisiertes Menschenbild Pate stand. Genesis beschreibt dennoch genau das, was auch ich vertrete – nur aus der Perspektive eines begeisterten Pantheismus: Der Mensch ist göttlich. Gott ist Kraft – und jeder Mensch ist Kraft. Denn aus ihr und durch sie und auf sie hin ist die ganze Schöpfung. Ihr sei Ehre in Ewigkeit! Amen.

Der Mensch ist irdisch, ein weltliches Prinzip. Kraft ist universell, ein all-umfassendes und all-durchwirkendes Prinzip. Nun sollten wir den Schritt in die Freiheit wagen, diese Göttlichkeit in uns erkennen und Verantwortung dafür übernehmen: Wie sehr sie blüht, wächst und gedeiht, liegt allein an uns! Keine Fremdbeherrschung mehr, keine Abhängigkeit, keine Jenseitsversprechungen, sondern nur noch Selbstbeherrschung, Souveränität und Leben im Hier und Jetzt. Keine Verbote mehr, sondern Prinzipien. Keine Entschuldigungen, sondern Verantwortung. Keine Unterordnung, sondern Kultivierung. Nun liegt alles bei uns, lag es schon immer – wir ließen es nur schleifen und verwickelten uns in Unmündigkeit und Schwäche. Nun gibt es einen neuen Maßstab für Göttlichkeit:

Gewinner finden Wege, Verlierer Ausreden!

Die Welt als Prozess

Kraft ist nicht alles, aber ohne Kraft wäre alles nichts. Ohne Kraft gäbe es keine Entwicklung, doch die Welt ist Entwicklung. Sie ist Prozess. Materie und Denken, Körper und Geist sind vielleicht nur Ausstülpungen dieses Prozesses – objektive und subjektive Teilprozesse des Urprozesses. Wenn es eine Wissenschaft der Zukunft gibt, dann ist es die der Prozesse. Sie wird integrieren, was sich in den letzten Jahrzehnten ausdifferenziert hat. Die Physik entwickelt sich bereits dorthin. Ihr bleibt langfristig kein anderer Weg. Alle anderen Wissenschaften werden und sollten ihr folgen. Vielleicht die einzige Möglichkeit, um Geist und Materie, Subjektivität und Objektivität auf denselben Ast zu bekommen. Bisher mögen sie Gegensätze sein, fleischig und flüchtig – doch beide sind Prozesse.

Wer sich näher damit beschäftigen will, dem empfehle ich die Prozessmetaphysik von Alfred North Withehead. Sollten Sie kein abstrakter Masochist sein, werden Sie mit seinem Hauptwerk *Prozess und Realität* so viel Spaß haben wie mit einer Nonne im Bett. Versuchen Sie lieber ein Exemplar von Michael Hampes *Alfred North Whitehead* zu erstehen. Dort lässt sich Whiteheads Philosophie besser verstehen, als in seinen eigenen Texten.

Sollte die Lektüre Ihr Weltbild nicht auf den Kopf stellen, würde es mich wundern. Es ist erfrischend einleuchtend und doch ganz anders, als das, was Wissenschaftler und Bildungsbürger heutzutage über die Welt denken. Zudem erklärt es, warum die Phänomene der Quantenwelt so bockig sind und sich nicht in das klassische Weltbild der Naturwissenschaften einfügen lassen – und bietet auch gleich eine bessere Erklärung. Schade, dass er so abstrakt dachte, dass kaum jemandem auffiel, wie viel Genie und Leben darin steckt.

Ich habe auch eine Arbeit darüber geschrieben, aber kaufen Sie sie lieber nicht. Sie ist teuer und am Titel erkennt man unschwer, wie der denkende Christian auf dem Zug der Abstraktion mitfuhr: *Eine Kritik des ontologischen*

Weltbildes anhand des Komplementaritätsprinzips in der Quantenmechanik. Welch verkopfter Titel und sichtlicher Unterschied zum jetzigen, lebensnahen: *Leider geil, fett & faul.*

Doch zurück zum erweiterten, göttlichen Panpsychismus, der in allem Existierenden drei Dimensionen sieht: Geist, Körper und Kraft. Es gibt nicht nur „Team Mensch", sondern auch „Team Teilchen", „Team Eisbär" und „Team Planet". Je komplexer das System wird, desto mehr Chaos und somit Freiheit kann auch darin herrschen – wie wir aus eigener Erfahrung wissen. Für einen komplexen, sich bewusst werdenden oder gar übersteigenden Geist bedarf es eines ebenso komplexen Körpers, respektive Nervensystems.

Komplexität ist keine Frage der Größe, sondern eine von Evolution, Differenzierung und Integration. Daher sind alle komplexen Wesen Lebewesen. Sie sind der Gipfel der Komplexität in unserer Welt. Große „Wesen" bzw. Prozessnetzwerke wie das „Team Saturn" oder das „Team Himalaya" mögen gewaltigen körperlichen Ausmaßes sein und voller Kraft stecken, doch die zugrunde liegenden Prozesse erscheinen nicht differenziert und integriert genug, um komplexen Geist oder gar Bewusstsein zu entwickeln. Das ist eher Sache des Fleisches.

Das klingt weltfremd – aber nur, weil wir gelernt haben, im Weltbild des Materialismus zu denken, in dem alles rein körperlich, physikalisch ist und der Geist erst mit dem Leben oder gar danach in die Welt kam. Tatsächlich wissen wir jedoch absolut nichts über das Innere der Dinge, keiner kann erklären wo plötzlich der Geist, der so völlig anders ist, herkommt bzw. wie er aus der stumpfen, hohlen Materie entstehen soll.

Vor allem verdrängen wir, dass alles, was wir Menschen haben, nichts als Erfahrung ist. Selbst die Dinge um uns herum sind nichts als Erfahrungen, von denen wir – wiederum geistig – darauf schließen, dass es dahinter reale Gegenstände geben muss. Schließlich stehen wir auf festem Boden, stoßen uns den Kopf am Küchenschrank und spüren den Schmerz.

Tatsächlich sind das alles wieder geistige Erfahrungen. Was dahinter ist, wissen wir nicht, können wir nicht wissen. Das Geistige könnte mächtig genug sein, um uns all das vorzugaukeln – wie es uns auch scheinbar reale Welten jede Nacht im Traum vorgaukelt. Der einzige Unterschied ist, dass unsere Tag-Träume einem Handlungsstrang folgen und unsere Nacht-Träume flüchtiger sind und dauernd wechseln – doch reicht dieser Unterschied aus, um hinter den Tagträumen eine körperliche Welt zu postulieren?

Wir haben keinen einzigen Beleg dafür. Eher noch sollten wir an den Geist glauben. Blicken wir jedoch auf uns selbst, so erscheint es klar, dass wir aus Körper, Geist und Trieb bestehen – ebenso andere Menschen und Tiere.

Für alles weitere könnten wir es leugnen oder anerkennen, dass sich dieses Muster auch auf immer simplere Weise in allem fortsetzt, was existiert: Pflanzen, Bakterien, Steine, Wasser, Luft, Planeten, Sterne, Teilchen. Kraft wirkt auf jeden Fall darin. Körperlich sind sie auch. Ob Geist darin wirkt, wissen wir nicht, weil wir nicht hineinfühlen bzw. denken können. Es gibt keine Messinstrumente für die Dimension des Geistigen, doch dürfen wir von unserer Unfähigkeit etwas zu messen, darauf schließen, dass es nicht existiert?

Die Welt pantheistisch, be-geistert und als Prozess zu sehen ist ein sinnvolles, schönes, kraftvolles und lebendiges Weltbild, in dem das Göttliche überall wirkt, in jedem Wesen – auch in Ihnen, göttlicher Leser. Sie sind eine Spielfigur der universalen Kraft, verkörpert, begeistert, kraftvoll – mit schier unerschöpflichen Potenzial und der Fähigkeit selbst zu entscheiden. Was wollen Sie daraus machen?

Zur Klärung

Das „Team Mensch" ist ein faszinierendes Wechselspiel, von dem wir wenig wissen und uns kaum damit beschäftigen, wie wir es positiv beeinflussen

können. Meist wollen wir nur von außen behandeln – durch Eingriffe, Medikamente und Kuren –, statt selbst und von innen heraus aufzuräumen, zu stärken und für Ordnung zu sorgen.
Mir geht es nicht um eine detailgetreue Darstellung der inneren Verhältnisse, sondern einzig und allein darum, für innere Ordnung zu sorgen. Abstrakte Streitereien und Spitzfindigkeiten bringen uns nicht weiter. Die soeben angestellten Gedanken sollen nur helfen, eine ungefähre Vorstellung von dem zu erhalten, was in uns los ist, warum es so sein könnte und welches Weltbild in diesen Rahmen passt – um besser damit umgehen zu können.
Hier ein kleine Zusammenfassung: Die Dreifaltigkeit spiegelt sich bereits im ganz Kleinen. Grundlegende energetische Prozesse wie ein Elektron oder ein Atom haben bereits simple Kräfte und proto-psychische Eigenschaften, wohingegen ein Virus schon weitaus differenzierter und integrierter ist. Eine Pflanze verfügt, neben der körperlichen und trieblichen Komplexität, bereits auch über eine komplexe geistige Dimension. Sie strebt nach Licht, Wasser und Nährstoffen, will sich fortpflanzen und wehrt sich gegen Feinde, ja kommuniziert sogar mit Insekten oder frisst sie auf. Insekten wiederum sind noch komplexer und ganz oben am tierischen Gipfel der Komplexität steht der selbstbewusste Mensch. Er trägt die Krone der Schöpfung, die höchste Errungenschaft der Evolution nicht auf seinem Kopf, sondern darin: sein Gehirn. Das komplexeste System im uns bekannten Universum, mit mehr Synapsen, Neuronen und Verknüpfungsmöglichkeiten als es Sandkörner auf der Erde gibt.
Der menschliche Geist ist ebenso komplex wie der menschliche Körper – er hat unzählige ausdifferenzierte Organe. Schließlich hat sich – im Weltbild des Panpsychisten – die geistige Dimension der Welt (so wie die materielle) seit über Milliarden von Jahren entwickeln können. Gleiches gilt für den Trieb und die Kommunikationsfähigkeit zwischen diesen Ebenen.
Es gibt Gedanken, Vorstellungen, Triebe, Gefühle uvm. – wir können sie nur nicht sehen und deswegen fällt es uns schwer, ihre Differenzierung nachzuvollziehen. Versuchen Sie mal ein Stimmengewirr zu ordnen, von dem

Sie nicht wissen, von wem es kommt und wie viele Sprecher beteiligt sind. In unser Bewusstsein strömen ständig Gefühle, Gedanken und Lüste, mit denen wir uns identifizieren, die aber zum Teil stark widersprüchlich sind. Viele verzweifeln daran, denken, sie seien verrückt oder besessen.
Glücklicherweise wissen wir nun, dass dies verschiedene Stimmen sind, die entweder von Körper, Geist oder Trieb zu uns aufsteigen. Das Bewusstsein ist der Sammelbehälter dieser Botschaften – falls es stark ist, vermag es auszusuchen, welcher Stimme gefolgt wird. Meist ist es jedoch nicht stark, allenfalls stark gespalten. Deswegen ist es wichtig, Ordnung in die Verhältnisse zu bringen. Dann wird das Bewusstsein kein widersprüchliches Stimmengewirr mehr vernehmen müssen, sondern einen einheitlichen Chor, der genau weiß, was er will, nämlich das Selbe.
So wird die Entscheidung für das Bewusstsein zum Kinderspiel und es kann sich voll und ganz darauf konzentrieren, die höheren Ziele des gesamten Teams in der Welt da draußen zu verwirklichen – statt sich nur mit sich selbst zu streiten. Das ist innerer Friede – und kraftvolle Wirksamkeit!
Das ist der weise Mensch, der *Homo sapiens*, der Übermensch. Die zwei Extreme darunter sind der Asket und der Hedonist.

Der Asket

Menschen, die einzig den Geist als erhaben erachten sowie Triebe und Körper verachten, verkennen den Ursprung der Kraft und das Potenzial des Körpers. Solche Menschen sind vergeistigt (meist geistlich), verachten den Körper, bekämpfen die Triebe und führen dadurch ein ungemütliches, körperlich schwaches, unbeherrschtes Leben im ständigen Kampf mit dem Schweinehund, der immer bestialischer wird, je mehr man ihn verdammt und zum stillhalten zwingt. Sie fällen das kirchliche Urteil über ihn: *Anathema sit* – er sei ausgeschlossen; und der Körper gleich mit.

Dieser sei ohnehin nur die dienstbare Hülle aus Fleisch und Knochen, das irdische Gefährt für den Geist, die himmlische Seele; oder wie Franz von Assisi den Körper im 13. Jahrhundert nannte: *„Bruder Arsch".*
Dies Zerwürfnis erreichte einen Höhepunkt bei Rene Descartes, dem Vater des *„Cogito ergo sum",* der glaubte, dass der Geist, der Strom rationaler Gedanken, vollkommen unbeeinflusst vom Körper durch eben diesen fließen könne – unabhängig aller Bedürfnisse, Erfahrungen und Prägungen. In seinem Sinne und dem der Kirchenväter wurde der Körper jahrhundertelang ignoriert oder gar geschunden, kastriert und gezüchtigt – da er mit dem Schweinehund verwechselt und als ebenso tierisch, schmutzig erachtet wurde. Keine schöne Zeit, wie der antichristliche Friedrich so schön schreibt:

> *„Einst blickte die Seele verächtlich auf den Leib: und damals war diese Verachtung das Höchste: – sie wollte ihn mager, grässlich, verhungert. So dachte sie ihm und der Erde zu entschlüpfen.*
> *O diese Seele war selber noch mager, grässlich und verhungert: und Grausamkeit war die Wollust dieser Seele!"*

Inzwischen zweifelt kaum jemand daran, dass Körper und Geist sich gegenseitig beeinflussen. Dafür sind wir zu geil, zu faul und zu fett. Läsionen des Gehirns, Alzheimer oder Schlaganfälle vermögen von heute auf morgen ganze Persönlichkeiten umzukrempeln. Ein Defekt im Dachstübchen und schon steht ein anderer Mensch vor uns. Auch brauchen wir nur daran denken, wie wir in eine frische Zitrone beißen – schon läuft uns das Wasser im Mund zusammen. Körper und Geist – voneinander losgelöst und unabhängig? Nicht im Geringsten und der Geist steht auch längst nicht über dem Körper.
Dennoch gibt es viele moderne Asketen: Karrieremenschen, abstrakte Köpfe und andere Lebensverweigerer vernarren sich derart in ihre geistigen Ziele, dass sie alles andere verdrängen – vor allem Körper und Kraft und damit

einhergehend: Gesundheit, Familie, Sinnlichkeit. Sie gehen nicht bewusst gegen das Körperliche vor – wie die klassischen Asketen –, und deswegen sind die Auswirkungen nicht so gravierend, doch sie werden langfristig die gleichen Probleme zu spüren bekommen. Körper und Kraft lassen sich lange ausnutzen, instrumentalisieren – doch irgendwann schlagen sie zurück, brechen zusammen, versiegen oder brennen aus. Will der Geist zu hoch hinaus, wird der Körper irgendwann auf der Strecke bleiben.

Der Hedonist

Menschen, die den Geist verkennen und bevorzugt triebgesteuert leben, sind primär stumpf. Steinzeitgeister in Steinzeitkörpern mit dem Steinzeithund im Verbund. Sie verfügen über den komplexesten Rechner mit den besten Programmen, den die Welt je geschaffen hat, und nutzen ihn nur, um damit Nägel in die Wand zu schlagen, wie andere Maschinen am Fließband zu stehen und sich gegenseitig zu verprügeln oder zu befriedigen. Das ist ungefähr so intelligent, wie das neueste iPhone einzig zum Öffnen von Bierflaschen zu nutzen. Klug ist es nicht ... aber geil.
Ja, es hat was, sich auf das Simple, Stumpfe, Tierische zu besinnen. Die pure Lustbefriedigung. Allerweil besser als spießig und bürokratisch zu verkalken. Deswegen leben Milliarden von Menschen auf diese lockere, tierische Weise – weil sie einerseits geistig unterfordert sind und sich sonst langweilen, es anderseits aber nicht schaffen, aus Trägheit und Trivialität auszubrechen. Viele wollen das auch gar nicht.
Etliche Asketen (also Spießer, Politiker, Geistliche und Intellektuelle) streiten oft darüber, wie sie den stumpfen Hedonisten kultivieren und zivilisieren können ... aber irgendwie schaffen sie es nicht – weder vor 2.000 Jahren noch heute. Vielleicht sollten sie sich fragen, woher dieser Widerwille kommt. Vielleicht wollen nur sie, dass sich alle anderen Menschen ihrem

vergeistigten Bild des Menschen anpassen, weil sie sich für die Schlausten, Besten und Reinsten halten – ob das überhaupt erwünscht oder gar sinnvoll ist, das fragen sie nicht.

Der stumpfe Geselle scheint vielleicht nur deswegen nicht besonders helle, weil ihm die verkopfte Welt des Denkens und geistigen Verrenkens nichts gibt und er einfach darauf verzichtet, besonders geistreich herumzuschlawenzeln. Ich kann auch differenziert und wissenschaftlich arbeiten, forschen, abwägen und schreiben. Das habe ich in meiner Doktorarbeit bewiesen, aber ich will keine Werbung machen (*rosenrot – oder die Illusion der Wirklichkeit,* 212 Seiten – für nur 19,95€). Doch für mich ist der Verstand nur ein ausführendes Organ und nicht der Sinn meines Lebens.

Für mich sind Schönheit und Tiefe sowie das Spielerische, Widersprüchliche und der Wortwitz lebendiger und somit wertvoller als Logik, Abstraktion, Vernunft und Berechnung. Deswegen nutze ich diese Mittel nur selten, mein Boot bleibt auf dem Wasser, der Geist im Körper und das Leben greifbar. Lieber schreibe ich unlogisch, als tot. Nur weil Logisches in sich schlüssig ist, heißt es noch lange nicht, dass es besser ist – vielleicht ist es sogar schlechter.

Ordnung ist wichtig, aber der Mensch muss auch frei sein, frei leben und handeln können, ruhig auch mal irrational und unberechenbar, denn das macht das Leben erst schön und abwechslungsreich. Wie trist wäre die Welt, wenn sie eine rein berechnende, starre Maschine wäre? – so wie es einige kalte, graue Männchen auf der Erde gerne hätten.

Viele Menschen sind nicht zu dumm für die Maßstäbe der Intellektuellen – für ihre IQ-Tests, Diagnosen und Noten –, sie haben nur einfach keinen Bock darauf. Ein innerer Widerwille drängt sie zum Leben und von dieser spießig abstrakten Welt weg. Mir geht es ebenso. Die Schule hat mich gelangweilt, die Uni war staubtrocken, das gesamte Bildungssystem versprüht keinen Funken Lebendigkeit. Höhere Abschlüsse habe ich nur gemacht, um mich nicht erniedrigen zu lassen und um zu zeigen, dass jeder normale Mensch einen Doktor machen kann, wenn er bereit ist, in die Werkzeugkiste seines Verstandes zu greifen. Aber ist das etwas Besonderes? Nicht wirklich.

Hat die verkopfte Schicht der Asketen je darüber nachgedacht, dass sie vielleicht gar nicht die Spitze der Gesellschaft ist, sondern nur ein Auswuchs davon? Mit welchem Recht stellt sie sich über alle anderen? Erlaubt sie sich, über andere zu richten? Andere in Schubladen zu stecken und ihr Leben zu bestimmen – da sie doch selbst verdrängt hat, was „Leben" bedeutet.

Nun gut, sie sorgt für Ordnung und deswegen lassen alle anderen Menschen, denen das asketische Dasein weniger zusagt, das alles mit sich machen: *„Gibst Du mir Ordnung, geb ich Dir Unterordnung."* So ist der Deal.

Doch sollte das Gleichgewicht gewahrt sein, damit diese Gegensätze sich weiterhin ebenbürtig widerstreben, weiterentwickeln und erheben können. Warum in den Sumpf des Ernstes hinein ziehen lassen? Warum immer nach ihrer Pfeife tanzen und nicht auch mal auf ihrer Nase?

Subversion, Nonkonformität und Ungehorsam sind feine Werkzeuge des kreativen, spielerischen und freien Geistes. Diesen sollten wir schaffen – den Geist, der das Beste von Askese und Hedonie vereint: das Elitäre, Strebende, Überwindende und das Lockere, Spielerische, Sinnliche.

Viele verlieren aber auch die Kontrolle – oft bereits in jungen Jahren. Anstatt mit Klischees zu spielen, spielen die Klischees mit ihnen. Stumpf ist Trumpf. Voll sein, toll sein, Vollproll sein. Sie feiern am Ballermann, grölen im Stadion, buhen bei Talkshows und futtern bei McDonalds – was schon lange keine Farm mehr ist. Zivilisiert benehmen Sie sich nur, wenn es eine tierische Belohnung dafür gibt – weswegen man mit Aspekten der Schönheit, Leistung und Kreativität hier keine Freunde findet.

Der Geist verkommt. Er wird einzig genutzt, um möglichst viel Fressen, Ficken und Faulenzen zu können und um dies Verhalten zu rationalisieren.

Sprich, es werden nachträglich gut klingende Gründe gesucht, um die bereits durch die Triebe getroffene Entscheidung zu legitimieren. Das Denken verkommt zum Zweck, statt nach Höherem zu greifen, stabilisiert es nur das Niedere.

Ein solch degenerierter Geist ist *best friend* mit seinem Schweinehund. Ziemlich feste Kumpel. Er dominiert ihn nicht, aber er verdrängt ihn auch nicht. Er lebt mit ihm feucht, fröhlich, flach – auf gleicher Augenhöhe durch dick und dumm. Hand in Pranke tanzen sie bis tief in die Nacht, suhlen sich im Dreck, fressen Müll, kläffen herum und treiben es wie die Karnickel. Aus dem Jäger und Sammler der Steinzeit, der sich wunderbar mit seinem Steinzeithund verstand, wurde der Schläger und Rammler, der sich vom Schweinehund durchs Dasein treiben und dafür mit lust-igen Gefühlen belohnen lässt.

Damit er die Party finanzieren kann und nicht vom Schwanz in den Mund leben muss, sitzt er tagsüber brav im Büro und plant bereits das nächste Wochenende. Bis dahin lebt er in Trance, ständig in den Nebel der Teilnahmslosigkeit gehüllt, unfähig den Moment zu leben und Erfüllung in Alltag und Beruf zu finden. Lethargie und Depression auf sechs Beinen. Sie fühlen sich wie unser Büro-Held in *Fight Club*:

> „Monate lang konnte ich nicht schlafen ... konnte ich nicht schlafen ... konnte ich nicht schlafen ... Schlaflosigkeit vernebelt die Realität! Alles ist weit weg ... Alles ist eine Kopie einer Kopie einer Kopie ..."

Doch Abends blüht der singende und tanzende Abschaum der Welt wieder auf. *Carpe noctem* ist sein Motto und der Nebel verzieht sich. Wir müssen uns den Massenmenschen der Spaßgesellschaft als einen tierisch glücklichen Menschen vorstellen – aber keineswegs frei, erhaben und wahrhaft Mensch, sondern stark getrieben, halb Mensch halb Tier, ohne Rücksicht auf

Leib und Leben. Ein Dividuum – innerlich gespalten, kläglich unerfüllt, fern der Weisheit. Er lebt auf Kosten des Körpers und der Gesellschaft, stützt sie aber auch, ohne sie weiterzubringen. Ihm ist egal, was aus ihr wird, solange nur das Bier schön kalt, der Fernseher groß und die Pizza warm ist.

Kann das Leben sein? Leben ist so viel mehr. Das wusste bereits John Randall. In seinem 1940 erschienenen Buch *The Making of the Modern Mind* beschreibt er das Leben, um das es auch in diesem Buch geht – sogar stark pantheistisch:

> *„Leben heißt wachsen, die Reichtümer der Welt mehr und mehr aufnehmen, immer mehr der unendlichen Möglichkeiten, die der menschlichen Natur innewohnen, auf das Umfeld des menschlichen Lebens übertragen und sich dadurch zunehmend der unendlichen Bande bewusst werden, die alle Menschen miteinander und mit den großen Kräften des Universums verbinden, dessen edelster Ausdruck sie sind – mit einem Wort, leben heißt seine gesamten Energien auf die Schaffung einer höheren, besseren und reicheren Welt richten und Gott selbst im Universum erkennen."*

VOM SCHWEINEHUND ...

... ZUM SCHOSSHUND

Triebe kultivieren
und beherrschen

Der Mensch wird immer kleiner! Der Mann verweiblicht sich!
Alle streben nach dem Glück und Wohlbefinden
der Faulen und Unwürdigen,
– statt nach höchster Kraftanspannung und Selbstbezwingung!

Das Leiden (also auch sein Gegenpol: die Freude) soll vermindert,
womöglich abgeschafft werden!
– kurz: das Reich der Schlaff- und Nüchternheit,
das Reich der Zahm- und Lahmheit, der Flachheit und Unfruchtbarkeit,
das Schlaraffenland der Frivolen und Viel-zu-Vielen,
das Reich der Impotenz soll kommen!"

Friedrich Nietzsche

Wir sind von Kopf bis Fuß auf Triebe eingestellt

„Wo ES war, soll ICH werden."
Sigmund Freud

Siggi bezeichnete den Trieb, den Schweinehund in uns als „ES" – weil ES nicht zu uns gehört, aber doch ein Teil von uns ist, auch wenn wir ES nicht wahr haben wollen.
ES sorgt dafür, dass wir überleben, Energie sparen und unsere Gene weiter geben: Selbst- und Arterhaltung. ES ist wichtig, doch ES ist ein Schatten. Wir sehen ihn nicht, akzeptieren ihn ungern und verdrängen ihn, statt ihn zu erziehen – woraus so manches Problem erwächst.
Dabei ist ES kein normaler Schatten. Ohne diesen Schatten gäbe es kein Licht. Ohne die Kraft der Triebe würden wir weder leben noch streben – ohne den Urtrieb, der alles schafft und anschiebt, gäbe es nicht einmal die sich entwickelnde Welt.
Triebe sind träge und stimmen sich nur langsam auf ihre Umwelt ein. Haben Sie dies jedoch geschafft, sind sie ein Garant für ein starkes, fruchtbares und gesundes Leben über viele Generationen hinweg.
Diese Stabilität ist wertvoll, da sie Sicherheit gibt und Bewahrtes erhält. Sie wird jedoch schädlich, wenn sich die Umwelt rasend schnell verändert, die Triebe in uns aber nicht hinterher kommen und dann wollen, was wir nicht vertragen. In diesem Dilemma befindet sich der moderne Mensch. Seine Triebe sind unzivilisiert, woraus der Schweinehund entstand.
Nun ist der Mensch dazu aufgerufen, seine Intelligenz, seine Weisheit einzusetzen, um den Schweinehund zu erziehen. Er will uns nichts Böses und es steckt viel Kraft in ihm, die wir für uns einsetzen können – wenn wir uns nicht von ihr zerstören lassen.
Wir wissen, was gut für uns ist und wie wir besser handeln können als der Schweinehund. Er würde weglaufen, wenn ein Haus brennt. Weise Men-

schen haben die Feuerwehr gegründet und werden das Haus löschen. Er würde sich hauptsächlich von Nudeln, Burgern, Bier und Schokoriegeln ernähren. Weise Menschen essen gesund und ihrem Energieverbrauch angemessen und nicht nur das, was dem nimmersatten Schweinehund schmeckt. Er würde ständig faul in der Ecke liegen und sich nur bewegen, um zu masturbieren. Weise Menschen werden aktiv, haben Anspruch und lieben spielerisch.

Je mehr ein Mensch sein Leben an der Lust orientiert, desto mehr ist er stumpfer Hedonist, der von seinem Schweinehund gelenkt wird. Leider hat der keinen aktuellen Plan mehr. Viele Menschen lassen ihn ans Steuer – ohne dass er wüsste, wie es da draußen aussieht oder wo es langgeht. So schrammen Sie ein Leben lang an der Leitplanke entlang, landen in Fettnäpfen und leben auf dem Sofa, statt das zu erreichen, was der Hund eigentlich auch will: ein langes, erfülltes Leben.

Wir brettern in die Zukunft – gesteuert von einem uralten, blinden Hund. Er ist die Kraft, die Leben will, doch Krankes schafft. Statt das Steuer zu übernehmen, lassen wir das Tier bestimmen. Leider macht das geil, fett und faul.

Doch ein Hund lässt sich erziehen und Triebe lassen sich kultivieren – indem man die Dimension des Geistigen, des Spielerischen hinzufügt. Der Geist vermag die Triebe zu adeln. Und das sollten wir unbedingt – nicht nur, um unser Leben zu retten, sondern vor allem, um unser Leben zu beherrschen, zu erfüllen und darüber hinaus zu gehen.

Triebe sind Tankstellen der Kraft, deren Energie man für Höheres nutzen kann, wenn man sie sublimiert – und davon handelt dieser Teil des Buches.

Den Hund an die Leine legen

„Die Sklaven dienen ihren Herren, die Nichtsnutze ihren Begierden."

Diogenes von Sinope, der im alten Athen lebte wie Oskar aus der Sesamstraße – nämlich in einer Tonne –, wusste über Freiheit Bescheid. Er diente seinen Begierden keineswegs, doch beherrscht hat er sie nicht immer – manchen, besonders starken ließ er freien Lauf.

Er lebte wie ein Hund und wurde deswegen Kyniker (gr. *kyon* – Hund) genannt. Viele bellte er an, manche biss er und bei einigen wedelte er mit dem Schwanz. Ab und an wedelte er sich sogar selbst denselben – mitten auf dem Marktplatz und verschaffte sich Erleichterung. Auf die Blicke der Passanten erwiderte er:

„Könnte man doch auch den Bauch ebenso reiben, um den Hunger loszuwerden."

Er war vielleicht der krasseste Kritiker aller Zeiten. Der Kyniker von Athen. Der Vater des Kynismus, aus dem der seiner Seele beraubte Zynismus erwuchs. Er hatte Humor, Scharfsinn, lebte bar jeder Konvention, aber auch fern der Kultur – um sie eben dadurch zu kritisieren und ihre Scheinheiligkeit zu offenbaren; denn wirken die Triebe nicht in jedem von uns?
Sie offen auszuleben in gleicher Augenhöhe mit dem Hund ist eine Möglichkeit. Doch sie zeugt nicht gerade von Stil und ist nicht immer die beste Wahl. Diogenes soll gestorben sein, als er sich mit anderen Hunden einen rohen Tintenfisch einverleibte – der ihm weniger gut bekam.
Wir wollen die spielerische Leichtigkeit, die Unabhängigkeit und Lebendigkeit des Hundes erhalten, ihn aber auf einen zivilisierten Weg führen – von der Natur zur Kultur.

Kennen Sie Dexter?

„Let's just say. I'm not exactly the boy next door."

Dexter ist ein us-amerikanischer Serienheld, der von kleinster Kindheit an den unwiderstehlichen Trieb zum Töten in sich trägt. Bereits früh tötet er Tiere und will noch mehr. Er will auch Menschen töten. Sein Adoptivater ist bei der Polizei, spürt den Drang seines Zöglings und erzieht ihn.
Nein, nicht zum braven, gesetzestreuen Bürger, sondern zu einem Menschen, der seine Triebe kultiviert. Er bringt ihm klare Prinzipien bei, fügt die Dimension des Geistes hinzu und sorgt so dafür, dass Dexter nur noch Menschen massakriert, die es verdient haben. Böse Menschen.
Doch wer ist böse? Kann ein Serienmörder ein Held sein? Darf man Selbstjustiz betreiben?
Die Serie ist ein Renner. Selbst Menschen, die die Todesstrafe verabscheuen, schauen gebannt zu und schämen sich dafür, dass sie Genugtuung spüren, wenn Dexter menschlichen Müll zerlegt und beseitigt.
Er wäre auch der Held von Sigmund Freud, denn er ist ein Musterbeispiel der Sublimation. Er bietet eine erstaunlich einfache Antwort auf die ewige Frage, wer gut ist und wer böse: Gut ist, wer seine Triebe kultiviert; böse, wer sie pervertiert. Man mag hinzufügen: Durchschnitt ist, wer sie auslebt, ohne Großes zu schaffen oder Niederträchtiges zu machen.
Es gibt keine umfassenden Tabus, kein Gut und Böse an sich – das wusste bereits Shakespeare. Wichtig sind die Rahmenbedingungen, die geistige Dimension, die der Handlung hinzugefügt und durch die der Trieb sublimiert wird. So ist es bei jedem überdurchschnittlichen Menschen, jedem Über-Menschen.
Tatsächlich wäre Freud von Dexter kaum überrascht. Vielleicht wurde *Dexter* sogar durch Siggis Schaffen motiviert. In seinen metapsychologischen Schriften über *Das ES und das ICH* beschreibt er den Fall eines jungen Man-

nes, der Hunde quälte, indem er ihnen den Schwanz abschnitt. Er schaffte es, diesen Trieb zu kultivieren.

Aus dem gemeinen Tierquäler wurde ein angesehener Chirurg, der immer noch das Gleiche machte, wie bisher: das Skalpell ansetzen und in lebendem Gewebe rumschnibbeln. Nun jedoch auf eine sozial anerkannte und für die Gesellschaft wertvolle Weise, die ihm zu Wohlstand und Ansehen verhalf.

Darin liegt der Weg zur Weisheit verborgen, zu der Fähigkeit, das, was in einem liegt – was innerer, ureigener, mächtiger Trieb ist – so zu gestalten, dass man ES veredelt, s-ICH damit adelt und dem ÜBER-ICH, der Gesellschaft, hilft. Lebendes Gewebe zerschneiden kann abgrundtief unmenschlich sein oder der Weg zum lebensrettenden Halbgott in Grün. Unter-Mensch oder Über-Mensch – alles eine Frage der Sublimation; eine Frage, inwiefern man bereit ist, das Korsett des Norm-Menschen zu sprengen und das eigene Potenzial zu entfalten, den eigenen Trieb zu erhöhen – gegen alle Widerstände, denn das so erwachsende Neue kämpft immer auch gegen das Bestehende. Stimmt's Friedrich?

> *„Wer ein Schöpfer sein will im Guten und im Bösen, der muss ein Vernichter sein und Werte zerbrechen."*

Vergessen Sie Normen und Gesetze – für einen Moment. Sind sie mehr als nur Richtlinien für den Norm-Menschen? Vor allem für seinen Schutz, damit er bekommt, was er sich selbst nicht erstreiten kann, da er schwach ist. Das stabilisiert die Gesellschaft, indem sie die Starken zähmt und die Zahmen stärkt. Doch hemmt es nicht auch die freie Entfaltung dessen, was stark ist?

Stärke ist dann weise, wenn sie ihre Verantwortung gegenüber der Gesellschaft erkennt. Weisheit ist dann stark, wenn Sie die Gesellschaft bessert, statt nur darüber zu schwafeln. Dahingehend erhalten wir einen Maßstab für Schwäche, Weisheit und Stärke: Schwache Menschen pochen auf ihre Rechte, weise auf ihre Prinzipien. Schwache reagieren, Starke agieren. Was sagt der

Philosoph mit dem Hammer dazu:

> *„Der Hammer redet!*
> *‚Warum so hart! – sprach zum Diamanten einst die Küchen-Kohle: sind wir denn nicht Nah-Verwandte?'*
> *Warum so weich? Oh meine Brüder, also frage ich euch: seid ihr denn nicht – meine Brüder? Warum so weich, so weichend und nachgebend? Warum ist so viel Leugnung, Verleugnung in eurem Herzen? so wenig Schicksal in eurem Blicke? Und wollt ihr nicht Schicksale sein und Unerbittliche: wie könntet ihr einst mit mir – siegen? Und wenn eure Härte nicht blitzen und schneiden und zerschneiden will: wie könntet ihr einst mit mir – schaffen? Alle Schaffenden nämlich sind hart. Und Seligkeit muss es euch dünken, eure Hand auf Jahrtausende zu drücken wie auf Wachs, – Seligkeit, auf dem Willen von Jahrtausenden zu schreiben wie auf Erz, – härter als Erz, edler als Erz. Ganz hart allein ist das Edelste. Diese neue Tafel, oh meine Brüder, stelle ich über euch: werdet hart! - -"*

Eigene Prinzipien zu schaffen und durchzusetzen, ist die Grundlage zu allem Hohen, Großen, das Bestehende Übersteigenden. Gesellschaften können sich nicht weiter entwickeln, ohne Menschen, die die Norm überwinden und neue, bessere Normen etablieren; ohne Menschen, die die Regeln brechen, ohne Menschen, die die Vernunft missachten und unvernünftig handeln. Man lese George Bernard Shaw:

> *„Der vernünftige Mensch passt sich der Welt an; der unvernünftige besteht auf dem Versuch, die Welt sich anzupassen. Deshalb hängt aller Fortschritt von unvernünftigen Menschen ab."*

Wo wären wir nur ohne die Unvernunft? Wie wäre eine rein vernünftige Gesellschaft? Sie würde brav vor sich hinvegetieren und nie etwas Großes geschafft haben. Denn wie vernünftig ist es wohl, bestehende Stabilität zu gefährden und etwas zu riskieren? Es wäre nicht sehr vernünftig – doch verdammt erfrischend, belebend und erhebend.

Der weise Mensch wird oft als stabilitätswahrend und vernünftig beschrieben. Welch spießiges Idol, ein schwaches, einseitiges Bild. Natürlich ist ein weiser Mensch stabil, doch ebenso lebendig und agil.

Für den trägen, grauen Asketen gebe ich keine Faser – *flocci non interduim;* wie einst ein weiser Plautus anmerkte. Wahrhaft weise ist, wer innere Stabilität, körperliche Vernunft, Kraft und Tiefsinn, mit äußerer Beweglichkeit, Unvernunft und Überheblichkeit paart, mit Wortwitz, Tanz und Hochmut. Das ist der kynische Weise – der weder die Welt noch sich selbst zu ernst nimmt.

Der Volksmund entgegnet: Überheblichkeit ist Blasiertheit, Arroganz; Hochmut kommt vor dem Fall und Unvernunft tut selten gut wie Übermut.

Was soll er sonst sagen? All dies nagt an seinen Grundfesten, seiner stützenden Stabilität – ohne die sein Leben zusammenbricht, da er selbst instabil ist. Kein Wunder, dass der Volksmund, der ängstliche Volkshund Plattitüden prägt und zum Stillhalten bewegt: *„Immer schön auf dem Boden bleiben. Die Füße still halten. Schaffe, schaffe, Häusle baue"*, und schwupps ist man tot – ohne je gelebt zu haben.

Vielleicht sollte der Volkshund den Schwanz nicht zu sehr einziehen und erkennen, dass der Stock, der ihm zum Spielerischen fehlt, in seinem Allerwertesten steckt und ihn erstarren lässt. Er sollte erkennen, dass das momentane Niveau der gesellschaftlichen Stabilität aus dem Mut zu Größe und Höhe erwuchs, aus dem Drang, sich über das Bestehende zu erheben – und das erst ist wahres Leben: spielerisches Streben; alles andere ist Existieren.

Doch Leben kostet Kraft, viel Kraft, die den meisten fehlt. Warum?

Nicht, weil sie sie nicht haben könnten, sondern weil sie ihre Triebe verleugnen und sich vom Fluss des Lebens abwenden, der mitten durch sie hindurch strömen könnte. Statt Mühlen bauen sie Dämme, in ihrer anerzogenen Starre, und fallen so trocken.

Viele scheuen sich, ihren Trieben zu folgen. Sie wurden ihnen aberzogen, mit den Milchzähnen gezogen. *„Ich will"*, sagt man nicht, denkt man nicht, darf man nicht. Es sei tierisch. Ja, das ist es auch. Tierisch stark, erfolgreich, erfüllend und der Gesellschaft nützlich – wenn man das Beste daraus macht.

Einige wenige Menschen machen das und gehen darin auf, finden ihre Erfüllung. Sehen Sie sich an, wer wirklich glücklich und meisterhaft seinem Gewerbe nachgeht – Sie sollten auch dazu gehören!

Und schauen Sie sich mit offenen Augen in der Gesellschaft um. Stellen Sie sich vor, was aus all den Kampfsportlern, Polizisten, Richtern, Köchen, Feuerwehrleuten, Psychologen, Chemikern, Apothekern und Metzgern geworden wäre, wenn sie es nicht geschafft hätten, ihre Triebe zu kultivieren. Fragen Sie sich das bei jedem lebendigen, kraftstrotzenden Über-Menschen: Was für einem Trieb folgt er? Welche Normen sprengt er? Was macht er daraus? Wäre das etwas für mich?

Gehen Sie mit offenen Sinnen durch die Welt. Sie ist voll von kultivierten Trieben. Nehmen Sie mich als Beispiel: In mir steckt viel Unvernunft, Verachtung und Übermut. Ich habe einen starken Hang zum Extremen, zur Selbstzerstörung, in mir brodelt es und manchmal kocht es hoch. Oft entscheide ich mich spontan zu Verhaltensweisen und Schritten, die meinem momentanen Weltbild komplett widersprechen – um es zu zerbrechen. Lauter kleine freie Tode auf dem Weg zum Leben, meinem großen Freitod.

Die meisten gewichtigen Entscheidungen meines Lebens habe ich spontan getroffen – unvernünftig und die Konsequenzen verlachend. Das waren die besten Entscheidungen meines Lebens – die, die ich der Intuition überlassen habe, der Weisheit meines Körpers. Sie gehen fließend über von der Selbstzerstörung zur Selbstbeherrschung und -überwindung. Indem ich mein äußeres Dasein regelmäßig dem Boden gleich mache, trainiere ich meine innere Stabilität und erlebe eine neue Perspektive.

Natürlich habe ich auch probiert, wichtige Entscheidungen vernünftig abzuwägen. Doch wem wollen wir etwas vormachen? Auf der Contra-Seite können noch so viele Totschlagargumente stehen ... wie viel wiegen schon Ab(strakte)-Gründe gegen kraftschaffende Höhenflüge?

Ein erfüllendes, erhebendes Pro reicht, um tausend Contras wegzuwischen. Viele hören auf die Vernunft, handeln gegen Instinkt und Intuition, wollen die Vernunftentscheidung umsetzen, realisieren und hätten gern die Kraft dazu. Doch so funktioniert das nicht.

Man kann sich nicht gegen den Trieb, die Kraft entscheiden, ihr das Verhältnis kündigen und dann erwarten, dass sie für einen schafft. Vernunft ist dazu da, Ziele der Kraft möglichst effizient zu erreichen. Dann wird sie stark und „Team Mensch" wird mächtig. Doch wenn sich die Vernunft gegen die Kraft wendet, wenn sich „Team Mensch" selbst verleugnet, dann landen wir beim heutigen Einheitsbrei, bei gebildeten Menschen, die zu viel denken und kaum etwas schaffen – bei verbildeten Menschen, die sich die Kraft entzogen haben, wie sich erhebende Pflanzen, die ihre Wurzeln kappen.

Viele meiner Leser, Klienten und die lieben Leute, die mir sonst noch schreiben, mich besuchen oder anrufen, denken, ich sei rein selbstbeherrscht, kultiviert, gar asketisch. Sie bedenken nicht, dass jemand nur dann extrem kultiviert sein kann, wenn er von der tierischen, negativen Variante dieses Extrems bereits voll und ganz durchdrungen ist. Der Mensch ist wie ein Dia: Ohne Negativ kein Positiv. Je stärker und komplexer das Negativ, desto untermenschlicher ist der negative Mensch und desto übermenschlicher vermag der positive Mensch zu werden, wenn er das Licht des Geistes hindurchscheinen lässt.

Wer hingegen darüber hinwegdenkt, der landet im Nichts des Lichts – in der sinn- und wertlosen Unendlichkeit der Abstraktion. Wer ein starkes, buntes Leben führen will, der muss mitten hindurch, durch seine dunkle Seite, denn

hier schlummert seine Kraft, ja der Saft, der schafft und lebendig macht.
Wenn der Mensch nichts in sich hätte, was er verachten könnte und sich darüber erheben wollte, würde er es nie so hoch schaffen. Warum auch? Warum Kampf, wo es nichts zu bekämpfen gibt?
Wir können davon ausgehen, dass die größten, stärksten Menschen auch die größten und stärksten Kämpfe in sich ausfechten. Wir können davon ausgehen, dass die leuchtendsten Menschen einen gewaltigen Schatten haben. Wir können sicher sein, dass die höchsten Menschen auch die tiefsten Wurzeln haben. In den Besten wirkt das Schlimmste – doch sie haben es überwunden, sind Übermenschen.
Viele wollen selbst zum Übermenschen werden, wollen selbst so kraftvoll streben, frei denken und asketisch leben, doch fehlt Ihnen die Wurzel, das Tier, das Negativ – das innere Feuer. Sie sind zu brav, zu vernünftig, zu domestiziert.
Ohne Tier, hat der Mensch nichts, was er überwinden kann – nichts, was ihn zum Übermensch machen kann. Ohne ein teuflisches Inneres, vermag sich niemand auf göttliches Niveau zu erheben – wie eine Rakete ohne Treibstoff. Doch jeder Mensch hat das Potenzial, die Kraft, den Trieb, das Tier in sich, es wird nur gebannt, gefesselt, eingefroren von einer spießigen, frommen, trägen, trivialen Gesellschaft und der eigenen starren, konventionellen Perspektive. Der Treibstoff ist vorhanden – und Feuer gibt es genug, man muss es nur finden. Es mag kühler werden in unseren Breiten, doch Feuer hat eine besondere Eigenschaft: es überstrahlt alles andere und ist ansteckend. Findet man Menschen, Bücher, Filme, Lieder, die einem vom Trieb her ähneln, dann spürt man das, man riecht es meilenweit gegen den Wind, das nennt man Instinkt! – dann bringt es eine Seite in uns zum Klingen und man empfindet Harmonie, Hitze, Wallungen, Schwingungen, Kraft oder wie auch immer Sie es nennen mögen. Das vermag unser Inneres zu entzünden.
Erst ein Funke, der zu erlöschen droht, wenn man ihn nicht schützt, nährt und in sich birgt. Irgendwann ein Feuer, das Sie nicht mehr schützen müs-

sen und fröhlich, offen, frei zur Schau stellen können, weil Sie es gar nicht mehr zurückhalten können, ach was: wollen! Gegenwind, der alle Funken löscht, facht es nur noch mehr an.

Finden Sie diesen Funken! Vertrauen Sie Ihrem Instinkt, folgen Sie ihm, entfachen Sie das Feuer, lassen Sie es lodern, kultivieren Sie es und Sie werden das Leben lieben lernen – und das Leben Sie.

> *„Ja, ich weiß, woher ich stamme,*
> *ungesättigt gleich der Flamme*
> *glühe und verzehr' ich mich.*
> *Licht wird alles was ich fasse,*
> *Kohle alles, was ich lasse,*
> *Flamme bin ich sicherlich."*

Ja Nietzsche, Du hast Feuer im Leib. Aber warum hast Du Dich derart selbst zerstört?

> *„Ich bin kein Mensch, ich bin Dynamit."*

Na, das erklärt einiges. Feuer und Dynamit sind sich Kryptonit, die zerstören sich gegenseitig. Hättest Du nur kultiviert, was Du gepredigt hast: den Körper und sein Feuer. Vielleicht war es aber auch gut, so wie es lief – sonst wärst Du nicht so explosiv.

Sublimationstraining Numero Uno:
Vom Kotzen und Fasten

Um die Auffindung und Sublimierung Ihres ganz eigenen Wesenstriebs kümmern Sie sich selbst. Nun wollen wir üben, die Triebe zu sublimieren, die wir alle teilen, damit Sie die Systematik dahinter verstehen.
Beginnen wir mit dem Trieb, der uns Berge von Schokolade verputzen lässt; mit dem Pilot, der unser Auto wie von Geisterhand in den Mc Drive lenkt und dafür sorgt, dass einige Deutsche so fett sind, dass sie ihre Passfotos mit Google Earth schießen müssen.
Manche sind in puncto Essen regelrecht gestört. In ihnen herrscht Chaos. Krieg zwischen Trieb und Geist; so dass „Team Mensch" tief gespalten ist, der Trieb den Körper fressen lässt und der Geist dafür sorgt, dass er wieder alles erbricht.
Der Umgang unserer Gesellschaft mit Essstörungen ist symptomatisch für seine begrenzte, zerstückelnde Herangehensweise. Das Skalpell des Denkens wird angesetzt und der Fachidiot, der es führt, schneidet sich den Teil heraus, über den er sein Studium abgelegt hat und verdrängt alles weitere. Dann gibt es Diskussionen: Ist diese Störung oder jene Krankheit eine des Geistes oder des Körpers? Eine Aufgabe für den Psychologen oder für den Mediziner? So werden wir dazu gedrängt einseitige Perspektiven einzunehmen und uns gegenüber der anderen zu verschließen.
Wie wäre der Gedanke, dass Störungen und Krankheiten gar nicht durch kranke Bereiche des Menschen entstehen – denn dann müsste man ja wieder fragen, wo dieses Kranksein herkommt –, sondern durch innere Konflikte vielleicht sogar gesunder Bereiche, die sich gegenseitig zer-fleischen (auf Kosten des Körpers, der als Schlachtfeld herhalten muss)?
Nehmen wir die Bulimie, die Fress-Brech-Sucht. Das altgriechische *βουλιμία (boulimía)* heißt übersetzt so viel wie Ochsenhunger. Werter Leser, erinnern Sie sich, wie wir im ersten Teil des Buches besprochen haben, dass die Kraft

eines Menschen aus seinen Cochones stammt, seinen Geschlechtszellen bzw. Gameten – aus den tierischen Triebkräften, wie man sie beim Stier im Vollbesitz seiner Potenz findet?

Wissen Sie, was ein Ochse ist? Ein kastrierter Stier, seiner mächtigsten Potenz beraubt: *castrare* – entkräften, schwächen. Früher wurde *castrare* auch mit „mönchen" übersetzt, wodurch ein Bezug zum kastrierten Dasein des Mönches hergestellt wurde.

Und was geschieht, wenn man kastriert wird? Der fickwillige Stier verstummt, da seine Gonaden, seine Keimdrüsen (in denen die Gameten heranwachsen) entfernt oder abgetötet wurden. Der größte Triebkanal wurde trocken gelegt – die wohl vorsintflutlichste und einschneidendste Maßnahme zur Kultivierung – nicht durch Einsicht, sondern durch Absicht; nicht durch Reflektion, sondern durch Operation.

So wird der Kraftfluss geschwächt, die Eigenwilligkeit und Überheblichkeit gezähmt. Der wilde Stier wird zum Ochsen, der stumpf und stur seiner Arbeit nachgeht. Welch Segen für jede Gesellschaft – vom Vieh bis zum Angestellten. Geistliche, die Mönchen gleich kultiviert sein wollen, es aber nicht schaffen, ihren mächtigsten Triebkanal trocken zu halten, und sich deswegen an ihren Schafen vergehen, sollten sich auf die gute alte Zeit besinnen und sich kastrieren lassen. Wer k-alt sein will, muss auch k-alt zu sich selbst sein.

Apropos „mönchen" – als Übersetzung des lateinischen *castrare*. Ein anderes Verb dafür, war „münchen". So erwuchs der Name der kultiviertesten Stadt Deutschlands: München. Schauen Sie mal vorbei: spießig und kastriert, aber kultiviert bis zur Halskrause – frei von Müll, Graffiti und Abschaum, wo auf jedem Baum ein Polizist sitzt, der Penner Anzug trägt und alles königlich märchenhaft zugeht.

Doch zurück zum Unglück: Was geschieht dem Menschen, der irgendwie gehemmt, ja (metaphorisch betrachtet) kastriert ist? Sei es durch bestimmte Vorfälle, Erziehung oder Gedanken ... Wenn er es nicht schafft, seine brodelnde Energie zu sublimieren, dann wird sie ihre Kraft irgendwo entfesseln; denn die Kraft, sie will raus! Wo der Widerstand am Schwächsten ist, wird sie durchbrechen – beim Hirten bei seinen Schafen, bei vielen anderen am Esstisch.

Wo kann der moderne Mensch seine aufgestaute Triebkraft leichter entladen als in der Überflussgesellschaft? Dort wo der Damm dünn ist und der Über-Fluss allgegenwärtig, wo er bereits unser gesamtes Leben überschwemmt. Welche Nische unserer Gesellschaft wurde vom Essen noch nicht erfüllt? Selbst beim Sport wird schon gefuttert, Energie-Riegel und Protein-Shakes noch während des Schwitzens, bei der Arbeit schon längst – Energie und Genuss bis in die letzte Zelle. Nirgends lässt es sich leichter kompensieren als beim Schnabulieren. Man muss nur die Schleusen öffnen, der innere Druck entweicht und die Kalorien strömen herein. Fressen macht frei. Vor allem den, dessen innerer Stier gehemmt, ja kastriert ist. Daher der Ochsenhunger.

Stellen Sie sich vor, wie im Körper eines jungen Mädchens ein solch kastriertes Tier, solch ein Un-Tier, ein solch stumpfer Ochse sein Unwesen treibt und sie dazu bewegt, enorme Mengen an Futter zu vertilgen – ja hemmungslos zu fressen. Ist der Ochse besänftigt, satt und ausgelaugt – denn nach dem Akt sind bekanntlich alle Tiere schwach –, dann meldet sich der Geist des körperlich misshandelten Mädchens, dann ist dieser mentale Hauch stark genug, um Gehör zu finden.

Er wird sich bewusst, wie schmutzig all das ist, was da in sie hineingestopft wurde, dass es zu viel ist und dass es wieder raus muss. Sonst wird ihr Bauch anschwellen und sie wird gesellschaftliche Konsequenzen befürchten, wenn sie die Saat des Übels nicht wieder auskotzt.

Bulimie ist die Vergewaltigung des Menschen durch seinen Trieb – vergleichbar einer Vergewaltigung eines hilflosen Menschen durch einen getriebenen Menschen. Nur, dass im Fall der Fress-Brechsucht kein Täter habhaft zu werden ist – denn er wütet im Körper des Opfers, ist Teil von ihm.

Die körperlichen und geistigen Wunden sind nicht minder schlimm. Stellen

Sie sich vor, welch starke Kräfte, welch vernichtender Krieg in einem Menschen toben muss, wenn er derart widersprüchliches Verhalten an den Tag legt. Hin- und hergerissen zwischen Schüssel und Schüssel – was dort in einem zerbrechen muss, wenn man zutiefst gespalten und sich nicht mehr als Herr im eigenen Haus sieht; wenn man weiß, da ist noch ein Schatten in mir, der nicht will, wie ich, der gegen mich kämpft, mich zerstören und meine Reputation vernichten will.

Solche Menschen verlieren die Kontrolle! Nicht unbedingt im Leben, da bleibt die Ordnung oft erhalten, alles geht weiter seinen Gang. Das Chaos findet dort statt, wo es niemand sehen kann – im Inneren. Dann wird man für verrückt gehalten, für jemanden, der übertreibt. Schließlich sei doch alles in Ordnung. Das Studium, der Beruf laufe bestens, die Wohnung sei sauber, der Kühlschrank voll, die Familie beisammen. Man solle sich nicht so anstellen, aufhören rumzuheulen – was nicht gerade dazu beiträgt, das Problem zu lösen. Man verschließt sich, fühlt sich missverstanden, wendet sich ab und verkümmert innerlich noch mehr. Zusehends wird es schwerer, den äußeren Schein zu wahren, bis schlussendlich auch die äußere Hülle zerbricht und man des Lebens müde wird. Dann reihen sich die Mitmenschen um das Häufchen Elend: *„Wir haben ja nichts geahnt." „Sie hatte doch alles." „Sie war gesund, erst letztens hat es der Arzt bescheinigt." „Im Kopf war sie helle, das Studium war ihr ein leichtes." „Warum hat sie sich denn niemandem anvertraut?"*

Leicht gesagt, wenn das Innere in Scherben liegt und niemand einem glauben will. Leicht gesagt, in einer Gesellschaft, die verdrängt, dass es nicht den Menschen gibt, sondern nur das „Team Mensch", und dass es darin verborgene Kräfte gibt, die einen Menschen von innen heraus zerfetzen können. Leicht gesagt, wenn eine Gesellschaft das Problem nur in Körper oder Geist sucht, aber dort keine Probleme finden kann – weil das Problem nicht IN ihnen liegt, sondern ZWISCHEN ihnen. Vor allem im Reich der Kräfte und Triebe – die bisher gar nicht erforscht werden. Oder gibt es eine Wissenschaft der Kraft?

Werter Leser, sind in einem solchen Fall Trieb, Geist oder Körper krank? Nicht unbedingt. Vielleicht sind sie allesamt gesund, gut ausgebildet und stark. Vielleicht ist nur ihr Verhältnis zueinander krank – worunter sie alle leiden werden, obwohl sie in der Blüte ihres Lebens stehen, hochintelligent und reinen, starken Triebes sind. Krankheit ist nicht die Ursache, sondern die Folge. Wehe dem, der nur an den Symptomen herumdoktert.

Essstörungen sind nur ein kleines Beispiel dafür. Vergleichbares kann auch mit allen anderen Trieben geschehen. Vom Jagen über das Sammeln, Erlegen, Zerlegen, Vernichten, Ficken, Enthalten, Kämpfen, Rennen, Verteidigen, Präsentieren, Streiten, Flüchten, Faulenzen und Fressen führt vieles zu Zwängen, Selbstzerstörung und Süchten. Die meisten dieser Menschen sind nicht krank, sondern innerlich zerstritten. So wie ich.

Mein Kampf

So wie ich – also wir, das „Team Mensch", die Ströme und Kräfte in mir. Hin- und hergerissen zwischen dem radikalen Asketen und extremen Hedonisten. Zwischen dem Überheblichen, der sich oft monatelang von allem Leben und Genuss fernhält, liest, schreibt, meditiert, trainiert und dem Getriebenen, der alles fallen lässt, um sich nächtlich die Kante zu geben und rein tierisch zu leben.

13 Jahre lang habe ich mich weder betrunken noch der Fleischeslust hingegeben und geschneit hats nur im Winter. Doch dann wurde ich eingeschult, mal wieder, kam aufs Gymnasium. Die Triebe erstarkten, die Distanz zur Norm- und Möchtegern-Gesellschaft wuchs, die Bildungsversuche waren schal, das Leben lasch. Also Vollgas voraus!

„*Wo liegt wohl meine Grenze?*", fragte ich mich, hörte in mich hinein und da tobte der Krieg, wie in jedem von uns. Ein mächtiger tierischer Trieb und der nicht minder starke Geist, der sich darüber erheben wollte. Doch beide wollten voran, leben und streben – und das tat ich auch, das war mein individuell stärkster Trieb, mein Weg zur Erfüllung, mit all seinen Orgasmen und Spasmen. Schnell hatten meine Leberwerte alle Grenzen gesprengt; ebenso las und trainierte ich hochfrequent.

Trieb und Geist strebten beide voran, der eine zerstörte den Körper, der andere pflegte seine Entwicklung. Ich habe gelernt, das Verhältnis so zu wahren, dass der Körper gesund, stark und schön bleibt. Ich habe gelernt, mein Leben so einzurichten, dass er Genuss und Ekstase locker wegsteckt, indem ich täglich trainiere, lese, meditiere und mich bewusst ernähre.

Darin wurde ich so gut, dass sich mein Erfolg körperlich spiegelte. Mit 13 hatte ich so dünne Arme, dass ich Strohhalme von innen putzen konnte. Schmächtig und schwach; als ich durch den Park ging, wollten die Enten mich füttern. Doch mit der Zeit wuchs ich in die Breite und konnte im Laufe weiterer 13 Jahre mein Körpergewicht verdoppeln und beim Hanteltraining Gewichte jenseits der 200 kg bewegen – ohne Steroide.

Irgendwie hatte ich keinerlei Probleme mit Drogen, aber große mit leistungssteigernden Substanzen. Inzwischen ist mir bewusst, dass hier zwei verschiedene Köche am Werk sind. Der hedonistische kennt keine Grenze, der asketische keine Ausnahme.

So entwickelte ich mich vom nudelärmigen Chorknaben zum stählernen Corpsburschen, der sein Leben im Griff hatte und weiter hinauf strebte. Immer mehr Bekannte ließen sich von mir trainieren und beraten, irgendwann auch deren Bekannte oder Verwandte. Dann fing ich an, Geld dafür zu nehmen und nannte mich Personal Trainer. Im Laufe der Jahre entwickelte sich aus der Berufung ein Beruf, ich konnte gut davon leben und fing an zu schreiben, damit noch mehr Menschen lernen können, was ich gelernt habe. Vieles verdanke ich Büchern – deswegen werde ich die Kette nicht enden lassen, sondern fortführen.

Immer besser ist es mir gelungen, meinen hedonistischen Trieb zu sublimieren, zu kultivieren, zu pflegen und weiter anzuheizen – was mir Kraft gibt und zu grenzenloser Selbstüberschätzung führt. Die Frage bleibt weiterhin die aus meiner frühen Jugend: Wo ist die Grenze?

Das Credo von Emil Gött:

> *„Gefühl von Grenze darf nicht heißen: hier bist du zu Ende, sondern: hier hast du noch zu wachsen."*

Die Lebensweise nach Henriette Hanke:

> *„Die höchste Lebensqualität ist nicht erreicht, wenn man es am bequemsten hat, sondern wenn man sich am besten entfalten kann."*

Die Einstellung vom großen Philosophen des 20. Jahrhunderts – Bruce Lee, der tatsächlich studierter Philosoph war und die Entwicklung von Körper und Geist bis über die Spitze trieb:

> *„Im Ernst, wenn Du immer Grenzen an das legst, was Du tun kannst, ob körperlich oder irgendwo anders, dann wird sich dies auf Dein gesamtes Leben übertragen. Es wird sich auf Deine Arbeit, Deine Moral, Dein gesamtes Sein übertragen. Es gibt keine Grenzen. Es gibt Plateaus, aber dort darfst Du nicht verweilen, Du musst sie überwinden. Wenn es Dich umbringt, dann bringt es Dich halt um. Ein Mann muss seinen Horizont beständig erweitern."*

Nach der Promotion hielt mich nichts mehr an einem festen Ort und meinem bisherigen, überfrachteten Leben. Ich verkaufte, verschenkte fast alles, trennte mich vom Ballast; von extremen Kalorienüberschüssen, 400 kg Eisen, 30 kg Fleisch und vielen Konventionen; gab meine Wohnung auf und fühlte mich leicht wie eine Feder, frei wie ein Vogel und flog los. Durch meine Trainingsbücher hatte ich bereits Leser am anderen Ende der Welt und besuchte auch sie – um zu erfahren, wie weit ich gehen kann.

> *„Erst wenn Du alles verloren hast,
> hast Du die Freiheit alles zu tun."*

So predigt es der andere große Philosoph des 20. Jahrhunderts: Tyler Durden. Doch was kann man alles tun? Was verlieren? Was passiert, wenn man sich selbst zerstört? Was ist nur Hohn und Konvention? Wo lässt sich das besser beantworten als dort, wo es kaum Grenzen gibt?

In Bangkok lebte ich in kürzester Zeit exzessiver als in meinem gesamten Leben zuvor. Aus wenigen angedachten Tagen wurden zwei Monate – ein gewaltiger Moment, ohne Pause, ohne Langeweile, ohne Einbruch, ohne Krankheit, ohne Grenze. Ein Leben im Rausch, über Wochen hinweg wurden die Nächte bis zum letzten Fetzen Dunkelheit ausgekostet. Whiskey mit Coca, aber ohne Cola und viele weniger berechenbare Buchstabenkombis durchströmten mein Herz, brachten den Körper zum Brodeln und den Geist gen Moksha. Ich feierte mit den Freunden von Freud, Huxley und Hofmann bis hin zu himmelhöllischen Protuberanzen aus dem Untergrund, die so modern waren, dass sie noch gar nicht verboten waren. Immer mehr, immer vermischter, kreuz und quer. Was für ein Trip, den ich bewusst immer weiter auf die Spitze trieb.

Trotz kurzem Schlaf, der eher Bei- und läufig war, erfüllte ich den Tag mit vollem Bewusstsein. Ich übte die Sprache, erkundete die Umgebung, verliebte mich in das Essen, trainierte und meditierte täglich mehrere Stunden und schrieb dieses Buches, das Sie nun in Händen halten.

Es war kein rein hedonistischer Rausch – es war ebenso ein asketischer Rausch, der sich so ausglich, dass er körperlich keine Probleme bereitete. Tatsächlich wogen Training, Meditation und Ernährung stärker. Ich war in Bestform.

Den zweiten Teil des Buches schrieb ich auf Samui. Reine Askese – kaltes Duschen, Aufstehen mit den Zikaden, unterm Sternenzelt meditieren, weißen Sand zwischen den Zehen, nachts am Strand sprinten und danach kopfüber in die Geborgenheit des nächtlichen Meeres tauchen – mit der Lust, nie wieder aus dieser wärmenden Schwärze der Schwerelosigkeit aufzutauchen.

Drei Trainingseinheiten täglich, Schreiben von Sonnenaufgang bis Mittag. Berge von Früchten des Meeres und Landes. Fisch, Fleisch, Reis und Gemüse. Literweise Wasser. Ein sich weit öffnender Horizont in mir und direkt vor der Tür. Es sei denn, ich saß gerade meditierend bei den Welsen in einem der natürlichen Felsenpools mitten im Dschungel – wie hier beim Hin Lad Wasserfall.

Innerlich ließ ich vieles los, kappte manch Band in die Heimat. Das Leben wurde leicht, Früheres erschien seicht. Die Welt begann zu schillern:

> *„Wenn die Glock soll auferstehen, muß die Form in Stücke gehen."*

Nietzsche und ich führen Selbstgespräche:

> *„Wer aber meiner Art ist, der entgeht einer solchen Stunde nicht: der Stunde, die zu ihm redet: ‚Jetzo erst gehst du deinen Weg der Grösse! Gipfel und Abgrund - das ist jetzt in Eins beschlossen! Du gehst deinen Weg der Grösse: nun ist deine letzte Zuflucht worden, was bisher deine letzte Gefahr hiess! Du gehst deinen Weg der Grösse: das muss nun dein bester*

> *Muth sein, dass es hinter dir keinen Weg mehr giebt! Du gehst deinen Weg der Grösse; hier soll dir Keiner nachschleichen! Dein Fuss selber löschte hinter dir den Weg aus, und über ihm steht geschrieben: Unmöglichkeit.*
>
> *Und wenn dir nunmehr alle Leitern fehlen, so musst du verstehen, noch auf deinen eigenen Kopf zu steigen: wie wolltest du anders aufwärts steigen? Auf deinen eigenen Kopf und hinweg über dein eigenes Herz! Jetzt muss das Mildeste an dir noch zum Härtesten werden.*
>
> *Wer sich stets viel geschont hat, der kränkelt zuletzt an seiner vielen Schonung. Gelobt sei, was hart macht! Ich lobe das Land nicht, wo Butter und Honig - fliesst!*
>
> *Von sich absehn lernen ist nöthig, um Viel zu sehn: - diese Härte thut jedem Berge-Steigenden Noth.'"*

Ist das der Weg, den alle suchen? Sich selbst überwinden und vielleicht nie mehr zurück finden? Die quälende Frage im Hinterkopf, ob man auch den Herd ausgemacht hat, bevor man alles liegen ließ? Ist das der Weg zum Glück?

> *"'O, Zarathustra', sagten sie, ,schaust du wohl aus nach Deinem Glücke?' – ,Was liegt am Glücke!' antwortete er, ,Ich trachte lange nicht mehr nach Glücke, ich trachte nach meinem Werke.'"*

So wird der Zippel zum Zara, zum Verächter der Lust, zum tugendhaften Asket, dem alles Glück am Gluteus vorbeigeht? Ist das der Weg zur Größe?

> *"Was das Größte ist, das ihr erleben könnt? Das ist die Stunde der großen Verachtung. Die Stunde, in der euch auch euer Glück zum Ekel wird und ebenso eure Vernunft und eure Tugend."*

Und das ist der *punctum saliens* – der springende Punkt: Weder Asket noch Hedonist, weder Tugend noch Lust. Tugend ist nichts weiter als stumm im Sumpfe sitzen und Lust ist nach der Pfeife des Tieres zu tanzen.

Auf der Suche nach der richtigen Seite, im Kampf zwischen beiden Kräften war ich hin- und hergerissen, der dividuellen Gesellschaft auf den Leim gegangen. Dabei gibt es keine richtige Entscheidung zwischen den Beiden. Richtig ist einzig und allein, den Versuch der Entscheidung an sich, den Konflikt zu überwinden.

Beide Seiten sollen vereint werden, sublimiert, zu Höherem geführt. Auf diesem Weg wandelt der weise Mensch – der *Homo sapiens*. Ist es nicht so Friedrich?

> *„Die Welt in ihrer Tiefe verstehen heißt, den Widerspruch verstehen ... "*

... und überwinden.

> *„Glattes Eis – ein Paradies für den, der gut zu tanzen weiß."*

Und das lässt sich lernen. Ok, Danke Friedrich, ab hier schaffe ich es wieder allein – zurück zu innerlich zerstrittenen Menschen.

Lieber Leser, wir müssen lernen, nicht nur Körper und Geist getrennt zu untersuchen und bewerten. Die können allesamt gesund sein – brav und rein, solange sie isoliert betrachtet werden – selbst der Trieb. Doch sperrt man sie in einen Käfig, dann zerfleischen sie sich gegenseitig. Wir sollten lernen, in den Mensch hinein zu sehen und auf das Verhältnis seiner Wesen. Hier sollten wir für Ordnung sorgen – vor allem in Bezug auf unseren Trieb. Er ist am stärksten und was am stärksten ist, kann auch am stärksten für Unheil sorgen.

Einmal Hungern bitte

Den Fresstrieb zu kultivieren ist nicht leicht. Umso wichtiger ist es. Umso wertvoller ist es, Hungern zu können; denn vieles lehrt der Hunger. Vieles, was wir in unserer – vom Schweinehund geschaffenen – Überflussgesellschaft nie erfahren werden, wenn wir uns nicht ab und an von ihr abwenden, befreien und somit auch von ihren zugrunde liegenden Trieben.
Viele gesundheitliche und ästhetische Probleme rühren daher, dass wir zu viel fressen und meist auch noch Müll. Wer seine Ernährung beherrscht, wird nicht in dieser Falle landen.
Solange wir regelmäßig essen ist unser Körper mit Verdauen und Aufbauen beschäftigt. Erst wenn wir innehalten, die Nahrungszufuhr unterbrechen, den Magen beruhigen, kann der Körper sich selbst verzehren – also reinigen; denn was wird zuerst dran glauben müssen?
Gewebe, das unnötig ist und schwach und krank. Das evolutionäre Prinzip gilt universal – auch in unserem Körper. Regelmäßiges Fasten ist nützlich, wollen wir uns von Ballast befreien und gesünder sein. Das erfolgreichste deutsche Buch zum Thema kommt aus der Feder von Dr. Hellmut Lützner und heißt: *Wie neugeboren durch Fasten*. Darin schreibt er:

> *„Der Körper baut niemals ab:*
> *- Brauchbares – zum Beispiel Herz oder Muskulatur*
> *- Funktionierendes – also alle Organtätigkeiten*
> *- Lebensnotwendiges – zum Beispiel die Steuerungseinrichtungen*
> *Hinter diesem natürlichen Gesetz, das dem menschlichen Körper einprogrammiert ist, steckt das eigentliche Geheimnis des Fastens. Wir dürfen uns getrost auf die innere Sicherheit unseres Körpers verlassen."*

Dies gilt für natürliche Umstände. Bodybuilding als das Schaffen von unnatürlich viel Muskelmasse fällt hier aus dem Rahmen. Auch ein Grund, weshalb ich mich davon verabschiedet habe. Wer als Bodybuilder fastet, wird sicherlich auch überschüssige Muskelmasse verlieren – denn aus Sicht des Körpers handelt es sich hier um Ballast. „Brauchbare" Muskelmasse wird jedoch erhalten. Studien sollen gezeigt haben, dass hier ein Schutzmechanismus aktiert wird, der Muskelprotein schützt. Eher soll es anderen Proteinen an den Kragen gehe; nämlich schädlichen Proteinablagerungen.

Gibt es so etwas überhaupt? Oh ja ... Überschüssiges Eiweiß lagert sich an den Innenwänden kleinster Blutgefäße (sog. Kapillaren) ab, die sich in allen Organen befinden. Das blockiert und schädigt unser Herz-Kreislaufsystem. Im Bindegewebe zwischen Muskeln, Organen und Gelenken kommt es zu ähnlichen Ablagerungen, die im schlimmsten Fall zu schmerzhaftem Rheumatismus führen.

Gerade Proteinfanatiker sollten achtsam sein. Wenn ich bedenke, dass ich selbst in Zeiten der Diät bis zu 300 g Protein täglich zu mir genommen habe (aus naturbelassenen Nahrungsmitteln und meinem Stoffwechsel angemessen), wird klar, dass nicht alles davon in der Muskulatur gelandet ist. Auch die Ausscheidung des Körpers funktioniert keineswegs perfekt. Viele der Stoffe, die wir aufnehmen, bleiben in unserem Körper, obwohl sie nicht dorthin gehören. Einige davon sind chemisch und somit schädlich. Sie lagern sich vorwiegend im Fettgewebe ab, aber auch im Eiweiß.

Um schädliche Eiweißablagerungen und darin enthaltene Giftstoffe auszusondern, ist es sinnvoll, ab und an ein Eiweißdefizit hervorzurufen. Eine Todsünde für jeden Kraftsportler und doch rate ich dazu. Auch die Sensibilität für Protein wird steigen, wodurch wir lernen, Protein effizienter zu verstoffwechseln. Ein dauernder Proteinrausch kann nicht gut sein. Daher ist während der Fastenzeit von Proteindrinks o.ä. abzuraten. Sie wären gut gemeint, verhindern aber die Entschlackung und Entgiftung – zumindest in Bezug auf schädliche Eiweiße.

Schlacken? Gibts die nicht nur im Stahlwerk? Dabei handelt es sich um keinen medizinischen Begriff. Man sollte ihn eher metaphorisch verwenden für all die schädlichen Ablagerungen in unserem Körper. Viele Wissenschaftler behaupten, der Körper könne sich und unter normalen Umständen selbst reinigen. Das stimmt – aber auch nur unter normalen Umständen.

In diesen leben wir jedoch nicht! Wir müllen unseren Körper zu. Die Industrie tut es und wir schlucken schön brav, was sie uns in den Rachen wirft – weil wir auf ihre Werbung hereinfallen. Auch der Überschuss an Nahrung führt dazu, dass unser Körper kaum noch dazu kommt, sich selbst zu reinigen. Andauernd sind wir am Futtern – von früh morgens bis spät in die Nacht. Statt Wasser oder Tee trinken wir gepanschten Kram, der bis oben hin mit Zucker und Chemie versetzt ist und uns nicht zur Ruhe kommen lässt.

Dennoch sind die Fronten verhärtet: Fasten steht ebenso im Kreuzfeuer wie Bodybuilding: Manche sind vehement dagegen (typischerweise jene, die es noch nie probiert haben), sehen es als unnatürlich und krankhaft, andere sehen es als Gralsweg zu Gesundheit und Fitness.

Mein Tipp: Nicht zu sehr von außen beeinflussen lassen. Lieber eine eigene Meinung bilden – und das geht nur durch eigene Erfahrung. Sterben wird man schließlich nicht dabei, oder?

Oder doch? Zumindest steigen beim Fasten die Giftwerte im Blut rapide an. Einige Autoren führen diesen Aspekt gegen das Fasten ins Feld. Tatsächlich zeugt er jedoch vom Nutzen desselben. Denn wo kommen diese Gifte her? Richtig, aus unserem Gewebe. Sollen sie dort bleiben? Ist es nicht ein gutes Zeichen, wenn sie gelöst und ausgeschieden werden? Ist es nicht verständlich, dass sie dann auch im Blut verstärkt anzufinden sind? (Viele spüren diesen Anstieg während des Fastens – er kann stark belasten. Man sollte darauf gefasst sein.)

Schlacken hin oder her, wer schon einmal erlebt hat, wie ein überaus zivilisierter (also träger und überfressener) Mensch zu stinken beginnt, wenn man ihn zum Sport treibt, der wird keine weiteren Fragen stellen. Kommt dann noch eine Fastenphase hinzu, öffnet der Körper nach und nach alle Schleusen. Man stinkt wie die Sau: Aus allen Poren läuft eine widerliche Suppe, der Mundgeruch wird unerträglich, die Zähne pelzig und die Zunge verfärbt sich.

Kein Witz. All das kann geschehen. Man wird öfter die Kleidung wechseln und mehr Zeit im Bad verbringen. Das ist ziemlich widerlich, aber wissen Sie, was noch widerlicher ist?

Dass man all diesen Müll in sich trägt und es akzeptiert! Und sich bewusst weiterhin mit industriell erzeugten, mit Schadstoffen belasteten „Lebensmitteln" vollzustopfen, ist einfach nur dumm. Vieles davon wird es sich in unserem Körper gemütlich machen. Drin ist es schnell, wie ein lästiger Mietnomade setzt es sich in unserem Gewebe fest, aber raus bekommt man es nur schwer. Drum prüfe lieber vorher, mit was man sich da bindet!

Als ich nicht viel darüber wusste, war ich gegen das Fasten. Seitdem ich einige Bücher und viele Artikel dazu gelesen habe, sehe ich die Vorteile. Die wichtigsten habe ich hier aufgelistet. Fasten schützt vor und hilft bei vielen Krankheiten, die durch Überlastung, Fettleibigkeit und Arterienverstopfung entstehen.

Zu entgiften und entlasten ist nie verkehrt. Das stärkt den Körper und gibt ihm die Möglichkeit sauber und robust zu werden, wie ein frisch geschrubbtes und entrümpeltes Kriegsschiff, das gerade aus der Inspektion kommt und bereit ist, die Weltmeere zu erobern.

Viele Menschen gleichen eher einem bis oben hin zugemüllten und rostenden Ausflugsdampfer, der ständig so viel neue Fracht aufnimmt, dass er kaum zum Entladen, Reinigen und Reparieren kommt – geschweige denn von der Stelle. Die Konsequenzen liegen auf der Hand: Man wird fett, krank und träge. Das ist die Schattenseite der Zivilisation, aber ist ja nicht so schlimm: In der virtuellen Welt kann man sich ein Ersatzleben schaffen und die Realität ausblenden.

„Wie neugeboren durch Fasten"?

Welch großes Versprechen und doch ist was dran. Zudem hilft es uns, das, was wir auf dem Teller haben, bewusster wahrzunehmen – gar darüber zu meditieren.

Lieber Leser, ich mache Ihnen das Fasten schmackhaft, weil es der beste Weg ist, um den Fresstrieb des Schweinehundes zu kultivieren. Auch mental werden Sie daran wachsen. Körperliche Reinigung reinigt auch den Geist.

Wenn Sie lernen, über dem Hunger zu stehen, sind Sie bereits weiter als viele unbeherrschte Menschen um Sie herum. Die Sicherheit, dass der Kühlschrank nicht weit ist, mag Ihnen helfen, dies Wagnis einzugehen. Also wagen Sie es. Es ist die erste Stufe auf dem Weg zur Dominanz über den Schweinehund. Einfach mal hungern.

Sie futtern täglich seit unzähligen Jahren. Wird es da nicht möglich sein, auch mal auf eine Mahlzeit zu verzichten? Oder auf zwei? Vielleicht sogar einen ganzen Tag lang, zwei, drei oder eine ganze Woche? Wie sehr haben Sie Ihr Leben in der Hand? Wie frei und selbstbestimmt sind Sie, wenn Sie nicht einmal das schaffen?

Doch quälen Sie sich nicht. Gehen Sie es spielerisch an. Finden Sie Ihre Grenze und gehen Sie immer ein klein wenig darüber hinaus. Champions werden nicht geboren, sondern gemacht – und zwar genau so: Schritt für Schritt über die jeweilige Grenze hinaus.

Informieren Sie sich davor in Büchern und Artikeln, trinken Sie ausreichend und gönnen Sie sich zur Not auch mal eine Gemüse-Brühe, etwas Obst, Reis oder ein paar Nüsse.

Denken Sie immer daran: Je größer und anhaltender der Lustverzicht, desto berauschender wirkt der erste Genuss danach. Wenn ich an die beiden genüsslichsten Essensmomente meines Lebens zurück denke, dann war es das frisch gebackene Brot nach einem 130 km langen Fahrradritt durch die slowenischen Alpen (auf dem Weg an die Adria) und das Stückchen Apfel im heimischen Garten nach mehrtägigem Fasten.

Hunger ist doch der beste Koch. Er kann uns Genuss bereiten, gegen den selbst die feinsten Küchen der Welt abstinken wie abgestandenes Wasser – besonders, wenn man eh überfressen ist und der Gaumen derart von tausendfach verstärkten Geschmacksverstärkern vergewaltigt wird, dass er nicht mehr zu Feingefühl fähig ist. Schluss damit. Ich wünsche Ihnen nicht gutes Essen, sondern „Guten Hunger"; dann werden Sie erkennen, dass das beste Essen auch das simpelste, naturbelassene ist – für das Ihr Körper geschaffen wurde.

Auch Kurzzeitfasten könnte interessant für Sie sein: Um fünf Uhr früh habe ich heute mit dem Schreiben begonnen. Nun ist es 14:33 Uhr, ich habe bisher nur eine Karaffe grünen Tee getrunken, werde jetzt raus gehen, trainieren und mir dann ein Müsli gönnen, aus allerlei Flocken, Früchten und Nüssen. Die Kombination aus kurzem Fasten, intensivem Training und frischem Essen wird dafür sorgen, dass mir dies einfache Mahl fürstlich schmecken wird und ich gleich darauf munter weiter schreiben kann.

Das mit dem Hunger ist übrigens nicht wörtlich zu nehmen. Beim Fasten verspürt man kaum Hunger. Einerseits, weil man mit einer anderen Einstellung an die Sache herangeht und der Verzicht bewusst gewollt wird (dann wird es plötzlich ganz einfach), und andererseits, weil der Körper die Magensäfte ruhen lässt, um seine Energie für die Entschlackung zu nutzen. Auf jeden Fall ein Zeichen dafür, dass er sich nicht mit Händen und Füßen dagegen wehrt – es sogar akzeptiert.

Tatsächlich ist es sogar natürlich, denn in früheren Epochen gehörte das Fasten zum Alltag wie heute überfüllte Supermarktregale und fette Menschen, die in ihrer Speckschicht so viel Gift mit sich herumtragen, dass sie ein Sonderkennzeichen auf dem Allerwertesten tragen müssten.

Wenn Überfluss der Naturzustand wäre, dann wäre der Schweinehund nicht so aufs Fressen fixiert. Wahrscheinlicher war der Mangel – an den unser Körper wunderbar angepasst ist, den der Schweinehund aber gar nicht leiden kann. Doch er gehört zur natürlichen Umgebung des Menschen. Regelmäßiger Mangel trägt zu seiner Gesundung bei. Dauerfressen macht krank. Wollen Sie gesund bleiben? Dann geben Sie dem Schweinehund weniger, als er verlangt – denn er kennt kein genug. Nicht einmal zu viel ist ihm genug. Und wenn Sie ihn dominieren wollen, dann lassen Sie ihn ruhig auch mal zappeln und geben ihm nichts. Denken Sie daran, wie man Hunde und Kinder erzieht – auf keinen Fall, indem man ihnen immer alles gibt, was sie wollen, sondern indem man ihnen gibt, was gut für sie ist und was sie antreibt, statt überlastet. Was aber treibt ein Lebewesen mehr an als der Mangel? Das Gleiche gilt für Ihren Körper und den Hund darin. Sie müssen sie erziehen. Niemand sonst wird das übernehmen.

Ein Pluspunkt: Haben Sie erst einmal fasten gelernt, werden Diäten zum Spiel. Sie dürfen die Wallungen des Hundes nicht persönlich nehmen. Für ihn ist es eine rein genetische Beziehung. Hunger ist eines seiner Druckmittel. Nur eine Botschaft, ein Gefühl. Der Aufschrei Ihrer Fettzellen im Hochofen des Stoffwechsels. Lassen Sie sich davon nicht beeindrucken. Identifizieren Sie sich nicht damit. Stehen Sie drüber. Sehen Sie das Positive darin. Sehen Sie es als Spiel. Spielen Sie mit ihm. Wuff!

Numero Due: Schluss mit der Unzucht

Lieber Leser, leider kann ich dieses Kapitel nicht schreiben, da ich mit einer meiner Freundinnen zum Eisessen verabredet bin. Sie wissen ja, was der Wilde Oscar enthüllte:

„Das Geheimnis des Lebens liegt im Suchen nach Schönheit."

Also blieb mir gar nichts anderes übrig. Außerdem warf er mir noch hinterher:

„Es gibt schreckliche Versuchungen, und es erfordert Kraft, Kraft und Mut, ihnen nachzugeben."

Man kann sich ja denken, was hier stünde ...
Damit Ihnen aber nicht langweilig wird und Sie – Gott bewahre – anfangen, an sich herumzuspielen, ein paar Anekdoten.
Erinnern Sie sich an Jean-Jacques Rousseau? Den großen gesellschaftskritischen Geist zur Zeit der Aufklärung – mit seinem Schlachtruf: *Zurück zur Natur!* – und so erfrischend anderen Gedanken wie: *„Die Natur lügt niemals und verdammt die Kunst, welche lügt."*
Klingt gut, ist aber komisch. Zumindest wenn man überlegt, welch romantisches Bild Rousseau von der Natur gehabt haben muss. Er träumte von einer Natur ohne Trieb – und dichtete der Masturbation gar pathologische Züge an. Bezeichnend sind seine Gedanken in *Émile oder über die Erziehung*; und was dachte der „Minister der Natur" über den Jüngling, der die Befriedigung des Selbst für sich entdeckt hat?

„Kennt er einmal diese gefährliche Abhilfe, ist er verloren.
Von dem Augenblick an wird er kraftlos an Leib und Seele;
bis zum Grab wird er die unheilvollen Folgen dieser Gewohn-

heit an sich tragen, der unheilvollsten, der ein junger Mann verfallen kann."

Dem ist nichts hinzuzufügen. Die beiden Franzosen Jean-Paul Aron und Roger Kempf sammelten trotzdem alle Ausfallerscheinungen zusammen, an denen der gemeine Masturbator zu erkennen ist, und veröffentlichten sie in ihrem Buch *Le pénis et la démoralisation de I'Occident* (auch der Nicht-Franzose wird sich das erschließen können). Die Folgen der Masturbation:

> *„Der Körper verkümmert, die Glieder flattern, Apathie, Melancholie und Selbstmordneigung machen sich breit. Die Intelligenz wird umwölkt, der Gang taumelt, das Gesicht wird zur Fratze, zur Leichenmiene mit verstörtem Blick sowie erröteten, feuchten, schwarzumrandeten Augen, geschwollenen Lidern, eingefallenen Gesichtszügen und gelblicher Haut. Dazu von Diarrhö begleitete Schmerzen im Unterleib, wechselnd mit Verstopfung und stinkendem dickflüssigen, bleichen Urin, Gefäßverdickung, Zittern, Atemnot und Erstickungsanfällen. Die Haut beginnt zu brennen, die Kehle zu röcheln und die Stimme entrückt."*

Wie kann uns das der Schweinehund nur antun?
Mich dünkt, die beiden Autoren haben gut recherchiert und alle wichtigen Aspekte aufgezählt – wobei sie vergessen haben, dass jedes mal ein Kätzchen stirbt, wenn irgendwo ein Unhold masturbiert.
Auch Rousseau gibt so schnell nicht auf. Wieder in *Émile* beschreibt er das vorbildliche Verhalten eines frommen Vaters gegenüber seinem Schössling, als dieser begann, fremde Schöße zu begehren. Er packte ihn am Schlafittchen und zerrte ihn ins nahe gelegene Hospital für Geschlechtskranke.

> „Wo eine ganze Herde dieser Unglückseligen mit einer schrecklichen Behandlung ihrer Leiden die Liederlichkeit, durch die sie sich zugezogen hatten, abbüßten. Bei diesem widerlichen Anblick, der alle seine Sinne zugleich in Aufruhr versetzte, wäre dem jungen Mann beinahe übel geworden. ‚Nun geh, elender Wüstling', sagte ihm dann der Vater im heftigen Ton, ‚folge der schmutzigen Neigung, die Dich fortreißt; bald wirst Du nur zu glücklich sein, in diesem Saal aufgenommen zu werden, wo Du als Opfer der schändlichsten Leiden Deinen Vater zwingen wirst, Gott für Deinen Tod zu danken.'"

Wie lieb. Träumt davon nicht jeder Sohn? Das erinnert an einen alten, weisen Bekannten, der mir letztens im Garten erzählte, sein Vater habe ihm beigebracht, dass jeder Mann „3.000 Schuss" hat und dann wird das Trommelfeuer aus der Sackkanone für immer verstummen. Aus dieser Legende erwuchs sicher die Idee für den Film *Fuck me if you can*. Vielleicht stimmt es aber auch. Hat je jemand mitgezählt?

Selbst unsere Seele ist in Gefahr. So zitiert Schopenhauer in seinem Hauptwerk *Die Welt als Wille und Vorstellung* den römischen Arzt Celsus: „*Seminis emissio est partis animae iactura*" – Die Ejakulation des Sperma ist die Einbuße eines Teils der Seele.

Na das kann ja Eiter werden. Selbstmord durch Masturbation. Wie viele Junggesellen liegen wohl bereits bleich und ausgemergelt zwischen Pizzakartons und Taschentüchern im Schein des Bildschirms und haben sich den letzten Schuss genommen?

Dabei hat der leidende Schopenhauer eigentlich sehr lebendige Ansichten gehabt, wie in seinem *Handschriftlichen Nachlass* zu lesen ist:

> „Wenn man mich frägt, wo denn die intimste Erkenntnis jenes inneren Wesens der Welt, jenes Ding an sich, das ich

den Willen zum Leben genannt habe, zu erlangen sei? oder wo jenes Wesen am deutlichsten ins Bewußtsein tritt? oder wo es die reinste Offenbarung seines Selbst erlangt? – so muss ich hinweisen auf die Wollust im Akt der Kopulation. Das ist es! Das ist das wahre Wesen und der Kern aller Dinge, das Ziel und Zweck alles Daseins."

Und wieder in seinem Hauptwerk:

„Ein Individuum kastrieren heißt, es vom Baum der Gattung, auf welchem es sprosst, abschneiden und so gesondert verdorren lassen: daher die Degradation seiner Geistes- und Leibeskräfte."

Doch statt eine Philosophie der Potenz und den metaphysischen Gebrauch des Penis zu feiern, driftete der Neo-Buddhist ab; alles, was bei Schopenhauer geblasen wurde, war Trübsal. Allein aus seinem Hauptwerk könnte man eine ganze Anthologie der Lustlosigkeit zusammenpflücken: *„Wesentlich ist alles Leben Leiden"*, *„das Leben ist ein Geschäft, dessen Ertrag bei weitem nicht die Kosten deckt"*, *„zwischen den Mühen und Plagen des Lebens und dem Ertrag oder Gewinn desselben ist kein Verhältnis"*, *„des Menschen größte Schuld ist, dass er geboren ward"*, *„als Zweck unseres Daseins ist in der Tat nichts anderes anzugeben als die Erkenntnis, dass wir besser nicht da wären."*

Wahrscheinlich hatte Schopenhauer schlechten Sex, der ihn sein vernichtendes Urteil fällen ließ, über die Freuden und Genüsse, die *„nicht leisten, was sie versprechen"*. Schließlich sei das Dasein *„eine Verirrung, von welcher zurückzukommen Erlösung ist"*.

Hätte er nur mehr masturbiert, dann hätte er seinem Leiden ein frühes Ende setzen können. Sein einziger Freund war ein Pudel. Wenn der sich daneben benahm, schimpfte er ihn: *"Du Mensch"*, denn mit Menschen konnte er nichts anfangen:

> *"Der gewöhnliche Mensch, diese Fabrikware der Natur, wie sie solche täglich zu Tausenden hervorbringt."*

Nietzsche steht auf seinen Schultern und orientiert sich an dem Gedanken, den der später auf Nietzsches Schultern stehende Freud formulieren wird:

> *"Das Falsche ist oft die Wahrheit, die auf dem Kopf steht."*

Beide erkennen ebenfalls den Willen bzw. Trieb als mächtigstes Agens der Welt, doch Nietzsche handelt dem deprimierten Pudelfreund entgegen. Er erhöht den allumfassenden Willen, den Willen zur Macht zum höchsten Prinzip. Diesen inneren, starken, alles durchdringenden Trieb, die Kraft, die Stimme des Dionysos, der es zu horchen gilt – da sie uns erfüllt und zur Überwindung führt.

Er empfiehlt, sich dieser natürlichen Macht zu öffnen, sich von ihr durchströmen und erheben, statt sich hängen zu lassen. In Typen wie Schopenhauer sieht er einen Waschlappen, *"der es aushält und vernünftig findet, seine gesamte leibliche und seelische Organisation zu schwächen und niederzudrücken"*, der *"seine Sinnlichkeit aushungert und dabei freilich auch seine Rüstigkeit und nicht selten seinen Verstand mit aushungert und zu Schanden macht, gleich dem Asketen"* – so Nietzsche in seiner *Morgenröte*.

Nietzsche sollte uns weit näher stehen als Schopenhauer. Er hatte so viel Kraft, dass er den Prostituierten im Bordell sogar noch auf dem Klavier vorspielen konnte.
Nichtsdestotrotz kann die Lektüre des in Frankfurt verstorbenen Misanthropen und Pessimisten erfrischend sein. Kaum einer verachtet

schöner als Schopenhauer, zudem ist er ein Meister des Stils. Auch Rousseaus Werke sind trotz allem lesenswert. Wer sich pädagogisch befruchten lassen will, sollte sich jedoch bei Schiller, Whitehead und Csíkszentmihályi umsehen – aber auf keinen Fall bei Ned Flanders. Zur Hölle mit Flanders.

Dominanz über Hans

Ok, inzwischen bin ich vom Eisessen zurück – vielleicht war ich nie dort. Wer weiß das schon?
Und wie kultivieren wir nun den Trieb aller Triebe? Kostet uns Masturbation die Seele? Stirbt jedes mal ein Kätzchen, wenn Graf Porno zum Zapfenstreich bläst und es eine Sauerei auf der Bounty gibt oder können wir uns guten Gewissens *Hairy Popper und der Gefangene von Arschpackan* reinziehen?
Im Prinzip wurde und wird hier viel Schindluder getrieben. Viel wurde verdammt und für unnatürlich gehalten – weil man eine verquere Einstellung zur Natur hatte. Es wurde kastriert, gezüchtigt, man war borniert, verspießt, frigide und deprimiert. Eine Menge davon wirkt bis heute nach. Viele machen sich unglücklich, indem sie das Thema zu spießig, zu vernünftig, zu ängstlich anpacken – und sich an Menschen binden, die sie im Grunde gar nicht lieben. Sie wollen die Bindung, die Beziehung, die Partnerschaft und akzeptieren dafür so manchen Kompromiss. Aber kennt etwas so Reines wie die Liebe Kompromisse? Kennt sie etwas wie: *„eigentlich liebe ich ihn/sie ja, aber ..."*?
Viele werden sagen: „Ja, so ist die Liebe. Man kann nicht alles haben und sie zeigt sich gerade darin, dass man zu Kompromissen bereit ist."
Das ist ein Trugschluss.
So ist nicht die Liebe, sondern das Leben. Das Leben ist unrein und je schwächer es ist, desto mehr Kompromisse muss es machen, will es leben, überleben und weiterleben.
Die Liebe jedoch ist rein; kennt weder *„eigentlich"* noch *„aber"*. Und je mehr die Menschen bereit sind, im Leben Kompromisse einzugehen, desto weniger werden sie die Liebe finden. Das gilt für alles Hohe, Ideale, Reine im Leben. Hart, aber fair – präsentiert von Gott, also der Kraft.
Liebe ist etwas Besonderes, wenn nicht das Erfüllendste überhaupt – ist sie doch die höchste, kultivierteste Form des niedersten, stärksten Triebes im Menschen. Liebe findet man nicht gleich um die Ecke, im Büro oder Club.

Man muss sie sich hart erarbeiten, dafür kämpfen, sich selbst zu einem liebens-würdigen Menschen entwickeln und einen ebensolchen finden. Liebe ist die größte Schatzsuche und das schönste Spiel auf der Welt. Da ist Team-Arbeit gefragt.

Kaum eine Entscheidung ist wichtiger als die, mit welchen Menschen wir uns umgeben und an wen wir uns binden – da sollten alle Wesen am gleichen Strang ziehen: Körper, Geist und Trieb. Je weniger Harmonie hier herrscht, desto mehr wird das Chaos ausbrechen – in uns, im Streben nach Liebe, in der Beziehung und im Partner.

Rein körperliche Anziehung ist schön, doch allein ist sie flach.

Rein geistige Anziehung ist sympathisch, doch ohne körperliche Anziehung bleibt sie abstrakt.

Rein triebliche Anziehung ist geil, doch wahllos.

Erst wenn alle drei zusammenfinden, erwächst reine Liebe und eine kraftvolle Partnerschaft, mit Körper und Geist, in der ES sie munter treibt – bis ans Ende ihrer Tage oder bis es ihm auf die Eier geht. Dann wird der Trieb verstummen.

Doch solange Körper und Geist sich gegenseitig beflügeln, vermag es ein schöner Abend zu werden. Besser als jede Einsamkeit, ist die zu zweit. Sollte man nicht hart daran arbeiten, um so etwas zu schaffen? Um auf dieser starken Basis vielleicht eine Familie aufzubauen?

Viele glauben, etwas so Großes wie die Liebe würde auf sie warten oder sie würden sie schon leben. Bisher habe ich nur wenige Menschen wahrhaft lieben sehen. Reife, spielerische Menschen, die sich ihren eigenen Kosmos erschaffen haben, der sie gegenüber der äußeren, chaotischen Welt abschirmt und in dem sie voll und ganz aufgehen, ihr Lieben leben, sich antreiben, hinterfragen und höher heben.

Wer hat das schon in seiner Beziehung? Wer hebt sich mit seinem Partner ins immer Höhere, Himmlische? Warum sollte man eine Beziehung erhalten, die einen nicht erhebt? Wer glaubt wirklich, dass es kein langer, harter Weg ist, um so hoch zu steigen? Wer glaubt, dass man sich plötzlich auf einem Gipfel wiederfindet, nur weil man sich an einen anderen Menschen bindet? Wir sind verwöhnt von Filmen und Romanen, glauben, dass wir nur auf die Liebe warten müssen – dabei wartet sie auf uns, dort oben! Sie wirft sich nicht jedem vor die Füße wie die erstbeste Gassendohle. Man muss aufstehen, sich aufrichten, erheben und nach oben streben. Dort oben, wo die Abgase der gewöhnlichen Welt dünn werden, dort findet sich das Wahre, Reine, Schöne.

Wir glauben, jedes Lebewesen könnte lieben, wie es ist. Doch ist das wirklich so?

Vielleicht kann jedes Lebewesen sich sehnen, verzehren und schmachten, doch zur Liebe gehören zwei, die aufeinander eingehen, sich erheben und miteinander tanzen – das ist LIEBEN. Alles andere ist Denken, Fühlen, Klammern, Besitzen, Hoffen, Eitelkeit, Abstraktion – Schwäche und Illusion. Wahrhaft lieben können nur kultivierte Wesen – mit Spielraum, Schönheit und Kraft.

Viele lieben nicht einander, sie leben miteinander. Viele sind leider zu geil, zu fett und zu faul, um dafür zu kämpfen und um liebens-wert zu sein. Sie akzeptieren einseitige Bindungen, rein körperlicher, geistiger oder gar trieblicher Art. Können meist selbst nicht mehr geben, da sie Aspekte von sich schleifen lassen. So wird immer etwas fehlen. Früher oder später wird man den Gegenüber dafür verantwortlich machen – und dann gibt's nicht mehr viel zu lachen.

Das bedeutet nicht, dass Menschen von ihrer Grundkonstitution her nicht liebenswert sein könnten. Es bedeutet nur, dass sie sich diese Chance meist verspielen, indem sie träge und trivial werden, Körper und Geist schleifen und sich von rohen Trieben leiten lassen. Viele von Geburt an schwache oder gar behinderte Menschen sind oft liebenswerter als vom Leben verwöhnte Modeltypen, weil sie sich Mühe geben, das bisschen Leben, das sie haben, voll zu erfüllen und Beziehungen aufzubauen – während die, die wie aus dem Ei gepellt zur Welt kommen, meist nichts anderes können, als dekorativ sein, Geld ausgeben, lächeln und tratschen.

Je mehr man die Menschen kennen lernt, desto mehr wird einem bewusst, dass die liebenswerten meist die sind, die es schwer im Leben haben, das Beste daraus machen und so nach oben wachsen, während die von Werk aus schönen und reichen, die scheinbar liebenswerten, nicht viel zu bieten haben und kaum kultiviert sind, da sie nie genug Widerstand und Realität schmeckten, um daran zu wachsen. Hinter manch nobler Fassade lebt eine kleine Made – darauf wartend, sich zu verpuppen.

Vollkommene Beziehungen gibt es nur zwischen vollkommenen Menschen – also nur in der Fantasie. Doch je mehr ein Mensch bereit ist, an sich selbst zu arbeiten und den richtigen Partner zu finden, desto mehr kann er sich diesem Ideal nähern – desto erfüllter werden seine Partnerschaft und somit sein Leben. Wer sich mit zu wenig zufrieden gibt, wird selten Frieden finden. Kompromisse in wesentlichen Dingen, wie der Partnerschaft, sind nichts weiter als der beste Weg, um gleich zwei Menschen unglücklich zu machen – dann wird man sich wegen jeder Nebensächlichkeit streiten.
Wer hingegen im Wesentlichen kompromisslos ist und nur Bindungen eingeht, hinter denen das ganze Team steht, dem werden alle Nebensächlichkeiten einerlei sein. Woran man ist, sieht man spätestens in der Ehe. Für viele ist sie nichts anderes als die Möglichkeit, endlich mit Golf anzufangen. Einlochen will man schließlich immer noch. Für manche ist Ehe die Abkürzung für: *Errare humanum est*. Und wiederum andere finden sich einfach damit ab, wie Homer Simpson, der seinen Kindern die Sache so erklärt:

„*Die Ehe ist wie ein Sarg und jedes Kind ein weiterer Nagel.*"

Ich halte nichts von Konventionen und ihren Zwängen. Weshalb sollte ich meine zwischenmenschlichen Beziehungen von Gesetzen, der Kirche oder dem

Postboten abhängig machen – da es doch nur um mich und meine Partnerin geht und nie und nimmer um eine Zweckgemeinschaft. Wenn man sich liebt, wird man eine erfüllte Zeit miteinander verbringen – solange man sich liebt. Wenn die Beziehung kippt, zwingend und zehrend wird, ist es Zeit sich zu trennen. Warum sollte man weiter zusammenkleben, sich quälen und gegenseitig nach unten ziehen – wenn nicht, aus Schwäche; weil man sich zu sehr an die satte Behaglichkeit, die Sicherheit und Stabilität der Bindung gewöhnt hat und zu ängstlich ist, um den Versuch zu wagen, auf eigenen Beinen zu stehen. Wer stark ist, wird sich darüber erheben und erkennen, dass wenn ein Mensch nicht (mehr) zu einem passt, vielleicht einer der anderen 8.000.000.000 Menschen angemessener sein könnte. Das passt kultürlich nicht in unsere christliche Gesellschaft und das ist ein gutes Indiz dafür, dass wir dorthin finden sollten: zu einem freieren Miteinander, das erfüllt, statt erzwingt.

Einige werden einwenden, dass die hinter der Ehe stehenden Gesetze und Konventionen zum Schutz der Schwachen in der Beziehung notwendig sind, aber schützt der Schutz der Schwachen nicht immer auch die Schwäche an sich? Wäre weniger Schutz nicht der beste Ansporn für die Schwachen, um stärker zu werden? Natürlich sollte er nicht von heute auf jetzt wegbrechen, sondern Schritt für Schritt abgebaut werden, damit die Betroffenen in ihre Selbstverantwortung hineinwachsen.

Schutz und Abhängigkeit machen die Menschen kaum stärker – sie stärken nur von außen und schwächen von innen. Wir haben noch viel Weg vor uns, wenn wir eine lebhafte Gesellschaft mit starken, freien Menschen werden wollen. Lebenslange zwanghafte Bindungen gehören nicht dazu. Lebenslange selbstgewählte Bindungen hingegen schon. Eine lebendige Partnerschaft von Dauer oder gar eine Familie zu gründen, die man liebt und lebt, ist sicher etwas Schönes, Starkes und Erhabenes. Wenn man sich nicht nur fortpflanzt, sondern auch hinauf.

Wenn man zusammenwächst, sich stabiler in der Welt verankert und höher reicht. Heute gründet jeder Hans Dampf eine Familie, ohne zu wissen, was er da macht – weil es der Trieb für ihn macht. Viele dieser Familien existieren ohne Liebe, ohne Körper oder ohne Geist. Viele sind nicht glücklich, nicht im Fluss, fühlen sich kaum lebendig. Viele entziehen sich ihrer Familie, statt sie zu pflegen.

In einer Welt der Überbevölkerung, in der viele nicht einmal ihr eigenes Leben im Griff haben, sollte sich jeder genau überlegen, ob er auch die Verantwortung für eine Familie übernehmen will. Ob er – wie das einfache Tier – nur seinem allesbejahenden Trieb folgen oder ob er kultiviert und als Team darüber entscheiden wird.

So langsam sollte sich herumgesprochen haben, dass „Team Erde" nicht mehr Menschen braucht, sondern bessere – natur-, kultur- und selbstbewusstere. Mehr Menschen sind ein Problem und es ist Guppy-Mentalität, zu glauben, dass noch mehr Menschen die Lösung darauf wären – das Aquarium wächst nämlich nicht mit.

Der Mensch ist nicht einfach Mensch. Er passt sich an. Je mehr er sich zusammenrottet, desto mehr wird er auch zum Massenprodukt. Desto mehr büßt er seine Individualität und Identität ein. Desto mehr verspielt er die Möglichkeit auf naturbelassene Nahrung und unberührte Natur. Desto mehr verkümmert seine Fähigkeit, sich zu entfalten, da sein Spielraum – so wie alles andere – portioniert wird.

Je mehr Freiraum der Mensch hat, desto besser vermag er seine Schwingen zu entfalten, ja groß und stark zu werden. Der Mensch sollte kein Massenprodukt sein. Er sollte in und mit der Natur leben, statt sie zu verdrängen, zu vergewaltigen und auszurauben – sonst geschieht es auch mit ihm. Er selbst ist Natur und die Kraft für seine Kultur schöpft er nur aus ihr.

Adler vermehren sich nicht wie die Fliegen. Und wenn sie es tun, dann wird ihnen die Lebensgrundlage entschwinden und ihr Leben wird zur Hölle – zur Hölle der Gleichförmigkeit, Drängelei und Schwäche. Wo es nicht mehr möglich ist, zu differenzieren, ist es auch nicht mehr möglich, zu integrieren – alles wird verschwimmen, verwässern. Das ist nicht der Höhepunkt einer Kultur, sondern ihr Untergang.

Lieber Leser, wie man den Sextrieb am besten kultiviert, wissen Sie nun. Das oben aufgezeigte Ideal einer hohen, kraftvollen Partnerschaft zu verwirklichen und danach zu streben, ist die beste Möglichkeit, um die Kraft des Geschlechtstriebs zu kultivieren. Ein Wort vermag all das zu umfassen. Was ist die kultivierteste Form der Sexualität? Was ist ihre erhabenste Steigerung? Was erwächst, wenn man alle Konventionen fahren lässt, von einem Menschen begeistert wird, ihn körperlich begehrt und selbst hart an sich arbeitet, um sich ihm würdig zu erweisen?
Die Liebe und ihr Spiel – das Liebesspiel;
das nur voll und ganz genießen kann, wer auch voll und ganz dabei ist, im Hier und Jetzt. Soll eine Bindung rein sein, muss sie aus Liebe sein – ansonsten lasse man sie lieber ganz sein.
Liebe ist jedoch ein weiter Begriff und keineswegs auf einen Menschen begrenzt. Es gibt viele liebenswürdige Menschen und darüber hinaus lässt sich auch das Spielerische an sich lieben – wenn beide es lieben und damit umgehen können, wenn binden, nicht gleich ketten bedeutet, sondern tanzen, flirten, feiern – mit Körper, Geist und Eiern.
Wie sagte Robert Lembke:

> *„Liebe ist eine tolle Krankheit – da müssen immer gleich zwei ins Bett."*

Doch die meisten Menschen laufen zu schnell heiß, entzünden sich und erkalten wieder. Sie sind wie Spiritus. Ihnen fehlt das Öl der Liebe. Doch es lohnt sich, danach zu suchen.
Sophie lehrt mich die Liebe. Je länger wir zusammen sind, desto tiefer gehen wir, desto konzentrierter werde ich und merke, dass ich nicht mehr

jung genug bin, um alles zu wollen, sondern dass es besser ist, besser zu wollen – spielerischer, freier, aufsteigender, gegensätzlicher und ergänzender: Differenzierung und Integration. Oder wie Hugo von Hofmannsthal es formulierte:

> *„Reifer werden, heißt schärfer trennen, inniger verbinden."*

Nicht alles, was geil ist, ist auch gleich gut – erst recht nicht erhaben und schnell wieder vorbei. Manchmal sollten wir lieber auf Adam hören:

> *„Viele Probleme entstehen dadurch, dass man nicht beizeiten ‚Nein' sagt."*

Manchmal sollte man aber mit jeder einzelnen Faser des Körpers „JA!" schreien, alles andere vergessen, sich umwerben, necken, flirten, fressen, den Rücken zerkratzen, an den Haaren ziehen, den Kopf ins Kissen drücken, die Kraft entfesseln und genießen, wie die Leiber Beifall klatschen. Nirgends ist die Perspektive des Spielerischen wertvoller als hier – vom Klaps auf den Po über den sinnlichen Kuss und frivolen Blick bis hin zur Watschen. Ernst nehmen kann man es schließlich nicht – und das ist das Schöne daran.
Wie schön ist es, wenn Eros an die Pforte des Alltags klopft und das triste Grau vertreibt ... ein aufreizendes Lächeln, ein Augen-Blick der Sehnsucht, knackige Körper in betonten Kleidern, anmutige, beherrschte Bewegung, aufrechte, würdevolle Haltung, Ausstrahlung, Eleganz, Power und Potenz. Wie schön das Werben und Balzen, in jeder Jahreszeit und jedem Alter – mit ganz eigener Farbe und Geschwindigkeit, ohne Krampf und Zwang.
Was erfüllt uns mit mehr Kraft und Leben als die Liebe und ihr Spiel?

Numero Tre: Bete und Arbeite

Siggi Freud schrieb, die beiden Eckpfeiler des Glücks seien Liebe und Arbeit. Wie altbacken. Doch will man die Kultivierung der Triebe, die Dominanz über den Schweinehund, das Schaffen innerer Ordnung und somit die Grundlage zu einem freien, starken Leben im Äußeren als Glück bezeichnen, dann backt Freud am richtigen Kuchen.
Ok, wie so viele große Männer des Geistes war auch Freud körperlich zu sehr Hosenscheißer und Dividuum, als zu verstehen, was körperliche Entwicklung und Beherrschung zum in-dividuellen Glück des Menschen beizutragen vermögen, aber in Bezug auf die Bändigung des Schweinehundes lag er richtig: Liebe und Arbeit – bessere Methoden zur Kultivierung der Bestie im Menschen gibt es nicht.
Bis ins Mittelalter galt die Mühsal der Arbeit als eine der Strafen für den Sündenfall. So schrieb Augustinus von Hippo in seinen *Predigten zum Buch Genesis*, im Paradies sei *„lobenswerte Arbeit nicht mühselig"*, wohingegen die Hölle mit ewiger schweißtreibender und knochenreibender Plackerei aufwarte. Im Buche *Genesis* selbst steht:

> *„Im Schweiße Deines Angesichts sollst du dein Brot essen,*
> *bis du zurückkehrst zum Ackerboden; von ihm bist du ja genommen. Denn Staub bist du, zum Staub musst du zurück."*

Das berühmte *„ora et labora"* der Benediktiner-Mönche, geht auf diesen Gedanken zurück. An der Pforte eines Gymnasiums in der Lüneburger Heide schrie es mir über Jahre hinweg ins Gesicht: Nur der könne zu Gott finden, der sein Leben an Gebet und harter Arbeit ausrichte. Vielleicht ist der alte Rauschebart mir deswegen nie über den Weg gelaufen.
Im Zuge der Reformation entwickelte sich eine „Protestantische Arbeitsethik", wie sie Max Weber, einer der Gründerväter der Soziologie, im an-

brechenden 20. Jahrhundert in seinem berühmten Aufsatz *Die protestantische Ethik und der Geist des Kapitalismus* beschreibt. Entgegen der Ansicht des Holy Hippo wurde Arbeit nicht mehr als Strafe aufgefasst, sondern als heilige Pflicht, die bestmöglich erledigt werden muss, weil ... nun ja, weil sie eben erledigt werden muss – Punkt. Keine Fragen. Das Leben ist kein Smoothie, sondern ein brodelndes Gesöff aus Blut, Schweiß und Tränen. Das reinigt die Seele und wer in den Himmel will, muss es schlucken.

Eine gute Möglichkeit, um das Proletariat an der Stange zu halten und ein mächtiger Hebel, um weniger beliebte Arbeiten pflichtgetreu erfüllt zu wissen; aber auch um dem einfachen Menschen, der es nicht schafft, von sich aus ein selbstbestimmtes Leben zu führen, die Möglichkeit zu einem glücklichen Leben zu geben – und das geht über Beschäftigung. Selbst härteste Arbeit ist dem Menschen und seiner Entwicklung dienlicher als das süße, degenerierende Nichtstun – solange er sie verträgt, denn ohne Regeneration führt auch Arbeit zur Degeneration.

Das erkannte auch der reformierte Geistliche Johann Kaspar Lavater. In seinen 1773 veröffentlichten *Aussichten auf die Ewigkeit* schreibt er, selbst im Himmel *„können wir ohne eine Beschäftigung nicht gesegnet sein"*.

„So ein Mist", wird sich der ein oder andere Leser gedacht haben. Da ersteht man sich voller Hoffnung einen Reiseführer für die Ewigkeit und dann das. Diese Denke ist heute noch verbreitet. Arbeit wird als Mühe, als Last, als Pflicht gesehen – etwas, was man tun muss, weil man es tun muss. Keine Einstellung ist beschränkter als diese. Es muss nur der Sinn darin entdeckt oder geschaffen werden.

Sinnvolles Schaffen ist nicht nur das Rückgrat aller Kultur, sondern auch die Grundlage zu Entwicklung und Freude sowie eine wunderbare Möglichkeit, um den Schweinehund an die Leine zu legen – indem man ihn einspannt. Tatsächlich fühlen sich viele Menschen, die für den Feierabend zu leben glauben, in der Arbeit am stärksten gefordert, gefördert und erfüllt.

Es ist halt *in,* die Arbeit herunterzuspielen und die Freizeit hochzuloben. Dabei wissen nur wenige ihre Freizeit zu erfüllen. Viele verschimmeln vor dem Fernseher und schauen Schauspielern dabei zu, wie diese so tun, als würden sie ein erfülltes Leben führen. Ansonsten frönt man dem Dasein des stumpfen Hedonisten und kippt sich einen hinter die Leine, misst sich am *All you can eat*-Buffet oder rutscht seinem Potenzial sonstwo den Rücken runter.

Doch was kommt dabei rum? Worauf kann man da stolz sein? Hat man sich bei diesen Gelegenheiten auch nur einen Jota weiterentwickelt – oder doch eher zurück? Wird die Welt dadurch zu einem besseren Ort? Das Leben tatsächlich schöner, der Körper stärker, der Charakter taffer?

Es ist nicht Ihre Aufgabe, die Welt zu verbessern? Na, wenn alle so denken würden, würde es bei uns aussehen, wie bei Hempels im Keller. Wir sollten uns der Frage stellen, die auch Zarathustra stellt:

> *„Welchen Zweck hat, über den tierischen der Selbsterhaltung hinaus, euer Leben? Welches Ziel hat eure Kultur?"*

Tatsächlich sollte jeder Mensch daran arbeiten, die Welt zu verbessern – vor allem, indem er sich selbst verbessert; dann gibt es bereits einen Idioten weniger auf der Welt und Ezra Pound würde sich nicht mehr so einsam fühlen:

> *„Ich sehne mich nach Menschen meines Schlags*
> *Und Werktagsmenschen sprechen mich nicht an*
> *Ja ich vergeh nach Menschen meiner Geistesart*
> *Und habe niemand um mich außer Schatten."*

Die Abneigung gegen Arbeit rumort nicht deswegen im Menschen, weil ihm das Mühen und Schaffen nicht gut tun würde, sondern weil der Schweinehund sie dem aufdrängt, der ihn nicht im Griff hat – denn er ist ein Freund der Trägheit und Trivialität, der Labsal und Lust.

Wir sollten unseren Maßstab ändern: Weniger wichtig ist, wie man sich vor einer Anstrengung fühlt. Der richtige Maßstab bewertet die Handlung selbst und nicht die Unlust davor. So wird man erkennen, dass vieles Freude schafft und Wachstum bringt – wenn man sich erst dazu überwunden hat und mittendrin ist. So lernt man, die Aufmerksamkeit zu steuern, sich auf ein Ziel zu konzentrieren und die eigenen Kräfte zu konsolidieren. Mag es auch anstrengen; solange die Herausforderung uns nicht überfordert, wird sie uns erfüllen und das „Team Mensch" zusammen schweißen. So lebt man wirklich, fühlt sich lebendig, überwindet das Selbst, wird Teil von etwas Größerem; danach ist man geordneter und stärker als zuvor. Keine stumpfe Freizeitbeschäftigung vermag das zu erreichen.

Zeit-Vertreib ist die größte Verschwendung, zu der ein Mensch fähig ist. Wer Frei-Zeit hat, hat einfach noch keinen Plan, was er aus seinem Leben machen kann. Und ohne Plan kein Flow und somit auch keine tiefergehende Freude. Alle oberflächlichen Freuden hingegen befriedigen nur den Schweinehund, oft zu Lasten des Körpers, auf Kosten des Kontos und scharfsinniger wird man kaum. Der stumpfe Hedonist wird von seinem Leben weniger erfüllt, sondern eher zerlegt und ausgelaugt. Er fühlt sich nur gut dabei, da der Schweinehund ihn für seine Hörigkeit mit dem Gefühl der Lustbefriedigung belohnt. Doch was danach herauskommt, das sollte man berechnen. Viel bleibt da nicht über und schnell landet man in den Miesen, in ganz miesen Zeiten.

So stellt sich auch hier die Frage, wer im „Team Mensch" die Leine in der Hand hält: Hund oder Herrchen?

> *„Sichbewegen ist ein Tun, Bewegtwerden ein Leiden. Das Tun hat eigenen Stil, das Leiden fremden."*
>
> *Oswald Spengler*

Arbeit macht das Leben aus

Ob sie das Leben wirklich ausmacht oder eher ausschaltet, liegt an uns. Im Buchteil *Cogito ergo dumm* sind wir zu der Erkenntnis gelangt, dass Arbeit den frustriert, der sie nicht kontrolliert. Wie dies möglich wird, wurde auch beschrieben. Nun wollen wir uns der Frage stellen, was Arbeit wertvoll macht. Wie kann man richtig Asche machen? Und was bedeutet eigentlich „richtig"?

In unserer Gesellschaft bedeutet „richtig" oftmals nur: maximaler Profit um jeden Preis. Für viele ist Arbeit ein Geschäft, eine rein rechnerische Angelegenheit. Doch *„nicht alles, was man zählen kann, zählt auch und nicht alles was zählt, kann man zählen"*, lehrte Einstein. Keinesfalls dürfen wir also Wert mit Preis verwechseln. Wertvolles lässt sich nicht kaufen. Es lässt sich nur leben!

Wie abgrundtief denken die Menschen, wenn sie glauben können, Werte seien käufliche „Güter"? Das ist alles nicht echt. Es ist eine billige Plastikwelt – ganz egal, wie viel Gold an ihr hängt. Gold ist wert-los. Aufrichtigkeit, Würde und Vertrauen sind wertvoll. Sie müssen gelebt werden, müssen verdient werden – aber sie können nicht er- oder verkauft werden. Hängt man ein Preisschild daran, so verflüchtigen sie sich wie das Licht der Kerze, dessen Flamme erstickt.

Ich kenne einige, die in diesem Dunkel tappen, die Karriereleiter hochkraxeln und doch nicht voran kommen. Sie sind wohlhabend, viel unterwegs, kennen „wichtige" Leute und doch sind sie arm, allein und ohne Perspektive. Wo bleibt der Sinn, wo die Erfüllung und Menschlichkeit? Würden sie nur sich selbst dadurch ent-werten, wäre das zu verkraften. Aber ihre Macht und ihr Profit gehen auf Kosten unserer Welt und somit geht es uns alle was an.

Mutter Natur wird vergewaltigt, viele Menschen müssen schuften und leiden, damit einige wenige im Kaviar baden und sich von Plastikhuren einen blasen lassen können. Unsere Kultur hat noch viel zu lernen ... Spätere Generationen werden uns verlachen und gleichzeitig beweinen, was wir da auf Kosten unserer Mitmenschen und unseres Heimatplaneten angerichtet haben, was wir zuließen, ohne mit der Wimper zu zucken. Solange wir uns noch von Fast Food, RTL II und oberflächlichen Promi-News befriedigen lassen, wie der verpickelte Teenager von seinen Internet-Pornos, ist ja alles tutti, oder?

Nö, das ist alles nicht echt und der beste Weg zu einer billigen, verweichlichten, wert-losen Gesellschaft. Das Traurige? Das ist kein Albtraum. Es ist Realität. Wir sind mitten drin und auch Sie sind schuld daran.

Es wird Zeit umzudenken und aktiv zu werden. Es gilt zu lernen, wie man richtig Geld verdient; wo, wie und warum man arbeiten sollte. Das gilt es zu lernen, denn wenn nicht all die vielen Menschleins sich sinn-los für eine Hand voll Euros verkaufen würden, dann würde es bei uns ganz anders aussehen.

Das gilt es der Masse nahe zu bringen: Die da oben mögen vielleicht die Fäden ziehen, aber ihr da unten seid die Marionetten, die mit einem gekünstelten Grinsen und oftmals nur zu gerne nach ihrer Pfeife tanzt, um einen Bruchteil des Geldes zu „verdienen", dass ihr ihnen vormals für wertlosen Ramsch und oberflächliches Vergnügen in den Rachen geworfen habt; gelle Friedrich?

> *„Was ihr ersehnt – das alles ist Armut und Schmutz und ein erbärmliches Behagen."*

So viel Menschheit, Tausende von Jahren und doch haben wir den Blick noch nicht über den Horizont des Tieres hinaus geworfen. Wir sind eine Konsum- und Spaßgesellschaft, die ihren Müll ständig selbst produziert, konsumiert, wegwirft und wieder neuen produziert; ganz oben sitzt der Schweinehund und lacht sich ins Pfötchen.

Eine Taktik, die bis heute funktioniert – obwohl die Konsequenzen bereits mit einem Vorschlaghammer auf das Brett vor unserem Kopf einprügeln. Gibt es dafür eine Entschuldigung? Oft heißt es: „*Irgendwie muss man ja Geld verdienen*" oder „*Die Befriedigung der Grundbedürfnisse ist wichtiger als Erfüllung und Moral.*"
Das sind Ausreden. Genau diese Einstellung, die vor Gemütlichkeit und Selbstverleugnung nur so strotzt, ist schuld an der Misere. Solange Menschen dazu bereit sind, eine wert-lose Plastikgesellschaft zu unterstützen, wird sich nicht viel ändern. Jeder freie Mensch hat eine Wahl und entscheidet, wohin sich die Welt entwickelt.
Zudem ent-wertet man sich dadurch selbst. Glück und Erfüllung sind garantiert nicht aus Plastik. Ein Grund, weshalb sie in unserer Gesellschaft zu Raritäten verkommen sind. Griesgrämig sitzen wir morgens in der S-Bahn, den Blick gen Boden. Augenkontakt wird gemieden. Die Furcht, im kümmerlichen Antlitz der anderen Mit-Fahrer einen Spiegel vorgehalten zu bekommen, ist groß. Ein Lächeln so selten wie Liebe in der Prostitution. Dabei ist der Absprung gar nicht so schwer ...
Der Weg zu sinnvoller Arbeit steht jedem offen. Man muss es nur wagen und sich an simplen Prinzipien orientieren. Denn wofür leben wir überhaupt? Um Geld zu verdienen?
Die Familie am Leben erhalten zu wollen ist natürlich. Aber ist es nicht ebenso wichtig, ihr ein Vorbild zu sein und eine sinnvolle Zukunft zu gewährleisten? Denn was ist das Über-Leben noch wert, wenn alles Lebenswerte dafür aufgezehrt wird?
Ein erfülltes Leben auf der Grundlage von Liebe und Vertrauen in einer herrlichen, atemberaubenden Natur? Kommt es nicht vielmehr darauf an? Vielleicht sogar mit einem tiefer gehenden Weltverständnis und Sinn?
Mit Geld hat das nur am Rande zu tun. Es gibt viele Familien in bescheidenen Verhältnissen, die aufrichtig, liebend und glücklich leben. Ihnen entgegen steht die moderne „Erfolgsfamilie": materiell reich, doch moralisch und gemeinschaftlich tot. Wer ist hier wirklich arm?

Wie verdient man „richtig" Geld?

Jeder Mensch hat eine Berufung und verborgene Talente. Befreit er sich aus der Betäubung durch Konsum und Massenmedien, so wird er sie finden. Sie gilt es zu leben. Macht man dies mit Aufmerksamkeit und Hingabe, dann wird sich nicht nur gut damit überleben lassen ... noch bedeutend mehr lässt sich so bewerkstelligen.
Tatsächlich erwachsen die erfolgreichsten Unternehmen auf solch einer Grundlage. Da sind Visionäre am Werk, die ohne materielle Basis in der heimischen Garage danach streben, die Welt zu verändern. Viele erfolgreiche Menschen begannen so. Schon früh lernten sie, dass materiell ärmliche Verhältnisse sie nicht daran hindern können, ihren kreativen Reichtum auszuleben. Sie strebten nach Exzellenz und folgten intuitiv dem simplen Prinzip, das für unser Leben generell lohnenswert ist.

STREBE NACH BESSEREM!

Mihály Csíkszentmihályi schreibt dazu in seinem Buch *Flow im Beruf*:

> *„Es war nicht die Finanzierung, die ihren Erfolg begründete, sondern die Überlegung, wie sie die Dinge besser machen könnten, als dies bis dahin geschehen war. Kreativität ist in der Tat eine nicht versiegende Quelle der Innovation – man kann eine Sache von Mal zu Mal besser machen. Sie ist auch ein sehr demokratischer Prozess: Man muss nicht reich sein, man braucht keine guten Beziehungen, man muss nicht einmal besonders gebildet sein, um mit einer neuen und guten Idee auf den Plan zu treten."*

Menschen glauben, Sie haben ein Recht auf Arbeit und es gibt genug Arbeit für alle. Tatsächlich gibt es genug Arbeit, für Milliarden von Menschen und

Milliarden von Jahren. Die Welt ist ein gewaltiger Prozess, der sich beständig weiter entwickelt. Solange es in ihr Bestrebungen gibt, nicht nur zu überleben, sondern auch besserzuleben, solange gibt es auch Bedarf an Arbeit. Aber ein Recht auf Arbeit? Was für ein Tagtraum. Irgendjemand muss die Arbeitsplätze ja schaffen, sichern und bezahlen. Das ist aber nur möglich, wenn die Arbeit auch einen Nutzen hat … und wenn den niemand sieht, schafft oder sucht, dann ist die Arbeit auch nutzlos, dann verkommt sie zum Luxus; der ist bekanntlich teuer und wird gestrichen, wenn man ihn sich nicht mehr leisten kann. Dann gibt es zwar noch die Möglichkeit auf Arbeit, aber nicht mehr die auf eine Belohnung derselben. Dann müsste das Motto ergänzt werden: *„Arbeit für alle – und zwar umsonst."*

Damit ist natürlich auch niemand zufrieden – doch es wird klar, was die Masse eigentlich will, wenn Sie auf der Straße steht und *„Arbeit für alle"* brüllt: nämlich Geld. Sie sieht Arbeit als Mittel, um Geld zu verdienen und nicht um die Welt zu bessern. Sie entkoppelt Arbeit und Sinn. Und da liegt das Problem. Arbeit gibt es genug. Die Erde ist eine Baustelle. Wer Arbeit sucht, muss einfach nur anpacken. An jeder Straßenecke, jedem Menschen, in jedem Gebäude, jeder Einrichtung und jedem Garten gilt es zu arbeiten. Dafür müsste man jedoch die Initiative ergreifen und darüber nachdenken, was sinnvoll ist und was nicht.

Davor scheuen sich viele. Doch wenn sie besser leben wollen, müssen sie auch besser arbeiten. Sie sollten sich Gedanken machen, über das was ist, wie es besser werden könnte und dann sollten sie die Ärmel hochkrempeln und es verwirklichen. Bereits eine gute Idee kann Millionen wert sein und das Leben von Millionen verbessern. Es mangelt uns also nicht an Arbeit, sondern an Ideen, Initiative und Tatkraft.

Wenn Werke schließen und hunderte Menschen arbeitslos werden, dann geht ihnen nicht wirklich die Arbeit aus, sondern vor allem das Geld – weil die Idee ihre Zeit verwirkt hat, weil sie nutzlos geworden ist und das ist gut so, denn das ist Entwicklung. Das Alte muss Platz machen für das Neue.

Die Prinzipien der Evolution, Mutation und Selektion, wirken auch hier. Sie durchziehen die gesamte Welt – ohne sie gäbe es keine Entwicklung. Entwicklung ist jedoch nur möglich durch die Überwindung des Bestehenden. Wachstum ist ein Prozess schöpferischer Zerstörung.
Am Leben bleibt nur, wer fit bleibt, sich beständig hinterfragt, den Widerständen der Welt aussetzt und lernt, sich zu behaupten. So ist es auch in der Wirtschaft. Das sorgt dafür, dass sich nach und nach bessere und innovativere Produkte und Dienstleistungen durchsetzen – die die Welt zu einem besseren Ort machen. Deswegen sind Briefe heute nicht mehr wochenlang mit der Postkutsche unterwegs, sondern mit einem Klick am anderen Ende der Welt. Deswegen können wir im Winter heiß duschen, ohne erst das Wasser auf einem Feuer erhitzen zu müssen. Deswegen können wir Musik hören, ohne ins Konzert gehen oder ein Instrument lernen zu müssen. Deswegen können wir Bücher von längst verstorbenen Autoren lesen, Bildschirme an die Wand hängen und unzählige Geräte in ein handliches Smartphone zwängen.
Der österreichische Ökonom Joseph Schumpeter beschreibt diesen Prozess in der ersten Hälfte des 20. Jahrhunderts in seinem Buch *Kapitalismus, Sozialismus und Demokratie*:

> *„Die Eröffnung neuer, fremder oder einheimischer Märkte und die organisatorische Entwicklung vom Handwerksbetrieb und der Fabrik zu solchen Konzernen wie dem von U.S.-Steel illustrieren den gleichen Prozess einer industriellen Mutation – wenn ich diesen biologischen Ausdruck verwenden darf –, der unaufhörlich die Wirtschaftsstruktur von innen heraus revolutioniert, unaufhörlich die alte Struktur zerstört und unaufhörlich eine neue schafft. Dieser Prozess der ‚schöpferischen Zerstörung' ist das für den Kapitalismus wesentliche*

Faktum. Darin besteht der Kapitalismus und darin muss auch jedes kapitalistische Gebilde leben."

Das bedeutet nicht, dass das Alte schlecht ist. Es bedeutet nur, dass es jetzt etwas Besseres gibt. Sich trotzdem an Veraltetes zu klammern, ist nichts weiter als Sentimentalität; die hat natürlich auch ihren Charme, solange man sie sich leisten kann, doch das Rad der Zeit anzuhalten wird nie klappen. Man kann es vielleicht kurz festhalten und die Entwicklung ausbremsen, aber früher oder später wird man sich die Finger verbrennen – denn nicht England, sondern die Evolution obsiegt.

Man kann gegen den Kapitalismus wettern, wie man will, er lässt sich nicht aufhalten. Die Welt wird von ihm überwuchert, andere Systeme sind nicht überlebensfähig und – mag er auch noch so unmenschlich, grausam und zerstörerisch wirken – er ist die Natur der Wirtschaft. Er ist ihr innerer Trieb. Er lässt sich ebenso wenig aufhalten, wie sich unser innerer Trieb aufhalten lässt oder die Evolution insgesamt.

Wir haben die Möglichkeit, Triebe zu kultivieren. Ein ungezügelter Kapitalismus ist genau so menschlich wie ein ungezügelter Sexismus. Also ist es sinnvoll, ihm eine geistige Dimension hinzuzufügen und auch hier nach Besserem zu streben. Diesen Maßstab sollten wir auch an unsere eigene Arbeit legen. Bezahlung ist eine schöne Sache, doch wer den Status des einfachen Lohnsklaven hinter sich lassen will, sollte versuchen, seine eigene Arbeit besser zu erfüllen, sich eine bessere suchen oder gar eine bessere schaffen. Dabei sollte er sich auch an dem zweiten Prinzip für „richtiges" Geldverdienen orientieren.

HILF DEN MENSCHEN!

Dieser Gedanke muss keineswegs mit hohen Profiten im Widerspruch stehen. Vielmehr bedingen sie sich gegenseitig, denn nur, was die Menschen langfristig weiterbringt, wird sich auch bewähren. Parasitäre Unternehmen überdauern keine Jahrhunderte. Würmer leben nicht lange – auch nicht die im Nadelstreifenanzug. In Symbiose hingegen (im gegenseitigen Austausch zum Nutzen beider) lässt sich viel bewegen. Man wächst zusammen und will diese Partnerschaft überdauern lassen.

Parasiten will man schleunigst loswerden, weshalb diese sich mit immer durchtriebeneren Täuschungsmanövern als nützlich darzustellen versuchen. Nur zu gerne spielen sie mit unseren Ängsten, Träumen und Trieben – wie Abmahn-Anwälte, halbseidene Gurus, die Menschenhändler der Rotlicht-Branche und gesichtslose Großkonzerne.

Lieber Leser, fragen Sie sich, was in Ihrem Einkaufskorb ist symbiotisch, was parasitär? Was darin fördert die Welt und das Leben auf ihr und was zerstört, beraubt und vergewaltigt sie?

Verdrängen Sie nie den Einfluss des Konsumenten – er ist die größte Macht in der Wirtschaft. Geld regiert die Welt – und solange es Ihr Geld ist, regieren Sie die Welt. Bitte sorgen Sie dafür, dass Ihr Geld die Welt nicht zerstört, sondern fördert. Sehen Sie nie nur das Produkt, sondern immer auch seinen Schatten. Informieren Sie sich und entscheiden Sie dann, ob Sie mit schlechten Menschen Geschäfte machen oder gar für sie arbeiten wollen. Ein Schwein in einer weißen Weste bleibt immer noch ein Schwein. Lassen Sie sich nie von einem geschniegelten Firmen-Outfit täuschen, ebenso wenig von Zahlen. Je geleckter alles daherkommt, desto mehr verbirgt sich dahinter.

Wenn Sie lernen, sich auf weniger, aber dafür Besseres – im symbiotischen Sinne – zu konzentrieren, wird das Ihr Leben und das Ihrer Kinder bereichern. Jeder Mensch sollte sich einer solchen Entwurmungskur unterziehen. Er wird überrascht sein, wie viel Potenzial sich entfaltet, je mehr dieser lästigen Blutsauger er los wird – die nur leben, weil er sie ernährt.

Tragen Sie Sorge dafür, dass Ihre Arbeit den Menschen hilft. Es gibt viel Nöte auf unserem Planeten, die gestillt werden müssen und mit denen sich „richtig" Geld verdienen lässt.

Wie gesagt: Es geht nicht darum, sich aufzuopfern, sondern um Symbiose – zum Nutzen beider. Wer mit gutem Gewissen ins Bett gehen will – was ich für unabdingbar halte, um glücklich und gesund zu sein – der sollte tunlichst vermeiden, in parasitären Verhältnissen zu arbeiten. Die Entscheidung, wie menschlich die Welt ist, fällt in Ihrem Geldbeutel und mit Ihrem Arbeitsplatz. Sie sind mächtiger als Sie denken – nicht wahr Mihály?

„Ebenso wie das Streben nach Exzellenz ist der Wunsch, anderen Menschen dienlich zu sein, eine unerschöpfliche Quelle der Inspiration. Für einen Unternehmensführer bieten sich immer Möglichkeiten, das Leben anderer Menschen zu verbessern, seien es die eigenen Beschäftigten oder andere, die das Produkt oder die Dienstleistung des Unternehmens nutzen. Es ist ein Ziel, das immer von neuem befriedigt, ob man es aus Liebe zu Gott oder zu Buddha oder deshalb verfolgt, weil man zutiefst davon überzeugt ist, dass alle menschlichen Wesen diese Anstrengung wert sind."

Jeder auf-richtige Mensch wird verstehen, dass sein Handeln Folgen hat. Er sollte lernen die Verantwortung dafür zu übernehmen. Die Ausrede des unmündigen Bürgers zieht nicht mehr. Natürlich sind wir alle nur Zahnräder, aber bereits ein blockierendes Zahnrad kann das ganze Getriebe still legen – wenn es mutig genug ist, „richtigen" Prinzipien zu folgen und sich dort zu sperren, wo die Entwicklung nicht weiter-, sondern zurückgeht.

SCHAFFE EINE BESSERE WELT!

Das dritte Prinzip integriert die beiden vorherigen zu einem runden, weltumspannenden Anliegen. „Richtige" Unternehmen sind gar nicht so selten. Sie beteiligen sich mit hohen Beträgen an kulturellen, pädagogischen, wissenschaftlichen und umweltfreundlichen Projekten. Schwer ist zu erkennen, wer dies nur aus Marketinggründen tut. Unabhängig davon, sollte man auf so etwas achten und nur die Unternehmen unterstützen, die uns auch etwas für diesen Einsatz zurückgeben – und damit meine ich mehr als nur den Lohn und einen Freizeitausgleich für unbezahlte Überstunden. Für ein Unternehmen zu arbeiten, das die Welt zu einem besseren Ort macht, erfüllt das eigene Leben weit mehr als eine pralle Brieftasche es je könnte.

Sehen wir den Tatsachen ins Auge: Die alte Mär, dass die freie Marktwirtschaft im wert-freien Raum schwebt, ist eine Illusion. Alles hat Konsequenzen und geht auf Kosten unserer Welt und zukünftiger Generationen. Das gilt für unseren Konsum und unsere Arbeit. Es sind nicht nur die anderen Schuld. Wir müssen lernen, den Finger umzudrehen und auf uns selbst zu zeigen.

Wie viel Opportunismus, Gier und Gemütlichkeit steckt in mir? Wie sehr will ich auf Menschlichkeit, Anspruch und Verantwortungsbewusstsein verzichten? Dichten Sie sich keine Antwort zu-recht. Die Antwort haben Sie längst, denn Taten lügen nicht: Betrachten Sie Ihr Konsumverhalten, Ihre Steuererklärung und Ihre Arbeit, dann wissen Sie, wie es um Sie bestellt ist. Wenn es nur Menschen wie Sie gäbe, wie würde die Welt dann aussehen? Würde Ihnen die Welt dann gefallen?

Es ist egal, wie die Welt jetzt aussieht. Finden Sie eine Vision der Welt, wie Sie sie für „richtig" erachten und dann leben Sie darauf hin. Streben Sie nach einer besseren Welt. Mögen Sie sich noch so klein fühlen. Es lohnt sich – denn eines werden Sie damit auf jeden Fall verbessern – Ihr Leben.

Mein Verständnis von richtiger Arbeit habe ich skizziert. Es ist simpel, doch wirkungsvoll. Wenn wir uns alle daran halten würden, würde die Welt besser aussehen. Davon bin ich überzeugt. Ich habe berufliche Angebote und Möglichkeiten verschiedener Art ausgeschlagen, von der Unternehmensberatung bis zum Genussmittelhersteller. Auch wenn ich so weniger sicher Geld verdiene und manchmal gar keines, mache ich lieber Bücher und coa-

che Menschen. Das gibt mir das Gefühl, reich zu sein – und die Gewissheit, dass Geld nicht viel damit zu tun hat. Wer mir jedoch einen zitronengelben Lamborghini schenken möchte, dem werde ich nicht im Wege stehen.
Menschen in Ländern, in denen Freiheit kein Grundrecht ist, haben es schwer, derart hohe Ideale zu verwirklichen. Wir haben die Wahl. Sie haben die Wahl! Alles, was Sie tun, hat Konsequenzen. Überdenken Sie Ihre Werte und lernen Sie, diesen entsprechend zu handeln. Werden Sie kompromissloser und lesen Sie von dem Mann, dessen Namen man so schwer aussprechen kann: Mihály Csíkszentmihályi!

„Geschäftstätigkeit, die nichts zum menschlichen Wachstum und Wohlergehen beiträgt, ist es nicht wert, getan zu werden, unabhängig davon, wie viel Gewinn sie auf kurze Sicht abwirft."

Numero Quattro: Körperkultur

„Kein Mensch hat das Recht ein Amateur in den Belangen des körperlichen Trainings zu sein. Welch Schande ist es für einen Mann, zu altern ohne jemals die Schönheit und Stärke erlebt zu haben, zu der sein Körper fähig ist."

Sokrates

Alles Geistige spiegelt sich im Körper eines Menschen – vor allem darin, wie er seinen Körper trägt, bewegt und erfüllt. Ob er kraftvoll und geschmeidig oder verkümmert und schwach ist; wie kompromisslos und erhaben oder weichend und schleichend er ist; wie aufrichtig oder verstohlen, wie kritisch oder leichtgläubig und wie stabil oder labil – all das ist nicht nur des Geistes, sondern auch des Körpers.
Es ist verpönt, darüber zu sprechen, darüber zu forschen. Unsere Kultur hat ob der deutschen Vergangenheit die Decke des Schweigens und Meidens darüber gelegt, da sie nicht fähig ist, zu verarbeiten und wieder zu Schönheit und Stärke zu finden. Sie hat ihre Perspektive noch nicht gewechselt, noch nicht den Status eines dissipativen Systems gefunden, das die Lehre zieht, statt in der Leere zu versinken.
Natürlich ist es töricht, einen Menschen nach seinen körperlichen Grundlagen zu beurteilen, nach seiner Genetik oder Herkunft. Ebenso töricht ist es, einen Menschen überhaupt nicht nach seinem Körper zu beurteilen. Genau diesen Fehler begehen wir jedoch heute, da wir jegliche körperliche Bewertung als Frevel an der Menschheit sehen, da wir Angst haben, wie die Nazis zu sein oder noch schlimmer: dafür gehalten zu werden.
Erinnern Sie sich an die Überschrift: *Mein Kampf*, einige Kapitel zuvor? Gerne hätte ich dabei Ihr Gedanken gelesen. Gerne wüsste ich, wie viele Leser mit der Wimper gezuckt oder gar pseudo-kritische Gedanken gehabt und mich in eine Schublade gesteckt haben. Faszinierend, wie determiniert wir sind; wie

sehr wir von zwei einfachen Worten beeinflusst werden können; wie sehr wir gute Gedanken, Philosophen und Stärken, die es in Deutschland lange Zeit vor den Nazis gab, zu Tabus erklärt haben, obwohl sie nicht in ihrer Reinform genutzt, sondern pervertiert und missbraucht wurden. Viele glauben, darüber zu reden, bringt gleich wieder Arme in die Luft – wie Ryanair.

So brachen Jahrhunderte unserer Kultur weg und einige gute Perspektiven – wie die Einsicht, dass Körper und Geist zusammengehören.

Quantenphysiker haben bewiesen, dass miteinander verschränkte Teilchen eine Einheit bilden – selbst wenn sie Lichtjahre voneinander entfernt sind; schwurbelnde Esoteriker leiten davon ab, dass alles mit allem verbunden ist und deswegen auch Telekinese, Astralreisen, Gedankenlesen sowie Schneeballsysteme funktionieren und Millionen von Menschen glauben das; aber dass eine innige Verbindung zwischen Körper und Geist besteht, das verdrängen wir.

Viele sehen im Körper nur einen besseren Durchlauferhitzer für den eigenen Geist. Täglich Fast Food, Kaffee, Nikotin, Alkohol und eine gute Krankenversicherung erscheinen ausreichend, um ihn am Laufen zu halten. Alles darüber hinaus scheint nur Kosmetik. Für viele Menschen ist körperliches Training reine Mühsal, eine nervige Notwendigkeit, um einen schönen, großen und starken Körper zu erlangen. Nicht wenige greifen zu kosmetischen und pharmazeutischen Hilfsmitteln, um sich den harten Weg der körperlichen Vervollkommnung zu erleichtern. Der Körper ist für sie nur ein Aushängeschild des Geistes. Dahinter steht das verbreitete dividuelle Denken der westlichen Welt: Der Körper sei nur eine sterbliche, formbare Hülle, in der unsere gar göttliche, unsterbliche Seele hause.

Eine eingehende Beschäftigung mit dem eigenen Körper gilt als narzisstisch, als Zeitverschwendung, als profan. Wen interessiert schon die sterbliche Hülle? Einzig der Geist sei beachtenswert und wer sich um den Körper kümmert, der ist entweder im horizontalen Gewerbe tätig, Sportler, Mediziner oder oberflächlich. Mediziner sind Klempner des Körpers, Sportler benutzen den Körper beruflich und Bodybuilder sind Künstler des Fleisches. Sie alle nutzen und bearbeiten den Körper mit einem bestimmten Ziel: Gesundheit, Leistung, Schönheit. Doch selbst hier messen wenige der körperlichen Entwicklung eine tiefere Bedeutung bei. Zu sehr sehen sie ihren Körper als Gebrauchsgegenstand – weil ihr Denken autonom zu sein scheint. Das zieht sich durch unsere gesamte Gesellschaft.

In der Schule wird die körperliche Schulung kaum beachtet, in der Ausbildung/im Studium minimiert und im Beruf verdrängt; im „Ruhestand" wird sie gar zum Fremdwort.

Das Problem an dieser Denke ist, dass das Dividuum zwar sehr gut in unser christlich geprägtes Abendland und in die Lebensweise unserer Gesellschaft passt, dass sie jedoch zu kurz greift und zudem – wissenschaftlich betrachtet – mehr als nur strittig ist.

Der Irrglaube, dass unser Körper nur ein biologisches Vehikel sei, um unseren edlen Geist durch die irdischen Tage zu geleiten, lässt sich durch unzählige wissenschaftliche Indizien in Frage stellen. Es gibt überhaupt nicht „den Geist" an sich. Unsere individuelle Persönlichkeit entwickelt sich beständig weiter. Wir verändern uns täglich durch das, was wir erleben, lernen und denken.

In unseren Kindertagen wollen wir die Welt erkunden, in unserer Jugend kritisieren wir sie, in unserer Erwachsenen-Phase wollen wir sie beherrschen und je älter wir werden, desto mehr akzeptieren wir sie, fahren uns fest und wollen schlussendlich nur noch unsere Ruhe vor ihr haben. Früher war ja eh alles besser.

In der gleichen Zeit entwickelt sich auch unser Körper – mit erstaunlichen Parallelen zu seiner geistigen Entwicklung. Er wächst auf, lernt viel, kommt in die Pubertät, strotzt nur so vor Kraft und Tatendrang, wird stärker, stabiler, dann ruhebedürftiger und labiler, bis er schlussendlich altersschwach und senil wird. Sind Körper und Geist vielleicht doch nicht so stark voneinander getrennt? Ihre Entwicklung verläuft gleich.

Wie ist es mit Schäden bestimmter Gehirnareale? Defekte, erkrankte oder sich in Zersetzung befindliche Gehirnareale führen zu Persönlichkeitsveränderungen. Neurologische Defekte, divergierende Aktivierungsmuster und Abnormalitäten spiegeln sich auf geistiger Ebene wider. Das gilt sowohl für Demenzkranke und Schlaganfallpatienten wie auch für Synästhetiker und Savants. Ist der Geist evtl. doch nicht so stabil und losgelöst von unserem Körper, wie gemeinhin angenommen wird?

Was ist mit unseren alltäglichen Erfahrungen, die uns die untrennbare Verflechtung geistiger und körperlicher Prozesse unmissverständlich vor Augen führen?

Denken Sie an den Biss in die Zitrone. Läuft Ihnen nicht sofort der Speichel im Mund zusammen? Haben Koffein, Nikotin, Zucker und Alkohol nicht auch Auswirkungen auf ihren Geist? Fühlen Sie sich etwa nicht sensibel und verletzlich, wenn Sie nach einem Verkehrsunfall schwer verletzt in den OP gerollt werden oder wenn Sie durch eine schwere Grippe ans Bett gefesselt sind? Wird ein Junkie nicht von der geistigen Verzweiflung zerrissen, wenn er sich auf kaltem Entzug befindet? Spüren wir nicht, wie der eigene Geist immer ruheloser und schwächer wird, wenn wir uns mit zu viel Verpflichtungen überhäufen und kaum noch zur Ruhe kommen? Entsteht umgekehrt nicht eine wachsende, rastlose Unzufriedenheit in uns, wenn wir ein tristes Leben führen, in dem Chipstüten, Dosenbier und schlechtes Fernsehprogramm die einzigen „Herausforderungen" sind? Sind die wissenschaftlich belegten körperlichen Veränderungen durch Hypnose, Meditation und Placebo-Effekt ohne Gewicht?

Sind Körper und Geist nicht doch stärker miteinander verknüpft, als es uns der Dividualismus glauben machen will? Wäre nicht vielmehr ein In-Dividualismus angemessener, der uns bewusst macht, dass Körper und Geist untrennbar miteinander verknüpft sind?

Schlussendlich gipfelt das in metaphysischen Gedankengängen, da die empirischen Naturwissenschaften hier keine endgültige Klarheit schaffen können. Die Indizien sprechen jedoch für sich.

Jedem sollte bewusst sein, dass der Körper mehr ist, als nur ein Gebrauchsgegenstand für den Geist. Er prägt ihn und umgekehrt. Je nachdem, wie wir unseren Körper behandeln, so wirkt sich dies auch auf unseren Geist aus. Vernachlässigen und schaden wir diesem, so auch jenem. Fordern und trainieren wir ihn, so auch den Geist.

Wollen wir ein erfülltes, glückliches und sich höher entwickelndes Leben führen, so gelingt dies nur mit dem Körper – niemals gegen oder trotz ihm. Wir müssen ihm ausreichend Aufmerksamkeit widmen. Dürfen ihn nicht zu sehr vernachlässigen. Denn wenn wir ihn vernachlässigen, so wirkt sich dies auch negativ auf die Entwicklung und den Zustand unseres Geistes aus.

Natürlich ist die Entwicklung des Geistes für viele von uns wichtiger, aber wird sich das ohne den Körper arrangieren lassen? Kommt der Körper bei den meisten Menschen nicht doch arg kurz? Einmal Tennisspielen am Wochenende und alles ist wieder gut? Am Abend ein Stückchen Obst und die Ernährungssünden des Alltages sind vergessen? Machen wir es uns da nicht zu leicht?

Wer kann heutzutage von sich behaupten, dass er einen guten Draht zu seinem Körper hat? Wer hat eine gute Haltung? Ist frei von Schmerzen? Kann noch sauber sprinten, springen sowie Liegestütze und Klimmzüge ausführen – ganz zu schweigen von freien, sauberen Kniebeugen? Wer hat Kondition, Kraft und ein ästhetisches Äußeres? Und was mit am wichtigsten ist: Wer hat überhaupt noch ein gut trainiertes Nervensystem?

Wer ist dazu fähig, seinen Körper koordiniert zu bewegen und einzusetzen?

Simple Purzelbäume führen viele an die Grenze. Für die meisten ist der Boden weit entfernt. Kaum jemand weiß noch, wie man richtig fällt. Wir entfremden uns von unserem Körper immer mehr. Seine Fähigkeiten verblassen, sind nur noch ein Schatten seines Potenzials. Wir entwickeln uns dadurch nicht weiter, sondern entmenschlichen uns, werden schwächer, unbeholfener und abhängiger von Technik und Komfort. Und was Abhängigkeit fördert, wissen Sie …

Der Schatten des Wohlstands

Unser medizinisches System, die pharmazeutischen Möglichkeiten, die vielseitigen Dienstleistungen und auch die Bekleidungsindustrie erleichtern es uns, unsere körperlichen Defizite auf solch hohem Niveau auszublenden und zu verdrängen, dass unsere Gesellschaft körperlich stark abgebaut hat. Natürlich sind Medizin, Pharmazie, Hilfeleistung und Kleidung bedeutende Stützen unserer Gesellschaft und nicht wegzudenken. Aber vielen Menschen machen sie es zu leicht, den körperlichen Verfall auf die leichte Schulter zu nehmen.

Wohlstandsdiabetes, Rückenschmerzen, Osteoporose, Blutverfettung, Herz-Rhythmus-Störungen, Fettleibigkeit, Immobilität, Schwäche; Zivilisationskrankheiten hier ... Unfähigkeiten dort. Aber für all das gibt es einen Arzt, ein Medikament, eine Dienstleistung oder ein Kleidungsstück, um das Problem zu beseitigen bzw. zu kaschieren. In Wirklichkeit doktern wir nur an Symptomen herum. Die Ursachen bleiben unberührt – wodurch sich das System selbst verstärkt.

Diese körperlichen Ausfallerscheinungen (mitsamt ihrer geistigen Folgeerscheinungen) sind zu einem gewichtigen Teil der dividuellen Denkweise zuzuschreiben, nach der wir die Belange des Körpers nicht so ernst zu nehmen brauchen. Kein Mensch jedoch, der seinem Geist zur Erfüllung verhelfen möchte, sollte seinen Körper derart drastisch ausblenden.

Ausgewogenes Training und eine ebensolche Ernährung – reguliert im Sinne der jeweiligen, momentanen Fähigkeiten, Bedürfnisse und Zielvorstellungen – sollten fest im Alltag verankert werden, zur Selbstverständlichkeit werden wie das tägliche Schlafen und Zähneputzen.

Das hilft uns wieder, den Wert körperlicher Bewegung an sich zu erkennen. Es geht darum, saubere Bewegungen zu erlernen, die Körperbeherrschung zu verbessern, die Haltung und Atmung zu verfeinern und die Konzentrationsfähigkeit des Geistes zu schulen. Eine solche Auseinandersetzung mit der körperlichen Seite unseres Lebens erleichtert es, sich auf das Wesentliche im Leben zu besinnen: Die Wertschätzung und Realisierung des natürlichen Potenzials, der eigenen Fähigkeiten und Beziehungen – all das hat eine starke körperliche Komponente.

Genau hier sollten wir Menschen auch über ihre Körper beurteilen; nicht nach ihrer Herkunft oder Genetik, sondern nach dem, was sie aus dem machen, was sie sein könnten; nach dem, wie sehr sie ihren Körper aufrichten, beherrschen, entwickeln, atmen und erfüllen; nach dem, wie sie ihr Potenzial erkennen, ehren und entfalten – statt es schleifen zu lassen, sich auf der Ausrede ausruhend, der Körper sei ein bedeutungsloses und vergängliches Vehikel.

Ein Esel kann noch so weit reiten, er wird nie als Pferd zurückkommen, aber er kann ein verdammt starker und selbstbewusster Esel werden.

Der an den Rollstuhl gefesselte, sprachunfähige aber bücherschreibende Stephen Hawking holt weit mehr aus seinen Möglichkeiten heraus als die an der Bushalte gammelnde Evolutionsbremse, mit dem aktiven Wortschatz eines Sechsjährigen und dem Unvermögen, ein Buch zu bedienen – obwohl ihr potenziell weitaus mehr Wege offen stehen.

Be-urteilen heißt jedoch nicht ver-urteilen. Jedem obliegt selbst, was er aus sich macht, wie selbstbewusst und in-dividuell er leben möchte.

Von regelmäßigem Training kann man viel über das Leben und sich selbst lernen – wenn man bereit ist, die damit verbundenen Auswirkungen auf Körper und Geist von einer höheren Warte aus zu betrachten. So lernen wir, dass alles Lebendige und Potenzialreiche am angemessenen Widerstand, an der fordernden Tätigkeit wächst – so wie auch unsere Fähigkeiten, Stärken und Beziehungen. Und dass im Umkehrschluss all das, was durch Benutzung abnutzt, kaum Potenzial oder Leben in sich trägt.

Dummerweise ist unsere Gesellschaft nicht nur dividuell ausgerichtet und verkennt den Wert sowie das Potenzial des Körpers. Sie ist auch materialistisch eingestellt. Sie lebt für den Konsum und die Anhäufung materieller Dinge. Viele arbeiten nicht, um sich und die Welt weiterzuentwickeln und anderen zu helfen, sondern, um die eigene Kaufkraft zu erhöhen. Doch wofür?

Für mich ist die materielle Welt durchaus funktional, aber sie trägt kaum tiefere Bedeutung in sich. Dinge sind Mittel zum Leben und nicht Mittel, für die wir leben. Sie haben einen Preis, aber keinen Wert. Wahrhaft wertvoll ist das, was durch Forderung wächst und nicht daran kaputt geht: Also wir Menschen selbst; unser Charakter, unser Körper und unsere Beziehungen zu anderen Lebewesen.

Der Schwerpunkt meines Lebens liegt auf der Entwicklung dieser drei Aspekte des lebendigen, selbstbestimmten Daseins. Tägliches Training wird dabei zur Selbstverständlichkeit!

Körperliche Ertüchtigung ist notwendig, um *„die verlorene Gleichmäßigkeit der menschlichen Bildung wieder herzustellen, der bloß einseitigen Vergeistigung die wahre Leibhaftigkeit zuzuordnen"*, schrieb Turnvater Jahn.

In der Lebensgeschichte eines Menschen ist es sein heiligster Augenblick, an dem er aus seiner Ohnmacht erwacht und den tieferen Sinn ausgeglichener Entwicklung erblickt. Körperkultur ist mehr als nur Muskelspielerei in den Tempeln verspiegelter Komplexbeladenheit. Es ist mehr als Narzissmus oder eine Freizeitbeschäftigung. Viel mehr ... Dies gilt es zu erkennen: Körperkultur ist notwendig, um zu einem ausgeglichenen Menschen zu werden; die beste Möglichkeit, um die eigene Entwicklung voranzutreiben, das eigene Wesen zur Reife zu bringen und das eigene Potenzial zu verwirklichen. Ganzheitliche Kultur gibt es nur mit Körperkultur. Wir sollten sie be-Jahn:

> *„Ein kernfester Leib ist notwendig zum Ringen mit dem kernfaulen Zeitalter."*

Also starten Sie noch heute: Vielleicht mit einem kleinen Spaziergang? Mit einem Waldlauf oder einer Runde im See? Gemeinsam lässt es sich leichter schwitzen: Bewegen Sie Ihren Partner, Kumpel oder Kollegen. Melden Sie sich im Fitnessstudio, Turnverein oder Swingerclub an. Finden Sie wieder in Ihren Körper hinein, bringen Sie ihn täglich zum Schwitzen, haben Sie Spaß daran und ernten Sie die Früchte – sowohl gesundheitlich, leistungsbedingt und charakterlich als auch ästhetisch. Schöne Körper werden nicht geboren, sie werden erschaffen; Plotin gibt den Maßstab vor:

„Kehre ein zu dir selbst und sieh dich an, und wenn du siehst, daß du noch nicht schön bist, so tue wie der Bildhauer, der fortmeißelt, bis er das schöne Antlitz an der Büste vollendet hat. Meißle auch du fort, was unnütz, und mache gerade was krumm ist, und lass nicht ab, an der Vollendung deines Bildes zu arbeiten."

Numero Cinque: Fuck die Komfort-Zone

Die Komfort-Zone eines Menschen ist das Netz des Schweinehunds, das er immer weiter zuzieht, je weniger man sich darin regt. Je gemütlicher man wird, desto mehr schrumpft der eigene Horizont an Fähigkeiten, Perspektiven und Widerstandskraft.

Wer sich zu sehr hängen lässt, der wird zusehends schwach, labil und weinerlich. Ich selbst bin das von meiner Grundkonstitution und das war einst eine große Motivation. Bereits früh übte ich mich darin, mich abzuhärten, um zumindest die Verfassung des Durchschnittsmenschen zu erlangen – stets beeindruckt von der natürlichen Widerstandskraft einiger Kumpanen, die mich trotz klirrender Kälte gelassen fragten, weshalb ich eine Jacke anhätte, während sich bei mir schon Treibeis in der Blase sammelte. Doch ich stand großkopfig zwischen ihnen – wie eine Pusteblume im Eichenhain.

So stark wollte ich auch werden. Nicht einfach nur stark im muskulären Sinne, sondern stark im umfassenden Sinne. In dem Sinne, dass mir nicht nur mein kuscheliges Bett Komfort bot, sondern die ganze Welt mit all ihren Höhen und Tiefen, mit Ihren Extremen der Hitze und Kälte, der Stürme und Meere, der Dörfer und Kontinente, der Wüsten, Dschungel und Gebirge, der frittierten Käfer und kakerlakenbewachten Garküchen, aber auch den Extremen der Discos, Ballsäle, Konferenzräume, Dojos, Bühnen, Bibliotheken und Hafenkneipen.

Dort wo unsere Komfort-Zone endet, wird uns das Leben zur Qual. Wir fühlen uns unwohl, schwach und schlecht. Dabei liegt außerhalb dieser Zone noch so viel Schönes, Mitreißendes und Erfüllendes, das nur darauf erwartet, von uns erobert zu werden. Denn überall, wo wir es jetzt nicht aushalten, aber potenziell überleben können, dorthin können wir uns auch entfalten – dorthin wo das Leben noch knistert.

Das ist das Wunder unseres Potenziales und der Sinn eines reichen Lebens: Wo heute noch Fremde ist, kann morgen schon Heimat sein. Wir müssen uns nur immer wieder an der Grenze messen. Sie überschreiten und schau-

en, wie lang wir es im Jenseits aushalten. Klappt es, so gehen wir weiter. Wird es zu hart, weichen wir zurück – mit dem Versprechen, morgen wiederzukommen. Der Körper spürt: Er muss wachsen, seine Stärke ausprägen und seinen Horizont erweitern, wenn er überleben will – und das will er.
Die Natur hat uns diesen Mechanismus eingepflanzt, damit wir in unserer jeweiligen Umwelt lernen, zu überleben – die Anpassung an Widerstände. Wir können diesen Mechanismus für uns nutzen, indem wir uns gezielt den Widerständen aussetzen, an die wir uns anpassen wollen. Progressiv – Schritt für Schritt. So erwächst menschliche Größe und der Schweinehund wird immer kleiner – denn er lebt von unserer Trägheit und Trivialität. Überwinden wir sie, dann auch ihn.

Kampf der Gemütlichkeit

> *„Der menschliche Wille braucht Hindernisse, um sich zu stählen; wenn er nie beansprucht wird, wenn alle Wünsche glatt in Erfüllung gehen, weil sie sich im Rahmen des mühelos Erreichbaren halten, dann versagt der Wille den Dienst. Wer nur auf ebener Erde geht, dessen Muskeln bilden sich zurück und taugen nicht mehr zum Bergsteigen."*
>
> *Somerset Maugham*

Ehrlich gesagt ist mir das Leben im Alltag nur bloße Existenz – ohne etwas zu spüren, ohne Knistern und Rauschen, ohne Verzückung, Tanz und Zerstörung. Immer wieder zerstöre ich ihn, um auf den Trümmern über mein bisheriges Dasein hinauszusteigen.

Wird das Leben zu gewöhnlich, dann verkümmere ich wie eine Blume ohne Wasser; mein Wille wird schwach, der Körper baut ab und schwemmt auf. Alles, was ich wurde, verdanke ich dem Streben nach dem Leben hinter der Grenze. Als Kind wurde ich stärker, wenn die Umstände mich zwangen. Noch bevor ich aufs Gymnasium kam, wechselten wir viermal den Wohnsitz. Ich lernte, mit neuen Umgebungen klarzukommen, loszulassen, den Moment zu leben, neue Leute kennenzulernen, die Umgebung zu erkunden, neue Möglichkeiten zu nutzen und heimisch zu werden – bis zum nächsten Mal, denn das Muster behielt ich bei.

Bis zu meinem letzten festen Wohnsitz am Wörthsee bei München wechselte ich regelmäßig den Wohnort. Wo ich mir eine fruchtbare, also fordernde Umgebung versprach, zog ich hin. Wenn mir das Leben zu alltäglich, zu angenehm, bequem und geordnet wurde, dann brach ich die Zelte ab und zog weiter. Vom Land in die Stadt, von der Stadt ins Dorf, zurück in die Stadt und von dort ans Wasser. Auf dem Land konnte ich konzentriert arbeiten, in der Stadt abwechslungsreich leben. Manche Wohnorte suchte ich mir nur aus, weil man da wunderbar fischen kann.

Verstand ich die Systematik des Gewässers und fing meine Fische, wurde es langweilig – so wie mit allem anderen der Umgebung auch. Was würde mich dort noch halten, wo das gut Mögliche bereits erschlossen wurde und alles darüber Hinausgehende nur sehr schwer zu erkämpfen gewesen wäre – wohingegen ich woanders deutlich schneller und abwechslungsreicher wachsen konnte.

Die ständigen Umzüge mit einigen tausend Büchern, einem randvollen Kleiderschrank, meinem eigenen kleinen Fitnessstudio, Geräten und Möbeln war eine nervige Tortur. Sie machten mich immobil und belasteten meine Flexibilität. Deswegen flog 2012 fast alles raus. Seitdem lebe ich ohne festen Wohnsitz und fühle mich bombastisch.

In vielen Ländern lassen sich ohne große Umstände möblierte Wohnungen oder Bungalows mit Internet und Ventilator mieten – manchmal sogar mit Fitnessstudio und Supermarkt im Keller und Pool auf dem Dach. Wie wunderbar simpel. In bodenständigen Deutschland hat das Modell leider noch nicht Schule gemacht. Ich wünsche mir jedoch genau das für eine kosmopolitische Zukunft, die es den Menschen erlaubt, sich überall in der Welt wohlzufühlen; um mal hier, mal dort wohnen und fremde Kulturen, Regionen und Menschen kennenlernen zu können.

Werter Leser, das ist der Ratschlag, den ich Ihnen in diesem Kapitel geben möchte: Befreien Sie sich! Binden Sie sich nie zu sehr; an Wohnungen, Orte, Beziehungen und Stellungen. Arbeiten Sie stets an Ihrer Beweglichkeit und Qualifikation. Je stabiler Sie innerlich sind, je besser Sie sind, in dem, was Sie machen und je unabhängiger Sie geistig sind, umso weniger müssen Sie sich an Dinge und Beziehungen binden, die Sie vielleicht schon seit Jahren nerven, klein halten oder Ihnen das Leben zur Hölle machen.

Starke Freundschaften werden auch durch Ferne nicht geschwächt, vielleicht sogar gestärkt und geliebte Partner nimmt man mit in die freie Welt. Und was hat es mit all den schwächlichen Bekanntschaften auf sich, die nicht mehr verbindet als der Zufall der Nachbarschaft?

Sie sind nichts – wenn sie nicht auch in der Ferne überleben können. Bauen Sie auf starke Beziehungen. Binden Sie sich nur an Menschen, auf die man zählen kann und nicht an solche, die man nur zählen kann. Die gibt es genug, überall, an jedem Ort – binden Sie sich an sie, so binden sie sich an und für nichts. Dafür gibt es Facebook. So können sie loslassen und doch in Kontakt bleiben, um sich über Trivialitäten auszutauschen.

Eine Schlange, die sich nicht häutet, vermag nicht zu wachsen. Sehen Sie sich in Ihrem Leben um. Wie viel darin hält Sie klein? Wie viel sollten Sie abstreifen, hinter sich lassen, um darüber hinaus zu wachsen?

Sicher findet sich etwas. Bei mir war es – ehrlich gesagt – fast mein ganzes Leben. Nichts als tote Haut. Eine Zone der Gemütlichkeit – zwischen eingefahrenen Beziehungen, täglicher Trainingsroutine, gleichen Essensritualen, regelmäßigen Coachings, Wochenendausflügen und abendlichem Fernsehen. Widerlich gemütlich. Ich las gerade Wittgenstein, diese Nähmaschine des Denkens und seine furchtbare Hingabe an die Logik – doch sein Minimalismus, seine Reinheit imponierte mir und sein Leben umso mehr.

Sein Millionenvermögen verschenkte der Wiener Industriellensohn an Künstler und Geschwister. Zu tief verstrickt in die Wiener Kultur, zerschnitt er seinen Kokon und zog nach dem Studium in eine einsame Holzhütte in Norwegen. Am 1. Weltkrieg nahm er als Freiwilliger teil und geriet kurzfristig in italienische Gefangenschaft. Danach war er mal Dorfschullehrer in Österreich, lebte in einem winzigen Zimmer, und ein andermal arbeitete er als Gärtnergehilfe im Kloster, wo ihm ein Geräteschuppen als Nachtlager diente. Dabei war er einer der genialsten Denker des frühen 20. Jahrhunderts. Später wurde er Professor in Cambridge.

Erstmalig in Cambridge wurde Bertrand Russel auf ihn aufmerksam, auch wenn er zu Beginn nicht sehr *amused* war:

> *„Nach der Vorlesung kam ein hitziger Deutscher, um mit mir zu streiten. Eigentlich ist es reine Zeitverschwendung, mit ihm zu reden."*

Doch schnell änderte sich seine Meinung, bereits zwei Wochen später schrieb er:

> *„Ich fange an, ihn zu mögen; er kennt sich aus in der Literatur, ist sehr musikalisch, angenehm im Umgang (ein Österreicher), und ich glaube, wirklich intelligent."*

So entwickelte sich eine starke Bindung, die dann auch zu Wittgensteins Berufung führte. Abschließend resümiert Russel, Wittgenstein sei *„eines der erregendsten intellektuellen Abenteuer"* seines Lebens gewesen. Er sah in ihm viel Leben und Potenzial.

> *„Feuer und Eindringlichkeit und eine intellektuelle Reinheit in einem ganz außerordentlichen Ausmaß. Nach kurzer Zeit wusste er alles, was ich beizubringen hatte. Seine Verfassung ist die eines Künstlers, intuitiv und stimmungshaft. Er sagt von sich, dass er jeden Morgen voller Hoffnung beginne, aber jeden Abend in Verzweiflung ende."*

Wittgenstein durchlebte eine harte Schule. Er erzog sich selbst. Zu Beginn schuf er den *Tractatus logico-philosophicus*. Auf den Pulten der Professoren wirbelte das Büchlein viel Staub auf, obwohl es im Kern nicht einmal hundert Seiten hatte. Doch sie wogen wie Tausend. Mit grenzenloser und eindrucksvoller Selbstsicherheit watschte er alle bisherige Philosophie ab. Die einzige Aufgabe wahrer Philosophie sei, Ordnung in die Sprache zu bringen. Dann würde sich zeigen, dass die bisher unlösbaren Fragen nur Scheinprobleme seien, die durch falschen Gebrauch der Sprache entstünden. Alles Tatsächliche ließe sich klar formulieren und über alles andere sei zu schweigen, denn die *„Grenzen meiner Sprache bedeuten die Grenzen meiner Welt"*. Im Vorwort schreibt er:

> *„Man könnte den ganzen Sinn des Buches etwa in die Worte fassen: Was sich überhaupt sagen lässt, lässt sich klar sagen; und wovon man nicht reden kann, darüber muss man schweigen."*

Somit sei die Philosophie abgehakt. Er hätte alles geklärt und was sich nicht klären ließ, sei auch kein echtes Problem. Ein Jünger der Logik. Das Werk brachte ihm den Ruf ein, einer der größten Philosophen des Jahrhunderts zu sein. Schön, dass er sich nicht damit zufrieden gab und die nächsten 30 Jahre damit beschäftigt war, sich selbst zu widerlegen.
War sein Erstling noch karg und hart, wie eine preußische Brieffreundschaft, waren seine weiteren Schriften immer mehr Bemerkungen und Untersuchungen, Gedankensplitter und Beispiele. Weisheiten aus dem Notizbuch. So schreibt er in seinen *Philosophischen Untersuchungen*:

> *„Nach manchen missglückten Versuchen, meine Ergebnisse zu einem solchen Ganzen zusammenzuschweißen, sah ich ein, dass mir dies nie gelingen würde. Dass das Beste, was ich schreiben konnte, immer nur philosophische Bemerkungen bleiben würden; dass meine Gedanken bald erlahmten, wenn ich versuchte, sie, gegen ihre natürliche Richtung, in ‚einer' Richtung weiterzuzwingen."*

Mit Logik kam er nicht weiter. Statt jedoch die Grenze der Logik zu erkennen, vermutete er sie in seiner Unfähigkeit und in der Beschränktheit unserer Sprache. Ihm wurde bewusst, dass sie keineswegs so exakt ist, wie er zuvor annahm. Begriffe hatten keine Bedeutung an und für sich. Sie erhielten ihre Bedeutung erst durch den Gebrauch in der Sprache; im Rahmen des jeweiligen *„Sprachspiels"*. Wodurch die ganzen Probleme erst entstehen würden:

> *„Die Philosophie ist ein Kampf gegen die Verhexung unseres Verstandes durch die Mittel unserer Sprache."*

Auch wenn er stand- bzw. krampfhaft am Wert der Logik festhielt, entwickelte sich seine Art zu Philosophieren immer mehr zum Spielerischen und Ästhetischen. Er schließt sogar:

> *„Ich glaube meine Stellung zur Philosophie dadurch zusammengefasst zu haben, indem ich sagte: Philosophie dürfte man eigentlich nur dichten. Daraus muss sich, scheint mir, ergeben, wie weit mein Denken der Gegenwart, Zukunft, oder der Vergangenheit angehört. Denn ich habe mich damit auch als einen bekannt, der nicht ganz kann, was er zu können wünscht."*

Man darf annehmen, dass Wittgenstein zwar bewusst immer noch logisch vorgehen wollte, unbewusst jedoch immer mehr zum Wesenskern der Philosophie fand, die sich in der Art seines Denkens spiegelte – dem Verdeutlichen tiefer Gedanken durch Bei-Spiele, Sprach-Spiele und mosaikartige Reflektionen. Er würde sagen, er sei dazu gezwungen, ob der Labilität unserer Sprache.

Ich würde sagen, die Sprache ermöglicht uns durch diese, ihre Wandlungsfähigkeit, Widersprüchlichkeit, Bildhaftigkeit und Geschmeidigkeit, also durch ihre Poesie überhaupt erst einen Zugang zu den wahrhaft philosophischen Fragen, die sich rein logisch gar nicht lösen lassen – weshalb das bisher auch noch nie geschehen ist.

Tiefe Antworten können nicht gedacht werden; nur gelebt und gelacht. Allenfalls umschreiben, umkreisen lassen sie sich. Dafür ist unsere Sprache wunderbar geschaffen, um das Wesen der Welt zu schauen – wenn man die zerstückelnde Logik des Denkens überwindet. Darin stimme ich mit Wittgenstein überein: Wahre Philosophie ist Poesie.

Was der logische Ludwig für die Krankheit hielt, war die eigentliche Lösung – die er auch in seinem Vorgehen bereits akzeptierte, aber nie rein beherrschte; zu viel Logik schwirrte durch seinen Kopf. Das Ergebnis jahrelanger mathematischer Studien (vor allem bedingt durch Russel).

Dieser Zwiespalt ermüdete ihn, dieser Unwille, hinter Tausenden von Wörtern eine tiefere, eine mächtige, kräftige, lebendige Welt zu sehen – obwohl er von ihr seine Getriebenheit, seinen Willen erhielt. Er war wie der Panther im gleichnamigen Gedicht von Rainer Maria Rilke (der übrigens auch bei Wittgenssteins Vermögensspende bedacht worden war):

„Sein Blick ist vom Vorübergehn der Stäbe
so müd geworden, dass er nichts mehr hält.
Ihm ist, als ob es tausend Stäbe gäbe
und hinter tausend Stäben keine Welt.

Der weiche Gang geschmeidig starker Schritte,
der sich im allerkleinsten Kreise dreht,
ist wie ein Tanz von Kraft um eine Mitte,
in der betäubt ein großer Wille steht.

Nur manchmal schiebt der Vorhang der Pupille
sich lautlos auf –. Dann geht ein Bild hinein,

> *geht durch der Glieder angespannte Stille –*
> *und hört im Herzen auf zu sein."*

Dort, im Herzen, war der angeblich so nüchterne Analytiker doch sehr stark. Er betete zu Gott, fühlte sich als verhinderter Künstler und wenn ihn andere Philosophen zum Diskutieren einluden, trug er ihnen lieber Gedichte vor. Man darf Philosophen nie nur nach dem bewerten, was sie offiziell veröffentlichen. Authentischer ist die Art, wie sie schreiben, arbeiten, leben und lieben. Oder man wirft einen Blick in ihre verschlüsselten Tagebuchnotizen. Da erlebt man den wahren Philosophen:

> *„Die Weisheit ist grau. Das Leben aber und die Religion sind farbenreich."*

Und das zu erkennen, darin liegt doch die wahre Weisheit und die Erkenntnis, dass das, was Wittgenstein zeit seines Lebens jagte, ein fahles, graues Gespenst war, nämlich die Logik – und nicht die Weisheit.
Und nun der Satz, der mir an jenem Abend am Wörthsee ins Auge sprang und mich dazu bewegte, mein damaliges Leben zu überwinden, wie Ludwig die Logik – zumindest unbewusst:

> *„Revolutionär wird der sein, der sich selbst revolutionieren kann."*

Somit ist alles gesagt. Lieber Leser, revolutionieren Sie sich selbst. Gehen Sie auf die Barrikaden gegen die Trägheit und Abhängigkeit Ihres Lebens, denn sie spiegelt sich wieder in Ihrem Wesen. Wenn der Schuh drückt, dann ziehen Sie ihn aus. Sie werden erkennen, dass es meist zu enge Schuhe sind, die uns davon abhalten, stark und frei durchs Leben zu tanzen. Nicht unsere eigene Unfähigkeit – die ist nur eingebildet; nur eine Ausrede, weil wir der kollektiven Verblendung aufsitzen, man könne ohne Schuhe nicht gehen. Also raus da! Es wartet bereits ein größeres Paar auf Sie, in das Sie jedoch nie reinwachsen werden, wenn Sie sich weiterhin zwingen, klein zu bleiben.

Abschließend empfehle ich die Lektüre von Henry David Thoreaus *Walden*. Ein Bericht über sein Leben in der Wildnis. Das Stadtleben gab ihm nichts mehr, nahm aber viel. Er musste raus. Ruhe finden, die Gedanken ordnen und Verhältnisse klären. Auch eine Möglichkeit, auf sich allein gestellt, die Komfort-Zone zu erweitern. Wäre auch was für mich – wenn ich nur wüsste, wo ich meinen Mixer anschließen soll. Sein Resümee:

> *„Durch Armut, das heißt durch ein einfaches Leben und wenig Zwischenfälle, festige und kristallisiere ich mich wie Dunst oder Flüssigkeit durch Kälte. Es ist eine einzigartige Konzentration von Kraft, Energie und Aroma. Enthaltsamkeit ist ein ständiges Bekenntnis zum All. Mein zerstreutes, nebelhaftes Leben wird wie die Eisblumen und Frostnadeln, die an einem Wintermorgen an den Kräutern und Stoppeln wie Edelsteine glitzern. Ihr glaubt, daß ich mich selbst arm mache, indem ich mich von den Menschen zurückziehe, aber in meiner Einsamkeit habe ich mir ein seidenes Gewebe wie eine Schmetterlingspuppe gesponnen, und gleich einer Nymphe werde ich in Bälde als ein vollkommeneres Wesen hervorgehen, einer höheren Gesellschaft würdig. Durch Einfachheit, gewöhnlich Armut genannt, ist mein Leben konzentriert und damit organisiert, ein Kosmos, während es vorher unorganisch und knotig war."*

Numero Sei: Kleine, knackige Komfort-Killer

Finden Sie alle Auswüchse Ihrer Gemütlichkeit und spielen Sie damit. Übernehmen Sie die Kontrolle. Fordern Sie den Schweinehund heraus. Es gibt unzählige Möglichkeiten, denn Trägheit und Trivialität durchziehen Ihr gesamtes Leben wie das Fett den Speck.
So viel Kraft liegt im Fett, gespeicherte Kraft, doppelt so viele Kalorien wie in Kohlenhydraten oder Proteinen. Zapfen Sie diese Kraft an. Kultivieren Sie den Trieb und führen Sie seine Kraft einer höheren Bestimmung zu – das ist Sublimation. Um Herrchen über den Hund zu werden, müssen Sie ihm die Leine umlegen. Das geht mit den Komfort-Killern. Einige von diesen kleinen Erziehungsmaßnahmen werde ich kurz umreißen. Die Umsetzung erfordert große Überwindung und das ist gut so. Machen Sie sich bewusst: Je größer die Überwindung, desto größer die Kraft, die darin schlummert.

KALTES KLARES WASSER!

Duschen Sie kalt, zumindest wechselwarm – und am Ende sind ein paar Sekunden oder gar Minuten flüssiger Kälte doch immer drin, oder? Das erfrischt nicht nur die Haut und heizt die Fettverbrennung an; danach werden Sie sich wie neu geboren fühlen und endlich mal wieder das Leben spüren – nicht wie bei der warmen Brühe, die ihren Körper nur aufweicht und verweichlicht.
Gehen Sie auch in offenen Gewässern schwimmen – und ziehen Sie die Zeit in der Kälte immer weiter in die Länge. Duschen Sie sich gegen Ende immer länger kalt ab. Schwimmen Sie in Gewässern nicht nur bis Ende des Sommers, sondern auch bis tief in den Herbst. Wenn die Blätter sich färben und fallen, werden Sie aufblühen und erstarken. Treiben Sie den

Schweinehund noch länger in die Kälte – solange Wasser nicht gefroren ist, lässt sich darin schwimmen. Das ist wissenschaftlich erwiesen.
Das Credo: Täglich einmal frieren!

FEUCHTE HEISSE LUFT!

Viel Text gibt es nicht. Sprechen fällt schwer, in der Hölle der Sauna. Hach, wie schön; zudem gut für die Abwehrkräfte. Was Kälte uns lehrt auf der einen Seite, vermag Hitze auf der anderen. Weder will der Schweinehund bibbern noch mag er kochen. Also rein in den finnischen Backofen. Ein Aufguss geht noch!
Das Credo: Regelmäßig in die Sauna!

FEDERN SIND ZUM FLIEGEN DA!

Es lässt sich auch wunderbar darin schlummern. Meist jedoch zu lang. Das Bett ist die Suhle für das Schwein von heute. Bleiben Sie ja nicht zu lang drin, sonst fangen Sie noch an zu grunzen, zu bellen oder gar zu brunzen. Wäre unsere Blase nicht solch ein Überzeugungskünstler, würden einige wohl nie aufstehen. Es ist ja auch schwer … So schwer, morgens aus den Feder zu kommen, noch bevor man es müsste. Doch was gibt es Schöneres als die zauberhafte Atmosphäre bei Sonnenaufgang? Wann haben Sie dieses Schauspiel der Natur zuletzt erlebt? Was ist schöner als dann auf einem Berg, dem Balkon oder am Meer zu sein?
Sie wissen, was das heißt: Es ist die perfekte Möglichkeit, um die Komfort-Zone zu erweitern und die Dominanz gegenüber dem Schweinehund zu stärken. Also nutzen Sie die Federn, wozu sie auch noch fähig sind – zum Springen, in einen neuen, selbstbestimmten Tag; wer weiß, wie viele Sie noch haben; wollen Sie die verschlafen?
Das Credo: Wöchentlich einmal mit der Sonne aufstehen!

SCHWITZEN REINIGT!

Nicht nur die Seele, sondern auch die Haut. Was wir dafür machen müssen, stärkt zudem Körper und Geist – sowie unsere Position gegenüber dem Schweinehund.

Mir ist einerlei, was Sie machen, aber machen Sie es. Ein weiser Mann antwortete einmal auf die Frage nach lebenslanger Frische und Gesundheit: Täglich einmal schwitzen. Dem ist nichts hinzuzufügen, also ran an den Speck und nicht nur sitzen.

Das Credo: Lieber schwitzen als sitzen!

SITZE SIND FÜR ÄRSCHE!

Und vor allem für Schweinehunde. Sitzen Sie gerade? Wenigstens im Lotussitz? Warum stehen Sie nicht oder gehen gar ein paar Schritte? Viele große Denker und Philosophen trieben die Mühle ihres Geistes zusätzlich an, indem sie in Bewegung blieben, spazieren und auf Reisen gingen. Ich arbeite am Stehpult – denn Sitzen ist eine Krankheit. Man gewöhnt sich daran – selbst über Stunden ergeben sich kaum Schwierigkeiten, die nicht durch den Schweinehund bedingt wären, was ein gutes Zeichen ist. Tatsächlich erspart es Probleme.

Viele Beschwerden – vom Rücken über den Bauchumfang und die Lethargie bis hin zur Arteriosklerose – entstehen durch zu viel Sitzen. Der Rücken schmerzt, die Hüftbeuger verkürzen, der Stoffwechsel schläft ein und die Gelenke vertrocknen. Bis zu 2.000 Kilokalorien weniger verbrennen wir so, wodurch der Körper innerlich und äußerlich verfettet, verkümmert und der Geist gleich mit. Nicht von ungefähr sprechen einige Forscher wie James Levine von der Sitzkrankheit. Befinden wir uns doch fast den ganzen Tag in dieser unnatürlichen Position, auf die unser Körper überhaupt nicht eingestellt ist.

Im Stehen lässt sich leichter eine saubere Haltung bewahren, tief durchatmen und nach anfänglichen Schwierigkeiten sogar besser konzentrieren. Sie bleiben wacher und fitter als im gemütlichen Stuhl. Gemütlich ist böse, bah, pfui. Merken Sie sich das. Fordern Sie sich tagsüber und Sie werden umso besser, tiefer und gerechter schlafen.

Viele fragen sich, warum sie kaum schlafen können – wie denn auch, wenn der Körper schon den ganzen Tag vor sich hindämmert und nichts dringender braucht, als ordentlich Bewegung. Ihn in solch einem Zustand zu betten ist genauso wirksam, wie einem Teenager das Prinzip der Mittagsruhe zu vermitteln.

Das Credo: Aufrecht stehen bis zum Schlafengehen!

STEHEN SIE!

… wenn Sie nicht sitzen müssen. Gehen Sie, wenn Sie nicht stehen müssen. Laufen Sie, wenn Sie nicht gehen müssen. Sprinten Sie, wenn Sie nicht laufen müssen. Radeln Sie, wenn Sie nicht fahren müssen. Radeln, paddeln oder wandern Sie, wenn Sie Urlaub machen wollen. Nutzen Sie Ihren Körper nicht nur als Dosenhalter und Brötchenspalter, sondern als Fortbewegungsmittel. Je mehr Sie sich mit Ihrem Körper bewegen, desto mehr werden Sie in ihn hineinfinden. Schon einmal von München an die Ostsee geradelt? Schwerlich lässt sich die Schönheit, Vielseitigkeit und kulturelle Vielfalt Deutschlands besser entdecken. Und nächstes Jahr geht's ab nach Österreich, Italien, Polen, Frankreich oder die Schweiz. Bereits den Jakobsweg erpilgert, durch Schweden gepaddelt und die Adria besegelt?

Erkennen Sie die Möglichkeiten unserer Länder und nutzen Sie sie produktiv. Er-Leben Sie Urlaub hautnah, mit Körper, Kraft und Geist; nicht nur durch die Kamera und vom Autofenster aus. Autofahren verbrennt Geld und macht fett. Radeln verbrennt Fett und spart Geld.

Das Credo: Aktiver leben als Sie müssen!

EWIGE WACHSAMKEIT!

Erinnern Sie sich an die Gedanken zum Nervensystem und die Kunst eines stilvollen, körperbeherrschten Lebens im ersten Teil des Buches? An die Herausforderung, beständig an sich und den eigenen Fähigkeiten zu arbeiten, selbst an den kleinen, alltäglichen? An die Tatsache, dass Scheiße Scheiße nach sich zieht und dass Exzellenz Exzellenz fördert?
Erkennen Sie die Zusammenhänge und Spiralen – die können ebenso aufwärts führen wie hinab. Sie sitzen am Steuer. Sorgen Sie dafür, dass es aufwärts geht. Bleiben Sie wachsam und überprüfen Sie auch jetzt: Ihre Haltung, Atmung, Konzentration und auch gleich die Frisur; man kann nie wissen, wer Ihnen heute noch über den Weg läuft. Achten Sie das Detail – es unterscheidet zwischen Stümper und Meister.
Das Credo: Perfektion fördert Perfektion.

OFFEN KOMMUNIZIEREN!

Der Schweinehund hat Bammel davor, sich zu öffnen, zu flirten, seine eigene Meinung zu sagen, sich körperlich zu verteidigen oder gar auf eine Bühne zu stellen. All das verlangt eine Menge Fähigkeiten und Selbstbewusstsein. Die fallen jedoch nicht vom Himmel. Es ist anstrengend, all das zu erarbeiten und fit zu werden.
Damit will der Schweinehund nichts zu tun haben. Bleiben Sie lieber mal zuhaus und schauen Sie *Deutschland sucht den Superstar* – oder Sie gehen raus und werden selbst einer.
Sprechen Sie fremde Menschen an. Entlocken Sie ihnen ein Lächeln – zumindest einen verdutzten Blick. Gestik, Rhetorik, Mimik. Das sollten Sie jeden Tag üben. Das können Sie jeden Tag üben. Besonders wenn Ihnen überhaupt nicht danach ist. An Sonnentagen fällt es leicht, offen und sym-

pathisch zu sein. Die Kunst ist es, offen kommunizieren und sich präsentieren zu können – egal, wie es uns gerade geht; unabhängig der Laune des Schweinehunds und des körperlichen Befindens. Das verschafft Eindruck, ist bewundernswert und liebenswürdig.
Eine solche Fähigkeit fällt nicht vom Himmel – doch jeder kann sie lernen. Mit einem simplen Prinzip: Agieren Sie möglichst offen mit anderen Menschen – impulsiv und intuitiv. Denken Sie nicht ewig über die richtige Reaktion nach. Trainieren Sie Ihr Bauchgefühl, nicht Ihr Hirn. Denken ist zu langsam, um schlagfertig zu sein. Lassen Sie es raus. Ihr innerstes Gefühl. Offen und naiv oder auch ironisch und gewitzt – was Ihrem Typ entspricht (oder eben nicht). Fressen Sie es nicht in sich hinein. Das macht krank und führt zu der Gesellschaft, in der wir gerade leben – wo alle lieb zueinander sind und sich hinterrücks das Maul zerreißen. Dann eher frei nach Oscar Wilde:

> *„Lieber mach ich mir einen Feind, als dass ich auf eine Pointe verzichte."*

Erlauben Sie sich ruhig Fehltritte und klare Worte. Das versendet sich. Beobachten Sie, wie die Menschen darauf reagieren. Merken Sie es sich und wenn Sie Zeit für sich haben, dann reflektieren Sie über die bestmögliche Reaktion, die Sie hätten liefern können. Wenn Sie sie gefunden haben, verankern Sie sie, indem Sie sich das Gespräch noch einmal vor Augen führen und dabei Ihre vorherige Reaktion durch die – nun gefundene – bessere ersetzen.
Ärgern Sie sich nicht, dass sie Ihnen nicht vorher eingefallen ist. Haken Sie die vergangene Situation ab. Freuen Sie sich auf die nächste. Dann wissen Sie wie Sie besser reagieren. Je öfter Sie so vorgehen, desto fitter wird Ihre Kommunikationsfähigkeit, desto wohler werden Sie sich fühlen und desto mehr werden Sie sich trauen.
Es ist ein weiter Weg zur Fähigkeit, offen kommunizieren zu können – frei von Barrieren. Doch es lohnt sich. Die Qualität Ihres Lebens hängt stark da-

von ab, wie Sie mit anderen Menschen umgehen. Jede Kommunikation hat zwei Seiten und jeder, der auch nur ein Buch über Kommunikationstraining gelesen hat, weiß, dass man nicht nicht kommunizieren kann. Und die meisten Probleme sind Kommunikationsprobleme.
Also lernen Sie die Kunst der Kommunikation. Weniges ist wichtiger für die Fähigkeit das Beste aus dem Moment zu kitzeln – denn meist sind wir in Gesellschaft; wir können steuern, wie gut sie ist, wie viel Spaß wir darin haben und wie bereichernd sie sein wird. Beginnen Sie einfach mit den richtigen Fragen – denn wer fragt, der führt.
Das Credo: Die Kunst der Kommunikation erlernen!

JAGEN, SAMMELN, WANDERN!

Erwecken Sie den Steinzeitmenschen wieder in sich. Nichts schweißt Sie besser mit dem inneren Hund zusammen als eine Reise in die Zeit, an die er perfekt angepasst ist. All diese Fähigkeiten des Jagens und Fischens, das Spähen, Anschleichen, Überlisten und Erlegen liegt Ihnen im Blut. Wenn Sie zu sehr Tierfreund sind, dann machen Sie eine Schnitzeljagd oder gehen Sie Pilze und Beeren sammeln. Die gilt es zwar nicht zu überlisten, aber dennoch zu finden und dafür verbringt man viel Zeit mit Körper und Geist im lieben Wald. Ein Stückchen Heimat. Wer weiß, wie lange wir sie noch in diesem Ausmaß haben. Lernen Sie, das zu schätzen und nutzen Sie die Möglichkeit. Verwechseln Sie nur nicht Brombeeren mit Brummbären – die klingen zwar ähnlich, aber ... Ach, Sie werden den Unterschied schon merken.
Das Credo: Zurück zur Natur!

ABSTINENZ!

Enthaltsamkeit ist nicht verkehrt. Zumindest sollte man dazu fähig sein. Es immer wieder erproben und erweitern. Können Sie jederzeit auf Kaffee, Koffein, Kokain und Kakao verzichten? Auf Alkohol, Aspirin und Ritalin? Falls ja, haben Sie Ihren Schweinehund gut im Griff. Falls nicht, wird es Zeit, die Komfort-Zone zu erweitern, bis Sie es schaffen für mindestens eine Woche abstinent zu bleiben – und zwar nicht nur körperlich, sondern auch geistig, also ohne einen Gedanken daran zu verschwenden.

Schaffen Sie es nicht, dann hat Sie der Schweinehund mächtig am Wickel. Das nennt sich Sucht – Fremdbeherrschung, Schwäche, Krankheit und Abhängigkeit. Alles nur das nicht. Akzeptieren Sie das nie!

Viele Substanzen mögen eine nette Abwechslung sein – aber Sie sollten immer nur so viel Staub aufwirbeln, wie Sie schlucken können. Ich bin sicherlich kein Waisenknabe, schon lange kein weiser Knabe, ich gehe oft weite und verschlungene Pfade, doch stets nur so weit, dass ich auch wieder zurückfinde. Stets spielerisch, nicht als Flucht, sondern aus Lust am Forschen und Überwinden.

Das Gefühl, von etwas abhängig zu sein, wäre für mich unvorstellbar. Es würde mich zerreißen, meine Welt vollscheißen. Absolut inakzeptabel. Diese Option kommt mir nicht in die Tüte und längst nicht ins Köpfchen. Also achten Sie stets darauf, dass Sie den richtigen Riecher haben, sonst hören Sie noch die Engelstrompeten von Jericho.

Glauben Sie nicht, dass gesellschaftlich anerkannte Drogen wie Tabak, Alkohol und Zucker weniger gefährlich wären. Das sind sie nicht. Es gehen weit mehr Todesfälle auf ihr Konto – wobei es auch weit mehr Konsumenten gibt. Dennoch sprechen Zahlen Bände: Mehrere Millionen Menschen sterben jährlich durch Alkohol und Tabak. Allein in Deutschland viele Zehntausend. Massig Konsumenten sind abhängig; von härteren Drogen sogar die meisten.

Kaum jemand greift aus evtl. angemessenen Gründen zum neurochemischen Feuerwerk, wie einige Forscher, Künstler und Philosophen, die bewusst die Säulen ihrer Wirklichkeit sprengen, um ihre Wahrnehmung zu hinterfragen, neue Welten zu erforschen, sich meditativ zu berauschen, neue Fähigkeiten zu entdecken, Blockaden zu durchbrechen und hinter den Schein des Seins zu schauen.

Natürlich könnte man das auch alles nur für Ausflüchte, Traumtänzerei und vorgeschobene Gründe halten; was aber bleibt die Alternative? Grenzen akzeptieren? Den Delfin ins Aquarium setzen? Den Adler mit Fliegen füttern? Stiefmütterchen pflanzen, Illustrierte lesen und innerlich verwesen? Damit fangen wir gar nicht erst an. Dafür bin ich zu lebendig und zu sehr per Du mit Friedrich und Bruce. Lieber sterben als tot sein.

Verdrängen wir nicht die Tatsachen. Wir sind eine Gesellschaft des Rausches, schon immer gewesen. Wir haben ihn kultiviert und einige wenige, leicht verfügbare legalisiert, ja gar eine Hochkultur daraus gemacht, mit noblen Zigarren, edlem Whiskey und vollmundigen Weinen – und daran lässt sich nichts ändern.

Solange man sich im Griff hat, sollte einem frei stehen, sich zu berauschen, zu zerstören oder erhöhen, wie man will. Wer hat das Recht, das Leben eines selbstbestimmten Menschen zu beschränken, wenn er sich dabei nur selbst gefährdet und niemanden sonst?

Das ist kein leichtes Thema. Verbote sind nie gut. Schwache Menschen brauchen Verbote. Starke folgen ihrem Verantwortungsgefühl und orientieren sich an ihren Prinzipien. Dafür muss man jedoch selbstbewusst sein, selbstbejahend und -verstärkend. Das ist schwer in einer Gesellschaft der Selbstverneinung und -verleugnung.

Es gibt noch viele Gerechtigkeitslücken im System zu schließen sowie Bürger zu in-dividualisieren und zu stärken – vor allem, indem man ihnen Freiraum gibt und die Möglichkeit, das zu entfalten, was sie bereits in sich tragen: ihr Potenzial.

Wie soll jemand Verantwortung übernehmen und Erfahrung sammeln, wenn er nicht frei entscheiden darf, welchen Weg er gehen will? Und wird es ihm verboten, so macht er es ohnehin, nur schmutziger, unkontrollierter, kriminell und verklemmt.

Natürlich schützen Verbote all die braven, angepassten, mitsaufenden, anfälligen Bürger und das ist die Masse. Deswegen sprechen klare Verbote wieder für sich. Gibt es hier richtig und falsch?

Ich habe meinen Weg gefunden und surfe immer mal wieder zwanglos auf der Welle der Möglichkeiten, haarscharf an den Klippen der Selbstzerstörung. Was bleibt dem anderes übrig, dem das alltägliche Leben seicht wie eine lauwarme Regenpfütze erscheint. Kann man sich dagegen wehren? Lohnt es, sich zu kastrieren?

Ich habe es versucht. Doch das ist kein Leben. Es geht nicht um Lebenstage, sondern um gelebte Tage. Freude und Kraft findet man nur in der Erfüllung des eigenen Triebs. Dagegen ist kein Kraut gewachsen. Die Konvention lässt sich nicht schaffen. Was bleibt, sind Selbstbeherrschung und Sublimation. Was ich lebe und hier im Buch schreibe, ist nichts als Selbstschutz. Die Flucht nach oben – sonst wäre ich längst unten.

Lieber Leser – besonders lieber junger Leser –, wenn Sie sich selbst von Kinkerlitzchen wie Süßigkeiten, Kaffee, Zigaretten, Schnaps oder Bier nicht für mindestens eine Woche fern halten können, ohne den Drang danach zu verspüren, dann bekommen Sie erst das in den Griff und seien Sie sich versichert: Sie haben sich noch lange nicht im Griff!

Substanzen darüber hinaus wären für Sie der direkte Weg in die Sucht; nicht vorwärts grenzüberschreitend, sondern zurück zu noch mehr Schwäche und Labilität.

Noch einmal: Es geht nicht um eine Woche Enthaltsamkeit, in der Sie sich mit Mühe und Not *clean* halten können und dem Drang gerade so widerstehen. Es geht um mindestens eine freie Woche, in der Sie kei-

nerlei Verlangen nach derartiger Stimulanz verspüren. Ohne einen einzigen Gedanken wie: „*Ach, eigentlich wär es jetzt ganz schön*". Dann erst stehen Sie ansatzweise darüber und haben zumindest sich im Griff – die Lage insgesamt werden Sie nie im Griff haben. Das wäre ja auch langweilig.
Das Credo: Erst frei sein, dann high sein!

DIE SYSTEMATIK!

Sicher haben Sie erkannt, wie man den Schweinehund erziehen kann. Entwickeln Sie einen Sinn für Momente, in denen sie gemütlich werden, in denen Sie zu Trägheit, Trivialität und Abhängigkeit neigen und gehen Sie bewusst dagegen an.
Natürlich ist das anstrengend, ungemütlich, scheißkalt oder verdammt schweißtreibend – aber nur so werden Sie wachsen, zu einem selbstbestimmten, starken und freien Individuum werden. Nutzen Sie diese Widerstände, um durch sie gegen sie gestärkt zu werden. Je härter Sie es sich geben, desto härter werden auch Sie. Je weiter Sie gehen, desto weiter wird Ihr Horizont. Je höher die Überwindung zu etwas, desto größer die daraus resultierende Kraft. Konfrontieren Sie sich mit Ihren Ängsten. Wo die Angst ist, da ist der Weg.
Seien Sie sich sicher: Das Leben in einer winzigen Komfort-Zone ist weitaus beschwerlicher und unbefriedigender als das, in einer stetig wachsenden. Werden Sie in diesem Fall der wachsenden Komfort-Zone beständig stärker, sicherer, stabiler, widerstandsfähiger und freier, so wird Sie in einer winzigen Komfort-Zone jedes Klopfen an der Tür aufschrecken, jeder Lufthauch verkühlen, der Schritt vor die Tür zum Wagnis und zwischenmenschlicher Kontakt zur Qual. Da solch ein Leben keine Freude beschert, ist die kompensierende Flucht in die Sucht programmiert.

Ihr Leben, Ihre Wahl. Doch es lohnt sich. Was können Sie schon verlieren? Nicht viel mehr als ein einsames, schwaches und gebundenes Leben.
Was können Sie gewinnen?
Nichts anderes als die Herrschaft über sich selbst und eine Welt, die jedem offen steht, der bereit ist, die Leine zu sprengen, die der Schweinehund ihm umgelegt hat.
Das Credo: Mach kaputt, was Dich kaputt macht!

Numero Siette: Herrchen werden

„Der Mensch ist nichts anderes als das, wozu er sich macht."

So schreibt es Jean-Paul Sartre in seinem Werk *Der Existenzialismus ist ein Humanismus*. Der Existenzialismus stellt fest, dass jeder Mensch geboren wurde, ohne darum gebeten zu haben; und ist er mal auf der Welt, kann ihm niemand sagen, was er da soll.
Es gibt keinen klaren Sinn. Weder weiß jemand, woher die Welt kommt, noch wohin sie geht. Was für ein Geraffel. Ins Leben geworfen, zur Freiheit verdammt. Total absurd.
Doch diese Absurdität gibt uns die Freiheit, so zu leben, wie wir es wollen. Freiheit schafft Frei-Raum: Spiel-Raum. Sie erlaubt uns ein selbstbestimmtes Leben – die Möglichkeit, uns selbst als frei zu erfassen und zu verwirklichen; möge die Welt auch daran zugrunde gehen.
Nichts und niemand kann uns vorschreiben, was gut, richtig, schlecht, falsch ist und schon gar nicht, wie und wofür wir leben sollen. Schreiben Sie sich das hinter die Löffel. Überwinden Sie alle Prägung, Erziehung und Beeinflussung; besonders meine. Das ist ein Befehl!
Und schon sitzen Sie in der Sackgasse: Wenn Sie auf meinen Befehl hören, nicht auf mich zu hören, dürfen Sie nicht mehr auf mich hören, würden dann aber auch nicht mehr auf den Befehl hören dürfen, der Ihnen befiehlt, nicht auf mich zu hören, wodurch Sie wiederum auf mich hören könnten, aber wenn Sie dann wieder auf mich hören würden, müssten Sie ja wieder auf den Befehl hören ... – und so beginnt das Gedankenkarussel sich im Kreis zu drehen.
Das ist wie mit dem Kreter, der sagt, alle Kreter lügen. Das würde bedeuten, dass auch er lügt. So hebt sich die Gültigkeit seines Satzes aber wieder auf, wodurch er wieder die Wahrheit sagen könnte, was aber wieder seine Lüge bestätigen würde usw. Ganz schlimm trifft es den armen Pinocchio. Denken Sie da ... mal drüber nach.

> MEINE NASE WÄCHST JETZT!

Solche Paradoxien zeigen, dass Logik nicht immer logisch ist und schon gar nicht allmächtig. Sie schalten das Denken in Leerlauf. Das ist die Möglichkeit, um rein logisch denkende Menschen und Maschinen lahmzulegen. Merken Sie sich das für den Fall, dass die Erde mal von Robotern übernommen wird.

Selbst wenn die Logik funktioniert und ein System in sich schlüssig ist, gilt immer noch das Unvollständigkeitstheorem des Mathematikers Kurt Gödel. Es zeigt, dass jedes logische System nie aus sich selbst heraus begründet werden kann.

Alle logischen Systeme, Denkweisen, Weltbilder und Prinzipien schweben in der Luft. Nichts ist wahrhaft gültig, sondern immer nur im Rahmen umfassenderer Systeme. So schöpfen alle System ihre Grundlagen aus dem Blauen heraus – mögen es Axiome sein, der Urknall oder Gott.

Auf alles, was Ihnen Menschen erzählen, können Sie mit „Warum?" antworten. Früher oder später wird niemand mehr weiter wissen – wodurch alles bereits Gesagte zusammenbricht. Bei mir ist es nicht anders. Deswegen lege ich nicht viel Wert darauf, dass jeder meiner Sätze alle anderen logisch bestätigt.

Mit viel Mühe könnte ich es so einrichten, dass zumindest alles in diesem Buch in sich schlüssig ist, doch außerhalb des Buches würde auch dieses System im leeren Raum schweben, so wie alle Systeme, weswegen ich Systeme und Logik an sich nicht für sehr wichtig halte. Sie sind nur Fassade. Es ist furchtbar, wenn Menschen sich einbilden, sie hätten die Wahrheit gepachtet, nur weil ihre Meinung in sich schlüssig ist, aber liebster Leser – lassen Sie sich eins gesagt sein: Das ist sinnig, blöd-sinnig.

Hören Sie auf, nach perfekten Systemen und Weltbildern zu suchen – die sind logisch unmöglich; spätestens ihre Wurzeln sind krank. Bewerten Sie ein System auch nie nach seiner inneren Un-Logik. Das besagt nicht viel über den Nutzen desselben, schon gar nicht über seine Kraft, einen Denkprozess in Gang zu setzen, Ihr Leben zu verändern oder Sie zu berauschen – durch Widerspruch, Witz und Poesie. Tatsächlich ist zu viel Logik der direkte Weg, um all diese Stil-Blüten mit Stumpf und Stiel auszurotten.

Das ist der Grund, weshalb Universitäten Brutstätten der analytischen Selbstbefriedigung sind, trocken wie ein Zwieback in der Wüste Gobi, weshalb sich mir der Magen umdreht, wenn jemand versucht Hammer-Philosophen wie Nietzsche durch den Fleischwolf der Logik zu pressen. Heraus kommt ein kastriertes Würstchen, dass als krank, pervers und verwirrt gilt. Als jemand, der den Übermenschen predigt, aber selbst ein psychisch labiles und heftig kränkelndes Männlein ist. Dabei liebte Nietzsche den Widerspruch, die Wortgewalt der Poesie, das Philosophieren mit dem Hammer und nicht das Sezieren mit dem Skalpell. Alberne Leichenlogik stand bei ihm nie an erster Stelle – aber das werden verkümmerte, graue Menschen nie verstehen; dafür müssten sie erst einmal sich selbst sehen.

Lieber Leser, mögen Sie sich manchmal noch so allein fühlen, noch so klein, unlogisch und dumm, mag Ihnen auch der verlogikteste Professor, Politiker, Polizist, Poser, Postbeamter oder Possenneider gegenüberstehen und Sie an die Wand diskutieren, mag er ihnen sein Weltbild aufdrängen und macht dies auch noch so intelligent und stichhaltig – seien Sie sich bewusst, dass Logik keine Frage von „besser" ist, sondern nur eine von „besser rechnen können", und vor allem seien Sie sich bewusst, dass all dies nur im Weltbild desjenigen Palavernden gültig ist, darüber hinaus jedoch haltlos.

Lesen Sie Schopenhauers *Die Kunst, Recht zu behalten* und schlagen Sie direkt seinen letzten Kunstgriff auf, den 38. – das *argumentum ad hominem*: Wenn Sie mit allen anderen Argumenten nicht mehr weiterkommen, dann greifen Sie nicht das Argument an, sondern den Argumentierenden.

Das dürfte bei den eben genannten Personen nicht schwer fallen. Nicht umsonst halten sie einem alle ihren Po hin, den sie im Namen stets vor sich tragen, bis auf den Professor, der hat wie die Prostituierte einen Pro-Po – das bedeutet, eine Gehaltsstufe höher und wegen der Doppelung darf ein „Po" gestrichen werden.

Nun stellen Sie sich vor, was aus jedem Po herauskommt und dann wissen Sie auch, wie sehr Sie sich in all das hineinziehen lassen wollen.

Der Tod ist für alle da

Mit 13 Jahren lag ich eines morgens im Bett. Es war Zeit aufzustehen, zu duschen und zur Schule zu radeln. Doch ich war grad pofessionell am Philosophieren: Mein Blick klebte an der kahlen Decke über meinem Bett. Mir wurde bewusst, wie alles Denken, alles Stichhaltige, alle „Wahrheit" der Erwachsenen bloße Meinung ist und spätestens mit dem Urknall oder Gottes Schöpfungsfurz im absoluten Nichts der Bedeutungslosigkeit verstummt; wie wir doch nichts wissen über den Grund oder Sinn unserer Existenz, aber sich alle wegen Kleinkram verrückt machen; wie wir alle bald sterben werden, die Sonne verglühen wird und irgendwann auch alles Leben auf unserem Planeten ausgelöscht sein wird.
Mir wurde bewusst, wie grundlos, sinnlos und perspektivlos unser Dasein ist; wie arm der Mensch sein muss, der sich logische Systeme bastelt, um darin zu wohnen und sich am Schein von Halt, Sicherheit und Wahrheit zu wärmen; wie schwach er sein muss, dass er sich dermaßen stark an diese Luftschlösser klammert, dass er dafür Kriege bestreitet, ins Feuer geht und Andersdenkende vernichtet – statt stark und frei zu leben.
Ich hatte meinen ersten philosophischen Orgasmus. Alles, woran ich glaubte, zersprang in Scherben. Ich hatte keine Lust mehr; weder aufzustehen, noch zur Schule zu gehen, noch einen Beruf zu erlernen, noch ein Zahnrad dieser Gesellschaft zu werden. Ich nahm nichts mehr ernst. Schon gar nicht mein Leben. Warum auch?
Getrunken hatte ich vorher nie. Doch irgendwie wusste ich, es ist ein guter Moment, sich eine Flasche Puschkin reinzuschrauben. Das tat ich noch am selben Abend. Ich betrat eine andere Welt. Sie belegte mir, dass unsere Wirklichkeit nicht die einzig mögliche Perspektive ist.
Der Beginn vieler bunter Experimente. Ich war Katholik, ja sogar Messdiener. Im Firmunterricht traute ich mich, einige Fragen an die weise Erwachsene zu stellen, die uns betreute. Schnell glich eine Antwort der anderen und hörte sich am Ende immer so an: *„Daran müssen wir einfach nur glauben."*

Ich jedoch wollte nie wieder etwas müssen; und leichtfertig glauben schon gar nicht.
Ich stand auf, verließ die Kirche und kehrte nie zurück.
Alles, ja wirklich alles verlor sein Fundament. Meine Welt zerbröselte durch einfache Fragen wie „*Warum?*", „*Wofür?*" und „*Wo gibt's noch mehr Bier?*". Erwachsene verloren den Status der Reife und Allwissenheit, den ich ihnen meine Kindheit über zugebilligt hatte. Die existenzielle Frage war alles, was mir blieb. Jahre später sollte ich sie trefflich formuliert bei Albert Camus finden:

> *„Es gibt nur ein wirklich ernstes philosophisches Problem: den Selbstmord. Sich entscheiden, ob das Leben es wert ist, gelebt zu werden oder nicht, heißt, auf die Grundfrage der Philosophie antworten. Alles andere – ob die Welt drei Dimensionen und der Geist neun oder zwölf Kategorien hat – kommt später. Das sind Spielereien; erst muss man antworten."*

Sicher ist der Freitod die interessanteste Grenzerfahrungen, die ein Mensch nur machen kann – abgesehen von dem Versuch, eine feurige Frau zu verstehen. Deswegen liebe ich beide – weil sie so herrlich irrational und unberechenbar sind. Sie sind der Gipfel der Lebendigkeit. Menschen können meist nicht verstehen, warum jemand Selbstmord begeht – mir fällt es schwer, zu verstehen, warum die meisten keinen begehen.
Ich habe keine dermaßen hohe Toleranzschwelle, weswegen ich Kompromisse in wesentlichen Dingen stets meide. Sie machen mich krank, zwängen mich ein. Ich würde mich lieber entleiben, als darin zu leiden. Dafür sind mir nebensächliche Dinge, die den Großteil unseres Lebens ausmachen, einerlei. Das Bewusstwerden der Option des Freitods war der höchste Moment meines bisherigen Lebens. Er schenkte mir den Freifahrtschein zum Leben, die

Legitimation alles zu machen, zu erproben, auszukosten und zu lassen, was ich wollte.

Es war die Absurdität meiner Existenz und die Möglichkeit, sie jederzeit zu beenden, die mir meine Freiheit schenkte. Seneca würde es heute so formulieren:

„Wer den Tod nicht fürchtet, was kann den noch schocken?"

Doch ich war nicht lebensmüde, sondern lebensmütig, übermütig – auch gerne auf Kosten des Lebens. Die Philosophie riss mich aus der Lethargie und verschaffte mir Kraft. Die einzig goldene Regel hatte ich von George Bernard Shaw:

„Es gibt keine goldene Regel."

Seitdem habe ich nie wieder etwas ernst genommen. Es gibt keine Grundlage dafür. Aller Druck fiel von mir ab. Ich wusste, dass mich die Schule nie irgendwo hinführen wird, dass ich nie ein ernsthaftes Studium absolvieren oder brav einen Beruf lernen werde, dass ich nie sicher leben, aber immer streben und wachsen werde – solange ich will.
Sollte das kippen, sag ich aDieu.
Sie sagen: Darüber macht man keine Scherze!?
Ich sage: Das Leben ist der Scherz und der Tod die Pointe.
Myamoto Musashi sagt im *Buch der fünf Ringe*:

„Zu sterben ist keine Schande, es ist vielmehr das Eigentliche am Weg des Kriegers. Wer von morgens bis abends aufrechten Herzens ist, sich an den Gedanken, zu sterben, gewöhnt, und immer zum Tode bereit ist, wer seinen Körper als tot betrachtet und so eins wird mit dem Weg des Kriegers, der geht durch das Leben ohne die Furcht, zu versagen, und erfüllt seine Aufgaben, wie es die Pflicht verlangt."

Das ist der Weg des Samurai. Tsunetomo Yamamoto schrieb das Buch dazu – *Hagakure*:

„Es heißt, jeden Tag so zu leben, als wäre man schon tot, ist der Pfad der Wahrheit."

Viele halten „Den Weg des Kriegers" für Fantasie, für Fiction in Filmen. Dabei steckt pures Leben in der Erkenntnis des Todes. Der Samurai steht jeden Morgen auf und weiß, dass er tot ist. Das gibt ihm die Freiheit, seinem Kodex entsprechend zu leben. Gab es je aufrichtigere, erhabenere – da kompromisslosere – Menschen? Können wir nicht von ihnen lernen?
Haben Sie einen Kodex? Sind Sie bereit zu sterben? Was können Sie schon verlieren? Wenn Sie es bis heute nicht erledigt haben, kann es dann so wichtig sein?
Ist Ernsthaftigkeit nicht die viel größere Gefahr als Ernstlosigkeit? Was hemmt mehr, als etwas zu ernst zu nehmen? Wird es nicht der besser bewältigen, der es spielerisch angeht?
Der Samurai trifft seine Entscheidung innerhalb von sieben Atemzügen. Wie viele Entscheidungen schieben Sie vor sich her, verdrängen sie oder grübeln ewig darüber? Wie viel offene Schubladen ragen in den Gang Ihres Leben? Wem stockt hier wirklich der Atem? Wer ist wirklich gehemmt – ja, tot?
Ich bin bereit – voller Ernstlosigkeit.
In der Schule sollten wir ein Praktikum machen. Alle gaben sich Mühe, putzen sich für die Bank, das Amt oder die Kanzlei heraus. Ich verbrachte die Zeit in der ansässigen Brauerei und gönnte mir schon um Zehn mein erstes Bier, frisch aus dem gewaltigen Gärtank – noch bevor es eingeflascht wurde. Wir waren mitten im Fluss, arbeiteten gut und der Chef schenkte mir zum Abschied ein 50-Liter-Fass. Das war eine gute Entscheidung von ihm. Prost!
Plötzlich lief alles viel entspannter, viel besser. Ich konnte viel verbissener an mein Leben heran gehen, da es im Endeffekt nicht schlimm gewesen wäre,

wenn es daneben gegangen wäre. Was von Wert wäre schon verloren, was wäre nicht auslöschbar?

Ich brauchte keine kleine Sicherheit mehr, da ich die große Sicherheit des Todes auf meiner Seite wusste. Es kratzte mich keine Sekunde, dass ich mich von der Gesellschaft und ihren Erwartungen entfernte; ja a-sozial wurde. Ein Lob an meine starken Eltern, dass sie mir meine Freiheit ließen und stets gelassen auf die Fragen der Bekannten und Verwandten – was aus dem Christian denn nun werden solle – reagierten.

Ich verliebte mich ins Extrem, wurde zum Rebell ohne Hund, aber dafür mit Skateboard, zwei Ratten, einem Iro, Dreadlocks, Glatze oder gar Seitenscheitel. Je nachdem, worauf ich Bock hatte. Ich liebte höllenhundlaute, aggressive Musik und hörte sie täglich stundenlang, damit mir der Kopf nicht platzte. Die seichte Normalität um mich herum konnte allein nicht genug Druck aufbauen, um den in mir drin auszugleichen.

Das alles erlaubte es mir, mein Leben als Spiel zu sehen, weshalb ich vieles in meinem Leben intensiver und erfolgreicher angehen konnte, als andere, die es ernst nahmen und deswegen auch zu viel Bammel vor Verlust und Versagen hatten.

Was andere nicht wagten, probierte ich aus und schaffte es; nicht weil es schwer war, sondern nur, weil ich es wagte.

Wenn es mal daneben ging, war das nicht schlimm. Im Krankenhaus hatte ich immer eine tolle, besinnliche Zeit. Die Schwestern konnten wunderbar Blasen- und Nierentee machen. Auf den Stationen ergab sich anregendes intraspezifisches Geplänkel. Menschen sind so viel lebendiger, bewusster und tiefsinniger, wenn sie von Krankheit und Tod bedroht sind. Wenn ihnen bewusst wird, was sie noch alles reißen und erleben wollen – vielleicht aber nicht mehr können. Welch eindrucksvolle Perspektive. Viele entscheiden sich erst dann zum Leben, wenn sie von ihrer Sterblichkeit geschmeckt haben.

Der Übermensch ist vom Potenzial her gesehen nichts Besonderes. Die meisten Menschen würden zu Übermenschen, wenn sie nur wüssten, wie stark und erha-

ben sie wären, wenn sie nur ihre Angst überwinden und ihre Zeit nutzen würden. Wegen meiner Bücher und Artikel haben mich viele Menschen angeschrieben, angerufen und besucht. Viele lebten mit einem Brett vor dem Kopf. Sie waren blockiert; von den übertrieben hohen Erwartungen, die sie an sich hatten und die sie von anderen auf sich projiziert fühlten. Das führte dazu, dass sie nichts Großes schafften, sich selbst sabotierten, sich nicht trauten, Prioritäten zu setzen und die größten Abenteuer aus Versagensangst nie in Angriff genommen hatten – obwohl sie diese ganz sicher bewältigt hätten, wenn sie es nur gewagt hätten.
Bei vielen saß das Brett bereits sehr locker, einige hielten es aus Gewohnheit nur noch selbst fest. Oft reichte ein kleiner Stups in Richtung Selbstvertrauen und das Brett polterte zu Boden. Nicht nur einer hat danach seinen Job gekündigt, sich umorientiert oder ist umgezogen, um neu zu leben. Wieder und wieder gilt Senecas Dictum:

> *„Nicht weil es schwer ist, wagen wir es nicht, sondern weil wir es nicht wagen, ist es schwer."*

Nun wird klar, warum ich das alles erzähle. Nicht weil es wichtig ist, wer ich bin und wie ich mich der Gefahr anheim gebe, mich in grenzenloser Selbstüberschätzung zu suhlen und dafür verlacht zu werden, sondern weil ich bewusst machen will, wie man sein Leben in den Griff bekommt und Herrchen wird. Es … Ach, ich lass das den Sartre sagen, der hat das in seinem Wälzer *Das Sein und das Nichts* prächtig formuliert:

> *„Sobald der Mensch sich selbst als frei erfasst und seine Freiheit gebrauchen will, so wird seine Tätigkeit zum Spiel."*

(Da es sich bei dem Schinken um knapp 1.200 Seiten handelt, gebe ich hier einmalig die Seitenzahl an: 730. Alle anderen erwähnten Bücher, aus denen ich zitiere, lohnen sich, vollständig gelesen zu werden. Die lohnenswerten Titel schreibe ich Ihnen in der nachfolgenden Literaturliste zusammen. Die Zitate finden sich in diesen Büchern, die zugehörige Seite steht dann unten in der Ecke.)

Lieber Leser, der Tod ist mehr als ein Muss. Er ist ein Freifahrtschein zum Leben. Jeder darf sterben, kann sterben und der Tod löscht alles aus. Er ist der große Schwamm, der all Ihr Versagen, Ihre Fehler und Peinlichkeiten von der Tafel des Lebens wischen wird.
Meistens geschehen solche Unwürdigkeiten nicht, weil sie vorherbestimmt waren, sondern weil ein Mensch sein Leben, seine Ziele und sein Streben nicht mit all seiner Kraft und ohne Unterstützung des Körpers anpackt, weil Angst und Konvention seine Schwingen binden.
Er wird wirksam, vermag sich zu erheben, sobald er die Herrchenschaft über sein Leben und das innere Un-Wesen an sich reißt und spielerisch damit umzugehen lernt – ohne sich zu ernst zu nehmen.
Sobald Sie das erkennen, werden Sie plötzlich viele erfolgreiche Menschen sehen, die eigentlich ganz normal sind – mit dem einen Unterschied, dass sie bereit sind, etwas zu riskieren, weil sie wissen, dass sie viel mehr verlieren, wenn sie nichts riskieren.

„Wer den Tod fürchtet, wird nie einer des Menschen würdigen Tat fähig sein."

Vielleicht verstehen Sie jetzt, was Seneca damit meinte. Das Bild des Übermenschen verdichtet sich. Er ist der ganz normale Mensch von nebenan, der seine Angst zu Sterben überwindet. Was kann ihn dann noch bremsen?

Summa summarum – Die Summe der Summen

> *„Sie sind der Gegensatz des Roboters, des programmierten Computers, der Metall-Struktur und des Stahl-Betons. Ja, Sie leben und atmen wie ein freies Tier. Sie sind das pulsende Leben, das wir vergessen haben. Sie haben die Mähne des Löwen, den Blick des Adlers, das Lächeln des Wolfes, die raue Schönheit des tobenden Meeres und die wilde Hässlichkeit der schmelzenden Lava, blutrot, wie ein blutendes Herz, am Abhang des düsteren Vulkans. Sie sind der Mann, von dem man immer wieder sprechen wird, aber an den sich niemand mehr erinnern kann ... die Legende ... Mensch zu sein."*
>
> (Anonymer Brief an Klaus Kinski, Paris 1989)

Kennen Sie Klaus Kinski? Den glühenden Speichelritter, der nicht der offizielle Kirchenjesus war und öfter geschlechtskrank wurde als andere sich erkälten? Welch brodelnder Vulkan der ungehemmten Triebkraft. Er verspürte den Drang zur Sublimierung. So schreibt er in seiner Autobiographie *Ich brauche Liebe*:

> *„Ich brauche Liebe! Liebe! Immerzu! Und ich will Liebe geben, weil ich soviel davon habe. Niemand begreift, dass ich mit meiner Hurerei nichts anderes will, als mich zu verschwenden!"*

Ein tolles Beispiel für einen Menschen der überströmenden Kraft, die durch ihn schoss, wie durch sonst kaum einen. Er vermochte es nicht sie zu beherrschen, war eher gewaltig als kultiviert:

> „Ja, ich habe Gewalt in mir, aber keine negative. Wenn ein Tiger seinen Dompteur zerreißt, so sagt man, der Tiger sei gewalttätig und jagt ihm eine Kugel in den Kopf. Meine Gewalt ist die Gewalt des Freien, der sich weigert, sich zu unterwerfen. Die Schöpfung ist gewaltsam. Leben ist gewaltsam. Geburt ist ein gewaltsamer Vorgang. Ein Sturm, ein Erdbeben sind gewaltsame Bewegungen der Natur. Meine Gewalt ist die Gewalt des Lebens. Es ist keine Gewalt wider die Natur, wie die Gewalt des Staates, der eure Kinder ins Schlachthaus schickt, eure Gehirne verblödet und eure Seelen austreibt!"

Lesen Sie es noch einmal! Erkennen Sie den Unterschied zwischen Kinski und dem einfachen Menschen. Seine Kraft im Vergleich zum einfachen mausgrauen Möchtegern-Massenmenschen:

> „Meine Gewalt ist die Gewalt des Lebens. Es ist keine Gewalt wider die Natur, wie die Gewalt des Staates, der eure Kinder ins Schlachthaus schickt, eure Gehirne verblödet und eure Seelen austreibt!"

Und nun ist er tot.

> „Ich denke nie an den Tod. Ich habe nicht mal richtig angefangen zu leben."

Die Kunst des selbstbeherrschten Lebens besteht darin, Kinskis Kraft auch in sich zu entfesseln und sie dann zu kultivieren, sie zu kanalisieren und konstruktiv zu nutzen – anstatt sie anderweitig zu kompensieren und alles vollzuspritzen.

Was aber ist notwendig, um richtig zu leben? Um beherrscht zu leben? Das lernen wir von jedem kraftvollen und kultivierten Menschen, z.B. von Bruce Lee:

"Selbsterziehung ist das Geheimnis des großen Mannes."

Zarathustra lehrte dies wie kein anderer. Selbsterziehung ist ihm die Grundlage aller Größe, die Überwindung aller anerzogenen Durchschnitts- und Weichspülermentalität. Er predigt die Selbstbejahung. Schwierig in einer Kultur der Selbstverneinung – wie sie Peter Gast in seiner *Einführung in den Gedankenkreis von 'Also sprach Zarathustra'* demaskiert:

> *"Der Parvenü braucht Deckmittel, braucht decus, „Dekorum", Dekoration: dazu dienen ihm splendide Einrichtungen, Kolossal-Künste, übertriebene Kommodität und vor allem jene Unmasse blödsinnigen Kram, den Millionen Fabriken über den Erdball speien und den unumgänglich nötig zu haben eine Armee schreibender und reisender Schwätzer uns tagein tagaus überreden will. Angesichts all dieser Dinge sagt der Weise mit antiker Gelassenheit: ‚Wie vieles gibt es doch, was ich nicht nötig habe!' – oder mit Goethe, der zu einem Besucher, den die Einfachheit seines Arbeitszimmers und zumal der Holzsessel darin überraschte, sich so aussprach: ‚Bequemlichkeit ist ganz gegen meine Natur. Eine reiche Umgebung hebt mein Denken auf, versetzt mich in einen passiven Zustand. Ich glaube, Pracht, Eleganz ist etwas für Leute, die keine Gedanken haben und haben mögen.'*
> *Unsere sichtbare Kultur ist etwas für Leute, die keine Gedanken haben und haben mögen: eine Zerstreuungs-, Verwöhnungs-, Reise-, Jahrmarkts- und Überproduktionskultur.*

Sie vergisst über lauter Nebendingen die Hauptsache: – den großen, schlichten, eben diese Art Kultur verachtenden Menschen! .. ja sie vergisst ihn nicht einmal: sie weiß nichts mehr von ihm, kann sich ihn nicht mehr denken! Das Fehlen bedeutender Menschen – also auch das Fehlen bedeutender Ereignisse in der innern und äußern Menschenwelt – wird nicht mehr als Notstand empfunden. – Man weiß, wie oft Ein großer Mensch, der von seinem Zeitalter als höchster Richter und Zuschauer empfunden wird, genügt, um dieses Zeitalter bis in seine untersten Verzweigungen zu hohen Gesinnungen, Handlungen, Werken anzutreiben, die ohne seine bloße Gegenwart nicht hervorgetreten wären. Andererseits weiß – und sieht man, wie ein Zeitalter innerlich sinkt, wenn es bedeutender Menschen entbehrt: es fällt der Langweile, Seichtheit, höherer Zwecke baren Geschäftigkeit und der brutalen Genusssucht anheim."

Nicht minder wortgewaltig als sein Freund Nietzsche beschreibt Peter Gast das Problem unserer Gesellschaft: Langeweile, Seichtheit, banale Geschäftigkeit und Genusssucht. Sie klebt am Niederen, Tierischen, da ihr die Höhe fehlt, der Rausch des spielerischen Strebens in Richtung Gipfel und darüber hinaus. Wer aus der jungen Generation begeistert sich schon für Höheres, Ideales, Ästhetisches, Überwindendes, Stärkeres, Besseres (ohne starrer, verkünstelter oder abstrakter Spießer zu sein)? Wer davon ist nicht nur begeistert, sondern verkörpert es auch noch? Wer denkt nicht nur darüber nach, sondern lebt es auch – mit aller Kraft? Sie vielleicht?
Heinrich Köselitz – „Peter Gast" war ein ihm von Nietzsche zugedachtes Pseudonym – schrieb seinen Kommentar vor knapp einhundert Jahren.
Bis heute hat sich nichts geändert. Seine Perspektive passt in die heutige Zeit wie Faust aufs Gretchen, hätte erst gestern geschrieben worden sein können.

Leider geil, fett und faul – frisch erschienen und doch Erinnerung, eine moderne Version der Ermunterung dessen, was schon viele andere dachten, schrieben und lebten – wie auch Oliver Ritter. In seinem Buch *Magische Männlichkeit* stellt er fest, wie die Oberflächlichkeit unserer Plastikgesellschaft uns daran hindert, unsere Kraft und unser Potenzial zu entfalten:

> *„Darum ist der zum Konsumidioten dressierte Zeitgenosse das schwächste und erbarmungswürdigste aller Wesen. Sein Schattendasein stützt sich auf ungezählte Prothesen und schon der Anhauch einer Entbehrung lässt ihn vor Angst erzittern. Darum auch hat der Mann, in dem noch ein Funke des Seins lebendig ist, schon immer die satte Behaglichkeit, die Bindung an Sicherheit und Komfort verschmäht. Das Streben des Mannes nach Freiheit ist nichts als der unfehlbare Instinkt, die Schlacken des ganzen Schnickschnacks, die ihn entwürdigen und kastrieren, im Kampf um sein wahres Selbst durchbrechen zu müssen. Je mehr er sich loslöst, freiwillig oder durch Schicksalsschläge, bekommt er entzogene Energie zurück, während andere, zu sehr geschwächte, vielleicht endgültig vor die Hunde gehen.*
>
> *So hart es sich anhören mag: Wir können unser wirkliches Selbst nur erfahren, wenn wir bereit sind, alles von uns zu geben, einschließlich unser Leben. Wer alles aufgibt, dem wird alles zurückgegeben als die göttliche Wirklichkeit selbst, die stets gegenwärtig als das ewige 'Ich bin' hinter den Erscheinungen, denen der Mensch nachjagt, verborgen war. Es wird nun verständlich, dass 'Loslassen' nichts mit kraftlosem Abgleiten- oder Dahinfahrenlassen zu tun hat, sondern aktiven Willen erfordert, der ganz im Zeichen des 'Wagens' steht."*

Etwas zu wagen, hat jedoch weder mit Magie noch mit Männlichkeit zu tun, sondern mit der Fähigkeit, kraftvoll zu leben, den Schein zu durchdringen, sich auf das Wesentliche zu besinnen und den dreckigen Rest, den Ballast fallen zu lassen. Dieser gar göttliche Schritt zur Unabhängigkeit von äußeren Dingen ist für jeden Menschen bedeutsam.
Leider geil, fett und faul wendet sich auch und vor allem an Frauen. Kultürlich ist es derb, aber es ist nun einmal die Perspektive eines Mannes – vor allem die seines Triebs und Leibes. Es provoziert die weibliche, die reizende, die geschmeidige Stärke, die nur eine Frau verkörpern kann. Es sei denn, sie vernarrt sich in die Behaglichkeit des heimischen Ofens. Dann hätte ich gerne eine Lasagne. Sonst brauch ich nicht viel, lebe nach Sokrates Haushaltslehre:

> *„Je weniger einer braucht, desto mehr nähert er sich den Göttern, die gar nichts brauchen."*

Festhalten erfordert Stärke, weit mehr noch benötigt man zum Loslassen. Das ist der Weg der Überwindung. Darauf wandelt, wer anspruchsvoll, aber bedürfnislos ist. Meist sind unsere Mitmenschen das genaue Gegenteil: anspruchslos, aber voller Bedürfnisse. Sie scheren sich um jede Nichtigkeit und leben am Wesentlichen vorbei. Seneca ermuntert jeden, der bereit ist, diese Perspektive zu überwinden:

> *„Folge diesem Drang Deines Herzens, der Dich der besten Lebensgestaltung nähert unter Verachtung jener vermeintlichen Güter, denen die Menge nachjagt."*

Wer jedoch klammert, der ist zu faul, zu ängstlich, zu unselbständig und vom Tier getrieben, der ist leider schwach.
Viele schwören Silvester vom Rauchen ab und stecken sich Neujahr die Nächste an. Sie glauben, das Glück ist irgendwo da draußen, in den Din-

gen, Substanzen, Besitztümern. Aber da ist kein Glück, auch nicht in ihren Zigaretten.

Glück ist menschlich und nur im Menschen oder zwischen Menschen zu finden. Jedoch nur selten bei gespaltenen Menschen. Glück ist in-dividuell. Das gibts nicht im Supermarkt, am Tresen oder im Internet. Es ist nirgends da draußen. Es liegt in der Art und Weise, wie wir die Welt sehen und unser Leben erfüllen. Es hängt von der Fähigkeit ab, sich selbst zu beherrschen, zu entwickeln, zu überwinden und vor allem davon, die eigene Aufmerksamkeit zu steuern – gerade, wenn es hart wird. So nähern wir uns nicht nur den Göttern, sondern steigen noch höher – mit Bergführer Seneca:

> *„Ertragt mit Stärke; darin überragt ihr Gott, er steht außerhalb des Leidens, ihr steht darüber."*

Die Aufmerksamkeit zu steuern und destruktive Perspektiven in konstruktive zu wandeln, verleiht uns die Macht über unser Leben – selbst wenn alles Äußere zusammenbricht. Eine Frage der Stabilität – körperlich und geistig. Das ist der Kern dieses Buches: Es macht Sie stabiler, bündelt Ihre Kräfte, beendet innere Konflikte.

Natürlich hebt dieses Buch auch das kreative Chaos hoch, es lobt den Widerspruch und zelebriert ihn selbst. Chaos und Widerspruch gibt es jedoch genug – in der Welt da draußen sowie zwischen ihr und unserer Perspektive. Wollen wir hier Fuß fassen, der Welt unseren Stempel aufdrücken, uns sicher fühlen, kraftvoll bewegen, Veraltetes zerlegen und Besseres schaffen, so müssen wir selbst stark und geordnet sein – sonst wird uns der Widerspruch nicht beflügeln, sondern zerreißen.

Erkennen Sie die richtige Perspektive; die, dieses Buches. Erkennen Sie, was wesentlich ist und was nebensächlich. Schlussendlich, je älter sie werden, ist die Wahl der Perspektive alles, was Ihnen bleibt.

Alles, was Sie sich im Leben aufbauen, können Sie verlieren. Alles können Sie einbüßen: Ihre Jugend, Ihren Job, das Geld, die Gesundheit und allen Besitz. Was Ihnen niemand nehmen kann, sind Sie selbst und Ihre Fähigkeit, für innere Ordnung zu sorgen und alles Äußere aus einem freien, konstruktiven, spielerischen Blickwinkel zu betrachten – diese Fähigkeit bleibt Ihnen und somit die Verantwortung: Wie erfüllend und erfrischend Ihr Leben ist, liegt in Ihrer Hand.

Geben Sie nie anderen oder den Umständen die Schuld. So geben Sie die Verantwortung ab und damit die Macht über Ihr Leben. Wie sie diese Macht ergreifen, hinein wachsen und sie stärken, haben Sie in diesem Buch erfahren. Es gibt Ihnen die Möglichkeit, Ihr Leben weiterzuentwickeln, es schrittweise selbstbeherrschter und freier zu gestalten – bis zum bittersüßen Ende, das alles auslöscht und Ihnen bereits jetzt alle Freiheit schenkt. Was können Sie schon verlieren, was Sie nicht ohnehin verlieren werden? Nichts – und nichts sollte Sie davon abhalten, alles zu riskieren – für das bestmögliche Leben.

Allein das ist mein Begehr: Bauen Sie Barrikaden ab und Brücken auf. Stabilisieren Sie sich selbst, dann werden Sie unabhängig von äußeren Stützen, können sich mehr ins Freie und über Abgründe wagen – dorthin, wo der Spielraum ist, wo Sie Ihr Potenzial entfalten können, ohne gleich an Schranken und Konventionen zu stoßen.

Sobald Sie sich hier zurückziehen, Ihr Leben früher schöner war als im Moment und Sie lieber erinnern als erfüllen, dann werden Sie alt. Manche sterben, ohne alt zu werden. Sie bleiben beweglich bis ins hohe Alter. Das ist die *ars vivendi* – die Kunst des Lebens, des ewigen Strebens und diese Beweglichkeit steigt und fällt mit der eigenen Stabilität.

Andere hingegen beginnen bereits mit 30 Jahren alt zu werden, da sie ihre Stabilität vernachlässigen. Sie mögen noch lange existieren, aber ihr Leben, ihre Kraft und Beweglichkeit entschwinden bereits. Mit jedem weiteren Jahr werden sie zusehends spießig, stur und starr.

Und es wird nicht besser: Dies Buch ist vorwiegend für die junge Generation geschrieben – für die „Leider Geil-Generation", meine Generation. Unser Problem ist, dass wir immer früher alt werden – oder nie er-wachsen. Wir verlagern unsere Stabilität in äußere Stützen und Sicherheiten, in Ausbildung, Titel, Besitz, Karriere, Konsum, Erbe, Anerkennung, Internet und Party. Hier werden wir derart überlaufen und mitgerissen, dass wir vergessen, uns um uns selbst zu kümmern. So sind wir entweder total labil und tolerant oder starr und verspießt. Jene finden keine stabile Perspektive, diese kennen nur eine.

Dabei gibt es nicht DIE Wahrheit. Sonst könnte man nicht hundert Bilder über dasselbe Thema malen – so Pablo Picasso. Wo bleibt die Beweglichkeit? Der Spielraum, in dem das Leben sich entfalten kann? Wo bleibt die Erkenntnis, dass Stabilität und Beweglichkeit sich einander bedingen?

Für Nietzsche war die Wahrheit ein Weib – eine Gleichung mit zwei Unbekannten – seine Art, den Feyerabend vorwegzunehmen: *„Anything goes – Mach, was Du willst"*, denn im Willen liegt die Kraft, die Kraft der Entscheidung.

Darin steckt viel Philosophie: die Liebe zur Weisheit, der Flirt mit dem Wesentlichen.

Weise wird nur, wer sich selbst erkennt, sein Potenzial, seine Möglichkeiten und Fähigkeiten. Weise wird nur, wer seine Komfort-Zone sprengt und darüber hinaus geht, wer seine Triebe kultiviert und den Kampf zwischen Hedonist und Asket überwindet. Weise wird, wer Körper, Geist und Kraft bejaht, bündelt und stärkt.

So wird klar: Was einst für das Gegenteil von Philosophie gehalten wurde, ist tatsächlich ihr bester Freund, die Grundlage zur geistigen Entwicklung und trieblichen Sublimierung: körperliches Training. So auch Timothy Ferriss in seinem Vier-Stunden-Körper-Wälzer:

> „Wie kann man seine inneren Werte am schnellsten verbessern? Verbessern Sie zunächst Ihre äußeren. Wenn Sie selbstsicherer oder effizienter sein wollen, verlassen Sie sich nicht auf Wackelkandidaten wie positives Denken oder geistige Gymnastik, sondern lernen Sie, schneller zu laufen und mehr Gewicht zu stemmen als Ihre Bekannten – und specken Sie endlich diese überschüssigen fünf Kilo ab. Das alles ist messbar, ist klar, man kann sich nicht selbst belügen. Und deshalb funktioniert es. Erinnern Sie sich an Richard Bransons Antwort auf die Frage ‚Wie wird man produktiver'? Treiben Sie Sport.
> Die kartesische Trennung von Geist und Körper ist falsch. Sie sind reziprok. Beginnen Sie mit einer präzisen Veränderung der physischen Realität und ein Dominoeffekt wird einsetzen, durch den sich innere Wandlung häufig ganz von selbst ergibt."

Das ist die große Umwälzung dieses Buches, die all das abstrakte Geschwurbel verachtet und sich um das Wesentliche kümmert, die alles Denken nur anerkennt, wenn es für das Leben von Bedeutung ist, die darauf hinweist, dass die scheinbar von uns für nebensächlich gehaltenen Aspekte das tatsächlich Wesentliche sind. Das ist die notwendige Umwälzung, wie sie bereits Nietzsche forderte:

> „Das, was die Menschheit bisher ernsthaft erwogen hat, sind nicht einmal Realitäten, bloße Einbildungen, strenger geredet, Lügen aus den schlechten Instinkten kranker, im tiefsten Sinne schädlicher Naturen heraus alle die Begriffe ‚Gott', ‚Seele', ‚Tugend', ‚Sünde', ‚Jenseits', ‚Wahrheit', ‚ewiges Leben' ... Aber man hat die Größe der menschlichen

Natur, ihre ‚Göttlichkeit' in ihnen gesucht ... Alle Fragen der Politik, der Gesellschafts-Ordnung, der Erziehung sind dadurch bis in Grund und Boden gefälscht, dass man die schädlichsten Menschen für große Menschen nahm, - dass man die ‚kleinen' Dinge, will sagen die Grundangelegenheiten des Lebens selber verachten lehrte."

Indem man dies predigte, entfernte man sich von Körper und Kraft, sperrte sich gegen die Quelle, gegen den Fluss des Lebens und vertrocknete erst innerlich, dann äußerlich. So entwickelte sich unsere verkrustete Gesellschaft, deren Triebe und Stärke entweder versiegt sind oder völlig am Rad drehen.

Vernunft kann uns da kaum weiterhelfen, sie ist starr und abstrakt. Als Werkzeug ist sie hilfreich, doch nicht als Perspektive oder gar Maßstab. Davor warnte bereits Paul Feyerabend:

„Gegen die Vernunft habe ich nichts, ebenso wenig wie gegen Schweinebraten. Aber ich möchte nicht ein Leben leben, indem es tagaus tagein nichts anderes gibt als Schweinebraten."

Was wir benötigen ist Leben, Vielfalt und Wettbewerb – ohne Krampf und Zwang: freie, spielerische Beweglichkeit, die sich selbst nicht zu ernst nehmen muss, da sie aus innerer Stabilität erwächst und somit nicht von äußerem Erfolg abhängig ist.

In diesem Buch werden Sie kaum ein Kapitel ohne radikale, extreme Ansichten finden. Daraus sollten Sie nicht schließen, dass ich das hier alles sehr ernst nehmen würde. Es scheint mir nur das schönste Spiel zu sein und das ist es, was ich ernst nehme – todernst, also nicht sehr ernst.

Ich bin der letzte, der jemanden dazu zwingen würde, so wie ich zu leben und derart fanatisch zu streben – auch wenn es so klingen mag. Doch das Buch habe ich nicht bewusst für jemanden geschrieben, es ist einfach aus mir herausgeströmt – mehr ein Selbstgespräch mit mir selbst und meinen inneren Wesen, Trieben und Dämonen. Sie können daran teilhaben und es lesen oder überlesen und weiterleben wie bisher. Wen interessierts?

Also bleiben Sie geschmeidig. Gott sei mit Ihnen.
Scripsi – Kraft sei Dank!

> *„Wenn man mir nachgesagt hat, es gehe eine ungeheure Kraft von mir aus, dann habe ich geantwortet: Das wäre doch schlimm, wenn diese Kraft, die ich meine, nicht ihre Wirkung hätte. Ich glaube an diese Kraft. Das hat mit Erfolg oder Karriere überhaupt nichts zu tun. Man kann es auch so ausdrücken: Gott war da."*
>
> *Klaus Kinski*

Wenn Sie...

Wenn Sie noch Chaos in sich haben und tierisch tanzen können ...
Wenn Sie morgens voller Freude und Neugierde auf den Tag erwachen ...
Wenn Sie ohne Kaffee auf Touren kommen ...
Wenn Sie Ihre körpereigenen Drogen aktivieren können ...
Wenn Sie Beschwerden und Schmerzen ignorieren können ...
Wenn Sie sich offen und ehrlich freuen, geliebte Menschen zu sehen ...
Wenn Sie offen zeigen, wenn Sie jemanden nicht mögen ...
Wenn Sie ohne zu jammern und lügen durch das Leben gehen ...
Wenn Sie selbst harsche Kritik schnell wegstecken ...
Wenn Sie sich auch an kleinen Dingen erfreuen können ...
Wenn Sie mit einer einfachen Schlafmöglichkeit zufrieden sind ...
Wenn Sie die Kraft und den Genuss simpler Nahrung wertschätzen ...
Wenn Sie die Natur lieben ...
Wenn Sie am liebsten Wasser trinken ...
Wenn Sie im Einklang mit Ihrem Trieb leben ...
Wenn Sie zu schätzen wissen, was Sie haben ...
Wenn Sie noch spielen können ...
Wenn Sie loyal und authentisch sind ...
Wenn Sie schnell entscheiden können ...
Wenn Sie sich nicht in Abstraktion verlieren ...
Wenn Sie die Logik nicht ernst nehmen ...
Wenn Sie nur wahre Autoritäten respektieren ...
Wenn Sie begeistert im Moment leben ...
Wenn Sie intuitiv entscheiden ...
Wenn Sie andere nach ihrer Erscheinung und Stärke beurteilen können ...
Wenn Sie darüber stehen, wenn Ihre Lieben sie vernachlässigen ...
Wenn Sie körperlich voll bei der Sache sind ...
Wenn Sie über Modeerscheinungen, Theorien und Religionen stehen ...

Wenn Sie sich aus Besitz nichts machen …
Wenn Sie einen reichen Freund ebenso behandeln wie einen armen …
Wenn Sie offen für Neues sind …
Wenn Sie treu sind …
Wenn Sie ohne Alkohol entspannen können …
Wenn Sie ohne Hilfe von Medikamenten schlafen können …
Wenn Sie sich nicht mit anderen vergleichen …
Wenn Sie keinerlei Vorurteile hegen …
Wenn Sie andere nach ihrem Geruch beurteilen können …
Wenn Sie es zu schätzen wissen, dass andere Zeit mit Ihnen verbringen …
Wenn es Ihnen egal ist, was Nörgler und Jammerlappen über sie erzählen …
und wenn Sie das machen, was Ihrer Natur entspricht, frei Schnauze, dann haben Sie den gleichen Entwicklungsstand erreicht wie Ihr Hund.

LITERATUR

> *„Zwei Gefangene sahen durchs Gitter in die Ferne:*
> *Der eine sah nur Schmutz, der andere die Sterne."*
> *(Dale Carnegie in seinem Bestseller: Sorge Dich nicht, lebe)*

Empfehlenswertes zum Vertiefen, Weiterdenken und Hinterfragen ...

Nietzsche, Friedrich
- Also sprach Zarathustra: Ein Buch für alle und keinen
- Die fröhliche Wissenschaft
- Jenseits von Gut und Böse. Vorspiel einer Philosophie der Zukunft
- Ecce Homo: Wie man wird, was man ist
- Morgenröte. Gedanken über die moralischen Vorurteile
- Menschliches, Allzumenschliches. Ein Buch für freie Geister

Seneca, Lucius Annaeus
- Briefe an Lucilius
- Von der Seelenruhe
- Von der Unerschütterlichkeit des Weisen
- Von der Kürze des Lebens
- Vom glücklichen Leben

Freud, Sigmund
- Das Es und das Ich: Metapsychologische Schriften
- Das Unbehagen in der Kultur
- Die Zukunft einer Illusion

Csíkszentmihályi, Mihály
- Flow – das Geheimnis des Glücks
- Kreativität: Wie Sie das Unmögliche schaffen und Ihre Grenzen überwinden
- Flow im Beruf: Das Geheimnis des Glücks am Arbeitsplatz
- Dem Sinn des Lebens eine Zukunft geben: Eine Psychologie für das 3. Jahrtausend

EINZELTITEL

Allen, David – Getting Things Done
Aurel, Marc – Selbstbetrachtungen
Camus, Albert – Der Mythos von Sisyphos
Epikur – Philosophie der Freude
Feuerbach, Ludwig – Das Wesen des Christentums
Feyerabend, Paul – Wider den Methodenzwang
Frankl, Viktor – … und trotzdem Ja zum Leben sagen
Fritz, Oskar – Stimmbildung
Goethe, Johann Wolfgang v. – Faust I
Hampe, Michael – Alfred North Whitehead
Heine, Heinrich – Deutschland. Ein Wintermärchen
Heisenberg, Werner – Der Teil und das Ganze
Hill, Napoleon – Denke nach und werde reich: Die 13 Gesetze des Erfolgs
Jünger, Ernst – Der Kampf als inneres Erlebnis
Kuhn, Thomas – Die Struktur wissenschaftlicher Revolutionen
Lee, Bruce – Tao of Jeet Kunde Do
Lenau, Nikolaus – Faust
Levine, James – Move a Little, Lose a Lot: Use N.E.A.T.
Lützner, Hellmut – Wie neugeboren durch Fasten
Miller, Henry – Wendekreis des Krebses

Mumon Ekai – Mumonkan
Musashi, Miyamoto – Das Buch der fünf Ringe
Onfray, Michel – Der Philosoph als Hund
Sartre, Jean-Paul – Das Sein und das Nichts
Schiller, Friedrich v. – Über die ästhetische Erziehung des Menschen
Schrödinger, Erwin – Geist und Materie
Schumpeter, Joseph A. – Kapitalismus, Sozialismus und Demokratie
Spiro, Howard – Placebo. Hoffnung, Heilung, Arzt-Patienten-Beziehung
Thoreau, Henry David – Walden, oder Leben in den Wäldern
Whitehead, Alfred North – Die Ziele von Erziehung und Bildung
Yamamoto, Tsunetomo – Hagakure: Der Weg des Samurai
Zehentbauer, Josef – Körpereigene Drogen
Zippel, Christian – Der Wille zur Kraft

Jederzeit lohnenswert sind Biographien der kritischen, überheblichen, getriebenen und treibenden Denker und Lenker der vergangenen Jahrtausende, die mit ihren Ideen und Werken Fußstapfen in der Geschichte hinterlassen oder gar der Gesellschaft in den Allerwertesten getreten haben – von Konfuzius über Shakespeare bis Wittgenstein.

FILME

- Matrix
- Instinkt
- Last Samurai
- Fight Club – Übermut. Chaos. Seife
- Ghost Dog – Der Weg des Samurai
- Peaceful Warrior – Der Pfad des friedvollen Kriegers

BILDER

- Der protzige Pfau: BS Thurner Hof – http://commons.wikimedia.org/wiki/File:Pfau_imponierend.jpg

- Der putzige Hund: Ana_Cotta– http://www.flickr.com/photos/ana_cotta/

- Bodybuilder-Silhouette: designed by Freepik

Alle weiteren Bilder sind gemeinfrei, lizensiert oder privat.